牟宗三先生全集㉛

四因說演講錄

牟宗三　主講

盧雪崑　錄音整理

《四因說演講錄》全集本編校說明

盧雪崑

　　《四因說演講錄》記載牟宗三先生於1991年在香港新亞研究所的授課內容，共計二十講。此書由編校者根據錄音及聽課筆記整理成初稿，前十五講曾經牟先生親自修訂。最後五講因牟先生健康惡化，無法親自修訂，由楊祖漢代爲修訂。稿成之後，先在台北《鵝湖月刊》連載，由第20卷第3期至第21卷第10期（1994年9月至1996年4月）分二十期刊出，後於1997年3月由台北鵝湖出版社出版單行本。1998年6月，本書由上海古籍出版社出版簡體字本。本書之編校工作以鵝湖出版社的上述版本爲依據。

序

　　1991年春，民國79學年度下學期，牟師宗三先生在誠明堂（香港新亞研究所）講授「四因說」。課程以亞里士多德「四因說」作入路，藉「四因」的分析衡量中國哲學儒釋道三家，同時，於衡量過程中即對人類智慧五大系統作出論衡。論衡即康德所言「批判」，牟老師說，"critical"一詞譯作批判容易生誤解，其本義是「論衡」，「論衡」就是簡別、衡定的意思。

　　如果說康德在解消理性的虛幻之工作中，教人懂得自省理性之本性及其運用的原則；那麼，可以說，牟老師畢生的工作就是以康德抉發的健全理性為慧眼，拆穿重重因習而起的言語底魔障，解開種種計執而有的意識底牢結，讓人類在歷史行程的每一特殊性中創發的智慧各各如其所如，安其所安，並由之揭示這種種姿彩無不源自一人類實踐智慧的大生命。無論是依中國智慧的傳統會通並消化康德，還是採取「四因說」的入路以論衡人類智慧的五大系統，牟老師所作的皆非「比較哲學」。憑著綜合的心量，貫通的智慧，以理性把限制撐開，而透出共同性。每一哲學，不論東方與西方，只要能客觀化，皆是共同的，即是世界的，人類的。此乃牟老師的真知灼見。

　　梁啓超說過：「康德者，非德國人，而世界之人也；非18世紀之人，而百世之人也。」吾人亦可說：「牟宗三者，非中國人也，而世界之人也；非20世紀之人，而百世之人也。」有人欲以「民族文化的救亡說」封限牟先生，差矣！

　　牟老師時常感慨學風士習之苟偷鄙俗，知識分子僵化的心思只停留在平面的廣度的涉獵追逐，封於乾枯的瑣碎的理智中以自矜。「沒有一個是有根的，沒有一個能對他自己的生命負責，對民族生命負責，對國家負責，對文化負責，來說幾句有本根的話。」（《五十自述》）嚮往最高善——這原是哲學的靈魂，人類智慧生命的光芒，在現代人物化的「心」中淪陷成可供譏諷的虛妄。哲學的本義——實踐的智慧學已然絕續了。哲學或被貶為無用的廢詞，或淪為纖巧的理智的遊戲。道術之裂，人類智慧生命的絕續，這一切引發了牟老師的「客觀的悲情」，為人的命運激動不安，由之發悲心願力，以清澈明朗人類智慧生命為己任。

　　牟老師在課堂上常說：這個時代的問題是哲學的問題，哲學的本分就是要為社會提出一個指導的方向。一切時代的問題，無論是發展國家的現代化問題，或是發達國家的後現代化問題，都是生命的問題，個人的生命與人類的生命，或悲或喜，這不能只看生命本身，須透到那潤澤生命的德性。此即康德「實踐智慧學」的問題，亦即儒家「自明誠謂之教」之教的問題。老師常告誡我們，唸哲學就要擔當哲學的使命。消極地說，要承受這個命運，要奮鬥，要受苦；積極說，要有擔當，擔當時代的使命。人類的生命發展到今日，實在是支解了，僵化了，今日這個時代實在是處處令人洩氣使人厭倦。幸得牟老師為我們立下「學而不厭，誨人不倦」的典範，

時時督策我們精進。學力不足，衝不破意識牢結語言魔障的桎梏，透不出實踐智慧的光明。此所以牟老師常言「為道尊孟軻，為學法荀卿」。

這個時代，學理之事即道德實踐之事、生命之事。真正儒者以生命為終極關懷，儒家之本義原來就是踐仁與宏道不離不隔。故陽明云：「知之真切篤實處即是行，行之明覺精察處即是知。」（《傳習錄》）有學者只以「修身之學」視儒家，因此批評牟先生的儒學是「知識化的儒學」，認為牟先生乃「現代意義上的專業哲學家而非傳統意義上的儒者」（見鄭家棟著〈沒有聖賢的時代〉，台灣《鵝湖》1996年2月號）。「實踐」的本義為何？「生命」的本義為何？學者們倘且懵然無知而隨意針砭議論，此豈不反證牟老師力倡真學力真學問之切中時弊？！

牟老師的學問系統，背後的本源是振拔人類的正面積極精神，育和人類的生命，力挽人類純物化之下墮的大悲心。因此故，牟老師的學思進程同時是生命智慧的實踐過程。人類的生命總會有疾痛，用康德的話說，總會有「自然的辯證」，則總要有對治，總要有「辯之以相示」。就學問體系觀之，康德哲學、牟宗三哲學不能不說是博大精深，專家之學，然牟老師說過：康德哲學所言其實是家常便飯。牟宗三哲學不也正是家常便飯！有人曾問托爾斯泰，說：「康德的哲學是常人所能理解的嗎？能否用通俗的方式來闡明它？」托爾斯泰回答說：「如果能通俗地闡明他的哲學，那該是一件多麼有意義的事情呀。不知西方是否有人做過這種嘗試。應當說，這樣做是非常需要的。」（古留加著：《康德傳》）同樣，吾人亦深切感到，牟宗三哲學之通俗地闡明是需要的有意義的。演講

錄之出版，其用意即在於此。

　　牟老師去世那年七月，一封發自中國大陸的未署名的信寄到新亞研究所，信中有這麼一段話：

　　牟宗三先生如今以後將永遠活在每一個「有心人」之內，每當憂他所憂、思他所思的客觀問題時，你我同在，我倆一心。故知在漫長廣大的時空中，更有無盡知心，上下遙契！

牟老師實踐的生命已然客觀化了。「宇宙一切人之有價值之人格精神無不被保存於天地。」（唐君毅先生語）牟宗三時代永不會完結。

　　此時，因著校稿工作，翻開《四因說演講錄》的稿紙，凝注紙頁上牟老師批改的字跡一句句一行行。牟老師，我永遠感念他。

　　還得感謝楊祖漢教授。自第十六講以後未經老師批改的稿子，蒙楊教授代為過目校訂。

民國八十五年八月初 盧雪崑 序於香港

目　次

第一講　亞里士多德「潛能」與「實現」原理及「四因說」

亞里士多德（Aristotle）首創「潛能性」（potentiality）與「實現性」（actuality）原理，兩千多年前提出來，一直到現在沒有人能反對。這兩個成分一定要有。

potentiality 與 actuality 相對。potentiality 指質料（matter）講。actuality 指形式（form）講。actuality 有兩重意思，開始是「實現」，作動詞，由實現變成現實的。

為什麼從 form 講 actuality、從 matter 講 potentiality？matter 跟 form 相對，這與一般泛說「心物相對」不同。與 form 相對，matter 是質料的意思。任何東西都有它的材質與形式。譬如粉筆這一個體物（individual thing），form 就是粉筆的形狀，matter 是它的那些化學成分。粉筆是一個組合物，分解地說，裡面有材料，有形式。你怎麼可以把那個形式拉掉呢？同樣，matter 也不能拉掉，不能說粉筆只是一大堆形式。具體的東西總要有質料，沒有質料，只是那些形式，不可以成為一個具體的東西。

matter 加上 form 才能成一個東西，才能是什麼，一加上這個 form 就是現實的東西。所以，這個 form 代表物之現實性，沒有 form 的地方什麼也不是。但是，光有 form，沒有 matter，只是一

個空架子，也不能成為一個具體的東西。從這個地方，亞里士多德就說哪裡有形式哪裡才有現實性，才實現成一個東西，沒有形式就不能成其為一個東西，就不能講「是」，不能講「是什麼」。西方講「是什麼」，就一定有形式。假定把形式拉掉，就不能說「是什麼」，不能成任何現實的東西，只是材料（matter）。加 form 就可以說「是」、說「是什麼」。所以，從 matter 講 potentiality，它只是潛能性，言其有可以成為一個「是什麼」的現實物的可能性而已。講西方哲學首先要了解這種思考。

所以，亞里士多德首先分析出兩個成分：matter、form。這是大哲學家的思考。這個講法沒有人能反對。西方人了解存在從動詞" to be "講。" to be "是籠統說，沒有時間性，沒有數目。有時間性、有數目就能講個體事物。時間是過去、現在、未來，這是時態的問題；數目就是單數、眾數，還有人稱的問題。這些都是具體的事物。所以，「是什麼」一定要有形式加上去，「是什麼」才成個東西（thing）。thing 就是物，物就表示「是什麼」。

中國人了解「存在」不從" to be "講，中國人從「生之謂性」的「生」講存在。老子《道德經》：「有物混成，先天地生」，這個「生」就是存在，這個「物」只有文法上的意義，沒有實義，因為「道」不是一個實際的物。天地是宇宙，「先天地生」就是先於宇宙而存在，這個東西就是道。「先天地生」就是沒有宇宙之前就有，這個「有」就是存在的意思。所以，中國人從「生」這個地方說存在。儒家講「生生不息」，也是從「生」講存在。

生是動態字，" to be "是靜態字。西方的存有論（ontology）就是從" to be "靜態字引生出來。中國人存有論、宇宙論通過

「生」這個動態字講，講法不一樣。中國人也有中國人的本體論、宇宙論，但不像西方人從" to be "那裡直接講存有論（ontology），從 matter 加上 form 講宇宙論（cosmology）。

西方哲學從" to be "講 being。從 matter 加上 form 講 becoming。從 becoming 講宇宙論，從" being "講存有論。宇宙論講 becoming，becoming 是動名詞，這個字的意思是什麼？從哪個分際講？becoming 就是變成什麼東西，成為什麼東西，成為什麼東西不是籠統說的。在亞里士多德，matter 加上 form 就成為什麼東西。

亞里士多德講一個東西之完成靠四個原因。所謂「四因」（four causes）：「形式因」（formal cause）、「質料因」（material cause）、「動力因」（efficient cause）、「目的因」（final cause）。「四因」中最重要是「形式因」與「質料因」，形式加在質料上就成為一個東西；再加上「動力因」、「目的因」就成為一個發展。亞里士多德講粉筆成其為一個粉筆是要經過一個成為的過程（becoming process）的。

把 form 加在 matter 上，這個 matter 就從其潛能的狀態變成一個現實狀態，這是一個成為過程。為什麼是一個過程呢？因為光是 matter、form 兩個相對，還是靜態的，再加上「動力因」、「目的因」，就成一個動態的過程。becoming 是一個過程，光是 form、matter 看不出來是一個過程，一定要加上「動力因」、「目的因」，才是一個過程。講這種 becoming process 的就叫做宇宙論。這個很明確。講「是什麼」就成一個個體。what it is 從動詞 to be 來，那是講存有論。（ontology 當該譯為存有論，不當譯

為本體論，因為它從 being 來。）宇宙論不是泛泛說些籠統大話，是具體的說明萬物的 becoming process，這個 becoming process 可以分解地表達得很清楚。怎麼叫分解地表達呢？就是通過「四因」來分析。

嚴格說，four causes 譯作「四原因」不大恰當。因為有原因就有結果，實際上是四個原則、四個根據。因為從 cause，就想到 effect。cause、effect 是因果關係中的詞語。拿四個原因（根據）作一個原因就產生一個結果，那個結果就是粉筆的完成。粉筆之完成其為一個粉筆，就是結果，這就是那「四因」的結果。這種因果關係跟一般講自然因果關係不一樣。通過四因說明一個個體之完成，這是分解說明上的「根據歸結」間的關係，吾曾名之曰「因故」關係，不是因果關係。這種說明就是西方式的宇宙論。宇宙論是講這種 becoming process 的。

becoming process 不是籠統地講變化，不是籠統說天地萬物天天變。那是後來引申的意思，後來凡是講變化的就是 cosmology。事實上是講一個個體如何形成。任何一個個體就是萬物，萬物都要依照四個原因來說明。

亞里士多德的這種思考，可以用在儒家來說明，也可以用在道家來說明。用在儒家，就從《中庸》、《易傳》的思路來了解，用在道家，就按照《道德經》的有、無、玄那個思路來了解。它可以各種系統說出來。這樣你就可以了解儒家的哲學、了解道家的哲學。佛教沒有這一套，沒有這一套存有論，也沒有宇宙論。因為佛教主要講「空」。它的問題是空、如幻如化，講「無自性」。但是，也可以有佛教式的存有論，那是一個很特別的講法。

照亞里士多德的分析，粉筆之成其爲一個粉筆，這個「成」是一個 becoming process。這個 becoming process 如何了解？就是通過對粉筆的一個分解，一個「四因」的分析而構成的一個 becoming process。這個就是宇宙論，任何物都是這樣，整個宇宙也就是這樣往前發展。照亞里士多德，宇宙的發展最後的「目的因」就是 pure form。pure form 就是上帝。那是照全宇宙講，散開就是萬物。就桌子講可以，就粉筆講也可以。

先了解萬物，從萬物這個地方來講 becoming process，講一物之形成。一物之成其爲一物（thing），不是 matter，matter 要加上 form 才成。這是亞里士多德的講法。照儒家的思路，《中庸》、《易傳》的思路，先个說整個宇宙，先說萬物，粉筆也可以，桌子也可以。桌子成其爲一個桌子，這個「成」就是 becoming process，就是「成爲過程」，是通過這「成爲過程」而成的。儒家怎麼講這「成爲過程」呢？在儒家有一定講法，很清楚的。儒家《中庸》、《易傳》沒有通過「四因」的分析方法表達，它用漫畫式的詞語，意思跟亞里士多德相同。

《中庸》、《易傳》哪一種文句能說明 becoming process 呢？哪種語句是儒家式的 cosmological sentence？《易傳》：「乾道變化，各正性命」就表示 becoming process。「各正性命」就落在各個萬物上。在乾道變化的過程中，每一個東西都能正其性命，正其性命就是定其性、定其命。定其性命就是動態地定其「是什麼」。〈乾卦〉卦辭：「元、亨、利、貞」四個字表示的階段就是一個 becoming process。元是開始，亨是通，利是往外通出去，貞是有所定，有所成。這種「元、亨、利、貞」的過程是從乾道變化說。

亞里士多德講的 becoming process 是通過一個分析而完成的。儒家從「乾道變化」、「天命不已」那裡講。「天命不已」落在 becoming process 這個地方，這個動態的完成，重視「目的因」、「動力因」，不先顯形式因與質料因。

北宋周濂溪拿「誠」合釋《易傳》的〈乾‧彖〉。《通書》第一章說：「『大哉乾元，萬物資始』，誠之源也。『乾道變化，各正性命』，誠斯立焉。」又言：「『元亨』，誠之通；『利貞』，誠之復。」照亞里士多德的「四因說」來安排，「動力因」就是「大哉乾元」，就是「天命不已」，這是統天地萬物而一起講的。「各正性命」是散開講。散開說桌子、粉筆，通過「元、亨、利、貞」，就落到萬物上。落到萬物上顯目的因。

從「大哉乾元」顯「動力因」，通過「『利貞』，誠之復。」「乾道變化，各正性命」，從「各正性命」那裡講，顯「目的因」。「目的因」是什麼？落在粉筆上粉筆就成其為粉筆，成其為粉筆，粉筆就達到它的目的，這是「目的因」。它完成其為粉筆，這粉筆是一個物，不只是質料（matter），形式（form）就在裡面。從這裡分析，你看它那個形式從哪裡表示？中國人沒有分析那個形式，但它這裡一定有一個形式，這個形式的根源從哪裡來？這個形式的根源從乾元來。那麼，材料從哪裡來？也就是說氣從哪裡來？氣寄託在坤元。所以，matter 的觀念很重要。在中國人，它是動態的看法。在〈乾卦〉這裡只講「形式因」這一面。「形式因」往後講通「動力因」，這是通過「大哉乾元」而顯的。若往前講，它便通「目的因」，這是通過「各正性命」而顯的。

照亞里士多德「四因說」，靜態的分析就是質料、形式兩面。

「質料因」是一面，「動力因」、「目的因」、「形式因」這三因又是一面，是同屬於理的一面。理的一面控制「質料因」。照亞里士多德，最後一個動力因是不動的動者（un-moved mover），不動的動者是指上帝講的。上帝推動一切，但祂後面卻再無推動之者。上帝可以在你後面作「動力因」，也可以在你的前面作「目的因」。所以，「目的因」就是那個「動力因」的透射。

　　質料加上形式即具有形式，才成一個東西。它具有形式須通過一個過程。通過什麼過程呢？就是一個從潛能到實現的過程（from potential to actual）。通過「動力因」，形式可以實現到質料上。實現到質料上，一物就達到它的目的，完成它的目的。總起來講，天地萬物一把抓，全宇宙的「動力因」是 un-moved mover，就是上帝。全宇宙的最後目的是「純粹的形式」（pure form），純粹的形式就是上帝。這是哲學家講的上帝。宗教家講的上帝是 pure spirit。pure spirit 是具體的，是通過耶穌的愛與犧牲而顯示的。pure form 是抽象的，是通過哲學家的智思而顯示的。pure form 也代表 pure actuality。上帝是純粹的實現性。

　　上帝沒有質料，上帝沒有任何隱曲。純粹的實現性就是沒有任何隱曲。上帝沒有質料，因此，上帝是純粹形式。我們這些人的形式都是有限的、相對的。粉筆的形式對著粉筆講，人的形式對著人講，有質料的地方就有隱曲，就有物質性。這個質料就是物質性。

　　照中國人的看法，任何人在沒有成佛成聖人之前都有無明。所以，照成佛講，到最後金剛斷，斷無明，就是把質料中的隱曲統統斷掉。斷無明就是斷隱曲性。隱曲性從質料來。potential 是隱曲相，actual 是實現相。孔子是聖人，孔子就沒有隱曲相，沒有藏私

的地方，純粹天理流行。莊子說其機心重者，其天機淺。隱曲就是機心重。把機心化掉就是聖人，這是了不起的工夫。

第二講　「目的因」與「動力因」

前講講亞里士多德「四因說」。亞里士多德分析一個東西有「四因」:「質料因」、「形式因」、「動力因」、「目的因」。「四因說」到處都可以應用,普遍地應用。

先是靜態地、橫地分解為 form 與 matter。從 form 講 formal cause,從 matter 講 material cause。這是一個橫的分解。還有一個縱貫的動態的講法。動態的講就從發展的觀點看任何東西。每個個體是一個發展,杯子要發展成其為其杯子。完成其為杯子,杯子的目的就達到了。任何一個東西從發展的觀點看,它總有一個發展的動力。所以從後面看,它有一個「動力因」(efficient cause),(efficient cause 也譯作「有效因」。)它是個發動的力量。這個發動的力量使一物往前發展。往前發展總有一個發展的目的,這就是「目的因」(final cause)。這是動態的分解。

動態就是表示一個東西的完成要通過一個發展的過程完成,這個發展過程名之曰「生成過程」(becoming process)。這個「生成過程」也可以說是一個發展過程。這是亞里士多德的貢獻,這個可以普遍應用,對於任何東西都可如此分解。

照人 (human being) 講,人之為人,可以分好幾層看。先就

人的形軀（physical body）看，形軀也有形軀的形式，這就是人的形狀。人有四肢百體，這個人的形狀很難得。但形軀只是表面的外部的看法。你要看人的心靈（mind）。英文「人」是個 human being，從 human being 看，你要重視 humanity，就不只是看人的形軀。

形軀很重要，生而爲人，這個人相很重要。猴子雖然很像人，但猴子不是人。達爾文說人是猴子進化來的，這話不通的。爲什麼其他猴子沒有進化？無論怎樣慢慢進化，猴子進化不到人。猴子就是猴子，人就是人，當時，達爾文的進化論對世界影響很大，他說天地萬物不是神創造的，是進化的。從進化的觀點看，說明的範圍很有限，是有限度的。達爾文的進化論是不通的。你們不要信以爲眞。其實進化就是演化。演化，若用中國人的詞語說，就是氣化。說人不是神創造的，是可以的，但說人是由猴子演化而來，則不通。

要重視 humanity。humanity 如何譯成中文？這個字是很難翻譯的。有譯作「人性」，那麼，這個「人性」跟 human nature 是不是相同呢？有人譯作「人道」，那更籠統。英文文法有這種抽象名詞，凡是後面加上 -ty、-ness，都是抽象名詞。humanity 就是抽象名詞，這種抽象名詞中文沒有的。由此可知道這方面文字的影響很大，中國人的頭腦在這方面是很差的。西方人這種抽象名詞，印度梵文也有。

humanity 是從 human being 分析出來，是一個抽象名詞，這跟粉筆這樣的具體名詞不一樣。平常譯作「人性」是不對的。因爲 human nature 就是譯作「人性」。human nature 就是人的自然。

西方人，人的自然對著超自然講，超自然就是上帝、神。西方人說
人性就是人的自然。

照中國傳統，這個「人的自然」屬於哪一方面？告子說：「生
之謂性」①就是說的「人的自然」。告子說「性猶杞柳也」、「性
猶湍水也」，那是只有形而下意義的性。順著「人的自然」，荀子
講性惡，告子講「生之謂性」，都是屬於氣性，氣性是一般的說
法。所以，告子說「生之謂性」，就是所謂「食色性也」。「食色
性也」就是人的自然。但是，光從「人的自然」看人只能了解形軀
人的特性，不能了解 human being 之 humanity，不能了解人之爲
人之人義。所以，孟子說性善，那個「性」作什麼講？那是作道德
性講的，是就我們人的內在道德性（inner morality）講。孟子講的
「性」，用黑格爾的詞語講，就是人類的 inner morality。

孟子說性善的性是指 inner morality 說的，這樣才能夠顯出人
的特點，顯出人與動物的不同。這種不同就是價值上的不同。孟子
說：「人之所以異於禽獸者幾希。」②這「幾希」的不同不是分類
的不同。要是分類的不同，告子說「生之謂性」，也可以表明人與
動物的不同。人有如此這般的四肢百體，就是人的 physical body，
人有人相，動物沒有人相。這種不同是分類的不同。這個道理我在
《圓善論》一書講得很清楚。

孟子說性善的「性」不是分類的類概念的不同，是價值的不

①見《孟子・告子上》。下文告子言「性猶杞柳也」、「性猶湍水
　也」、「食色性也」皆出自此篇。
②見《孟子・離婁下》。

同。假定光說分類的不同，告子說「生之謂性」也可以說不同。人的「生之謂性」跟牛的「生之謂性」不同，牛跟馬也不一樣，這是類不同。這個類不同也很重要。你不能看輕人這個形狀。人有人的五官，所以人的感覺跟其他的有限存在不一樣。「人身難得」，照佛教講，人最容易成佛，所以「人身難得」。

照佛教講，凡眾生皆能成佛。什麼是眾生？一切眾生也叫做有情，這個「有情」不是「有情人皆成眷屬」那個意思。有情就是有情識作用，識就是有知覺了別的意思。畜生也有情識，也有感覺知覺，但畜生太笨，氣太濁，很難開發，心竅不開，不容易成佛。地獄眾生太苦了，也不容易成佛。人這個「有情」就很了不起，動物的心識受感性束縛得太深了，很難開發。所以，生而為人很難得。天堂眾生享福太多也不容易成佛，這表示人不能太舒服，人要磨煉才成，所以，人相很重要。

人身難得，但光從我們這個 physical body 這個人身方面看不夠，要看人的內在的道德性。孟子抓住這點很了不起，所以孟子是亞聖。荀子講性惡，告子講「生之謂性」，都是講的 human nature，就是「食色性也」，就是動物性，這是「人的自然」。光講這點不夠，不能完成這個 humanity，從 human being 立場講，除「生之謂性」那個人的自然的那方面之外，一定要重視 human being 之所以為 human being 的那個 humanity。這個地方，humanity 這個抽象名詞就出來了。

從 human being 引伸出 humanity，humanity 應該譯作「人之為人的人義」，重人的概念的本義。這個「義」不是仁義的義，這個「義」是概念的意思。中文沒有抽象名詞，所以想拿一個字翻譯

humanity 很難。平常譯作「人性」，那是不嚴格的。

說「人性」，就是指 human nature，human nature 譯作「人性」，就是人的自然。人有自然的方面，荀子講性惡，告子講「生之謂性」都是說「人的自然」。荀子講性惡，那個「惡」並不是了不起的惡，跟西方講原罪那個「惡」的意思不一樣。荀子講性惡的惡就是動物性。

動物性、「生之謂性」，可以用三個系列把它總結起來：一個是生理系列，一個是心理系列，一個是生物系列。「人的自然」有些屬於生理學的（ physiological ）、有些屬於心理學的（ psychological ）、有些屬於生物學的（ biological ）。我們現在了解人，根據生理學了解人，根據心理學了解人，根據生物學了解人。人類學不外是根據這三方面了解人類。

從生理學的立場了解人，哪些屬於生理學的自然呢？生理學很簡單，欲就是生理學的。中國人所謂七情六欲，情欲連在一起，有時候不是很嚴格分開。欲是生理學的，情就是心理學的。喜、怒、哀、懼、愛、惡、欲，七種感情是心理學的。生物本能，傳宗接代、趨利避害，這是生物學的。趨利避害，保存自己的生存，這是人的生物本能，人的基本權利先要保住，然後說傳宗接代，這是生物學的。以上所說都是人的自然，屬於 human being 中的三系列。所以，「人的自然」不是抽象的名詞，這是很具體的，都給你擺出來。觀察人的自然，離不開這三系列。照中國傳統說，這三系列都屬於氣，只有人的內在的道德性屬於理。

講人之所以為人的人義，不能否定人的自然的那些方面。但最重要是理那一面，那是完成人之所以為人。照亞里士多德，每一個

東西都有它的動力，完成它自己的一個發動力量。除此以外，還有一個目的。人的目的在哪裡？就是完成人之為人的人義，人的目的就達到了。所以，人要成個人的樣子，人要能站得起來。這站得起來是在發展中一步一步完成的。我們現在社會上，人到十八歲就成人了。成人的意思就是說你有獨立的人格，你要負道德、法律的責任。沒有成人之前，你犯罪不負法律責任。成人是就你到法定年齡說。你要真正實現人之為人的人義，這很難，這是個無窮的奮鬥。你一生奮鬥也不一定能完成你人之為人的人義。所以程明道說：「人於五倫有多少不盡分處！」

所以，人的目的就是能實現人之為人的人義，實現人之為人的人義就是人的「目的因」。亞里士多德講「目的因」就萬物講，沒有什麼奧妙的意思，就是每一物要完成它自己。最後完成它自己才能說它是什麼（ what it is ），才能下定義，下定義是屬於 what 的問題。萬物都有它是什麼的一定的意義。

存在主義者說人不能下定義，因為你是什麼須靠你將來的創造，創造成什麼才能是什麼，人生下來開始什麼也不是。這是存在主義者沙特的辯論，這話很有意義，有他的道理。沙特說那些話為的說明「存在先於本質」。人沒有本質（ essence ），本質靠你的創造。因為下定義靠著你能把握到本質，因此，沙特說人不能下定義。

沙特提出「存在先於本質」是反對柏拉圖，因為柏拉圖說「本質先於存在」。在柏拉圖，本質指 idea 講，每一個東西都有一個 idea 在後面。idea 就是任何東西的一個括弧，每一個東西有一個括弧籠罩著，它不能跳出這個括弧。idea 是先天的，上帝造萬物的時

候每一個都給你定好了。所以照柏拉圖講，你能了解 idea 就能對任何一個東西下定義。你能了解粉筆的 idea，你就能對於粉筆下定義。對於人下定義，就要了解人的 idea。人的 idea 就是人之為人的人義，萬事萬物都是如此，這是傳統的講法。

「本質先於存在」，這是柏拉圖傳統，這是理性主義的講法。沙特出來說人生下來什麼也不是，你是什麼靠你的創造。你把自己創造成什麼，你才是什麼，你是什麼以後，我們才能對你下定義。這是「存在先於本質」。因此，沙特說人不能下定義，因為事前沒有一個 idea 擺在那裡。這話有問題。沙特這個主張開始說得很有道理，人是什麼靠自己創造。你是做生意，還是做工人，士農工商都是自己選擇，這是你的自由。人要成個什麼型態，成聖賢、成英雄、或成豪傑，也要靠自己創造。講創造就要講自由，這個很有道理。但是，講創造是不是就一定要否定柏拉圖那個 idea 呢？你可以隨便創造嗎？你可以選擇士農工商，可以選擇成聖賢、成英雄豪傑，或者做普通人，但你可以隨便把你自己創造成石頭嗎？所以，後面一定有一個括弧，有一個 idea。

儘管沙特說你成為什麼要靠你自己創造，但那是有範圍的。這個範圍就是一個括弧。我在《心體與性體》一書〈綜論部〉就講到這個括弧③。從括弧說是形構之理（principle of formation）。但除括弧外，還有一個實現之理（principle of actualization）。從實現之理說是「動力因」，從形構之理說是「形式因」。這個很容易了

---

③參閱牟先生《心體與性體》第一冊〈綜論〉，第二章第三節「存在之理與形構之理之區別」。

解，這不是比附。亞里士多德「四因說」的分析可以普遍應用，沒有人能反對，只是你了解不了解，你應用得恰當不恰當。

　　人可以下定義，因為人是有限存在，自由創造不能隨便創造。先有一個本質，你要把你的這個本質實現出來。通過實踐表現出來很難，但你不能說人沒有本質。我在《道德的理想主義》一書有一篇文章講這個問題，大家可以一讀。

第三講　儒家如何貫通「四因說」

上學期講了康德《判斷力的批判》第一部份：美學判斷。還有一部分講目的論判斷。康德講「目的論」是要充分完成他的道德的神學。若用之於儒家，則是完成道德的形上學（moral metaphysics）。現在從亞里士多德「四因說」作一個入路，先藉「四因」的分析來了解儒家講目的，由這個地方再進而充分了解儒家的道德形上學。然後拿「四因說」衡量道家與佛教。

亞里士多德說「目的因」，這個「目的」就是每一個物完成它自己，它的目的就達到。從這個地方了解這個物的「目的因」。「目的因」這一詞語中國沒有，但不能說這個意思中國也沒有。其實只有儒家眞正屬於目的論的系統。

孔子說：君不君、臣不臣、父不父、子不子①，就是說君要成其爲君，君成其爲君，君的「目的」就達到。「君君、臣臣、父

①《論語·顏淵》：「齊景公問政於孔子。孔子對曰：『君君，臣臣，父父，子子。』公曰：『善哉！信如君不君，臣不臣，父不父，子不子，雖有粟，吾得而食諸？』」

父、子子」②，就是每一個東西都有它的恰當的目的，這個目的如何了解呢？就是君要像個君的樣子，臣就要像個臣的樣子，父就要像個父的樣子，子就要像個子的樣子。孟子也說：「五穀者，種之美者也；苟爲不熟，不如荑稗。」〈告子上〉這表示五穀的目的是要成熟完成其爲五穀。假定一顆穀種不成熟，不能成其爲一顆穀，這是很可悲的。五穀不成其爲五穀，沒有成熟，那叫做「苗而不秀，秀而不實。」農民種稻，如果苗而不秀，秀而不實，他今年就沒收成。通過這些例子，你可以了解亞里士多德說的「目的因」是什麼意思。這個不玄，只是大家習而不察。

《易傳》也有「目的因」的意思。final cause 我們譯作「目的因」，中文老的名詞不用這個字。《易傳》中，終、成二字就表示這個意思。《易傳》〈乾〉、〈坤〉兩卦最重要，乾坤並建，代表兩個基本原則。這見之於〈乾卦〉的〈乾·彖〉，與〈坤卦〉的〈坤·彖〉。彖者，斷也。彖是對這一卦總的性格加以判斷。

〈乾·彖〉曰：「大哉乾元，萬物資始。乾道變化，各正性命。保合太和，乃利貞。」「大哉乾元，萬物資始」，乾元的作用是作爲天地萬物的開始，與「始」相對的字就是「終」，終的觀念表示在坤卦。物之開始就是生，從始說生，始生連在一起說。始對著終而言，生對著成而言。所以，儒家講始終、生成。

通過始生來了解「大哉乾元」，了解天命不已，乾元代表創造原則（principle of creativity）。通過終成了解坤元，坤元代表保聚原則（principle of conservation），保聚原則又叫做「終成原

---

②見註①。

則」。乾元是創造原則、創始原則、創生原則。乾元代表始生，那是開端，開端表示創生。坤元代表終成原則，終成就是目的達到了。所以，中國思想若想貫通到亞里士多德的「目的因」，便必須正視這「終成」二字。終成靠什麼來完成呢？誰來負擔這個責任呢？靠坤元。所以，坤元就代表終成原則。

照亞里士多德「四因說」，把 form 加在 matter 上，拿 matter 實現這個 form，這個東西就完成。到「目的因」這個地方，這個 form 不是完全實現了嗎？ form 完全實現，matter 就不是那個 formless matter（無形式的質料），乃是在 form 中的 matter。這個很有趣味。所以，final cause 譯作「終成因」是很恰當的翻譯。

你們好好讀〈乾卦〉、〈坤卦〉，再看我的《心體與性體》的解釋，然後從這裡了解《中庸》。《中庸》說明「成為過程」（becoming process），就是貫通「動力因」、「目的因」而說明那個「成為過程」。《易傳》是「大哉乾元，萬物資始。乾道變化，各正性命。」「元、亨、利、貞」，這是連貫在一起的，再貫穿到〈坤卦〉那個終成原則。《中庸》裡面那些語句表示呢？《中庸》曰：「誠者，物之終始，不誠無物。」（第二十五章）。《中庸》拿「誠」來貫穿這個「成為過程」，《易傳》從「大哉乾元」那裡講，《中庸》是從「誠」講，「誠」這個字就涵著「形式因」（formal cause）、「動力因」（efficient cause）、「目的因」（final cause）這三者。

從「大哉乾元，萬物資始」那個地方看，就是動力因。「乾道變化，各正性命。保合太和，乃利貞」這是一個包含元、亨、利、貞的整個過程，從利、貞那個地方見「目的因」，從元、亨那個地

方見「動力因」。首先作這樣了解，這是個籠統的說法。從《中庸》看也是如此，「誠者，物之終始，不誠無物。」這個終始過程，就是誠體貫穿的終始過程。假定用亞里士多德「四因說」衡量，還是「動力因」和「目的因」。「誠者，物之終始。」從其成物之始的地方看，就是「動力因」，從物之終的地方看，就是「目的因」。從其「成物之始與成物之終」之一物之「完成」言，它就含有「形式因」；而始、終與完成都是扣在「物」字上，而即這物字就含有「材質因」。

《中庸》從「誠」講，誠就是《易傳》的乾元。所以，當年周濂溪就是以「誠」合釋〈乾·彖〉的乾元。這是傳統儒家的思路。「誠者，物之終始，不誠無物」這種語句，讀一點西方哲學的人就知道，這是本體宇宙論的語句（onto-cosmological sentence）。中庸的「誠」是很好的觀念。「誠者，物之終始，不誠無物」，是普遍性原則。這個句子包含很多內容，裡面有很多層次，不是籠統一句話，以前大家沒有詳細分析。這裡可以借用亞里士多德「四因說」表達，你仔細分析，把「四因」套上去，更可以了解，而且這樣了解更有提綱挈領性。

誠當一個本體看，真實本體（real substance），就是當一個形而上的實體（metaphysical reality）。從形而上的實在性、真實性看，就是個實體。從生活中的「誠」擴大化，《中庸》說的「誠」蓋天蓋地，蓋天蓋地就是形而上的實體，這個形而上的實體是道體的意義。儒家講的一定是道德的形而上學。

「誠者，物之終始，不誠無物。」誠這個意思很高。假如人家站在現代人泛科學主義的立場問：「難道我不誠，這個物就真的沒

有了？這個桌子存在不存在，跟誠有什麼關係呢？」你無詞以對。現代科技的原子彈把人的道德的眞誠這個意義一下子炸掉了。現代人看不懂《中庸》這些話。

《論語》講仁，仁就是生道。仁不是簡單的就是平常生活上說的仁愛，仁愛是普通的意義。孔子說仁，發展到宋明理學，仁就是生道。生道就是本體宇宙論的實體。孔子、宋明理學家講「仁」從道德上講，但道德上所講的「仁」蓋天蓋地，從這個地方說，仁就是生道。要不然，仁與萬物的存在、生生不息有什麼關係呢？就看你有沒有這個穎悟。儒家講仁、太極、天道，天命不已，就等於西方人講上帝，跟西方人講上帝是同一個層次。

《中庸》分前後兩部份。「天命之謂性，率性之謂道」是前半段，後半段講「誠」。《中庸》曰：「其次致曲，曲能有誠，誠則形，形則著，著則明，明則動，動則變，變則化。唯天下之至誠爲能化。」（第二十三章）又曰：「唯天下至誠，爲能盡其性；能盡其性，則能盡人之性；能盡人之性，則能盡物之性；能盡物之性，則可以贊天地之化育；可以贊天地之化育，則可以與天地參矣。」（第二十二章）中庸「誠」講得很美。這種頭腦，現代人沒有了，認爲這些是神話。這是現代人的可悲。現代人光相信原子彈，原子彈一炸，什麼東西都沒有了，上帝也沒有了。

「誠則形，形則著，著則明，明則動，動則變，變則化。」形、著、明、動、變、化，六個字代表六個階段，這種語句叫做「本體宇宙論的語句」，代表一個生成的進程（becoming process）。《中庸》講這個「誠」，就是《易經》〈無妄〉的那個卦。誠，就是眞實無妄。沒有一點虛妄，沒有一點虛假的東西。所

以，我們可以把「誠」看成形而上的眞實（metaphysical reality）。照這個意思了解的誠，好像跟我們平常講眞誠、講誠心誠意的「誠」沒有多大關係，這個「誠」是擴大的講，要從生活上證明，從實踐上證明，跟日常生活講的「誠」也是相連貫的。程明道講「仁者與天地萬物爲一體」③，拿仁作天地萬物的本體，意思是一樣的，都是從道德的立場講，這是價值的觀念。以道德價值的觀念肯定宇宙的最後眞實是誠、是仁。

「誠則形，形則著」，這個「形」是自動詞，不是形式，也不是形態。這個「形」是表現的意思，是形著的形。拿下面著的意思了解形，所以，形、著常常連在一起講。《中庸》是形、著分開講，是兩個步驟。形是表現，有諸於中，必形於外，內有眞實的東西，一定往外表現，往外表現就是形。著就是顯著的意思，就是彰明昭著的著。能往外表現，就能彰明昭著。能夠彰明照著，就能明。明就是明朗、開朗。平常我們說透明度，就是把隱曲化掉，沒有隱蔽。透明度談何容易？人生的過程是開明自己的過程，最高的境界是通體透明。

透明度是現代人的詞語，我們以前說通體明朗。「明則動」，明才能動。一個人的生命通透了，才能有感動。有感動，才能變，能變則能化，自化而化他。沒有感動，就是沒有感應，就是愚蠢，氣太濁。所以，孔子說：「不憤，不啓；不悱，不發。」（《論語‧述而》）憤、啓、悱、發，就是說教學過程中，假如你這個學生沒有感應，內部一點不起振動，聖人也沒有辦法，這個時候就不

---

③《二程全書》卷二、二先生語二上。

給你講。悱，就是心中有悱惻之感，悱惻就是孟子所說的「惻隱之心」的惻隱那個意思。假如一個人不痛不癢的，這個人就是麻木不仁。生命麻木不仁，就是愚蠢。假如一個人的生命沒有一點痛惻之感，聖人也沒辦法啓發你。

「明則動」這個動就是說內部生命的振動、憤發之動。動才能變，變才能化，化是育的意思。經過形、著、明、動、變、化六個步驟，最後說「唯天下至誠爲能化」。唯天下至誠的生命才能有這種感動變化，不但自己的生命有感動變化，也能影響別人，使別人的生命有感動變化，整個社會也有感動變化。達到最高的境界就是聖人的功化，也叫做聖人的德化。

聖人的生命是眞實無妄，只有聖人能做到這個德化。所以，《中庸》這些語句、這些道理要靠人的生命彰顯，空講沒有用。社會上確有這種聖人，每一個民族都有一個聖人。我們每一個民族都崇拜一個聖人，道理就在於此。以前人講學問最高目的就是崇聖，以聖人作範例。爲什麼他是聖人，就是他對人的生命有功化、有德化。聖人自己生命內部要有感動，才能感動人。這是不能虛假的。人要有一點成就，不能沒有眞，聖人也是如此。耶穌成其爲耶穌，孔子成其爲孔子，釋迦牟尼成其釋迦牟尼，都不容易，都有眞成其爲聖人的眞的地方。不能虛假，不能欺騙人。

《中庸》這些句子都是把我們人生宇宙最後的生命之源，形而上的眞實無妄之體點出來。這個沒有科學根據，因爲這個不是講科學，而且你不能從科學上找證明。這是成就一切東西的動源，科學也要靠這個動力來形成。沒有這個動力，科學也做不出來。《中庸》這些話都叫做「本體宇宙論的命題」，因爲這些語句指點本體

宇宙論的實體，形而上的實體。這個要點醒。聽到這句話，有沒有感動？有沒有開悟？這個是生命的學問。

現在的科學主義者，念哲學的新潮派大概都不懂這個生命的學問。你對他們講這些學問，他們不相信，就是他們對這些道理沒有感悟。這個時代，現代文明就是無體的文明，無體就是沒有形而上的實體。你指點他，他沒有開悟，他一下子落到科學的層次講，先問有沒有證明。沒有證明，我就不相信。這叫膚淺的理智主義。這個時代的人大體都是這一類的。

熊十力先生曾說：「感觸大者為大人，感觸小者為小人。毫無感觸禽獸也。」這個世界，感觸最大的莫過於釋迦牟尼佛和孔子，感觸最大莫過於聖人。這是把「感」的觀念擴大，等於《中庸》所說的誠。我以前也曾根據程明道的說仁而進之曰：「仁以感通為性，以潤物為用。」就是從感通說仁的本性。所以，感通很重要。

再回到《易傳》上說。〈乾·彖〉曰：「大哉乾元，萬物資始。乾道變化，各正性命。保合太和，乃利貞。」這個乾彖就是說明乾卦「元、亨、利、貞」四個字。天地變化的整個過程就是「元、亨、利、貞」的過程，這種過程就叫做本體宇宙論的過程（onto-cosmological process）。或者說是生成過程（becoming process）。假如拿亞里士多德「四因」（four causes）衡量，首先透顯的是「動力因」和「目的因」。在元亨那個地方顯「動力因」，在利貞那個地方顯「目的因」。元亨代表始、代表生；利貞代表終、代表成。

「元、亨、利、貞」。利，利刃之利，利刃下及於貞。貞，成也、正也。亨，通也。亨上溯到元。元是開始，這個開始是價值意

義的開始。時間的開始是沒有的。西方人喜歡在時間上追問：宇宙
什麼時候開始？一個回答宇宙有開始，一個回答宇宙沒有開始，這
就出現二律背反。主張宇宙在時間上有開始的，是從時間跳到一個
非時間的東西作開始。這個非時間的東西就是上帝，上帝不在時間
中。從上帝開始就是一個價值意義的開始。從時間上找宇宙的開始
是找不出來的，宇宙的開始一定不是從時間說，而是從價值的意義
上說。「大哉乾元，萬物資始」，這個始就是價值意義的開始。乾
之為元，乾作為宇宙開始之「元」，是價值意義上的元。

　　荀子說：「天地始者，今日是也。」這句話很好，這是說：天
地什麼時候開始，就從今日開始。這話說得很驚人，也很漂亮。這
話的意旨在哪裡？歷來沒有人註這句話。荀子是說：天地之始，當
下就是。中國人說：「靡不有初，鮮克有終。」如果沒有好的開
始，哪有好的結果，所謂好的開始就成功了一大半。荀子說「天地
始者」那個「始」是價值上的詞語。價值意義上的「始」靠覺悟，
你當下覺悟，你就可當下重生你的生命。父母給我們的生命是時間
上的開始，必須重生，當下本心呈現，就有好的開始，這是價值意
義上的始。荀子說「天地始者，今日是也」，是表示「始」的一個
方式，這個方式下把覺悟的內容指點出來。

　　覺悟，照基督教耶穌的說法，就是人必須重生，重生這話可以
到處應用。照《中庸》講就是誠體之呈現，誠體永遠在那裡，但你
不覺悟，誠體則不顯，當下覺悟，當下呈現，就有好開始。照佛教
講就是發菩提心，當下發菩提心，當下那些成佛的修行統統出來。
儘管天地宇宙早就有，那不算什麼。那裡有光明透露，那裡才有開
始。沒有光明，這個宇宙早就存在也不管用，漆黑一團的宇宙，存

在也沒有用。中國古時候形容孔子，說：「天不生仲尼，萬古如長夜。」每一個民族都有一個聖人，這個聖人代表這個民族的光。西方人一定要靠有耶穌出現，耶穌不出現，西方世界早已存在也沒有用。中國人一定要靠有孔子。

「大哉乾元」這個「元」也是個價值的觀念，從這個「元」開發出一個「元、亨、利、貞」的過程。亨，通也，內部有活潑的生命，不僵滯。利，利刃之利，這個「利」可以從《論語》「智者利仁」理解。「智者利仁」，就是使仁通出去，能通出去就是利。通出去，通到哪裡呢？就是通到貞。貞者，成也、正也。到這裡，就落到萬物上，使萬物成其為萬物。所以，「元、亨、利、貞」是創造過程，也就是終成過程。元、亨代表始、生，就是「動力因」。利貞代表終、成，就是「目的因」。「各正性命」表示利貞，通到每一個物就成每一個個體物，每個物成其為一個物，目的就達到了。

照《中庸》、《易傳》所表示的本體宇宙論進程，道德意味重，同時本體宇宙論通天地萬物的意味很強，final cause 譯作「終成因」較好。而且照亞里士多德講 final cause，是講宇宙論，不是講道德，「終成因」最能恰切地表達出 final cause 的意義。譯作「目的因」，使人容易了解，貼切於生活，但「目的因」太為人生所限。統天地萬物，說「終成」最貼切，落到人生上來就是目的。

孟子講五穀不熟不如荑稗，孔子說：「君君、臣臣、父父、子子」，穀要成其為穀，君要成其為君，臣要成其為臣，父要成其為父，子要成其為子。任何東西完成其自己，目的就達成了，這個講法是宇宙論的講法。落到人生上講，是道德的講法。但是，當我們

從這個地方往裡入，通到道德形上學的時候，開始是「終成因」，最後還是落到道德上來證實這個意思。因為這個形上學是道德的形上學。康德講目的論直接通道德目的，因為這個形上學是道德的形上學。康德講目的論直接通道德目的，最後有一個最高的目的論就是圓滿的善（summum bonum/highest good）。康德的道德神學，最後是依圓滿的善而建立。這跟儒家的系統一樣。

《易傳》從乾元、《中庸》從誠體講，是本體宇宙論。final cause 最好譯作「終成因」。終成是《中庸》、《易傳》本有的詞語。但是這種形而上學不能脫離道德的根據（moral ground）。最後落到道德上來證實的時候，目的才顯出來。這個時候真正講「目的因」，這個目的就是道德目的。道德目的就是你要按照無條件律令而行，這是道德本身的目的。還有一個最高的目的，這就是圓善。在西方，圓善就涉及上帝、靈魂不滅。在儒家就牽涉到圓教，圓教就是天地萬物都在內。天地萬物都在內，那麼，從道德意義的目的又轉成宇宙論意義的「目的因」。

上面講的大括弧，首先用亞里士多德的「動力因」、「目的因」了解這個大括弧。下次講小括弧，再往裡轉要把 form、matter 顯出來。《中庸》、《易傳》先就天地萬物講，是本體宇宙論的，所以，「動力因」、「目的因」是總持地講，說「動力因」和「目的因」還不是散列地就各別的物顯，乃是就天地萬物總起來顯。亞里士多德分析「四因」的時候，開始不是總持的講，是散在萬物上講，就每一個東西講。亞里士多德從下往上講，先分析每一個東西，首先顯 form、matter，而且他講「動力因」、「目的因」，也是首先就任何一個物講。我們現在講儒家是先總持地就

天地萬物往後返講其「動力因」，再回來落到萬物上向前看講其「目的因」，跟亞里士多德講「四因」的從下往上講的方法不一樣。

儒家講「天命不已」，後來朱子講「太極」，是總持的講法，統天地萬物而言。天地萬物總起來就是一個太極，但這個太極又無所不在，太極要散在萬物上。所以朱子說「統體一太極，物物一太極」④，兩句話同時成立。「物物一太極」，就是說太極在這裡，也在那裡，道無所不在。這時候，太極是不是等於柏拉圖的 idea？太極不等於柏拉圖的 idea，idea 是多，太極是一。亞里士多德講「形式」是根據柏拉圖的理型來。於此講形式因，不講動力因。動力因超越地說是上帝（不動的動者），內在於萬物自身各別地講是生機。

亞里士多德首先散開在萬物上講「目的因」的時候，就著粉筆講粉筆的「目的因」，粉筆的「目的因」就是粉筆成其為粉筆。這個觀念從他的老師柏拉圖來，柏拉圖講 idea，粉筆有粉筆的 idea，桌子有桌子的 idea。桌子是木做的，粉筆是化合物，而且桌子跟粉筆的構成也不同。粉筆成其為粉筆，粉筆的目的就達到了。桌子亦然，各有其目的因。但是宇宙總起來總是向上帝而趨，如是宇宙之最高最後的目的因就是上帝，一如其最後的動力因，即超越地講的那動力因，亦是上帝。在亞氏，動力因有兩層，超越地講者與內在地講者，此講的雖同名動力因，然而其意指卻完全不同。動力因方

---

④朱子「統體一太極，物物一太極」詳解，請參閱牟宗三先生《心體與性體》第三冊（正中書局），頁505至507。

面有兩層，目的因方面亦有兩層。在儒家，朱子可以說「統體一太極，物物一太極」，然而亞里士多德卻不能說：「統體一上帝，物物一上帝。」在儒家，既超越地從天命不已顯目的因與動力因矣，然則內在地講的動力因與目的因，儒家又如何講呢？光講「天命不已」，光講太極不夠，太極跟上帝一樣，上帝使這個東西存在，但這個東西存在的 form 不在上帝那裡，上帝不分別地創造質料與形式，但只創造個體物。在西方，這是分開的，有兩層。從上帝、天命不已、太極那個地方講，那個理（動力因）是實現之理（ principle of actualization ），實現之理是一。落在天地萬物上說的「目的因」，那個理是形構之理（ principle of formation ）。形構之理是多。但最後也要通到上帝，任何東西都不能離開上帝。

任何東西要靠上帝創造，這是大括弧。我們講儒家，首先從大括弧講，講乾元、誠體。下次照每一個物講，是落到小括弧，那是形構之理的問題。我們今天講了乾元，終成原則真正成其為終成原則還要靠坤元。如何把坤元帶進來？乾元盡的責任是創生，是開始。「元、亨、利、貞」，利貞靠坤元，當說利貞的時候，坤元就進來了，儘管講的是乾元，其實坤元就進來了。《易經》是乾坤並建。我們講「大哉乾元」是以創造原則做綱領，坤元隸屬於利貞。當講坤元的時候，正式地講坤元，坤元很難了解。〈乾〉、〈坤〉兩卦最重要，一定要讀文獻。

現在，我把這個系統給你們講出來，這是哲學的講法，要充實這個系統，你們自己要讀書，讀經文，至少要認真讀《中庸》、《易傳》。

第四講　儒家：「動力因」、「目的因」的表示及兩種層次之說明之問題

《易經》〈乾卦〉卦辭「元、亨、利、貞」，〈乾卦·彖傳〉「乾道變化，各正性命」。這都表示一個始終過程。從《中庸》方面講，則說「誠者，物之終始，不誠無物。」或者說：「誠則形，形則著，著則明，明則動，動則變，變則化。唯天下至誠為能化。」說這樣一個過程也可以。這些過程，假如用亞里士多德的「四因」來說，它首先透顯的是「動力因」與「目的因」。

從《中庸》、《易傳》的立場，「目的因」也可以名之曰「終成因」。「終成因」形而上學的意味重，或說宇宙論的意味重也許更好。「目的因」則是道德意義的，比較是從人事方面顯。

我們說任何一個東西是不是一定有一個目的在裡面呢？假定是宇宙論的講法，我們可以把「目的因」轉化一下，即把它轉化為「終成因」。這個意思在《易傳》表現得很清楚，《中庸》從誠體方面講亦然。所以，周濂溪可以以《中庸》之「誠」合釋《易傳》「大哉乾元」的乾道。

「元、亨、利、貞」是終始過程。《中庸》從「誠」講的「形、著、明、動、變、化」也是終始過程。在這個地方，說「終

成因」最恰當。道德意義的目的就藏在裡面。我講這個問題就是想將來跟康德的「目的論判斷」合在一起。在康德方面，他是直接說「目的論判斷」，由自然目的說到道德目的。這樣想是很實質的。所以，康德從這裡證明有一個上帝在設計，設計就函著有一個意向或目的。

你首先了解，暫時從本體宇宙論的立場，final cause 譯作「終成因」，這是很恰當的表示，而且合乎亞里士多德講「四因」的原意。亞里士多德講「四因」原來就是講宇宙論，不是講道德。他講任何東西都是通過一個發展來完成，發展就要有一個「向之而趨」的目的，這種目的就是終成，說到最後就是終成。開始的時候，他用我們日常生活中的目的來表示，這個目的是個標題，落到最後的解釋，是落到終成這個地方來了解。先拿目的作標題，說標宗也可以。

〈乾卦〉卦辭：「元、亨、利、貞」，〈乾·彖〉：「乾道變化，各正性命」，利貞就落在「各正性命」這個地方表現。元亨表示開始，開始表示生；利貞則表示終成。「元、亨、利、貞」這個過程就是一個有始有終的「成爲過程」（becoming process）。不要說「變化過程」，變化太籠統，這個變化是成爲的變化。利貞就在「乾道變化，各正性命」中的「各正性命」這句話表示。利，是利刃之利，跟光一樣，光是要照射的，照到那裏，就有光明。光照不到處就一片黑暗。利像一把鋒利的刀，一個箭頭，很容易劈出去，射出去。這和《論語》所說的「智及」之「及」一樣。元亨之「亨」是內通，表示生命之不滯。生命洋溢順通才可以作一個好的開始。利刃之利像箭頭，像光照，須射出去，這是「外及」，即表

示能夠達到。故利就函著「貞」。

照《易傳》的看法，利的意思、貞的意思就在萬物各正其性命的地方表示，「各正性命」就落在萬物上講。這些句子是很有意義的句子，不會有其他誤解，就是你能不能了解。在「乾道變化」中，每一個東西都可以各正其性，由正其性而正其命。正其性是成其定然如此之性能。正其命就是定其應有的活動之方向。這是從乾道變化而定的。乾道本無所謂變化，變化是由其引生的終始成為過程而倒映到它自己身上來。

東漢王充說：「性成命定」，性命在一起。你的性成了，你的命就定了。這句話不能反對。這句話有兩種理解，照王充的想法，他所說的「性成命定」是從氣性講。所以王充說：「用氣為性，性成命定」，這個「性」純粹是氣性。從氣方面說的性，就是西方人說的 human nature，nature 就是氣，自然方面包括生理的、心理的、物理的，都是氣。拿亞里士多德的說法衡量，氣屬於質料的（material）。

王充所謂「性成命定」所成的性是氣方面的性，就是後來理學家所說「氣質之性」，氣質之性也有其特殊的意義。籠統地講，氣性從最低講是動物性，就是告子說的「食色性也」，荀子講性惡也是從動物性講。動物性往上是氣質之性，高一點從生命的特殊性講氣質。你這個人的氣質是剛的呢？還是柔的呢？是脾氣躁的呢？還是緩慢的呢？剛、柔、緩、急，都屬於氣質，這是理學家說的氣質之性。最高說到才性，才性還是氣性，劉劭《人物志》講的是才性。王充說「性成命定」的「定」是定命論的定。因為氣性才可以說定命。

照正宗儒家從孟子到理學家的理解,「性成命定」不完全從氣方面說,性不完全從氣方面說,命也不完全從氣方面說。除「氣質之性」之外,理學家主要講「義理之性」。義理之性也是「性成命定」,這是在「元、亨、利、貞」的過程中,萬物如此這般地完成其性,即如此這般地決定了其應有的活動方向。孟子所講的「性」就是義理之性,性善的性,不屬於氣。告子「生之謂性」的性屬於氣,告子所說的「性」只能顯出類不同,不能顯出人之為人的價值的特點。所以孟子進一步,提高一層,把人的尊嚴提出來。那就是理學家講的義理之性。

義理之性是在「元、亨、利、貞」的過程中成就、完成。這個「性」成就了,則你的命也成了。這個「命」不是從氣方面說的命運的命。義理之性從道德性講,講人的內在的道德性(inner morality),把人的內在道德性顯出來。這個內在的道德性在這個個體形成的時候就已定然地形成在那裡,問題是你自覺不自覺。從義理之性講的「命」不是命運的命,是命令的命,是道德的命令(moral demand),就是說你非如此做不可,你願意做要做,不願意做也要做。在西方講,就是履行義務,你要做你本份內應當做的事情。就是你的理性命令你非做不可,不管你喜歡不喜歡、願意不願意。所以它對你是命令。儒家「天命不已」是這個命令的「命」的擴大化,擴大成是宇宙論的意義。整個宇宙後面有一個命令在那裡指揮。那相等於西方上帝的身分。

「性成命定」可以表現氣的方面,也可以表現理的方面,從兩個層次上都可說「性成命定」。王充說這句話原來的意思是從氣的方面說,沒有義理之性方面的意思。王充是汲取道家的自然主義,

但王充從氣方面講的自然主義，不是老子原來講自然的本義。

照《易傳》「元、亨、利、貞」這個過程，或照《中庸》「誠者，物之終始，不誠無物」以及誠則「形、著、明、動、變、化」這個過程，性命從什麼地方顯呢？性命還是從「動力因」、「目的因」那個地方顯。《中庸》、《易傳》首先透顯「動力因」、「目的因」，是在理方面，不是在氣方面。這個理是誰肇始的呢？這樣義理的性、義理的理，是誰肇發的呢？當然從「動力因」裡講，誰造成這個「動力因」？照《易傳》講這是乾元，照《中庸》講就是誠體。

《易傳》講「元、亨、利、貞」的過程，就是「乾道變化，各正性命」的過程，這是個眉目，先把這個眉目了解清楚，透顯「動力因」和「目的因」。透顯「目的因」的時候，這個過程也可以說「性成命定」。但這個「性成命定」不是氣方面凝結的，是從理方面創生而使之然的。那麼，我們要問：義理意義的性與命誰肇發出來的呢？就是作為「動力因」的乾元。先顯的是「動力因」，義理意義的性與命也從這個地方發。

這個「元、亨、利、貞」，「乾道變化，各正性命」的過程，根本是首先顯「動力因」、「目的因」，從「動力因」、「目的因」顯出 form 的一面。form 是亞里士多德的名詞，理學家講的義理之「理」，就是他講的 form。形式屬於理性，不是平常我們說形式主義，那是壞的意思。照亞里士多德，他說 formal，是相對 material 而說，material 就是物質的。跟物質相反的就是理性。form 屬於理性，這是好的意思。

照亞里士多德，「動力因」、「目的因」都屬於 formal 這一

面。照我們生命講，只有理性的方面才屬於 form。邏輯理性、道德理性，都屬於理性，代表理。理有一些看起來屬於精神現象。事實上，我們平常人所說的精神很多不一定屬於理性的，是屬於氣的。心理學的心靈常常屬於氣。因爲喜怒哀樂是屬於氣的，是心理學的（psychological），這個心理屬於 matter，因爲它不一定合理。只有理性屬於 form。中國人不用這種名詞，西方哲學從亞理士多德下來一直這樣講，大家一說就知道。傳到中國來，許多人不了解這個淵源，大多望文生義。

　　肇發義理意義的性、命，是乾元，乾元代表創造性原則。義理意義的性、命就從乾元發。儒家講生生不息，講創生、講創造，「天行健，君子以自強不息。」這個意義的理，肇發就在「元亨」這兩個字表示。「利貞」在「各正性命」表示。成始成終，成始照《中庸》說，就是誠體在裡面貫徹，旣貫徹到始那裡，也貫穿到終那裡，都不能離開誠體，都不能離開乾元這個創造原則。成始就完成「動力因」，成終就完成「目的因」。這個是大括弧的了解。

　　進一步講，要完成「利貞」，完成「各正性命」，不光是乾元的作用。〈乾卦〉重視肇發，重視元。「大哉乾元，萬物資始」就是重視萬物的開始。但是，它旣成始，也成終。代表創造性的乾元這個理、這個道，也在始的地方存在，也在終的地方表現。可是它要完成這個終的時候，不光是乾元，在這個時候，坤元就進來，坤元就在「利貞」這個「貞」的地方。在萬物「各正性命」那個地方，坤元就進來了。坤元就代表終之所以爲終，成之所以爲成。所以，在終成這個地方一定要有坤元進來。

　　雖然我們靜態地講乾坤並建，乾坤是並列的。但縱貫地看，在

「利貞」、「各正性命」那個地方坤元就進來了，那麼，這個時候就屬於隸屬，隸屬於乾元，所以，坤元是服從隸屬原則（principle of sub-ordination）的。從宇宙論立場講，乾元是創造性原則，坤元就是保聚原則（principle of conservation）。假定沒有這個保聚原則，乾元那個創造就像火車頭橫衝直撞，就是虛無主義。無收煞的創造就是虛無主義。上帝創造，一定創造萬物，離開萬物不能講創造。《易經》很重視這個道理。所以，我們說儒家的宇宙論是生成哲學。

這個時代，你不要輕視這個「成」字，不要輕視坤元所代表的這個「成」。這個時代就是虛無主義。雖然你講自由、民主、科學種種漂亮話，實質是虛無主義。無體、無理、無力。每個人都想開天闢地，毛澤東也想開天闢地，結果是什麼也沒有。馬克思是地道的虛無主義，要了解這種意義的虛無主義，這是很重要的，這需要我們正式對人生觀、宇宙觀來一個徹底的反省。你創造了那麼些花樣，人生究竟人之為人的意義在那裡？

所以，創造一定要有所成，有成就有落腳的地方，落在什麼地方表現「成」呢？就落在萬物上，落在萬物上就是創造萬物。西方宗教家說上帝創造，儒家說天命創生。

「大哉乾元」講的是乾元，但在「利貞」的貞那個地方，坤元就進來，這個時候，坤元是隸屬成份。在終成那個地方就有坤元的成份，假定沒有坤元成份，創造不成其為創造。光是創造原則沒有收煞。所以，周濂溪拿《中庸》的「誠」解釋「元、亨、利、貞」。他說：「『元亨』，誠之通。『利貞』誠之復。」（《通書・誠上第一》）這個「復」不是克己復禮的復，它是通過「利

貞」説「誠之復」，復就是顯其自己，把它自己顯出來，自己定住其自己，從定這個地方説「復」的意思。這個地方，坤元是一個隸屬原則。這是講〈乾卦〉，下一卦講〈坤卦〉，正式提出這個隸屬的成份獨立地講，在利貞那個地方所顯的那個「坤元」提出來獨立地講。

〈坤·彖〉：「至哉坤元，萬物資生。」這是説，萬物藉賴著坤元以有其生。「有其生」就是有其存在，也就是説萬物各成其為一個物，這就是成。〈乾·彖〉：「大哉乾元，萬物資始」是藉賴著以有其始。這兩個卦的説法不一樣，一説資始，一説資生，這很有意義。〈乾卦〉表示創造原則，〈坤卦〉表示保聚原則。這兩個原則一定要有。

坤元是隸屬，隸屬於乾元，它不是綱領。這是主從問題。乾元作主，坤元作從。平常我們靜態地講乾坤並建，是二元論的説法，但《易經》不是二元論，是主從的問題。乾元代表創造原則，創造不能光創造，要有凝聚，有凝聚，萬物才能成其為萬物。所以《易經》靜態地講乾坤並建，兩個原則同樣建立。但它有主從關係，坤元一定要隸屬到乾元。用到現實人生最容易了解。乾坤並建，當然乾元很重要，但坤元更重要。儒家傳統還有一句話：「尊乾而法坤」，道德實踐，整個人生的道理就是「尊乾而法坤」。

現實人生一定要取法於坤道，不取法於坤道，你不能開發，也不能有所完成。儒家的精神、道德實踐、講道德修養，統統在〈坤卦〉裡面，在〈坤·彖〉裡面，在〈坤·文言〉裡面，所以，道德實踐就是法坤。人需要道德實踐，你這個生命就有坤元。我們人的生命有創造性，也有實踐性，上帝只有創造性，上帝不需要實踐。

實踐就是通過修養工夫把道德體現出來,儒家講實踐都在坤元裡。所以我說:「聞道尊孟軻,爲學法荀卿。」孟子跟荀子就是一個是乾元,一個是坤元。你要聞道,就要尊孟軻,孟軻代表乾元,但爲學的時候,要法荀子,荀子代表坤元。上帝不需要爲學,「堯舜性之也」也不需要爲學。「湯武反之也」需要爲學,我們平常人統統是「湯武反之也」。學有從理性上學,有從經驗上學。荀子、朱夫子重視道問學,大體是從經驗上說的。也有從理性上說的學,都要學,不學不成。

人是有限的存在,因爲是有限的存在,你要體現道,表現道。什麼是道呢?創造性原則就是道。你要使創造性原則在你生命中表現,那就是說使你的生命永遠「天行健」,保存創造性而不喪失。因爲人有物質性、感性,使我們的創造性常常爲物質性、感性所蒙蔽,要開發出來,非學不可,開發就是把你原有的創造性發出來。

我在台大教書的時候,一位學生很有聰明,他說〈坤卦〉就代表實踐,君子之道就在〈坤卦〉裡面。我說你很聰明,這是你自己的心得,平常沒有人講到的。這個意思,古今中外沒有人能反對。爲什麼要尊乾呢?天主教講三位一體,聖父就代表乾的身分,因爲上帝代表創造萬物之理,這就是中國講乾的意思。耶穌是聖子,聖子也代表道德實踐,不過基督教不說他是人,他是神的化身,照儒家看,耶穌是個聖人,聖人就要通過道德實踐。爲什麼叫上帝是父呢?因爲祂代表創造之理,還是尊乾的意思。光尊乾還不夠,一定要有聖子出來才成,沒有聖子,那個上帝沒有用。這個體會,東方西方是相同的。雖然詞語不一樣。

所以,每一個人都需要學,學就是實踐的工夫,學就是要把我

們原有的那個創造性的道顯出來,使我們的生命全部是道的朗現。
從物質性解脫出來,從感性的蒙蔽解脫出來,從穎悟中朗現。這是
實踐的最恰切的意思。我們人生的奮鬥過程就是把你的創造性體現
出來。

坤元代表終,代表成。你把握這個意思,然後讀坤卦,一下子
就明白了。乾元是創造原則,坤元是保聚原則。一定要有這兩個成
份,才能完成「元、亨、利、貞」的生成過程(becoming
process)。我們現在通過「動力因」、「目的因」顯這兩個原則。
創造原則就是肇發,肇發「元、亨、利、貞」這個過程,肇發這個
過程就是既成其始又成其終。到終這個地方,坤元就進來,所以眞
正完成這個終,乾坤兩元都在內。這兩個原則透顯「動力因」和
「終成因」。

我們通過「大哉乾元」這個「動力因」到「終成因」,這個
「動力因」、「終成因」到處一樣,也可以應用到人,也可以應用
到天地萬物。但是,亞里士多德所說的「目的因」,粉筆有粉筆的
「目的因」,人有人的「目的因」,那個「目的因」根據柏拉圖的
idea 來。這層意義的「目的因」在中國「大哉乾元」、「元、亨、
利、貞」裡面顯不出來。肇發這個「元、亨、利、貞」,從「元
亨」這個地方講「動力因」,「利貞」這個地方講「目的因」(說
「終成因」也可以),這個「動力因」和「目的因」是一元論
(monist)。

儒家所表示的是一元論,都通過「大哉乾元」、「天命不已」
來說。但亞里士多德所說的「目的因」,就是 a, b, c, d……,每
一個物有自己的「目的因」,是多元的。這種「目的因」根據柏拉

圖的 idea，柏拉圖的 idea 是多元的。杯子的「目的因」就是杯子的
idea，杯子完成其為一個杯子，它的目的就達到了。通過生成過程
說那個「目的因」，邏輯的詞語就是杯子的本質（essence），宇
宙論的講法，就是杯子的 form，這個意義的 form 就是從柏拉圖的
idea 轉過來的。這個意義的「目的因」是多元意義的「目的因」，
儒家沒有顯出這個多元意義的「目的因」。

　　亞里士多德也有一元論層次講的「動力因」、「目的因」。拿
什麼作這個層次上說的「目的因」呢？通過全宇宙統而為一說，這
就成 pure form，就是 God，「動力因」就是 unmoved mover，
unmoved mover 還是 God，unmoved mover，就是不被動的動者，
就是上帝。上帝後面再沒有一個東西推動它，萬物裡面的動力都是
被動的。所以，照亞里士多德的分析是兩層的。unmoved mover 這
裡說「動力因」，pure form 這裡說「目的因」，這是總起來說，
統天地萬物而言。每一個物本身有它的「動力因」、「目的因」，
那是多元的。亞里士多德的分析有兩層。

　　孟子說：「五穀不熟，不如荑稗。」穀成其為穀，這裡有雙重
意義的「目的因」。穀在「天命不已」裡面，那是統天地萬物而為
一說的。穀本身也有它的「目的因」，有生長過程，在生長過程中
把它的 form 實現出來，套在它的 matter 上，成其「目的因」，它
的目的就達到了，這個層次上說的「目的因」是多元的。

　　西方人重視多元層次上說的「目的因」，亞里士多德本身兩層
都有，中國只重視總持地說的「動力因」，總持地說的「目的
因」。在每個物散開說這個層次，需要進一步落到「各正性命」這
個地方，而且需要進一步分解地說。這個地方就是我在《心體與性

體》一書裡面講的形構之理（ principle of formation ）。從形構原理這裡說，就不是統天地萬物而言的那個「動力因」、「目的因」。

一元論層次是從「大哉乾元」、「天命不已」講，多元論層次是落在各物本身講。各物本身既在「天命不已」中，也在其本身的「動力因」中。後一層儘管中國以前學問中沒有顯出來，但現在把它補上去，講出來，這就更清楚了。補上去靠「氣」。所以，朱夫子講「氣」。但朱夫子講「氣」的時候，還是重視一元意義的氣，多元意義的氣還是沒有講出來。因為朱夫子講太極，太極是「動力因」，他那個「動力因」還是一元論。「統體一太極，物物一太極」兩句說的太極是一個。一元論的太極是實現之理。

除實現之理外，當該還需要有一個形構之理。這個形構之理要在氣方面說明，氣就是陰陽五行。形構原則就著氣講，有結構才能成一個 form。形構原則這個括弧裡面的「目的因」，一定要通過氣表示。「天命不已」不負這個責任。「天命不已」負什麼責任呢？它只負實現的責任，最後的總的箭頭，相當於上帝那個層次。因為上帝只負責這個東西的存在，草木瓦石都是上帝創造的。創造是什麼？就是從無到有，使它存在。它存在以後，它有什麼form，有什麼結構，上帝不管的。形構之理這一層是我們科學研究研究出來的。上帝不管那麼多，「天命不已」，不管那麼多。只管一個存在。

那麼，柏拉圖、亞里士多德那個傳統所說的個別的每一個東西本身的「目的因」，就是括弧裡面表示的。大體是從氣的結聚上講，從氣的結構上講，儒家可以補上形構之理這一層。但這個講法

不是柏拉圖的傳統，柏拉圖 idea 是先天的，柏拉圖 idea 不是由氣的結構而顯。這裡就顯出有不同。柏拉圖所說的 idea，還有亞里士多德根據 idea 所說的每個東西的 form，那不是由氣的結構而顯，他看成在我們靈魂中本來有這麼些 form，先天的。這個恐怕不成，這個是抽象的思考，死在抽象的思考裡面了。「先天的」只能從「天命不已」那裡講，是一元的（ monist ）。要是多元的，一定不是先天的，一定不是純粹的理。沒有那麼些現成的先天的 form 擺在那裡，這些 form 一定是氣的結構。

因為沒有一個現成的先天的 form 擺在那裡，所以存在主義者沙特說：人不可以下定義。因為沒有一個先天的人的 idea 擺在那個地方。照人的 idea 成其為人，這是柏拉圖的思想，這也有道理。沙特說沒有一個先天的人的 idea 擺在那裡，這可以，但也不能說完全沒有。譬如說，人這個 physical body 就是這個樣子，但這個一定的樣子也不是先天一定有。落在 physical body 是氣的結構，不要說先天的有一個 form 擺在那個地方。在這個地方，一定是經驗主義的實在論的解釋。

中國人只說總起來說的「動力因」、「目的因」，分別地落到「各正性命」說每一個東西有它自己的「動力因」、「目的因」這一層沒有。這是儒家的思路。假定說括弧意義這個「目的因」屬於氣的結構，那麼，在氣的結構這個地方，是不是一定可以說「目的因」呢？還是無所謂目的？光是氣的機械性就夠了，就可以說明。不管人把自己看得怎麼了不起，醫生就把你看作是一架機器，這就是說，人這麼了不起，這麼珍貴，還是可以從機械性原則來處理。假定是機械性原則（ mechanism ）來處理，這個目的就說不上，無

所謂目的。但我們看自然界，有時候不完全是機械性，有機體也是屬於氣，有機的東西不一定能光用機械性說明，那麼，是不是需要有一個目的說明呢？這個地方，是不是需要一個目的呢？

照西方人，有機體這個地方可以說目的，康德的「目的論判斷」就是解決這個問題。有機體這個地方需要有一個目的，但這個「目的論判斷」不是決定性的判斷，而是反省判斷，跟美學判斷一樣，不能代表科學知識。講科學知識光是一個機械性原則就夠了。就有機物說的這種反省判斷意義的目的，再往上通，到最後是道德目的。在道德目的這個地方才是真正的目的意義。最高的道德目的是什麼？是圓善。這個地方從上帝講，上帝保障圓善。圓善的根源從哪裡來？從我們實踐理性的意志的必然的要求。這是康德的思考，這個地方顯出一個很清楚的思路。

不管你是有機體，或是機械體，都是陰陽五行之氣。在有機體這個地方是不是一定要有一個目的？儒家的態度是可以說也可以不說。道家的態度呢？道家就說無目的。《道德經》：「天地不仁，以萬物為芻狗」（第五章）就無所謂目的。儒家有時候方便地說一說，譬如說「天地好生之德」，「天生萬物以養人，人無一用以報天。」「天生萬物以養人」是自作多情，一廂情願。這種目的論都是反省性判斷的目的論，不是決定性的判斷，不代表知識。康德決定性判斷跟反省性判斷分得很清楚。

中國人沒有清楚的機械主義，因為沒有科學知識，顯明的機械主義沒有出來，所以有機主義也不清楚。不管機械的、有機的，都是屬於氣的。機械的照機械法則處理，這很簡單，有機體這方面稍為複雜一點，在有機體這方面，理學家說「氣化之妙」，中國人只

說到這個程度就夠了。陰陽五行氣化的微妙，你找不出理由來。你說一定有目的，你說上帝故意這樣安排，說上帝安排豬給人吃，這個上帝不是太不仁嗎？道家「天地不仁，以萬物為芻狗」就把「目的因」化掉了，這很有道理。這些都是哲學思考。

　　我講儒家就講到這裡，把「動力因」、「目的因」所籠罩的這一個過程，把各層次的分際給你點出來，你們自己去思考，做文章。首先總起來說「動力因」、「目的因」，然後把中間橫這層加進去。中間這一層從哪個地方顯？這就顯出與西方的不同。西方從柏拉圖、亞里士多德，到康德。中國朱夫子講太極，一元的，多元那層沒有講，但這層可以補上去，從氣的結聚去想。先讀〈乾〉〈坤〉兩卦，然後讀《中庸》，跟西方作衡量，這就是啟發人的思考。

第五講　思想的層次分際及道德的形上學等相關問題

　　拿亞里士多德「四因說」考量中國的思想，先考量儒家，這個不是比較哲學。在考量中你就能比較出兩種思想不一樣，這不是平常所說的比較哲學。

　　如果拿亞里士多德「四因說」這個理論來考量儒家思想，當該怎麼考量，你對儒家的這套道理的分際要清楚，你也要了解亞里士多德說「四因」的分際。你都明白了，才能正確考量，要不然就是瞎比附。平常把亞里士多德的質料、形式拿來比附理學家的理、氣，這是似而非的。因為朱夫子說的「理」並不等於亞里士多德的那個 form。假定你拿「四因說」考量儒家，你要先懂得儒家講性、命、天道的分際，要懂得儒家講這一套，其目的是在講什麼。你把這些意思弄懂了，再了解亞里士多德「四因說」，兩方面一看就明白了，不是完全相同的。假如你要作考量，層次分際要清楚。

　　拿「四因說」考量「大哉乾元，萬物資始」，以及「天命不已」，這只透顯「動力因」和「目的因」，而且，那個「動力因」、「目的因」是統天地萬物而為一來說。因此，這「動力因」只可類比亞里士多德所說的 unmoved mover（非被動的動者）。「目的因」則只類比他所說的純形式（pure form）。這類比中的

相同也只是在分際上相同，內容也不一樣。亞里士多德說「四因」可以說杯子有杯子的 form，杯子有杯子的目的，所以，他有兩層。假如從統宇宙而為一說的那個動力因（非被動的動者）與目的因（純形式），在中國儒家是從「天命不已」處講。若從這裡講目的因，這目的因是屬於「實現之理」的，並不屬於「形構之理」。

亞里士多德講「動力因」、「目的因」任何東西都可以用，而且他說的除了上帝那一層之外，都是屬於形構之理。可是中國並沒有形構之理。這個不是憑空來比較中國哲學與亞里士多德。亞里士多德「四因說」有普遍意義，假定你拿亞里士多德「四因說」來考量中國哲學，你就要把分際弄清楚。

你要了解儒家的道理，就要讀文獻。讀文獻就要有客觀了解，要能相應，這是很難的。什麼叫相應呢？舉周濂溪為例，中國先秦儒家思想，兩漢四百年不了解，只有經學。轉到魏晉時代，根本離開儒學，經學也不講了，轉向道家。魏晉人很聰明，道家的玄理他們很能了解。這是時代的運會。那些名士並不簡單，穎悟力都很高，儘管他們對政治社會沒有好的貢獻。他們的穎悟只相應於道家，並不相應於儒家。王弼那麼聰明，《易經》的義理他也不能懂。《十三經註疏》裡，《易經》的註，是王弼的註，但是王弼的註大抵不相應，他是用道家的玄理來解釋《易經》義理，而《易經》的義理是孔門義理。儒家的形而上學跟道家的形而上學完全不同，王弼對道家能相應，對儒家則全不相應。可見相應是很難的，名士的穎悟若用於佛教方面，他們也能相應，因為佛教般若表現的方式跟道家玄智表現的方式為同型。

所以，不能光從般若這個地方來區分道家與佛教的不同，也不

能從般若這個地方區分道家、佛教與儒家的不同。能分別出佛教之為佛教不能光靠般若這個地方，要看佛性這個地方。大乘、小乘，大乘有許多派，小乘有許多派，派別的分別在佛性，在般若那裡分不開。般若就是一個般若，不管你大乘、小乘，大乘、小乘中的那一派，你所表現的空智就是空智，表現的規模有大有小，但規模大小不在般若本身，般若本身無所謂大小，決定大小在佛性那個地方。

魏晉宏揚道家的玄理，道家玄理很容易跟佛教般若這方面相合。表達智的方式相合，內容也不一樣。玄智跟我們平常邏輯的思考、辨解的思考並不一樣。邏輯的思考即辨解的思考可以很苛察，很繳繞，但它並不玄。這種思考非專家不可，沒有高度的抽象能力，高度理智能力，不能念邏輯，但它並不玄。

般若智跟道家的玄智相合，所以佛教能通過道家傳到中國來。佛教傳到中國是一個很大的契機。從這裡看出來，中華民族的文化生命形態、智慧的形態，跟西方不大相同。西方人沒有玄，像般若智那樣的思考方式西方人不大喜歡，西方人走分解的路。分解的路是邏輯的、辨解的，所以概念清楚，不喜歡弔詭。只有黑格爾出來講弔詭，但黑格爾講弔詭也不像道家、佛教講玄智講般若那麼妙。

通過道家吸收佛教，也是吸收般若這方面，中國在這方面頭腦相合。但還有佛性那一面，在佛性這一面義理繁多，系統多端，這地方，中國人沒有興趣。所以，中國人的頭腦是有點問題，就是吸收佛教也沒有盡你的全力。講佛性，是屬於分別說的東西。凡分別說的，中國人興趣不大，所以傳不下來。當初大和尚吸收消化都不錯，都很好。中國人頭腦喜歡簡單，一句話就中肯，聰明很聰明，

眞正是聰明人，一句話很中肯地可以表達出來，不是眞正有聰明就流於膚淺。

中國人不喜歡瑣瑣碎碎，所以，佛教傳下來剩下什麼？就剩下淨土宗與禪宗。這麼一套那麼一套的，禪宗最不喜歡，所以它是敎外別傳。還有一個是淨土宗，淨土宗更簡單，就是唸阿彌陀佛。費那麼大勁吸收佛敎，結果只剩禪宗與淨土宗。所以，現在復興佛敎很困難，因爲貧乏。看起來簡單，事實上是貧乏。你後面有東西，你講禪宗有意義，念佛也有意義。你後面沒有根本，沒有經過那些東西，結果成了耍聰明、鬥機鋒，那就是名士禪、文士禪，完全不可靠的。

從兩漢四百年經過魏晉南北朝一直到隋唐，你看多長時間，一直不能了解儒家經典。這一段很長的時間，所保留的儒家傳統是什麼？是典章制度，社會構造。老的組織，周公制禮那一套，維持著社會形態，與廟堂上的典章制度以及宗法社會。這個也是儒家所傳，孔子說：「吾從周」，從周公制禮傳下來的文化系統，在長期的歧出中，就剩下這些東西，當然不成。

文化精神長期離開儒家，到宋明理學才回到儒家經典，了解儒家所講的義理，這是自然的運會。我說這番話就是讓大家明白：長期的不相應、不能了解，時代的運會一到就很容易，不要費大勁，作很多考據，讀許多文獻，簡單幾句話，綱領就抓住了，而且講得不錯，這就是相應。我說這些話是讓你們了解：要有客觀的理解，最重要是你要了解得相應，假若不相應，亂七八糟許多話引來了，引得統統不對。

北宋開頭兩個理學家，一個周濂溪、一個張橫渠，文章並不很

通，尤其周濂溪，但他生命相應，簡單幾句話，就了解得很好。譬如，周濂溪拿《中庸》的「誠」合釋「大哉乾元」，「元、亨、利、貞」，那是非常恰當的，而且講得很自然。簡單幾句話，你們了解了，就等於理解了「大哉乾元」、「元、亨、利、貞」。這個你看王弼的註沒有用，王弼註《易》大體是不對的，就是因為不相應。但是王弼註解老子卻能相應，到現在沒有人能超過王弼那個註。我舉這個例就是讓你們注意，讀書要注意這個「相應」。你的生命喜歡不喜歡，喜歡、有興趣，表示你可以讀，否則不要勉強。

　　中國文化，現在大陸上就很難理解，材料多得很，但頭腦弄壞了，一動腦就是馬克思那一套，這個沒辦法了解，沒辦法講話了。因為他們是泛政治主義。大陸現在還說資產階級精神污染，它永遠不能了解西方的自由民主。中國的傳統他不能了解，西方的傳統他也不能了解，將來怎麼辦？這不是中國人的頭腦原來如此，是把人的生命斲喪得太厲害了。

　　現在你們在香港就要盡量好好的利用自由的空氣，了解中國的傳統、西方的傳統，不可以順這個時代風氣走。因為這個地方你可以自由、無所忌諱，沒有恐懼，這個可以讓你客觀地了解儒家、道家、佛教、西方。社會給你們自由，你不好好利用，是自己辜負了。所以，客觀的好好理解一樣東西並不很簡單。

　　我們拿亞里士多德「四因說」考量中國哲學，首先考量儒家，你要注意那些分際、層次。拿「四因說」來考量儒家思想，首先你對儒家思想要有了解。了解以後，假定你拿「四因」考量，那麼這個「動力因」、「目的因」是什麼意思。我這個不是專門講儒家道理本身，是幫助你一個觀點，進一步，因為這一套跟康德的目的論

一致，就是完成道德的形而上學。你可以把儒家一套重新喚醒。

　　為什麼一定要有一個形而上學呢？而這個形而上學經過康德的批判以後一定是道德的，一定是道德的形而上學，其他的形而上學都站不住的。經過康德的批判一定如此，要不然你就不講形而上學，像分析哲學那樣，把它取消了。照分析哲學、邏輯實證論，形上學是 meaningless，那就不算一個學問了。到邏輯實證論，不但形而上學沒有了，西方哲學傳統也沒有了。因為西方哲學從希臘開始，是愛智慧，照康德的解釋，哲學的原義是實踐的智慧學。這個意義的哲學，現在西方沒有了，正好保存在中國。

　　古希臘原義的哲學正好保存在中國，這是中國人所謂敎，哲學的古義原來是這樣。分析哲學裡有什麼敎呢？誰能敎誰呢？這是時代的問題，這是個嚴重的問題。西方有西方的文化傳統，也有它好的地方，可以吸收它的科學，吸收它的自由民主制度，這要好好了解，這也不容易，它有一套的。不要光看他們的分析哲學。

　　西方人看哲學沒有中國人看哲學那麼重，中國人看哲學要通天通地，要講道。西方人看哲學很簡單，就是理智的遊戲，只要成一套，只要言之成理，持之有故，不要矛盾。這比較輕鬆，不那麼嚴重，因為他仍有維持其歷史文化社會軌道的一套，所以，他們看哲學是理智的遊戲。他們只把邏輯實證論看作遊戲之一。

　　通過「四因」的考量，跟康德的「目的論」接頭。康德講目的論為的什麼？是為的完成道德的神學。照儒家這一套，通過「四因」衡量的結果，要完成什麼呢？要完成道德的形上學。中國人沒有神學，但道德形上學跟道德的神學是同一層次。

　　道德的形上學（moral·metaphysics）是以形上學作主，道德的

形上學就是通過道德的入路建立形上學。形上學是對天地萬物有一個交代，有一個說明。形上學包括本體論與宇宙論，就是對著天地萬物說。康德講道德的神學相當於道德的形上學。此外，康德還講道德底形上學（metaphysics of morals），道德底形上學是以道德作主，並不是以天地萬物作主，他不是講形而上學，是講道德的本身。講道德有應用的方面，也有道德本身的部分。講道德本身，純粹的那部分，就是純粹的理性先驗的那一部分，就是道德底形上學。這個形上學的意思就等於對於道德所作的形而上的解釋。形而上的解釋不是講形上學，是對於道德講它純粹的部分，先驗的部分。

　　康德在《純粹理性批判》中對時間、空間作兩種解釋：形而上的解釋與超越的解釋。對時、空作一個形而上的解釋，就是說明時、空的先驗性。對時、空作一種超越的解釋，就是說明時間、空間在知識中的作用，尤其說明數學。所以，這兩種解釋是一體一用。時間、空間的形而上的解釋是對時、空作體的解釋，對時、空作其自體、本性的解釋。時空自體從哪裡來呢？是先驗的，說明它的先驗性。用的解釋是說明先驗的時空在經驗中的作用以及其使數學與幾何學爲可能的作用。所以，一體一用。這種思考方式是西方人的貢獻，這叫做概念式的思考。中國人有種種描述的方法來說明，而且直覺力很強，但有時候糊塗。

　　康德的「道德底形上學」就是對道德作形而上的解釋，就是對於道德說明它的先驗性、純粹性、定然性。定然就是說道德命令你定然如此，沒有條件的，這就是講道德本身，與講天地萬物沒有什麼關係，這不是講形而上學。你知道康德在這裡借用「形上學」，

借用之以說明道德本身的本性。道德之形而上學的解釋就是道德之
體的解釋，體的解釋就是說明道德的先驗性。因此，只是對先驗的
東西才可以作形而上學的解釋，經驗的東西不能作形上學的解釋，
因為它明明從經驗而來，不是先天而有。先驗的東西、本有的，就
是孟子所說「仁義禮智，非由外鑠我也，我固有之也」（〈告子
上〉）的四端之心。這個四端之心可以對它作形而上的解釋，作形
而上解釋就是說明它的本性是先驗的，不是從外面來的，從外面來
就是經驗的。

你把康德的兩種解釋應用到《中庸》，「天命之謂性」這是說
明性的什麼？這就是對性作形上學的解釋，形上學的解釋就是體的
解釋，說明性的存在的先驗性，是性體的存有義。「率性之謂道，
修道之謂教」這兩句話是講作用，說明性的實踐義，性的實踐義就
是工夫義。這就是對性作超越的解釋。

把這兩種解釋應用到王陽明的「良知」，對良知可以作一個形
而上的解釋，同時也可以作超越的解釋。對良知作形而上的解釋，
就是作體的解釋，體的解釋就是說明良知的先驗性。王陽明對良知
有種種說法，先總起來說明良知的本有性、先驗性。（不是說先
天，是先驗，因為中國人說先天有種種說法，很糊塗的。）先驗
性、本有性，就是不從外面來，不從經驗來，也不是後天得到的，
不是可以學習得來的。這是對良知作一個形而上的解釋。

良知是先驗的，這沒有問題，你不能說良知是後天得到的。要
是後天得到，你得到，我沒得到，那麼，我沒有良知啦？這不成。
所以，良知一定是本有的，而且人所同然，每個人都一樣。良知沒
有差別，沒有說你的良知跟我的良知不一樣。這就是良知的普遍

性、本有性，都是對良知的形而上的解釋。良知有純粹的、絕對的普遍性，你只要是 human being，就有這個良知，這是人類的普遍性，共同有的。首先要肯定這個，首先對良知作形而上的解釋。那麼，良知的作用在那裡？良知的超越的解釋呢？

王陽明講這個先驗、本有、普遍的「良知」，作用就在說明道德行爲，決定是非的方向。這是對良知所作的現代化的說法，不是原來王陽明說的。但是這個現代化的說法就藏在王陽明的說法裡，這不是比附，你身爲現代人，你講良知就要講到這個程度，人家才能懂。我們所以要講如此這般的良知，就是爲的它可給我們的生命定一個方向。定方向從哪裡看？就是王陽明說良知「知是知非、知善知惡。」

王陽明講良知，康德講自由意志（free will），二者一樣。康德講意志的作用是什麼呢？作用是立法，爲我們的行動立法。道德法則從意志提供出來，提供出來就可以決定我們的行爲的方向，這就是超越的解釋。道德底形上學，在康德的了解就是對於道德的純粹的部分，就是先驗的部分作一個解釋。對自由意志的形而上的解釋，就是說明意志的自發性、自動性、自律性。

道德的形上學（moral metaphysics）是以形上學爲主，講形而上學，一定要從道德的進路往裡入，離開道德的路不能建立超越的形而上學。

道德的形上學是指康德所說的超越的形而上學講。形而上學有兩部分：一個內在的形而上學，一個超越的形而上學。這個超越是超絕的意思。超越的形而上學講上帝存在、靈魂不滅、自由意志。超越的是超離經驗，因爲上帝存在、靈魂不滅、自由意志是超離經

驗的，經驗所達不到的。康德除超越的形上學之外，還有一個內在的形上學。「內在」（immanent）對那個「超越」講，immanent譯作「內在的」不太恰當，immanent是內指的意思，經驗範圍內的意思。在康德，這等於對知性的純粹的分解，講範疇那部分，講範疇那部分都是內在的形上學。就是傳統講的ontology，到康德來一個轉化，把ontology轉化成對知性的超越的分解，代替以往的ontology。以往的ontology講本體、因果、時間、空間。照康德看，這種形而上學是內在的形上學（immanent metaphysics），是現實經驗範圍之內的，內在的形上學所說明的天地萬物都是在經驗範圍內的。

中國人只講道德的形而上學（moral metaphysics），不講形而上學的道德學（metaphysical ethics）。道德的形而上學，就是形而上學須基於道德上。形而上學的道德學就是道德學須基於形上學。康德本人站在西方的傳統，只講道德的神學（moral theology），不能講神學的道德學（theological ethics）。神學可以講，康德是從道德建立神學，從道德把神學撐起來，他的支持點是morality，拿道德來支持神學，把道德拉掉，神學就沒有了。其他那些建立，統統不對，建立不起來的。康德的思路是中國的路，所以尼采譏諷康德是德國的中國式聖人。

康德反對神學的道德學，天主教是地道的神學的道德學。對於基督徒，道德律從哪裡來？從上帝來，道德建基於神學。康德正好反過來，神學建基於道德。道德建基於神學，是他律道學。所以天主教反對康德，把康德的書看成是禁書，只准讀亞里士多德，因為亞里士多德是實在論。但是，亞里士多德的精神跟基督的精神正好

相反，因為耶穌的精神是希伯來的精神，是宗教的精神，亞里士多德是希臘哲學，這兩個是相反的。有一次我問一位牧師：你們為什麼根據柏拉圖、亞里士多德那一套來建立神學，不根據耶穌的生命來講神學呢？亞里士多德那一套跟耶穌生命不相干。你根據耶穌的生命、耶穌犧牲上十字架這個高度的道德精神來講神學不是很好嗎？

　　康德說只能講道德的神學，不能講神學的道德學。在中國，只能講道德的形上學，不能講形而上學的道德學。理學家對這個清楚得很，名詞沒有這個名詞，但早有這個意思。西漢揚雄說：「觀諸天地，則見聖人。」這話很漂亮，但程伊川說不對，程伊川說：「觀諸聖人，則見天地。」由聖人見天地，不是由天地見聖人。由聖人見天地，是道德的形上學；由天地見聖人，就變成形上學的道德學。「觀諸天地，則見聖人」，這地方很有麻煩。你觀的什麼天地呢？假如你觀的是天高地厚的那個天地，還可觀出一點聖人的味道，假如你觀的是小原子構成的天地，哪裡有什麼聖人呢？「觀諸天地，則見聖人」是以天地作標準了解聖人，所以程伊川說不然，程伊川說：「觀諸聖人，則見天地。」有聖人才能證明天地是生化之德。《中庸》云：「博厚配地，高明配天，悠久無疆。」（第二十六章）從聖人人格才能了解如此這般的天地，離開聖人，為什麼一定說「高明配天」，高明不一定配天吧！天也不一定是高明吧！所以，程伊川嚴格遵守儒家的立場，是道德中心，不是宇宙論中心。

　　形而上學可以講，牽涉到天地萬物，說明天地萬物的存在，就是形而上學。但必須有一個支持點（supporting point），那個支持

點就是道德，把道德這個支持點抽掉了，天地沒有意義（meaningless）。

　　這個在基督教怎麼講呢？耶穌是儒家的精神，你要通過耶穌才能了解上帝。有一次耶穌在傳教，一個聽者問：你天天講天上的父，你能拿天上的父給我看看嗎？耶穌說：你天天跟我一起，還沒有見到上帝嗎？當然，耶穌說的這個話不如孔子的話典雅，這話說得不太客氣，但這話是對的。你離開耶穌這個生命，到哪裡去看見上帝呢？上帝是個什麼東西呢？你天天跟我一起，你還沒有了解上帝嗎？上帝是 pure love，這個只能通過耶穌來了解。你離開耶穌，怎能證明上帝是 pure love 呢？誰知道上帝什麼意義呢？只有通過耶穌上十字架這種高度的愛的精神、犧牲的精神，才能證明上帝是純粹的愛，這就叫做道德的神學。神學的道德學不然，它反過來。

　　拿亞里士多德「四因說」考量中國哲學，層次分際要清楚，上幾課考量儒家，給大家講了一個眉目。下面拿「四因說」來衡量道家，你們看如何來了解。

第六講　道家：消極形態的「動力因」

　　現在，我們拿亞里士多德的「四因說」來衡量道家的說法，你看如何來了解。首先顯的不是「形式因」（formal cause）、「質料因」（material cause），首先顯的是「動力因」、「目的因」。在道家的形而上學，從哪一個層次來了解「動力因」呢？從哪一個層次來了解「目的因」呢？如何來了解「動力因」、「目的因」呢？就是通過「無」。《道德經》曰：「無名天地之始」（第一章），透顯出「動力因」。爲什麼這樣說呢？儒家是道德的形而上學，那個「動力因」一定是通過「天命不已」，乾元、誠、仁、本心、良知。道家不講這一套，道家首出的最高的概念是「無」。

　　「無名天地之始」，可見「無」是天地萬物最後最根本的一個動力。但「無」怎麼能作爲「動力因」呢？道家如何思考這個問題？道家的說法，「目的因」在哪裡？「動力因」是往後看，「目的因」是向前看。「目的因」是在成就天地萬物處被理解，目的因意即是那「所由以說明天地萬物之存在」者。「有」與「無」的作用不同，無是總持地對著天地講，是天地之所由以有其始者。有是散開地就著萬物之所以有其形成的「形式根據」說。這形式根據就是物之成其爲物的「母」。這萬物即在「有」中始有其生長成熟，

如子之被育於母也。有與無是兩層，說「母」是在「有」這個層次上說。母是各別地對著萬物講，是散開地講。說「無」是天地萬物一把抓，總起來說其肇始是始於「無」。天地的肇始從無起，所以老子說：「天下萬物生於有，有生於無。」（《道德經》第四十章）最後的「有」一定從「無」出，不能從「有」出，最後的超越根據一定是「無」。「有名萬物之母」（《道德經》第一章），「母」是落在「有」之層次上說，說萬物之母是散開講。「無名天地之始」，「始」是從無之層次上說。說「天地」是總起來說，說天地，萬物也在內，是天地萬物一把抓的說法。

　　「無名天地之始」。這就是首先從超越層上顯「動力因」與「目的因」。「無」作為萬物之始，「無」就是實現之理，因此，它是「動力因」，因而亦就是「目的因」，意即所以言無即在使這個東西存在，無始能保住物之存在。這亦如《中庸》言「誠者，物之終始，不誠無物。」老子亦可以說「無者物之終始，無無則無物。」但當老子說「有名萬物之母」的時候，「有」對於物的作用，跟「無」對於物的作用不一樣。我們先從「無」這個層次來了解。「無名天地之始」，這表示往後返，無就是天地萬物之「動力因」；但向前看，使天地萬物存在就是「無」之目的，也可以說天地萬物底存在就是天地萬物之目的因，言目的即在有存在也。而所以能保其存在者乃是「無」也。因此，無成始成終，它既是天地萬物之始，同時也能保住天地萬物，這就是成始成終。無之成始成終就是無之作為實現之理。這就像上帝一樣，上帝是天地萬物的開始。但上帝也創造天地萬物，使天地萬物實現，即有其存在。這個時候，上帝既作天地萬物底動力因，又作其「目的因」，就是實現

天地萬物，使天地萬物存在。唐君毅先生名之曰「存在之理」，我名之曰「實現之理」。這是從「無」的層次說「動力因」、「目的因」，假定從「有」這個地方講呢？老子說「有名萬物之母」，這個就跟「無」的作用不同。無是成始成終，成功天地萬物，是「實現之理」之身分來成功。

「無」以實現之理之身分成就天地萬物，「有」作「動力因」、「目的因」是什麼身分呢？為什麼散開講，說是「母」，不說「始」呢？「無」是總起來講，是天地萬物之始，「有」是being，是散開對萬物，一個一個地散開講。「有」是成功萬物之母，說「母」是在「有」的範圍內。用哲學詞語，這個「母」是形式根據（formal ground）。「有名萬物之母」王弼注：「及其有形有名之時，則長之育之，亭之毒之，為其母也。」王弼的註很好。「有」才能說是萬物之母，「母」是圖畫式的語言，用哲學的語言，「有」的意思很相當於柏拉圖所說的理型（形式），故我名之曰形式根據。

但是，「有」這個形式根據不同於柏拉圖的理型，理型是靜態地講的，「有」是動態地講的，這個很妙。這個要了解得很精微才行，才能顯出中國人的頭腦、靈魂與智慧。這是可以講出一套形而上學的。

先提綱挈領地講「無名天地之始，有名萬物之母。」這兩句是籠統地講，形式地講，你要對這兩句話有真切的了解，必須要落到你的生活上來體會，落到生活上體會就是下兩句：「常無，欲以觀其妙，常有，欲以觀其徼。」（《道德經》第一章）「常無，欲以觀其妙」，這句就是落在主觀心境上說，「無」是作用所顯的境

界。「常有，欲以觀其徼」，「有名萬物之母」的這個形式根據，就從「常有」這個「有」的地方顯出來。這顯出是個動態的講法。柏拉圖講理型的講法是靜態的講法，他是通過邏輯分析，通過下定義，是下定義中抽象的概念。他把抽象的概念錯置爲一個具體的眞實，柏拉圖就有這個毛病。中國人不走這條路，不講理型，只講最高層上的實現之理之作爲「動力因」與「目的因」。至於落到萬物上講那個「形構之理」的時候，則是從氣的結構講，不講有一個超離的理型。

柏拉圖那個理型從哪裡來呢？從下定義來，下定義中的概念是抽象的概念。把下定義中抽象的概念客觀化，而且實體化，就成爲眞實，成爲理型。這就是柏拉圖那一套思考。老子《道德經》講「母」是形式根據，這個根據不是從下定義，從抽象概念實體化而來。它從哪裡來？從我們心靈的「要向」透出來。

「常無，欲以觀其妙，常有，欲以觀其徼。」你要想了解這兩句話的眞實意義，你就要在生活上，使你的生命，你的心境常常處於「無」中。處於「無」中，你便可以觀道的妙。「無」是nothing，一無所有，空蕩蕩的。「無」就是虛靈圓應的妙用，落實說表示心靈的無限妙用。消極的表示是「無」，正面的表示是作用，這個作用是無限的圓用，因此是妙用。無限就是不受任何東西的限制，亦無任何定向。若有定向，則向於此，便不能向於彼，便被限制住了。所以，你的心境常常要處於「無」之虛靈中。這是道家意義的「無」。這種意義的「無」西方人不懂，黑格爾不能了解道家的「無」。「無」是個消極的表示，就是佛家所說的遮詮，遮詮就是消極的表示，負面的表示。若積極地正面地來表示，則無就

是虛靈無限的妙用。

　　「無」之無限妙用在哪裡看出來？憑空看不出來的，光從「無名天地之始」看不出來，只有落到「常無，欲以觀其妙」，落到修行上來，落到我們生命上的體會，落到生活上做工夫，做常常處於無中的工夫，那麼，你就能顯無限妙用。無的正面意義就透出來了。因著它的無限妙用才能成為天地萬物之始，成始也成終，成其始就成其終，終的時候，無也在那個地方。從這個層次講的「動力因」、「目的因」，就是實現之理，這個「無」不是在「有」的層次講。

　　當說「有名萬物之母」的時候，就是散開講，對這個說，對那個說，个光是說它的始，是說它的形式的根據。物之形式根據是散開對應萬物言，這就是「有」了。要想了解這一句話的真實而具體的意義，你須看下一句：「常有，欲以觀其徼。」你的心境不光常常處於「無」中，也要常常處於「有」中，要是永遠處於「無」中，就死掉了，這不是道家的精神。依道家精神，你要常常處於「無」中，又要常常處於「有」中。常處於「有」中，又不能定在「有」中，定在「有」中又壞了，死掉了。所以「常無，欲以觀其妙，常有，欲以觀其徼。」你要對這個「徼」字有確定的了解。徼，等於要，等於僥，三個字一個意思。徼向，就是要求有一個方向。「徼」這個地方一定有一個箭頭、一個矢向。我們的心境常常在「有」中，這是為的要觀道之要向，道之要向落到 a、落到 b，這就是散開了。「有」才能散開，在「無」的地方不能散開，「無」的地方是個渾圓。所以，假如把「有」看作萬物的形式根據，那麼，這個講法是動態的講法。要向之所在就是物之所在，就

形成一個物之形式根據。這豈不是動態的講法嗎？這從我們的心靈之常處於徹向之有中就可看出來。

柏拉圖的講理型是下定義的講法，下定義就是把人的本質（essence）說出來，把人的本質說出來，這本質便是抽象的概念，抽象的概念把它客觀化、真實化就成為超越的真實。柏拉圖的理型本來是這樣出現的，這種講法是不成的。這個講法以後一定要被拆穿。後來唯名論、「存在先於本質」的說法，不就是把它拆穿了嗎？

所以，你要了解「無名天地之始，有名萬物之母」，一定要通過下面兩句：「常無，欲以觀其妙，常有，欲以觀其徼」，句中的「其」字指「道」說可，指「心」說亦可。「常無，欲以觀其妙」，就是觀道或心的無限妙用性。但不只是觀道或心無限妙用性，無限妙用是活的，活之所以為活是在「有」中表現，所以也要常常處於「有」中。「常有欲以觀其徼」，一「有」就有要向。這是中國人的頭腦，是活的，活的才具體，而且最精微。西方人的頭腦是概念的頭腦，概念的頭腦是死的。

有徹向，向到這裡，這裡就出現一個東西，向到那裡，那裡就出現一個東西。這就散開了，這不就是萬物的根據嗎？「母」這個根據是什麼根據？不是物質，不是氣。雖然是「有」，這個「有」是我們心靈的徹向，屬於道的要向性。道不是永遠停在那裡，道是具體而活的，它要跟天地萬物發生關係，所以，常常處於「無」中，也處於「有」中。處於「有」中就觀道的徹向，徹向向到哪裡呢？向到這桌子就成為這桌子之形式根據，向到那棵樹就成為那棵樹之形式根據，這不是萬物之母嗎？這是對著每一個個體物講的形

式根據，而且這個形式根據是動態地顯，因爲它是從我們心境的徼
向顯，而且，雖然對著萬物講，萬物是多，但作爲萬物之母的這個
形式根據，雖相應萬物之多而爲多，但其源還是一。生命裡面只有
一個要向，並不是我們心裡存有許多箭頭擺在那裡。若眞有許多箭
頭擺在那裡，則我們的心靈不是支解破裂了嗎？

　　道家這樣的了解比柏拉圖的講法好多了，柏拉圖的理型也是爲
了說明萬物。但柏拉圖的講法不成，最後終被拆穿。

　　拿亞里士多德「四因說」來考量道家，也是首先透顯「動力
因」和「目的因」。先看「動力因」，「無」是最根本的，要說天
地萬物的開始，就從「無」這個地方說，「無」才有天地萬物。這
是道家特別的形態。

　　那麼，你馬上可以想，爲什麼「無」可以作「動力因」呢？假
若拿「四因說」來考量這個問題，「無」如何能作爲天地的開始
呢？「無」就是 nothing。這跟了解《易傳》不同，了解《易傳》
很容易。《易傳》說「大哉乾元，萬物資始」，乾元是萬物所資以
爲始者。又說「至哉坤元，萬物資生」。萬物賴坤元以有其生，這
就好像道家說「有名萬物之母」。乾元是創造性原則，坤元是保聚
原則。兩個原則，都是正面講話。以乾元明天地萬物之始，這很顯
明。基督教說上帝創造萬物，這也很顯明。但是，道家很特別。道
家不從正面說話，從反面說話，說「無」是天地萬物的開始。爲什
麼老子這樣想？儒家不這樣想，西方基督教不這樣想。西方從亞里
士多德下來是講目的論的，康德就講目的論。講目的論的，一定不
是道家的那種講法。

　　康德講目的論，目的是最高的根本，根本原因是從道德上講，

因此，要講道德的目的（moral end）。西方哲學講道德目的一定
要通過自由意志來講。意志底自發自律是因，依它所決定的目的而
行是果。這是意志底因果性。康德名之曰「特種因果」。特種者言
其不同於我們平常所說的自然的因果（natural causality）。自然因
果是機械性的，而且此中之原因又皆可以是結果，即其前有制約之
者。意志因果是意志有創造性，這個原因是自發的，它前面再沒有
一個東西決定它。這個很容易了解。所以，凡講目的論的一定是屬
於意志因果的。

儒家就屬於西方哲學所說的自由意志之因果。儒家無「自由意
志」之名。儒家用什麼名詞表示呢？《論語》說的「仁」，孟子說
性善的「性」，都表示有自由意志的意思。「仁」是全德，「仁」
是生道。程明道體會「仁」就是根據《論語》所講的「仁」總括起
來講。「仁者渾然與物同體，義禮智信皆仁也。」（《二程全書》
卷二，二先生語二上）他從「麻木不仁」反顯仁。「麻木不仁」表
示無感覺，血脈不通。仁表示有感覺，代表創造性，仁是生德。
「有感覺」就是諸葛亮所說的「惻然有所覺」之覺。諸葛亮與程明
道都能與孔子言仁相呼應，有存在的感應。我根據他們兩人的辭語
也曾以兩語說「仁」：「仁以感通爲性，以潤物爲用。」這個說法
就是以《論語》作根據，通過諸葛亮、程明道的體會而說成的。他
們的體會是合乎《論語》所指點的那個「仁」的。

仁有兩個意思，一個是全德的意思，一個是德目之一。德目之
一就是仁、義、禮、智中的「仁」，這個「仁」是德目其中之一
項。仁是全德，一切德目皆從「仁」出，這個時候，仁是總括的了
解，提高在散列的德目之上，這個意思的仁，就是孔子所說的

「仁」。所以，你問孔子仁的意思，他沒有一定的。「居處恭，執事敬，與人忠」是仁，「克己復禮」也是仁。「恭、寬、信、敏、惠」皆是仁。所以程明道說「義、禮、智、信皆仁也。」孔子不採取下定義的方式說仁，他是用指點的方式講。譬如「食夫稻，衣夫錦，於女安乎？」宰予說「安」。孔子斥之曰：「甚矣！予之不仁也！」此即是指點的方式顯仁。由安之爲不仁即反顯不安之爲仁。由「麻木不仁」反顯仁亦然。孔子不用定義方式講，也不用訓詁的方式來了解，譬如，「仁者，二人偶」，是訓詁的講法。文字學的訓詁方式也不成，只是一個方便的指引，不能表示仁的眞實意義。所以宋儒出來不走這條路。

因此，你說仁，就要講孔子《論語》所說的「仁」。孔子拿「仁」表示「自由意志」之性能。到孟子出來，則講心性，由心性表示出自由意志那個創造性因果。這個是從主體講，說仁，說心性都是人的主體性，即人的道德的心性。但儒家還有一個立場，就是絕對而客觀地講，或者說客觀地絕對地講，那就是從天命不已那裡講。說天命不已就是客觀而絕對地講，那就是本體宇宙論的講法。「天命不已」就代表創造性。《易傳》「大哉乾元，萬物資始」也是客觀而絕對地講。這些都能表示出動力因的意義，這很容易了解。但道家所說的「無」就很難了解，要仔細體會，這是中國人特有的心靈，西方人很難理會。黑格爾就不能了解道家。他對中國的哲學完全不能了解。

黑格爾在其《歷史哲學》裡面從中國的政治社會結構，即從憲法處，說中國文化發展的缺陷，卻說的很對。其他都不對。黑格爾說中國人沒有主觀的自由（subjective freedom），沒有主觀的自由

就是沒有個體的自覺，所以不是一個公民，公民的意義沒有出現。中國人有天民、黎民、庶民、羲皇上人，沒有公民。公民有義務有權利，每個人是個個體，有權利，同時有義務，權利就是那些基本人權，這是個現代化的觀念。西方近三百年的文化就是創造這個，就是自由民主，這貢獻很大。

黑格爾說中國人只有" vernünftige Freiheit "，英文譯作" rational freedom "，這個譯法不好。若依此譯，則中文譯作「合理的自由」或「理性的自由」統統不對，皆不能達意。「合理的自由」或「理性的自由」是好的意思，黑格爾原來講" vernünftige Freiheit "是壞的意思，相對於" substantial freedom "（實體性的自由）說。黑格爾說中國人沒有「主觀的自由」。什麼叫「主觀的自由」？就是通過個體的自覺，你那個自由才能顯，不通過個人的自覺，那個自由擺在那裡，永遠不能和我們面照面，那就是潛伏在那裡。那個永遠潛伏在那裡的自由，叫做「自由之在其自己」。「自由之在其自己」，就是自由之潛伏在那裡，不顯。不顯就是沒有通過我們的自覺，不能在我的心靈意識面前出現，面對面，成為我的所對。它不能成為我的所對，它便歸到它自己。這樣歸到它自己的自由也就等於自由自體之自由，這只是理性上說的自由。這理性上說的自由，黑格爾叫做" vernünftige Freiheit "，依此譯作「合理的自由」或「理性的自由」是不對的。譯作「理性上說的自由」便能顯明地達其意。這個意思同於康德說：「假定任何東西不通過感性，光從理性上想，這個東西就是個空觀念，什麼也不是。」黑格爾就是根據康德這個意思來說" vernünftige Freiheit "。依此，正確的表達，當該譯作：從理性上說的自由

（ freedom thought by mere reason ）。

　　單從理性上說，就是只通過我們的思想，不是通過任何感性直覺或心靈活動之自覺來說。這等於天臺宗說「理即佛」。從理性上說你是個佛，但從實際的修行過程，從工夫上說你不是個佛，你還是個凡夫，因為你沒有做工夫，你沒有自覺把佛性呈現出來。所以「六即」中首兩即都不成，「理即佛」與「名字即佛」，都是沒有用的。「觀行即佛」才是呈現佛性的開始。觀行是修止觀工夫，從這修行工夫上說你是佛，那就是通過自覺的佛。黑格爾、康德這些名詞，你拿來問天臺宗智者大師，乃至問胡五峰、王陽明、劉蕺山，他們一下子就懂，問現代人不懂，問英美人也不懂，英美人到現在也不了解康德的「物之在其自己」。

　　從理性上說的自由，黑格爾也名之曰「實體性的自由」（ substantial freedom ），一個「自由自體」擺在那裡，不顯的。黑格爾說，在西方，通過個體的自覺所顯的「主觀自由」（ subjective freedom ）是要爭取的。在東方通過大皇帝一切政治典章制度的合理的安排，在西方是要通過個體的自覺來奮鬥爭取的。大皇帝是非理性的存在，這個地方不可觸，知識份子、宰相給他安排，只有治權，沒有政權。中國只有治權的民主，沒有政權的民主，安排合理也沒有用。這個自由光是合理安排沒有用的，一定要通過每一個個體的自覺、奮鬥，這樣你才能成一個公民，要不然，你永遠是個天民或是羲皇上人。羲皇上人就是最原始最好的，老子欣賞他們「日出而作，日入而息，帝力何有於我哉！」但這樣的羲皇上人沒有保障。中國農村太平盛世也是這樣，但這沒有保障。一定要成為公民，要成公民就要通過個體的自覺，就要有主觀的自

由，就是這個自由要面對我這個心靈的自覺而呈現。這個在黑格爾的辯證中就叫做 " freedom for itself "。

儒家正面表示的方式講意志因果，假如用亞里士多德「四因說」考量，容易顯「動力因」。道家講「無」（nothingness），「無」譯成 non-being 不太對，non-being 是非有，當一個範疇看，是一個概念。從正面「是什麼」之「是」引申到「有」（being），「有」是一個概念。沒有「有」的地方就是「非有」（non-being）。「非有」也是一個概念。道家「無」不是從存在上講。「無」是 nothing，是無物。nothing 的反面是 something，something 有某一物存在，是有的世界。不但天地萬物是有，凡是有徵向的地方統統是有。所以，要顯 nothing，就要首先把something 方面統統化掉，嚴重些說，就是統統否定掉。（否定說得太死板。）所以道家的有與無不是西方從存有論上講的存在範疇，乃是從生活上講的心靈境界，以境界控制存在。

從生活上講，你先要把無當動詞看，看所無的是什麼？道家講自然，自然對反著不自然。什麼是不自然呢？最大的不自然就是人為造作。這是從生活上體會的，這個造作不光是我們日常生活中意念的造作，觀念的系統，這些都是不自然，要統統化掉，還有自然生命的紛馳使得人不自由不自在，所以老子說：「五色令人目盲；五音令人耳聾；五味令人口爽；馳騁畋獵，令人心發狂；難得之貨，令人行妨。」（《道德經》第十二章）這些都是「有」的範圍內的人為造作，要統統化掉。

最高的造作是意念造作，就是共產黨的意識形態。黑格爾所說的意識形態就是造作。我們這個時代就是吃意識形態的虧。道家就

從去除造作入手。儒家堯、舜、禹、湯、文、武、周公制禮作樂，所做的那些典章制度，在道家看來統統是外在的，外在的就是形式的東西。無是無這些東西，從這個動詞的無所顯的境界、心境，就叫做「無」。照中國人說，就是空蕩蕩的，什麼也沒有，不是大灑脫嗎？道家首先顯示的是這個意思。所以，從盲爽發狂到意識形態統統是造作，色、音、味固然是壞的，觀念系統也不是好的，就是儒家那一套，道家都要給你化掉，這種化掉是工夫上的。道家這個「無」就是這樣顯出來，這樣的「無」明明是我們的一個心境。所以，這個「無」不能像西方哲學中那樣，把它當作範疇看，當作一個普遍的概念看。它也不是存在主義者所說的「存在的虛無」。存在主義者的虛無是表示我們平常說的空虛、痛苦。道家講的「無」不痛苦，很舒服、灑脫。所以，在道家這裡，西方那些思路完全不能用。

　　基督教的基本觀念是原罪，佛教的基本觀念是無明，道家的基本觀念是造作，不自然。道家抓住這一點，這是最普通的、最容易了解的，但毛病都深沈得很。所以，道家可以成一個大教。道家所說那個自然境界是很難的，達到那個境界就是道家所說的眞人。不自然、造作，在我們現實生活中，就是理學家以前所說的矜持。程明道的大弟子謝上蔡說一生做工夫去掉這個「矜」字。矜持是違反自然的。

　　道家首先感覺到這些矜持、不自然是人生的痛苦，麻煩都由此出，所以他要把矜持化掉，從這個地方顯自然，顯「無」。所以，這個「無」所表示的是我們生命的灑脫自在的境界。這樣的「無」怎麼能作爲天地萬物之始呢？怎麼能把亞里士多德的「動力因」套

上去呢？這個意義的「始」跟「大哉乾元，萬物資始」不同，道家
的系統跟儒家的系統不同。「天下萬物生於有，有生於無。」
（《道德經》第四十章）「有生於無」，不是無中生有。無中生有
不是耍魔術嗎？當然不能拿普通所說的「無中生有」來了解道家。
那麼，通過「無」來了解道，「道生之，德畜之」（《道德經》第
五十一章）這種「生」的意義如何了解？這跟基督教上帝創造萬物
不一樣，跟儒家講乾元、「天命不已」創生萬物也不一樣。

你要了解，道家的「無」是在一個很深的文化智慧方向中發生
出來的，那就是戰國時代，對著周文疲弊而來的。春秋戰國時代，
貴族墮落腐敗，周文變成空架子，妨礙我們的自在，窒息我們的生
命，束縛我們的生命，使之不自在。在這種情況下，老子提出「無
為」。「無」是簡單化後總持地說。道家並不是說：天地間有一個
東西叫「無」，它可以產生萬物。客觀地說，「無」在哪裡呢？哪
一個東西可以叫做「無」而又可以產生天地萬物呢？道家講「無」
不是這個意思，道家是很切實的，基本觀念是「造作」，這是負面
的表示，這個最親切。「無」是從現實上造作、不自然翻上來的一
層次上說。當老子說「道生之、德畜之」，這個「生」是「不生之
生。」①我稱道家的形而上學是境界形態的形上學，不是實有形態
的形上學。西方的形上學、儒家的形上學都是實有形態，但道家不
是實有形態。不是實有形態如何能說明「無」是天地萬物之始呢？
它也可以說明，這是消極的說明，基督教、儒家是積極的說明、正

---

①關於道家「不生之生」觀念的論說，請參看牟宗三先生《中國哲學十
　九講》第五、六講。

面的說明。道家「道生之，德畜之」之「生」是「不生之生」，什麼叫「不生之生」呢？老子說：「為者敗之，執者失之」（《道德經》第二十九章）。共產黨天天在那裡為，在那裡抓，他以為可以抓得緊。道家就叫你不要抓，叫你讓開一步，你讓開一步，天地萬物自然生長，這就等於生天地萬物。這就是道家的基本智慧，這是了不起的智慧。王弼有兩句話注「道生之，德畜之」，注得很好，這就是：「不塞其源，則物自生；不禁其性，則物自濟。」

　　這個只有從實踐生活中來了解，不能從概念思考來了解。這種形上學就叫做境界形態的形上學。境界形態對著實有形態講。

　　這一講就是說明「無」怎麼能是天地萬物底「動力因」，這個是消極形態的「動力因」，就是你不要去抓它，讓開一步，它自會生長繁榮。這是道家的精神。

第七講　道家：境界形態的形上學

　　上一課講道家的消極形態的「動力因」，提到道家是境界形態的形上學，這個問題需要進一步說明。

　　老子說：「無名天地之始，有名萬物之母。」（《道德經》第一章）若依這句話，說宇宙本體是「無」，這是客觀形態的講法。唐（君毅）先生仍是從客觀形態了解，那是不對的。《道德經》除此頭一章外，加上「天下萬物生於有，有生於無。」（《道德經》第四十章）這個「道」好像有客觀性，客觀地在天地間有一個東西叫做「無」，有客觀性，跟著就有實體性，還有能生性（實現性）。表面看是如此，這樣看的時候，把道家的「無」看成是個本體宇宙論的本體、客觀的本體，而且是有能生性的一個客觀的本體。這樣看好像沒有人能反對，直接從《道德經》的話很容易想過去。還有「道生一，一生二，二生三，三生萬物。」（《道德經》第四十二章）這些話從表面看，你很容易從客觀形態（意即實有形態）去了解道家的道，但這是不對的，講不通的。我在《才性與玄理》一書有一節講老子與莊子的區別，其中一段說明《道德經》所顯之實有形態之形上學只是一貌似之姿態，並非經由真正之分解而建立得起的。故道之客觀性、實體性、創生性，亦易於拉下而化

除。究其實,《道德經》之形上學,亦只是境界形態之形上學。①

照道家思想,不能說創造性,籠統地說實現性還可以,因為說創造有一定的意義。實現性就是根據亞里士多德的「動力因」使這個 form 實現到 matter 上去。那是比較廣泛的一個名詞。道是一個實現的原理,它使萬物存在。可是使萬物存在有好幾種形態,道家是一種形態,基督教講創造,創造地使萬物存在,是另一種形態。創造可以劃歸實現原理,但實現原理不一定是創造,實現原理是一個廣泛的名詞,萊布尼茲的系統由兩個原則支撐起來,一個是充足理由原則,一個是矛盾原則。實現原理、創造原理都是充足理由原則。「無」不能創造,所以我用實現性,它使這個東西實現,使它有存在,就是實現原理。

萊布尼茲講充足理由原則,充足理由原則就是一個東西何以單單如此而不如彼呢?總有一個充足的理由,第一,先不要矛盾,不矛盾表示是可能的,可能的不一定現實。要想說明現實,一定要有充足理由。有它就成,就是充足理由;無之不成,是必要理由。充足理由說明這個東西為什麼單單如此而不如彼。這個理由是什麼

---

①牟宗三先生《才性與玄理》一書第六章第二節,「老莊之異同」提出:道家是境界形態的形上學,見解獨到,論說精微。現節錄其要,以助開發思考。

義理之形態(不是內容)有異:老子之道有客觀性、實體性、及實現性,至少亦有此姿態。而莊子則對此三性一起消化而泯之,純成為主觀之境界。故老子之道為「實有形態」,或至少具備「實有形態」之姿態,而莊子則純為「境界形態」。

呢？最後就是上帝，上帝創造它就是如此，這是最後的一個理由。譬如，萊布尼茲喜歡用這個例子，天下沒有兩滴水完全一樣。若完全一樣，則上帝沒有理由爲什麼單單如此安排它，而不另樣安排它。以上帝創造爲萬物存在之充足理由，這就是西方人的巧妙，這就叫做邏輯的思考。

上帝是當作創造性看的充足理由，但有些充足理由並沒有創造性，道家的「道」，通過無與有之雙重性來了解者，就沒有創造性。儒家也講創生，儒家講的創生不是宗教家所說上帝創造是從無而造的那個創造，但儒家也是創造，因爲儒家屬於意志因果，有創造性，使這個東西存在，是個積極的力量，那是儒家的形態，最好了解的是基督教的形態，上帝創造萬物就使萬物存在，上帝的創造是從無而造，上帝不是根據任何已有的東西來創造一個東西，這是講創造的意義。木匠製造桌子，木料是原有的，把 form 加在 matter 上成個體物，那是製造，不是創造，上帝不是利用已有的材料來製造一個東西，上帝創造就是使個體存在。上帝創造是個典型的創造的意義，那是宗教上的創造的講法，儒家也是個典型的意義，那是哲學的講法，從道德上講的，道德意志（moral will）是創造的原則。你要了解人類的能力，人的心靈的能力，意志（will）是創造原則，知性（understanding）是了解原則，知性只能了解這個桌子，不能創造這個桌子。儒家講「天命不已」是直接根據道德轉過來的。把絕對意義的道德意志客觀化、實體化、人格化，就是上帝。儒家不做這個工作，不把道德意志人格化，所以沒有 God。儒家就把道德意志看作宇宙本體，如果把它人格化，上帝創造，那就是宗教家的講法。不管是儒家、道家、西方基督教，統

統是充足理由原則，充足理由原則也可以叫做實現之原則，或存在之原則。

　　道家這個「道」你也可以名之曰充足理由原則，或者實現原則，但是，這個充足理由原則、實現原則沒有創造性，不是儒家「天命不已」那個創生形態，也不是基督教那個創造形態，更不是柏拉圖的製造那個形態。製造的那個形態還沒有達到最高的層次，製造是利用已有的材料，把形式加在已有的材料上，那就是造物主的作用。在柏拉圖的時候，也不叫做 God，叫做「造物主」，那是神話式的講法。你要了解中西哲學中形而上學的五個形態，從柏拉圖開始，然後了解基督教、儒家、道家、佛教。最難了解的是佛教，佛教也可以講實現原理，但講法不一樣。

　　道家這個「無」，從表面上看，從《道德經》看，你把那個「無」看作有客觀性，有實體性而且有能生性，假如真有這三性，看作一個客觀的絕對本體，一個宇宙本體也不算錯。這種了解我名之為「客觀形態的了解」。但是，道家不屬於實有形態，所以這樣了解不對，只是表面有這個樣子，表面上有客觀性、實體性、能生性這個樣子，但實際上最後可以揭穿的，揭穿的時候，客觀性沒有了，天地間沒有一個客觀的實體名之曰「無」擺在那裡，以便去產生天地萬物。

　　基督教說上帝，儒家說「天命不已」，是實有形態，那叫做實有形態的形上學（" being-form " metaphysics），或存有形態的形上學。西方的形上學，從希臘開始，不管是存有論（說本體論也可以）、宇宙論，統統是實有形態。儒家從「天命不已」、道德意志講的，從心性之學講的也是實有形態。當然，儒家這個實有形態跟

西方純粹是思辨理性的講法不同，儒家是實踐的講法，實踐的講法還是實有形態。道家很特別，它不是實有形態，表面看有實有的樣子，就是有客觀性、實體性、能生性的樣子，那是言詞上帶出來的樣子，但這個樣子可以揭穿，揭穿了就沒有了。因爲《道德經》明明說「無名天地之始」（第一章），「天下萬物生於有，有生於無」（第四十章），「道生一，一生二，二生三，三生萬物」（第四十二章）。一切都從道出來嘛。語言是這麼說，而意義並不如此。「言在此而意在彼」，這裡可用上這句話。語言是如此，而意義並不如此。所以，我說這是個「假相」，語言上有「三性」這個樣子，而最後可以拆穿。爲什麼可以拆穿呢？到莊子就把客觀性、實體性、能生性拆穿了。到莊子徹底地顯現出來道家是一個境界形態的形上學。

　　西方形上學統統是實有形態，不管唯心論、唯物論、近代的、古代的，都是實有形態。境界形態譯成英文很困難，因爲西方沒有這個形態，中國先秦經典也沒有「境界」這個詞。境界這個名詞從佛教來，但我們平常說「境界」跟原初佛教說的「境」、「界」也不一樣。現在用一般人了解的普通意義來說，「境界」是從主觀方面的心境上講。境界形態我譯作 " vision form "，就是說你自己的修行達到某一個層次或水平，你就根據你的層次或水平看世界，你達到了這個水平，你就這樣看世界；你若在另一水平中看，你的看法就不一樣。你看到的世界是根據你自己主體的升降而有升降，這就叫做境界形態，道家就是這個形態。因爲我們不能經過客觀的思考或者是論辯在外在世界發現出有一個東西叫做「無」，把它拿來作本體。用我們的論辯，通過客觀的分解，從客觀世界，即外在世

界去發現出一個東西，就像發見原子、電子那樣，或者像柏拉圖發見"idea"那樣，而名之曰「無」，這根本不通，因為老子也不是這樣講「無」，老子不是從這條路走。假如從這條路往裡入，就叫實有形態。

運用邏輯的思考，（邏輯思考是什麼理性呢？用康德的名詞就是思辨的理性，）根據我們的思辨理性，從客觀外在的世界裡面，無論你怎麼分析，分析到什麼程度，想去發現出一個東西來，就像發現 idea 或原子、電子等等，那麼樣，而名之曰「無」，這是根本作不到的。《道德經》：「無名天地之始」落實到「常無欲以觀其妙」了解，「無」是從我們主觀心境上講，是修養境界上的「無」。西方人，不管是柏拉圖講理型，或第孟克利圖士講原子，或萊布尼茲講心子，或笛卡兒、斯頻諾薩講本體，這都是我們的思辨理性通過客觀的分解從外在世界發現出來的。凡是從這條路往裡入以建立形上學，都是「實有形態」的形上學。儒家講「天命不已」，講性命天道，這也是「實有」，但這不是用我們的思辨理性從外在世界裡面分析綜合可以發見出來的，它但只是從實踐理性進入而被肯定。西方的「實有形態」的形上學大體從思辨理性進入，儒家是從實踐理性進入，西方基督教肯定上帝這個最高的實有，但肯定上帝是宗教信仰，不能從思辨理性來證明。儒家從實踐理性進入，所以講心性，講工夫，這樣，也有境界，也有實有。道家純粹是境界形態，沒有實有意義。

講道家思想，我常用共產黨作反面教材。對於社會，乃至萬事萬物你若不去騷擾它，操縱把持它，它自己會生長。這叫「不生之生」，你讓開一步，「不塞其源，不禁其性」（王弼語），它自會

生長，這就等於你生它。因為這讓開一步是一個很大的修養工夫。
所以從這樣的工夫以講動力因，這純是消極意義的境界形態下的不
生之生。老子說「後其身而身先；外其身而身存。」（《道德經》
第七章）大家都想出風頭，往前進，那有想往後退呢？道家就讓你
往後退，你往後退一步，大家都活了。西方人沒有這種玄思，但自
由民主卻暗合於這道理，而共產黨卻最違反這道理。所以，道家是
境界形態，這樣，道的表面上的客觀性、實體性、能生性這三性的
樣子便被拆穿了。在莊子最容易看出來，莊子講逍遙、齊物，就是
從我們的心境講。莊子講天籟，天籟指不出東西來，天籟是一個意
義。你們讀莊子〈逍遙遊〉、〈齊物論〉就可以了解莊子的全部大
義。老子是原始一點，樸素一點，到莊子把實體性、客觀性、能生
性的樣子都化掉，是徹底的境界形態的形上學（" vision-form "
metaphysics）。

　　所以，我說《道德經》講「絕聖棄智」、「絕仁棄義」（第十
九章）、「絕學無憂」（第二十章）是作用意義的「絕」，是我們
修養的境界，這個不能反對，這是共法。這種意義的「絕」跟佛教
的般若相通。作用意義的「絕」就表示不是存有意義上的「絕」，
不能說道家在存有意義上否定聖、智、仁、義、學。不能說存有上
沒有聖、智、仁、義、學，道家不是這個意思。

　　存有意義就是究竟天地間有沒有仁義這種東西？這是有沒有、
存在不存在的問題。道家的「絕」當然不是這個意思。道家的
「絕」是作用意義上說的，跟《般若經》「以『不學』學」意思相
同。你想用學的方式學般若，你永遠學不來，因為般若不是一個外
面擺著的東西，可以通過學的方式來得到。所以《般若經》說「以

『不學』學」,「以『無得』得」,你要用無所得的方式得到般若,般若不是一個東西可以讓你抓住。這就是從作用上講,不是從存有上講。這並不是說:在存在上,根本沒有般若這種東西。道家的玄智也是這樣,並非在存有上根本否定仁、義、聖、智乃至於學之存在。

肯定有聖、智、仁、義、學,這是存有層次上的問題,存有層次上有聖、智、仁、義、學。什麼叫做仁呢?你可以下定義。聖、智、仁、義、學都可以下定義,存有上有的東西可以下定義,這個屬於 " what " 的問題,屬於「是什麼」的問題。這個「是什麼」的問題,是儒家提出的。儒家肯定聖、智、仁、義、學。每一個概念有一定的意義,這是存有層次的問題。凡是存有上的東西,都可以下定義,都可以明確地把它決定出來,說明白,這個工作儒家做,所以,儒家有存有層次的問題。後來道家在作用層次上所講的,儒家也不反對。所以,這是兩層的問題。

但道家只有作用層上的問題,是 " how " 的問題,道家是根據儒家講話。先有儒家,道家是儒家的一個反動者,一個挑戰者,它只有 how 的問題,沒有 what 的問題,它是對著儒家發。首先是墨子跟儒家相衝突,那很簡單,很容易了解,後來是道家跟儒家相衝突,道家很玄。你儒家講聖、智、仁、義,那你如何把你那個聖、智、仁、義用最好的方式體現出來呢?道家的回答是:最好而又最後的方式是「無」之方式,即作用上的「絕」之方式。這個意義的「絕」,儒家也不反對。

儒家經典也有講「無」的。《書經・洪範》篇說:「無有作好,遵王之道;無有作惡,遵王之路。」「無有作好」、「無有作

惡」那個「無」就是作用上的無，用什麼方式把我們所肯定的好惡
體現出來呢？好惡是有的，沒有好惡就沒有是非。但是，《書經》
告訴我們：你要以「無有作好」的方式來好，「無有作惡」的方式
來惡。那個時候，你可以把好惡很好地表現出來而沒有毛病。這也
是作用意義上的「無」，不是存有上否認好惡。所以，這個方式儒
家也不反對。

　　凡是存有上肯定的是 what 的問題，道家只有 how 的問題，沒
有 what 的問題，因為 what 的問題儒家都講明白了。道家就在
how 的問題上表現它的聰明。道家就問：你怎樣把你的好惡表現
出來呢？這就是道家的貢獻，這是道家的勝場，它把這點抓住了就
可以自豪，可以立足於天地之間，卓然成一家之言。道家簡單，沒
有 what 的問題，因為一切麻煩都在 what 的問題上。道家把 how
的問題抓住了，就可以儒、釋、道鼎足而三。

　　儒家、佛家都有作用上的智慧，也有存有的問題。道家只有作
用上的智慧，所以道家不夠，不能夠自足獨立，一定要依附一個骨
幹，或者就另一骨幹補偏救弊，你出毛病的時候，它出來刺激你一
下子，這也是好的，這就是反對派的作用。這種「道」很玄妙。你
們仔細把《道德經》從頭到尾仔細讀，尤其要讀《莊子》，《莊
子》就充分表現境界形態。朱夫子就是一生看不透這個問題，他不
知道道家、佛教有這個作用層上的問題，「無」、「絕」成個忌
諱，朱夫子一看這些字句就說不是聖人之道，把這個東西推給佛
老。所以我提出來，這是一個共法，聖人也不反對。程明道這種話
頭多得很，朱夫子就不喜歡明道，說明道講得太高。其實是朱子沒
有了解。

　　那麼，你進一步問，道家是肯定仁、義、禮、智呢？還是否定呢？道家的系統沒有表示態度，所以它不夠也就在這個地方。你說道家對仁、義、禮、智是原則上肯定呢？還是否定？很難說它一定肯定，也很難說它一定不肯定。但是，道家既然問從什麼方式表現最好，就表示原則上並不否定。我們照這個 how 可以把聖、智、仁、義、學保存下來，那麼這種保存就叫作用的保存，通過這個 how 達到作用的保存。王弼注云：「絕聖而後聖功全，棄仁而後仁德厚。」這都是辯證的詭詞。這就是作用的保存，並不是把「仁」從存在上否定掉。所以，理解道家的智慧不容易，理學家大多不理解，把它看成異端，闢佛老，實際上他們對佛老了解不夠，了解得很淺薄。

　　當然，存有的問題是不能沒有的，要成一個獨立的系統一定要有存有這一層，所以道家吃虧。你只能依附於儒家作一個挑戰者，作一個反對派，後來佛教傳進來，就變成道教，道教很多是佛教轉過來的，可見自己沒有獨立性不成。道教最差，所以我們不講道教，只講道家。唐朝注釋《莊子》那個成玄英，他那個道教，用的根本是佛家的觀念，照佛家的觀念成個道教，就是因為道家獨立性不夠，沒有存有層的問題，是個消極的形態。

　　道家從生活上體會出來，這樣體會出來的「無」作為天地萬物之始的根據，當然不是實有形態，這就是所謂境界形態，這樣意義的「道」可以作一個「動力因」。「道」的意思很多，從本體論上看，它就是本體論的意義，從宇宙論上看，有宇宙論的意義，從人生上看，有實踐的意義。但不管你怎麼看，整起來看，道家這個形而上學是個境界形態。「無」作為天地之始，天地是天地萬物的總

稱，總起來說天地。但是，在這種情況下，「目的因」如何表現呢？這些意思了解了就好講了，正面講就很容易講，幾句話就講完了。所以說「無名天地之始，有名萬物之母。」你讀王弼的注，就根據這句話講「目的因」。既然「無」是「動力因」，使一切東西有存在，使一切東西完成其爲自己，完成其爲自己就是它的目的。「無」是使它存在，以什麼存在的樣相表現出來呢？光是「無」不夠，要通過「有」這個觀念。所以，《道德經》說：「有名萬物之母」（第一章），又說：「道生之，德畜之，物形之，勢成之。」（第五十一章）通過物之形，勢之成，它的「目的因」就完成了，萬物都出現了，那個目的就達到了。當然，這個沒有道德的意義。

　　「道生之，德畜之」是「動力因」（efficient cause），說「動力因」可以，譯作「有效因」也可以。「道生之，德畜之」是超越意義的「有效因」。「目的因」往前看，萬物要成其爲萬物要落實，所以說「物形之，勢成之」，這個就是「目的因」，「目的因」就落在這裡，道家的講法很簡單，通過物形、勢成，這個東西就完成它自己；完成它自己，這個東西的目的就達到了。「有名萬物之母」，王弼注云：「及其有形有名之時，則長之育之，亭之毒之，爲其母也。」通過長、育、亭、毒，完成它自己，所以說「有名萬物之母」，「母」是形式根據（formal ground），根據這個形式根據，在有形有名的範圍之內，萬物可以長、育、亭、毒。長之育之，就是生育之的意思；亭，是成的意思；毒，是熟的意思。在有形有名的範圍之內，萬物可以生長成熟，生長成熟就是完成其自己。在「道生之，德畜之，物形之，勢成之」那個地方是通過「物形之，勢成之」的方式，完成「目的因」。在「無名天地之始，有

名萬物之母」這個地方是通過生、育、亭、毒四個字完成「目的因」。這是道家的方式說明「目的因」。

儒家怎麼表示「目的因」呢？用儒家的方式講就是坤元。《易傳》還用什麼字表達「目的因」呢？就是「各正性命」。「元、亨、利、貞」，在利貞那個地方，坤元就進來了，坤元進來就是「質料因」（material cause）進來了，非有這個成份不可，否則物的「目的因」不能達到。道家「質料因」在「物形之，勢成之」過程中帶進來，在長、育、亭、毒過程中帶進來。「物形之，勢成之」就是坤元，就是保聚原則。中國人以前雖然沒有這些講法，因中國人不喜歡分解的講法，但我們現在可以這樣看。「物形之，勢成之」不就是「質料因」（material cause）嗎？這不是很恰當嗎？不在有形的範圍內，不在質料的範圍內，怎麼能長、育、亭、毒呢？用儒家的話講，這是屬於氣化。長、育、亭、毒不能離開氣化。

下一課再進一步講，因為道家缺乏分解，不但沒有亞里士多德那種分解，連儒家那種分解，那種本體論也沒有。道家純粹是境界形態，用觀照的眼光看世界。對這枝粉筆道家不去解剖它，不論是形而上的解剖，或是物理的解剖道家都不做，它只採取觀照的態度。

莊子以其芒忽恣縱之辯證的描述，辯證的融化，將老子之分解的系統化而為一詭辭，將其道之客觀性、實體性，從天地萬物之背後翻上來浮在境界上而化除，從客觀面收進來統攝於主觀境界上而化除，依是，道、無、一、自然，俱從客觀方面天地萬物之背後翻上來收進來而自主觀境界上講。逍遙乘化，自由自在，即是道，即

是無，即是自然，即是一。以自足無待爲逍遙，化有待爲無待，破「他然」爲自然，此即是道之境界、無之境界、一之境界。「自然」是繫屬於主觀之境界，不是落在客觀之事物上。若是落在客觀之事物（對象）上，正好皆是有待之他然，而無一是自然。故莊子之「自然」（老子亦在內），是境界，非今之所謂自然或自然主義也。今之自然界內之事物或自然主義所說者，皆是他然者，無一是自然。老、莊之自然皆眞是「自己而然」者。故以「圓滿具足」定之。此是聖人、至人之境界。「俄而有無矣，而未知有無之果孰有孰無也。今我則已有謂矣，而未知吾所謂之其果有謂乎？其果無謂乎？天下莫大於秋毫之末，而太山爲小，莫壽乎殤子，而彭祖爲夭。天地與我並生，而萬物與我爲一。」（〈齊物論〉）此是道之境界，無之境界，一之境界，亦即自然之境界。而即由此境界上說道，說無，說一，說自然。「吾有待而然者耶？吾所待又有待而然者耶？吾蛇蚹蜩翼耶？惡識所以然，惡識所以不然。」此一芒忽搖曳之筆，正顯示一渾化之境，而即由此顯無待，顯圓滿具足。此即是道、無、一、自然也。豈是客觀方面有一物事擺在那裡曰道、曰無、曰一、曰自然乎？如是，經由分解而成之貌似積極而建構之形上學純化而爲境界形態之形上學，而道之客觀性、實體性、實現性，亦純化除而不見矣。本來《道德經》之實有形態，本只是一姿態。此姿態，是由「無爲而無不爲」之普遍化（擴大應用）而成者。根據此原則以觀天地萬物，則萬有之本以生萬有者，不能再是一限定之有，而必須是「無」。無者，非「限定之有」之謂也。此只是一消極表示，所謂遮詮。故「無」之爲本爲體，一方面固只是生活上「無爲」之擴大，一方亦只是遮詮，而只爲形式之陳述。本

未就客觀的宇宙施一積極的分解而發現一正面之「實有」以爲本體
者。故《道德經》之積極而建構之實有形態之形上學只是一貌似之
姿態，並非眞正之分解，即並未「著」也，故亦非眞正積極而建構
之形上學。既非經由眞正之分解而著得上，故道之客觀性、實體
性、實現性，亦易於拉下而化除。凡經由積極之分解而著者，爲積
極而建構之實有形態之形上學。凡不著者，即非積極之分解，故亦
非積極而建構之實有形態之形上學。故《道德經》之形上學，究其
實，亦只是境界形態之形上學。不過根據「無爲而無不爲」以觀天
地萬物，拉開以尋其本，遂顯有「實有形態」之貌似。此種「拉開
以尋其本」，而顯道有客觀性等，即吾所謂「動觀則有」也。（見
《才性與玄理・魏晉名理正名》）。而莊子則翻上來，收進來，從
主觀境界上成一大詭辭以顯「當體之具足」，則即消掉此客觀性、
實體性、實現性，而爲「靜觀則無」也。然此兩者，並不衝突。而
莊子則爲根據老子而進一步矣。所謂消融老子分解講法之所展示而
成一大詭辭者是也。（成一辯證之融化。）此種進一步之境界即爲
向、郭注莊所闡發。《晉書》所謂「發明奇趣，振起玄風」者，並
不誤也。

第八講 道家:「目的因」及從「不生之生」說明存在;通過養與玄覽(觀照)而得自在

「道生之,德畜之,物形之,勢成之。」(《道德經》第五十一章)或曰:「有名萬物之母。」(《道德經》第一章)「有名」為什麼是萬物之母呢?就是在有名範圍之內萬物通過長、育、亭、毒來完成「目的因」,完成「目的因」就是萬物得以完成其自己。儒家《易傳》的講法是「大哉乾元,萬物資始。乾道變化,各正性命。」就在「各正性命」這個地方完成它的「目的因」,或者通過〈乾卦〉的四德:「元、亨、利、貞」,元、亨代表「動力因」,利、貞代表「目的因」。從利貞那個地方可以看出萬物的「各正性命」。這是儒家的講法。道家的講法是「道生之,德畜之,物形之,勢成之。」但我們首先了解,道家那個「生」是「不生之生」,是消極的形態。「不生之生」,現在這個時代最容易了解,共產黨就是反面的教材。這就是說你要讓開一步,不要天天抓住它不放,你抓不住的。你一抓就死掉,共產黨就是把這個社會封閉死了。道家的「道生」就是說你讓開一步,你不要把它閉死悶死,它自己就會生長,就等於你生它。這就是有道盛世,現在大陸上就是

無道。

道家通過「物形之,勢成之」、「長之育之,亭之毒之」來了解「目的因」,了解這個系統後,你再進一步考慮,對於這樣生,這樣成的萬物,道家的態度跟儒家的態度、佛家的態度不一樣,跟西方也不一樣。道家是採取觀照的態度。《道德經》講「玄覽」,「滌除玄覽,能無疵乎?」(第十章)萬物返樸歸真,各歸根復命,「復命曰常,知常曰明。不知常,妄作,凶」(《道德經》第十六章)。道家對通過如此這般了解的道生、德畜、物形、勢成所完成的萬物採取觀照的態度。道家從心上做工夫,從性上得收穫,這個從性上得收穫,跟荀子的態度不一樣,跟告子的態度也不一樣。從性上得收穫是什麼意思?就是養性,養性就是養生,性就是生。所以,道家講養生,這個「生」是要養的。

儒家的態度,我們這個自然生命沒有什麼好處,要高一層的東西來對治它。荀子、告子的態度也是這樣的。荀子講性惡,告子講「生之謂性」。性是材料,是本始材樸,要以心治之,使其合道。道家講養生、養性,這所養的性也是「生之謂性」。但這「生之謂性」不是為的我們要對治它,而是要養它。心上做工夫,性上得收穫,就是得養的收穫。道家對這個「生」是採取養的觀點。對於萬物的生成,桌子成其為桌子,粉筆成其為粉筆,通過「物形之,勢成之」如此這般完成以後,他不去分解它,不再進一步予以解剖。不管你是做科學式的了解,對它作分析,或是理學家朱夫子把它分成理、氣,這都是對天地萬物作分解的了解。道家不做這個工作,養生就是養性,道家說的養生就是養這個自然生命,這個自然生命原本沒有價值的意義。通過「養」以後,它便是最高價值的標準,

因為它是合道的天趣盎然自由自在的生命。

儒家提高到價值層次講道德的生命，要拿道德的生命來對治我們的自然生命，這是儒家的立場，道家不採取這個立場，因為自然生命從道德價值的層面看，它是不好的，但假定你採取返樸歸真的態度，採取一個養的態度，它就成一個好的。所以道家講返樸歸真，道家喜歡原始社會，越古越好，回歸到自然。中國常講三皇五帝，三皇五帝最好，其實那時不一定是好的，原始野蠻的社會不一定好。可是若從養的觀點看，從觀照的觀點看，就是越古越好。所以叫做返樸歸真。這個時候，「樸」是好的意思，樸是對著高度文明講。不要說現在高度的科技文明，就是西周的文明已經不得了，周公制禮作樂，那個文明已經很高度了。孔子稱讚其「郁郁乎文哉」。但到戰國時代，道家已經受不了。所以要返樸歸真，樸就對著文明講。科技文明是很麻煩的。我們現在拚命追求現代文明，追求現代化，可是馬上跟著來就有後現代化的問題。

自然生命是不好的，貪、嗔、癡、惑、業都從自然生命發，從這個立場看，自然生命當然不好。但是，照道家看，貪、嗔、癡、惑、業這些毛病從心上發，心是不好的，所以要從心做工夫，從性上得收獲。這是道家的重要觀念。性就是生，養性就是養生，從養的態度看，就是返樸歸真。樸、真是從所養的「生」那個地方講，這個生命是樸，養樸就能存真。通過做「虛一而靜」①的工夫，這個工夫所成的心就是道心。道心玄德，玄德就是從性上得，玄德從

----

①荀子謂「虛一而靜。」道家「致虛極，守靜篤。」（《道德經》第十六章）就是「虛一而靜」的工夫。

修養來，從返樸歸眞所得到的德就是玄德。

　　儒家所講的道德是我們現在一般人所講道德的意思，就是"moral"一詞之意。道家講道德不是這個意思，老子《道德經》，道、德是兩個詞，先講以道爲標準，這個道得之於自己，得之於心，此名之曰德。德者，得也。我自己得到，得之於我自己的生命，這是道家意義的德，不是普通意義的道德之德。老子《道德經》上篇是〈道篇〉，下篇是〈德篇〉，上篇講道，下篇講德。道是外延的講、形式的講、客觀的講，德是內容的講、實質的講、主觀的講。得之於自己的生命就是內容的講、主觀的講。所以《道德經》說：「孔德之容，惟道是從。」（第二十一章）孔德就是大德，大德以道爲標準。以道爲標準，得之於自己就成其爲德，這就是主觀地講，內容地講。道是客觀的，跟大馬路一樣，天地萬物都經過這大馬路，都從道來。所以，一講道，就是客觀地講。光如此講，我們不能了解，這種了解就是形式的、客觀的、外延的了解。進一步了解這個道的意義是什麼呢？就要通過自己的主觀的心靈來得到它才成，要從心靈上來了解，這就是養生、養性的養。從心上做工夫，通過「虛一而靜」使心轉成道心，有道之心使我們這個生命能養得往。到返樸歸眞的時候，你這個生命裡面就有所得，你這個時候，就算得到了玄德。

　　天地萬物也是通過「道生、德畜、物形、勢成」來完成。對於通過「道生、德畜、物形、勢成」而完成的東西，道家不想去騷擾它。儒家通過仁、義、禮、智克服自然生命的私欲，麻煩得很，道家不採取這個態度。道家採取養的態度，養是心上做工夫來養，那麼對於萬物，對於通過「道生之，德畜之，物形之，勢成之」所完

成的那萬物，道家採取觀照的態度，觀照就是玄覽。玄覽就是對通
過「目的因」所完成的那些東西，在返樸歸眞的態度下，各令其歸
根復命，使每一個東西各歸其自己（return to itself）。人的生命
所以不自在不自由，就是不能夠歸其自己，四分五裂，東扯西拉。
人在時間中拉扯，有過去，有現在，有未來。還沒有到明天就想到
明天，因爲想明天就追想過去。李白詩句云：「生年不滿百，常懷
千歲憂。」這就是生命的拉扯。瞻前顧後，有將迎，這就是生命不
能歸其自己。當年程明道做工夫就說：「無將迎，無內外，廓然而
大公，物來而順應。」人生最麻煩就是有將迎。就是你這個生命不
能當下歸其自己，把你的生命拉開了，拉在時間，空間之中。

　　所以，道家講逍遙自在，逍遙自在就是讓生命歸其自己，不要
瞻前顧後。程明道說：「廓然而大公，物來而順應。」就是順自然
道理，不要有私見、偏見、成見，這就是無將迎。這是理學家做的
工夫，道家就是返樸歸眞，做實際上「虛一而靜」的工夫，使生命
歸其自己，歸其自己就是歸其樸，返樸歸眞才能逍遙自在。道家講
自由自在不是現代人講的自由，現代人講的自由是人權，道家自由
自在是精神的境界，養生的一個結果。

　　道家這樣講的萬物，是觀照下的萬物。《道德經》「歸根曰
靜，是謂復命。復命曰常，不知常，妄作，凶。」歸什麼根呢？這
個根就是所養的那個「生」，不是對治的那個生。歸根才能復你的
本命，就是通過道生、德畜、物形、勢成的那個東西的自己，那個
東西的自己就是那個東西的本命，這就是歸根復命。所以下面就說
「復命曰常」，你這個生命能得其常道。「不知常，妄作，凶。」
不知道人生自然之常道，天天瞎造作出花樣，一定是凶。

　　道家採取觀照的態度，就是不去分解它。儒家看這個世界通過乾元、「元、亨、利、貞」來完成天地萬物，「乾道變化，各正性命」這裡要通過一個分解。朱夫子分成理、氣，通過陰陽五行來解釋。這都是一種解釋，一種分解。通過我們的道德意識、道德命令、仁、義、禮、智來克己復禮，這不是養生，這是對治，是道德的立場，這當然是積極的。道家是消極的，所以，它對自然採取觀照的態度。道家不但沒有西方那種哲學的形而上學的分解，連科學的形而下的分解也沒有。儒家雖然沒有科學，但儒家並不反對科學。儒家講道德形上學，對這個世界有分解，分別成理、氣。道家沒有這一套，道家講觀照，講自然。自然從哪個地方來呢？就是返樸歸真。中國的文學藝術都從道家的影響開出，道家以觀照的態度看天地萬物，不是以分解的態度看，也不是以對治的態度看。

　　佛家最難了解，你看佛教，假如用亞里士多德的「四因說」，以「動力因」、「目的因」去衡量，用得上還是用不上。佛教對天地萬物採取什麼態度呢？是觀照的態度呢？還是對治的態度？此外，佛教對天地萬物有沒有一個分解呢？佛教對萬物不是採取返樸歸真的觀照的態度，它對萬物有一個分解。那麼佛教對萬物的分解是怎麼講法呢？先了解這個問題，然後再進一步看可以不可以用「動力因」、「目的因」去解釋。佛教很特別，是一個很特別的了不起的智慧，它對萬物有一個解剖、分解。

　　佛教對萬法有一個分解，那個分解是什麼呢？就是無自性。無自性的結果就是如幻如化，萬法如幻如化。這個觀點儒家沒有，道家沒有，西方也沒有。照佛教，一切東西要通過無自性的觀念把它視作如幻如化，通過「因緣生起」這個分解，「眾因緣生法，我說

即是空，亦爲是假名，亦是中道義。」②這是對法的一個解剖、一個分解，這樣一個分解的結果是：它對一切東西的看法是無自性，無自性就是空，空就是空自性。道家沒有這個態度，道家講歸根復命，每一個東西各歸其自己，就是每一個東西歸根復命，有自性，有它自己，道家對它的自己採取觀照的態度。佛教是先把一切東西解開、鬆開，一枝粉筆，它不看作 thing，不看作一個個體，它把它看作一大堆因緣生起的東西，把它解開來，解開了把粉筆的自性去掉，所以粉筆就如幻如化，這是佛教特別的態度，道家對萬物沒有這個看法，道家是通過道生德畜，物形勢成就完了，它並沒有把那個物形勢成的東西分解得如幻如化，就是說這裡面沒有一個分解。

佛教這樣一個系統，照亞里士多德的「四因說」，首先那個「動力因」、「目的因」用得上用不上呢？假如用得上，那麼照佛教的說法怎麼講呢？「動力因」在哪裡？照亞里士多德的說法，最高的「動力因」是上帝，儒家是「大哉乾元」，道家是「無」，佛家是「無明」。照佛教的說法，假定你要對萬法要有一個說明，說明它的「動力因」，「動力因」就是「無明」。這個講法很不一樣。從無明下來，通過因緣生起，這就是空，無明就是空、無自性。說有就有，說沒有就沒有。但它也令一切法有一個說明。所以說「除病不除法」，一切法都保存下來。

你們先了解柏拉圖系統，那是正面的分解。了解基督教的系統，上帝的創造，然後了解儒家、道家。道家已經很難了解，到佛

---

②《中論・觀四諦品第二十四》。

教更難了解。佛教對萬法有說明，既然有說明，「動力因」就可以用，但它那個「動力因」，跟一般講的完全不一樣。

第九講　道家：說明「存在」的方式

　　西方人依實有之路講形而上學（metaphysics in the line of "being"），西方形而上學一開始就從「有」（being）著眼，為什麼講有呢？什麼叫有呢？「有」是從動詞"to be"來。中文沒有動詞"to be"，那麼，中文怎麼了解這個存有論（ontology）呢？文字沒有，但思想義理總可以接觸到這個道理。所以乾嘉年間人說：「訓詁明而後義理明。」這話並沒有必然性。訓詁明了並不一定義理明，當然不識字不成，識字勉強說是必要條件，並不是充足條件，光識字並不能了解義理。

　　中文沒有動詞"to be"，但你不能說中國人沒有存有論的思想，中國人對天地萬物也有一個說明的方法。那麼，他從什麼地方講「有」？就從「生之謂性」這個「生」講。中國人從「生」表示存在。《道德經》講「有物混成，先天地生。」（第二十五章）這個「生」就是存在，在有天地以前它就存在。儒家講「生生不息」，也是從「生」這個地方了解存在。中國的存有論，本體宇宙論，是動態的。西方從"to be"了解being，柏拉圖的講法是典型的，那一定是靜態的。這是哲學的大分水線。你能夠從這地方往裏入，把握西方的形而上學，主要是ontology，了解中國的本體論

（ontology）、宇宙論（cosmology），你可以寫成論文，這種論文寫出來有哲學訓練的價值，這就叫做哲學的論文。這是可以討論的，這是訓練人的思考，這是一個入路。一個人做學問投入不投入就是看你有無入路，有入路就可以投入。思考問題，想一個是一個，由這一個可以牽連到那一個，牽連久了便可豁然貫通。

哲學系統那麼多，哲學家那麼多，都受歷史文化的影響，所以有西方哲學，有中國哲學。哲學本來是講普遍的道理，雖然有普遍性，但也有特殊性。譬如：他是西方人，語言文字上有動詞" to be "，這個很方便，他就從這個地方了解存在。講出一套來，這種講法一定是靜態的，而且是概念的，中國人從什麼地方表現存在呢？就是從「生」字表示，「生」也是個動詞，生就是個體存在。這樣了解存在是動態的了解，所以儒家講「生生不息」，「生生不息」不是動態嗎？因為是動態的講，所以講本體論就涵著宇宙論，中國人本體論、宇宙論是連在一起講，沒有分開來成兩種學問。但西方人講形而上學分本體論（ontology）和宇宙論（cosmology）。

儒家從「生」講存在，大家都知道儒家講「生生不息」、「天行健，君子以自強不息」，但並沒有人知道儒家從「生」這個地方講存有論的觀念，沒有人講這個問題。最近四、五年來我在台灣講學，喜歡講這個觀念。學生一聽有畫龍點睛的好處，所以很清楚，這是兩個典型的形態。還有道家。道家既不從動詞" to be "講存在，也不從「生」講存在，道家從「無」這個地方講。《道德經》雖然說「有物混成，先天地生。」（第二十五章）這「生」也是當存在講，但要想去說明：這個存在如何能夠被把握住，這便要通過「無」。這又是一個入路，是個消極的形態。這不是靜態、動態的

問題，而是消極、積極的問題。

儒家的動態或是柏拉圖的靜態，都是積極的講法，道家既不是儒家那個動態的，也不是柏拉圖那個靜態的，它是消極的講法。玄妙就從這裡出，因為平常不這樣想。道家從「無」這個地方講，所以它是消極的。「道生之，德畜之」這個「生」是「不生之生」，這就是消極的形態。道家為什麼是消極形態呢？這要通過文獻一句一句地講，這不能亂講。

《道德經》講「道生一，一生二，二生三，三生萬物。」（第四十二章）這文句怎麼講呢？「道生一」什麼意思？《道德經》原文沒有說出來，一般的講法不成義理，不成個觀念。講一個觀念要成義理才成，成義理就是你原初沒有這樣講而你當該這樣講，才能站得住，才有邏輯的一貫性。古今那麼多講法，還是王弼這個年輕人聰明，他講得最合適。他根據什麼講呢？他根據《莊子》講，根據《莊子·齊物論》裡現成的話來了解，他的講法成個義理，符合道家的精神。「道生一，一生二，二生三，三生萬物。」為什麼不說三生四，四生五等等呢？一定要到三停止，說「三生萬物」，這是一個界線。一、二、三成一體，這跟基督教三位一體一樣。說「道生一，一生二，二生三，三生萬物。」從「三」這個地方才說明萬物，就等於道生萬物，一、二、三，是對於道本身的一種體會。就好像通過三位一體來體會上帝一樣。說「三生萬物」，就等於說道生萬物。

但是，什麼叫道呢？道是個抽象概念，你對於道怎麼理解呢？道是個空洞的觀念，儒家有儒家的講法，道家有道家的講法，但是，都是講道。所以，道是一個客觀的、空洞的、形式的觀念，就

看它那個內容，你如何去了解它，就是看你的入路。你從那個路往裡入，這個很重要。道是個空洞的名詞，所以韓愈〈原道〉篇有兩句話說得很漂亮，「道與德爲虛位，仁與義爲定名。」什麼叫「道與德爲虛位」？就是道與德是個形式名詞、空洞名詞，你說你的道，我說我的道，就看你從什麼立場說。儒家從仁、義了解道，這是道德的入路，拿仁、義來證實它，通過仁、義才能了解道的具體而眞實的意義。但道家就不是通過仁與義了解。就好像上帝，亞里士多德了解的上帝通過 pure form 來了解。耶穌了解的上帝通過 pure spirit 來了解，那才是眞正崇拜的對象，那才是宗教的上帝。這就是各道其道。

道家的道是空洞的字，究竟它的眞實意義（real meaning）、內容意義（intensional meaning）如何？這個內容意義道家怎麼表達呢？道家是通過「有」、「無」這一個體會的過程來了解道的眞實意義。通過「有」、「無」是一個方式，再進一步通過一、二、三這個轉化過程。從道轉成一，由一轉成二，由二轉成三，通過一、二、三這個過程把道的眞實意義表示出來。一、二、三如何了解呢？王弼了解得好，這個不能亂講，不成個義理是不成的。王弼根據莊子，通過有、無、玄來了解。一、二、三就等於有、無、玄。從「無」那裡說一，到有出來，說二，有、無統一起來就是玄。玄就是恢復道的眞實意義，本來道是空洞的名詞，通過有、無、玄辯證的發展，它那個具體而眞實的意義才顯出來。顯出來，道才能恢復其爲具體而眞實的道，這時候的道才可以產生萬物。因爲眞實而具體的道才能產生萬物，抽象的思考中的道不能產生萬物。

　　根據什麼說王弼是這樣講？王弼根據莊子哪些文句發展而講的呢？〈齊物論〉云：「天地一指也，萬物一馬也。」又云：「天地與我並生，而萬物與我為一。既已為一矣，且得有言乎？既已謂之一矣，且得無言乎？一與言為二，二與一為三。自此以往，巧歷不能得，而況其凡乎？」王弼講一、二、三就是根據莊子這段文講的。

　　「天地一指也，萬物一馬也。」這句話很難了解，沒有人能講得明白。這句話文句很清楚，沒有訓詁上的問題，也沒有錯簡的問題，但不容易講明白，大多是亂發議論。郭象那個註就不成，一大段漂亮文章，但只是亂發議論。這兩句話根據前面幾句話來，「以指喻指之非指，不若以非指喻指之非指也；以馬喻馬之非馬，不若以非馬喻馬之非馬也。」下面就說：「天地一指也，萬物一馬也。」照玄思講，「天地一指也，萬物一馬也」似乎很容易懂，但很難得其確意。道家講玄理，這就是玄理。這玄理跟前句「以指喻指之非指，不若以非指喻指之非指也；以馬喻馬之非馬也，不若以非馬喻馬之非馬也」而來。這所據的前句很難懂。這所據的前句是根據公孫龍說指非指馬非馬而反之以說。公孫龍講「物莫非指，而指非指。」此兩語雖然很難講，但指是意指之指卻很清楚。至於其講「白馬非馬」，其意義更清楚而明確。但莊子借用此故實的時候意思跟公孫龍完全不相干，他可以借用那兩個辯論當作一個典故來發揮他的一套，莊子這個地方是借用，他不是照公孫龍的原義去了解。公孫龍為什麼講「指非指」呢？你要讀公孫龍的〈指物篇〉。〈指物篇〉最難了解，不清楚，因為全篇文章不表意，文句句法之間的關連記號太少，不能使語句表意。所以要詳細講，你要加一些

觀念，才能使人懂。如果把你加上的東西抽掉，我還是不懂。馮友蘭、勞思光的講法就是手術動得太大，把他們加上去的話抽掉，意思仍然不明白。公孫龍是名家，他有論點，很邏輯的。〈白馬篇〉、〈堅白篇〉、〈名實篇〉、〈通變篇〉都很清楚，就是〈指物篇〉不清楚。但通篇不清楚，而物與指之分，指是意指之指，這卻很清楚。

〈指物篇〉頭一句就說：「物莫非指，而指非指」。「指非指」就出在這裡，莊子借用「指非指」來說他的玄理。公孫龍講的是名理，莊子是借用他講名理時候所討論的論點來講玄理。這個地方，你們要分別開什麼是名理，什麼是玄理，講玄理的態度跟講名理完全不一樣。莊子完全是講玄理的態度，所以，他有些話很漂亮，說出來很容易懂。「天地一指也，萬物一馬也」說的是玄理，這句話用名理的態度講是不通的。

〈指物篇〉講「物莫非指，而指非指」是名理的方式講，他有一個論點，這個「指」是意指之指，但光照這個意思講，通篇還是不能明白。到莊子借用這個講玄理的時候，他就把這個指當作手指看。「天地一指也，萬物一馬也」兩句語法相同。公孫龍〈白馬篇〉講「白馬非馬」，並沒有說「馬非馬」，〈白馬篇〉論辯得很清楚。莊子沒有了解公孫龍的原意是什麼，也不管公孫龍是什麼意思，莊子只是藉此問：你一面說「指非指」，一方面又說「馬非馬」（在莊子，白馬亦意許是馬，白馬非馬就等於馬非馬），不是自相矛盾嗎？所以，他說：「以指喻指之非指，不若以『非指』喻指之非指；以馬喻馬之非馬，不若以『非馬』喻馬之非馬。」句中的「非指」、「非馬」，若作負項或反項看，則「非指」即指外的

東西，「非馬」即馬以外的東西。如是，則句意便是：「你拿一個指頭喻說這指頭不是指頭，明明是自相矛盾，故比不過「拿指頭以外的東西來喻說指頭不是指頭」為佳順也。「非指」若是指「指」以外的東西說，則粉筆，桌子都是「非指」，為什麼拿粉筆表示「指非指」就好一點？我還是不懂。以「非指」為指以外者，這只能表示指以外者不是指，並不能表示「指非指」。下句「以馬喻馬之非馬，不若以『非馬』喻馬之非馬」意思相同。郭象註說一大篇漂亮話，但統統不相干，不能落在文句上。所以，讀書不能硬來，看講不通了，要放下，頭腦要活轉一下。

　　這個「非指」當該怎麼看，我剛才講「非指」就是指之外的東西，a，－a，a 加以否定就是－a，a 是正項，－a 是反項，－a 就是 a 以外的東西。我們看到「非」字很容易一下子想到 negative term，即把「非指」、「非馬」當一個負項看，當負項看，我雖然不知道「非指」、「非馬」究是什麼，但一切指以外的東西，馬以外的東西都可包括在「非指」、「非馬」裡面。但是，負項這個觀念是很高度的形式邏輯中的抽象觀念，中國人沒有這個抽象觀念。－a 當負項看，就是「非 a」（non-a），是個名詞。中國人用「非指」是否是這個意思？中國人以前似乎並無負項名詞之觀念。這個「非」字似當作否定表示，是否定語句：不是 a（is not a），而並不是肯定語句：是「非 a」（is "non-a"）。"is not a" 從命題形式來說是否定命題。照亞里士多德的形式邏輯看，is not "a" 跟 is "non-a" 相通，相通意思是相同，故可以互換（換質）。這叫做二價邏輯，根據二分法來。但這是純形式邏輯，抽掉一切內容。若顧及實際內容，從知識判斷看，就要三分。三分就表示 "is not 'a'"跟"is'non-a'"不一樣。三分就是一、是 a（is a）；二、不是 a（is not a）；三、是非 a（is non-a）。數學是遵守二分法的，故有負負 a 等於 a（－（－a）＝a）。若完全講形式邏輯，二分法就夠了。若顧及到內容，則須三分。所以康德講知識判斷以及範疇總是三分。

中國人以往沒有"non a"這個觀念。先秦經典用「非」字是什麼意思？都是用作否定的意思，那麼，這個地方是關鍵。莊子「以指喻指之非指，不若以『非指』喻指之非指。以馬喻馬之非馬，不若以『非馬』喻馬之非馬」。「非指」、「非馬」這個「非」不當作 negative term 看，不是－a，而是作為否定語句。「非指」就是根本沒有指，根本無所謂指，「非馬」就是根本沒有馬，根本無所謂馬，把你說的指、馬，根本否定掉，這表示一切東西之命名，都是假名，都是約定俗成，隨便加上去的，它本身根本無所謂指，也無所謂馬。那麼這不是把「指」、「馬」根本否定掉了嗎？這才能否定得住，這樣說「指非指」、「馬非馬」才能說得通。這就是玄理。講名理，「指非指」、「馬非馬」，是不通的，是自相矛盾的。

拿這個「根本無所謂指」、「根本無所謂馬」之觀念來表示指不是指，馬不是馬，這講法不是通了嗎？這表示天地萬物的散名都是虛妄，說天地跟說指一樣，都是假名。天地也就是像一個指那麼樣，萬物也就像一個馬那麼樣，都根本無所謂天地，也根本無所謂萬物。一切名相辨別都是虛假，執著於此便有許多爭執，起無謂的風波，人間便不能相諧和融通而為一。若能明乎指非指、馬非馬之玄理，則「天地與我並生，萬物與我為一。」我的生命與天地萬物

的生命息息相通，成一個諧和的整一。這豈不是都在無言的自在獨化之中嗎？所以莊子說：「天地與我並生，而萬物與我為一。既已為一矣，且得有言乎？既已謂之一矣，且得無言乎？一與言為二，二與一為三。」

既然是一了，還能有言嗎？這就表示無，即所謂「心行路絕，言語道斷。」可是既然說它是一了，還能無言嗎？這就是有言，既然有言就屬於有。「既已為一矣」，是客觀而絕對地講，是郭象註莊所謂「冥也」。「既已謂之一矣」是主觀地講。我說它是一，既然說它是一，還能無言嗎？當然是有言，有言就有名言所指的對象，這就是二。這個意思明白了，則「一與言為二，二與一為三」這句話就可以明確地說出來。「既已謂之一矣，且得無言乎？」就是有言，這就落於迹上去了。言就是名言，我們拿「一」這個名言去指說作為對象看的「一」。這個「一」可以作對象看，就是那個名言「一」的對象。「一」既可作名言看，也可作對象看。譬如：粉筆可以作名言看，我們名之曰粉筆，粉筆是一個名。當天地間有這個東西時，粉筆也是個對象。粉筆既可以當名看，也可以當對象看。所以到有言這個地方，名言與名言底對象之二就出現了。二就是對偶性（duality）的意思。認知關係都有對偶性。那麼，「二與一為三」這個「一」是什麼呢？這個「一」就是原初那個絕對冥一的「無」。「謂之一」這個地方藏有名言與對象的對偶性，那個「二」就在這裡。這地方的「二」再歸到原初無言中絕對冥一的無，這時候就說「二與一為三」。到三才生萬物，這便是「自此以往，巧歷不能得，而況其凡乎？」巧歷不能得豈不是無窮無盡的萬物嗎？故必須到三停止。這是什麼意思呢？

通過一、二、三這個「三」把道表示出來，所以，到三這個地方才能說「三生萬物」。就好像《道德經》講有、無、玄。「玄之又玄，衆妙之門。」到「玄」這個地方才能說衆妙之門。玄才能肇發道的具體性，把具體眞實的道恢復過來。當然「無」是必要的，「有」也是必要的，但光通過「無」、「有」，道只在我的思想中，只在我們的抽象思考中，所以，一定是無而非無就是有。就是有也不死在有，所以，有而非有就是無。此二者同出一門，這就是玄。通過有、無的圓融才能恢復道之爲道。光是停在「無」那裡，或者光是停在「有」那裡，那是我們思想中的道，不是道的本身，道的本身兩面都有，而且二者是圓融的，這是玄。玄就是歸到道的眞實意義，停在「一」那裡，停在「二」那裡，都只是我們思想中的道。通過一與二而至於三，到「三」這個地方，道的具體而眞實的意義才顯出來，其實就是道生萬物，道生萬物，就是道之所以爲道通過一、二、三這個辯證的三位一體來展現，這一種表示的方式叫做辯證的表示。這個是眞正辯證法的運用。

老子一定要通過有、無、玄來展示道，而莊子則通過一、二、三表示道，要不然道是空洞的名詞。故王弼即根據莊子此文來通解老子「道生一，一生二，二生三，三生萬物。」這樣一、二、三就講得通，這個講法一點不錯的，這樣講才能成個義理，而且不違背道家精神。一般的講法是根據「萬物負陰而抱陽，沖氣以爲和。」（《道德經》第四十二章）來解釋「道生一、一生二，二生三。」陰陽是二，陰陽合在一起就是三。「沖氣以爲和」，就是陰陽合在一起，代表三。這是落在氣上講，氣不是道，這不是對道的展示。老子明明說「道生一」，並沒有落在氣上講。落在氣上講，形而上

的道便沒有了，這種講法不成。《道德經》「萬物負陰而抱陽，沖氣以爲和。」這話是例證，從這例證象徵那一、二、三，對於那個一、二、三作一個象徵的表示，從現實上說「萬物負陰而抱陽，沖氣以爲和。」這不是說一、二、三的本義。

王弼根據莊子解老子能成個道理，有說服性。所以，我說《道德經》的頭一章的「無」是一，「有」是二，有、無混一，就是玄，玄就是三，到「三」的時候才是衆妙之門，就是三生萬物。你光說「無」，不是衆妙之門，光說「有」，也不是衆妙之門。一定是無而非無就是有，有而非有就是無，一定來回不能停下，停下就不玄。這就是曲線的思考，衝破形式邏輯的思路。形式邏輯裡面同一律、矛盾律、排中律，是一定的，一定就沒有玄。白就是白，方就是方，沒有玄，邏輯、數學、科學範圍內沒有玄，不能亂的。但道家講玄理，老子說「無」，一定是無而非無，無而非無才能顯道的徹向性，才能顯出它的靈活的意義。所以，老子說「無」一定是無而非無，無而非無就是有。但說有不是死有，一定是有而非有，有而非有就是無。這就是來回迴環的曲線玄談。這種玄談要很精察，你的文字才能說得清楚，要不然越說越糊塗。所以要有訓練。唸哲學的人文字表達力都很強，陸象山、朱夫子的文章都很好，羅素的文章清楚得很。頭腦清楚，表達力強，一般人沒有那麼清楚。

這一課講了道家，道家不通過「是什麼」，也不通過儒家的「生」來說存在，道家通過「無」來保住天地萬物的存在，這種保住就是作用的保存。最後就是通過「不生之生」來保住天地萬物的存在，這種保存就是歸根復命，返樸歸眞。所以，道家不是對治這個「生」，它是養這個生。這樣一來，天地萬物都在觀照之中得其

自在獨化之大常。這是道家的一套。這一套很玄的，跟一般講本體宇宙論很不一樣。只有中國人有這種頭腦，因為有實際生活的體驗。

　　道家已經很難了解，若再講到佛教就更難了。佛教通過什麼來說明存在？佛教沒有通過「是什麼」之是，也沒有通過「生之謂性」之「生」，也沒有通過「無」來說明存在。它麻煩得很。佛教通過「無明」來說明天地萬物，唯識宗說唯識所變，識就是「無明」，虛妄分別。所以，佛教講無自性，如幻如化。從無自性，如幻如化再進一步如何能夠保住如幻如化的萬法呢？佛教講「除病不除法」。這更麻煩，更難了解。佛教這個系統看穿了也很美，道家也很美，所以歷來很吸引人。聰明才智之士不喜歡講儒家，因為儒家太老實。你能把佛教、道家講明白就很了不起。一般人只是妄談釋、道，並不真能了解。但以其有趣味，有浪漫性，故隨便妄談之。儒家固老實，但其崇高莊嚴而偉大，人們便不能了解了。

第十講　佛教：概說

　　了解中國的傳統智慧，我們常用康德實踐的智慧學表達，我們以前講儒家、道家，都是往這個路走的。按照實踐的本義，實踐的恰當意義，實踐智慧學當該是儒家。但照開發智慧的份量講、廣度講，是佛教。而不管儒家、道家、佛教統統屬於一個形態，都是屬於實踐的智慧學。為什麼這樣講呢？東方的智慧、東方的傳統，中國的傳統是如此。儘管現在中國這麼倒楣，大家都不相信。但是，這是人所以為人之命脈之所在，這永遠不會完的。眼前中國人沒出息，不讀中國書，不了解中國文化。

　　講中國的實踐智慧學，主要跟西方那個傳統相對比。西方的實踐的智慧學沒有了，那個傳統沒有了，那個哲學的意義沒有了。照康德講，哲學的古義，古希臘的意義，哲學就是愛智慧，什麼叫智慧呢？這有確定的意義，嚮往最高善，這才叫做智慧。嚮往最高善，而且要通過實踐衷心追求它，這才叫做愛智慧。所以，康德從這個意思講，哲學的古義是實踐的智慧學。這個意思很恰當，這個意思的哲學，現在西方人沒有了，西方從希臘這個傳統到現在完全把它演變沒了，因為演變到現在完全不講這一套了。實踐的智慧學沒有了，如是，他們的宗教傳統，就只變成一個信仰的傳統。

　　所以，儒釋道三教跟西方文化比較，就是跟西方的基督教傳統相對，基督教不是一個實踐的智慧學，它是一個信仰學。那麼，現在西方所依以支持其爲西方的那個命脈在哪裡？上面有一個上帝，下面靠科學與民主政治。這地方有它的好處，所以現在西方文化當令。資本主義世界有他們的科技，也有他們的民主政治、典章制度，這是人類進步的地方。這個不是實踐的智慧學之本義，但是可以爲實踐智慧學所涵。說所涵不一定非往這方面走不可，佛教就不往這方向走。從這個地方看，就看出西方的好處，它下面有科學、民主政治，上面有上帝，上帝代表信仰，那是西方文化的方向。中國不如此，中國把上帝那個信仰吞沒吸納到實踐智慧學裡面，化掉了，沒有了，成一個特別的形態。東方儒釋道三教都是如此，把寄託在上帝那裡的那個信仰吸納到實踐智慧學裡化掉。所以中華民族沒有人格神（personal God）的觀念。這是儒家成立，道家出現，後來佛教吸收到中國來，所必然演至的。

　　佛教也是個大宗教，你不能說佛教不是個宗教。但是菩薩、佛不是上帝，不是神。菩薩、佛是人修行到的一個境界。佛教嚮往菩薩、佛，儒家嚮往聖人，道家嚮往天人、眞人、至人。這都是通過修行而達到的境界。因爲是通過修行而達到的，所以說這是屬於實踐的智慧學的。上帝不是通過實踐而有的，耶穌不是通過實踐而至的，這是基督教的特色。基督教並不說耶穌是聖人，他一定說耶穌是神，耶穌不是修行到的，耶穌是上帝派遣的，是神，這樣把耶穌抬高了。但中國人聽起來很難接受，中國人不大欣賞這一套，當然，在宗教信仰上可以這樣講。耶穌明明是個人，木匠的兒子，你怎麼說他是個神，是上帝派遣的？再古一點還好一點，耶穌的時代

到現在才一千九百多年，是漢朝年間，對中國來說，你是漢朝的人物，晚輩後生。你說耶穌一定是神，中國的關公不也是神？

　　照基督教，耶穌是當作一個信仰的對象看，不是可學而至的。因此，基督教不是實踐的智慧學。它只教人信仰、祈福、免罪，卻不教人做工夫，以使自己的生命理性化、純潔化。人的理性無處用，只好轉成科技的理智計算。科技這個東西對於「利用、厚生」有功效性的好處，但對於「正德」卻並無多大的貢獻。這個就是後現代化的問題。我們中國現在要求現代化，要是現代化達到了，馬上來的就是後現代化的問題。從科技方面說美國很行，把伊拉克打得服服貼貼，完全用的高度科技。但是，這個高度科技支配一切，人的智慧就沒有了。智慧要靠人與自然相接近。現在，很多可以引發我們的靈感，引發我們的感觸的成份統統沒有了，或都被破壞掉了。

　　自然可以引發人的靈感，歷史文化的古蹟可以引發人的靈感。尤其大陸，中國本來是歷史悠久的國家，到處有一些古蹟，令人發思古幽情。發思古的幽情就是開發人的智慧性情的一個機緣。這些都毀掉了。所以我常說共產黨完全是敗家子，是殺風景的一個魔道。你到十三陵去看看是不錯。明朝的現實政治很糟糕，但是你去看看那些明朝的古蹟時，就能發思古之幽情。此時，你就有另一種心境出現，壞皇帝、昏君、暴君、腐敗慘酷的現實政治，成了歷史的陳蹟，轉成永恆觀照底對象。這是歷史文化古蹟的作用，你不能說這是封建迷信。當年明朝亡國以後，顧亭林幾次到明孝陵以及十三陵，常常去拜祭，你知道明朝亡國對中國影響有多大！在這個時候我們不講朱元璋如何殘酷，不講明朝皇帝非昏君即暴君，那些問

題都不講，都被轉化了。這些都是發思古之幽情。照歷史文化方面講，這些東西大陸都沒有了，即使保存下來，或拼命去發掘出來，也是利用之以爲觀光賺錢的工具，這都是敗家子的作爲，因爲共產黨根本不懷好心眼，中國古蹟最多，結果是毀壞的最厲害。南韓、日本都可以保存中華文化，就是中國人自我創造自我毀滅，這是很可悲的。他們重修曲阜孔林並不是爲的尊敬孔子，乃是爲的旅遊賺錢！

許多人跑到大陸觀光，都觀到什麼？我爲什麼不回家呢？我家那個村莊後面有一個祖塋，古柏參天，白楊蕭蕭，是很好的一個古蹟風景區。共產黨來了，就把它剷平了。所以，我回家幹什麼？我沒有戶口，沒有田產，老祖塋都沒有了，你還回去幹什麼？夏天北方三伏天很熱，你到那祖塋裡邊去走走就很清爽，心思馬上就清靜。現在這種靈感我們鄉下人沒有了，培養不出來。這一點可以想到後現代化問題嚴重，我們的科技這麼進步，我們天天講享受，可是享受爲的是什麼？以前很重視人之爲人，現在這些觀念都沒有了。所以，我說西方的文化是有問題，你不能只看西方文化當令，就覺得它盡美盡善。它那個老傳統，古希臘意義的哲學早沒有了，變成了邏輯分析、語言分析。

分析哲學就是科技的啦啦隊，是根據科技放馬後砲，沒有價值的，你再清楚也沒有價值。你天天說旁人語句不清楚，概念不清楚，你再清楚也沒有價值。你不要說人家不清楚，你先問問你自己懂不懂。他們絕不虛心，絕不反省問一問自己懂不懂，只說講形而上學沒有意義（meaningless, nonsense）。什麼叫 meaningless，什麼叫 nonsense，你懂不懂？西方歐洲的哲學，一支是現象學，另一

支是存在主義，這兩支哲學實只是一些小波浪。現在年輕人不唸分析哲學，就唸胡塞爾的現象學，或海德格的存在哲學。這些哲學都有些小技巧，彎彎曲曲、煞有介事，好像裡面有很多東西，其實貧乏得很，一無所有，盡說廢話。

　　所以我說現在西方哲學都是纖巧的哲學。中國人將來讀哲學要正視這個問題，要恢復希臘哲學的古義：實踐的智慧學。這個意思的哲學保留在哪裡？就是保留在中國，因為中國傳統的哲學就是實踐的智慧學。這個實踐的智慧學等於中國人以前所謂「教」。教就是《中庸》說：「天命之謂性，率性之謂道，修道之謂教」那個「教」。還有《中庸》說：「自誠明，謂之性；自明誠，謂之教」那個「教」。這個意義的「教」都是實踐的智慧學。這個「教」的意義，豐富的展現在佛教。天臺判教有「化儀四教，化法四教」。這是八教。大、小乘，小乘兩派，大乘有許多系統，都是教。

　　什麼叫教呢？修行的方法、觀念系統都在內。所以佛教講修止觀，修行的方法也算教。天臺判教：「化儀四教，化法四教」。化是什麼意思？化就是教化。佛說法是為的教化眾生。「化法四教」就是教化的內容，法就是內容、觀念系統、義理系統。「化儀」是說法的方式，總括起來是四種方式，就是「化儀四教」，就是佛說法教化眾生用四種方式表達。儀就是方式。「化儀四教」是：頓、漸、秘密、不定。佛說法的方式有時候用頓的方式講，這叫頓教，有時候用漸的方式講，漸的方式就是一步一步講，西方哲學就是漸的方式、分析的方式，一步一步分析。還有一種方式是秘密的方式，密宗就是以秘密的方式表達。還有一種方式就是不定，不定的意思就是頓者聽之為之頓，漸者聽之為之漸。

「化法四教」呢？就是義理系統，也有四種：藏、通、別、圓。藏教就著小乘講，也叫三藏教。小乘分兩派：聲聞、緣覺。小乘爲什麼名曰三藏教呢？三藏就是經藏、律藏、論藏。這三藏都懂才能叫做三藏法師，唐玄奘就是三藏法師。大乘也有大乘的經藏、律藏、論藏，爲什麼單單小乘叫做三藏教呢？這只有歷史的意義，沒有邏輯的意義。因爲佛滅度以後原始佛教出來，部派佛教首先整理佛說法的遺產，留下的什麼經、什麼律、什麼論，把它整理起來，整理是小乘和尙的工作，當時還沒有大乘。因此小乘叫做三藏教，拿三藏說小乘只有歷史意義而沒有邏輯的意義。

佛教系統繁多，義理繁多，我大體告訴你們，天臺宗判「化法四教」，首先了解小乘，聲聞、緣覺都屬於小乘。爲什麼叫聲聞呢？有佛在世，可以聽到佛說法的聲音，從聽聞而得悟，這叫聲聞，聲聞是通過聲聞而悟道。緣覺又叫獨覺，沒有佛在世的時候自己覺悟。自己怎麼覺悟呢？自己看經，看十二因緣，通過十二因緣來悟道，通過十二因緣大徹大悟也可以成佛。佛說法首先說十二因緣。十二因緣就是：1.無明緣行、2.行緣識、3.識緣名色、4.名色緣六入、5.六入緣觸、6.觸緣受、7.受緣愛、8.愛緣取、9.取緣有、10.有緣生、11.生緣老死、12.憂愁苦惱。從小乘再往前進，就是大乘。大乘第一步叫做通教，通教就是從小乘向大乘發展，就是下通小乘，上通大乘，把小乘接引到大乘，就名曰通教。再往前進就是別教，別者專也，專就菩薩說，不共小乘就名曰別教。最後是圓教。照華嚴宗的判法，開始曰小乘。空宗、唯識宗都是大乘始教。在印度講唯識學的兩個大法師是無著、世親兩弟兄，《成唯識論》是大乘的始教，這是華嚴宗的判法，就是大乘第一階段，開始的階

段。龍樹的空宗在華嚴判教也是大乘的第一階段，也是始教、空始教。因此始教有兩個始教，一個叫始教，一個叫有始教。唯識宗是屬於有始教，是有宗的始教，龍樹那個空宗是空始教。由始教前進是終教，由終教經過一頓教，便進至圓教。故天臺判教是化儀化法八教，而華嚴判教則是小、始、終、頓、圓，共五教。

可見佛教從印度傳到中國來的兩大派，一個是空宗，一個是有宗，都是大乘第一階段，並沒有發展到最高階段，所以到中國來繼續再往前發展。中國吸收佛教有超過印度的地方，是根據印度原有的原理，往前推進一步，有所發展。說到這裡，有一個觀念告訴大家，你不要學日本人那種濫調，日本人說有印度的佛教，有中國的佛教，中國的佛教是假佛教，這是胡說八道。所以，我這裡給你一個恰當的解釋，中國佛教與印度佛教是不同，但不同不是像日本人所說的有中國佛教，還有印度佛教。有什麼兩個佛教？只有一個佛教，不同不是對列的不同，是發展的不同，是前後發展的不同，而且中國人的發展很合乎佛教的本義，把佛的精神充分發揮出來，而且發揮得恰當。

一種思想、一種學問在本土裡常常受本土的風俗習慣所限，它常常到另外的地方，或許發展錯了，或許發展好了。佛教到中國是發展好了。因為佛教不是印度的正宗，印度還是信婆羅門教，婆羅門教也有它的一套，有好幾派，佛教是從婆羅門教轉化出來的。所以它有些受印度歷史社會條件的限制。傳到中國來的時候，可以免除歷史社會條件約束限制，完全照著經論講話，這是好處。當然，你也可以說，佛教發源於印度，他對印度那個歷史社會條件了解得清楚一點，可以了解更真切。你一個外族人，當然不會了解那麼真

切，這是他的好處，但你說它有好處，它又常常為它的歷史社會條件所限。

你知道，猶太人就不相信基督教，耶穌是猶太人，但猶太人就不相信基督教，基督教靠離開羅馬，通到世界來，靠歐美人來宏揚，靠羅馬世界那個聖保羅的功勞，聖保羅把基督教從猶太那個歷史社會限制拖出來，世界化，這就是基督教說的普世。這個話也不能拿宗教是普世的來唬人。所以我說，上帝是普世的，宗教不是普世的。宗教一定在歷史文化階段中產生出來。上帝是普世的當然沒有問題，基督教是講上帝，回教不是也講上帝嗎？有些人最反對說他是洋教，他說宗教是普世的，無所謂洋不洋。你不是洋教是什麼？說洋教就是說你在西方的歷史文化發展中出現。

佛教傳到中國來，不同是前後發展的不同，是一個佛教一根而發。它可以從開始的階段發展推進一步，達到圓滿的境界，並沒有違背佛教的精神。老一輩的日本人中文的程度較好，可以看懂中國書，現在這些年輕的專家，看不懂中國書，以前那些大和尚中文程度高得很，鳩摩羅什、僧肇等不必說了，就是天臺宗的智者、荊溪、知禮，華嚴宗的賢首、澄觀、圭峰都能做文章。唯識宗的玄奘、窺基中文程度都很高。這種高度的辭章，而且講這種深遠的玄理，表達是很難的，日本人看不懂。日本人的好處是基本訓練夠，他們的目錄學的知識很多，你要研究什麼題目，那些基本文獻他可以告訴你。這地方中國人差，馬馬虎虎，這是不成的。日本人雖然笨，但敬業樂群的精神強，西方人、美國人敬業樂群的精神都非常強，中國人這方面非常差，這就是老民族的衰敗。做學問不好好做，不用功，不從基本訓練做起，光想討便宜，投機取巧。

　　我去年在台北當代新儒學國際研討會上講，老一輩的那些人都是了不起的人物，像梁漱溟先生、熊十力先生，都有眞性情、眞志氣、眞智慧，他們的不足在哪裡？就是學的工夫不夠。客觀的了解不夠，學不夠，無論怎樣有性情、有志氣、有智慧，結果是浪費了，人材都浪費了。不要說只有世俗的聰明，就是你有性情有智慧，沒有學來支持，來穩定，結果還是浪費。這個我深切地感覺到，很可怕的。沒有客觀的了解，沒有眞知灼見，到這種複雜的時代一來，你無能反應，你沒有辦法，你那個世俗的聰明沒有用。所謂世俗的聰明就是海派，那個海派的聰明花樣多得很。清朝末年那些官場的人都聰明得很，花樣多得很。這個時候要靠敎育、學術，這個不能亂，科學不能亂講，科學差一點不成，其他的學問一樣，沒有僥倖的。要有客觀的了解。梁先生、熊先生、馬一浮先生在這一方面都差。胡適之那更不要講了。胡適之這人憑什麼出大風頭，成大名呢？結果把你自己浪費，你浪費你自己不要緊，把社會國家影響壞了。

　　胡適之這人浪得虛名，毫無可取，不知道社會上爲什麼喜歡這種人。二十八歲從美國回來，年輕得很，跑到北大當敎務長，寫《哲學史大綱》，出大風頭，一個月內三版，銷路那麼好。但你看他那本書有什麼價值，他以後卻不講哲學了。他以寫哲學史出道，結果反哲學，對哲學一點不入。中央研究院的成立是蔡元培的提議，提議中有哲學研究所，把它刪掉的是胡適之。你爲什麼把哲學研究所勾掉？哪有一個國家的最高學府沒有哲學研究所呢？英國、德國、蘇聯都有。蘇聯那個科學院是德國哲學家萊布尼茲給它設計的。大陸科學院是郭沫若從蘇聯抄來的，所以大陸那個科學院對哲

學分門別類仔細得很，雖然他不了解，但收集資料的本事很大。中央研究院一直不設哲學研究所，這能說得過去嗎？

這說遠了，再回到佛教。前說天臺、華嚴判教，最後都歸判圓教。圓教這個問題是佛教的最大貢獻。西方哲學從希臘開始一直到現在，他們有高度的科學，而哲學又那麼發達，還沒有圓教這個問題，西方有圓滿（perfection）這個觀念，但圓滿不是圓教的意義。「化儀四教，化法四教」都是教，觀念系統、修行方法統統在內，這個意思非常廣。這個「教」是什麼意思呢？就是實踐的智慧學，通過理性的實踐來純潔化我們自己的生命，而達到最高的境界，就是教，就是實踐的智慧學。這個名詞很恰當，這個名詞意義的哲學正好保存在中國，不在西方，雖然亞里士多德、柏拉圖講嚮往最高善，他們還是用知解理性來講，不是從實踐理性講。西方哲學發展向著知解的路走，結果是實踐的智慧學沒有了，就歸到科學、歸到邏輯分析完了。

講實踐智慧學，西方人聽了不大懂，因為他們腦子裡對這方面空洞，沒有內容，沒有傳統，中國有這個傳統，假如你對儒家有訓練，對道家、佛教有訓練，你一講這個他就懂，因為中國文化傳統有一大堆東西在那裡，所以，實踐智慧學可以成一個學，內容豐富。其中簡單一點是道家，道家雖然簡單，它代表一個系統，它也是一個大教，它有它獨立的意義。真正是大教之為大教，廣大豐富的，當然是佛教，儒家還沒有達到佛教那麼豐富。佛教傳到中國來不是沒有好處，以前了解不大夠，現在重新宏揚佛法要呼應著時代的問題來宏揚。但是，現在的佛教最糟糕，和尚不識佛學，居士也不成。所以，這個佛教死掉了，獨立圓滿的一套死掉了，沒有開

發，沒有開發就不能發光。要把它變成活的，要有開發，要自封死中打開。

　　我們站在中國傳統這邊，從實踐智慧學的方向看，中國文化的前途很有光明，唯一的困難就是要把大陸這個魔道克服下去，中華民族才能走上正途。要不然就是永遠沉淪，還是受罪。什麼時候能把這個魔道克服下去，我們也不大懂。所以，我常痛心，八九年「六四」運動，那個機會是最難得的。你什麼時候能再發動起幾百萬人呢？東歐蘇聯都變了，就是大陸不變，欺負老百姓，把這個社會憋死了。

　　我講這一套，不是說希望大家青年人去出家當和尚，去修行。先不要說修行，你先了解它，了解就開發你的智慧，開發你的思想智慧就可以指導社會，就對社會有影響。了解也是修行，智慧的開發就是修行，不一定天天在那裡閉關打坐，唸阿彌陀佛，也不一定天天問做了朱夫子講的居敬工夫沒有。我們以前講的是儒家、道家，進一步講佛教，佛教這個系統更難了解。儒、釋、道都有好處，都有各自的精彩。

第十一講　佛教式存有論及儒、道、西方說明存在的方式

西方的存有論（ontology）從「是什麼」之「是」入，從「存在」（to be）入。他們的宇宙論（cosmology）從上帝那裡講，上帝創造萬物。宇宙論跟自然宇宙學（cosmogony宇宙開闢說）不一樣。自然宇宙學是科學的講，可以不講到上帝。譬如說宇宙的開始是星雲狀態，這是自然科學的講法。宇宙論是哲學的講法，最後的創造根源一定講到上帝。柏拉圖尚沒有達到上帝創造萬物的境界，但他講造物主（demiurge）。這個造物主只是製造萬物，並不是創造萬物。製造只是把形式加在材料上，如木工之造桌子。創造一定是從無而造。柏拉圖是製造說，並不是上帝創造說。至於亞里士多德，則是從「四因」說明萬物之「成為」過程。從動力因與目的因說明宇宙之向純形式（上帝）而趨，亦並不是上帝創造萬物。後來自基督教成立，始根據創世紀而有上帝造萬物是從無而造之說。這是西方宇宙論之大略。總之，西方哲學傳統其存有論（本體論）是從「存在」講「存有」，直到今日之海德格還是在那裡「存在」、「存有」來回轉；其宇宙論則是從上帝講創造，直至今日英哲懷悌海之《歷程與真實》還是要通著上帝講創造。上帝是創造之源，這是西方的思路。（不過懷悌海的宇宙論已融攝柏、亞二氏的宇宙論

與上帝之創造而爲一了，尙是觀賞式的，自然哲學中的柏、亞形態的宇宙論，尙達不到康德式的道德神學中的上帝創造之宇宙論。）

中國傳統的講法，說明存在不從「是」字入。但不能說中國人沒有「存在」這個觀念。中國人講「存在」從「生」字講。「生」就是告子所說「生之謂性」那個「生」，那個「生」是什麼意義呢？就是個體存在。最顯明的文獻就是《道德經》裡面說的「有物混成，先天地生」，這個「生」就是存在。經文的意思是說：有這麼一個東西混然而成，先於天地就有，就存在。中國人的傳統從「生」講存在，所以沒有像西方那樣分別講的本體論與宇宙論，它是本體論、宇宙論合而爲一地講，成本體宇宙論。這是動態的講法。

《易傳》講「生生不息」。「生生不息」這句話沒有科學根據，科學不能證明這個宇宙一定要「生生不息」，它到某一時候就可能息，假如太陽的熱力散發完了，這個宇宙就完了。我們現在地球的存在靠太陽的熱力維持得住，太陽熱力散發完了，這個世界不就崩潰了嗎？但是這個世界要完的思想不是西方人所喜歡的，也不是中國人所喜歡的。西方人站在宗教的立場，總希望這個世界能無限地繼續下去，這要靠上帝。中國人也願望這個世界能繼續下去，我們總不喜歡這個世界斷滅。所以，中國人講「生生不息」。

「生生不息」沒有科學的根據，那麼，儒家講「生生不息」從那個地方開始呢？誰來保障這句話呢？靠「天命不已」。所以，《中庸》說：「《詩》云：『維天之命，於穆不已。』蓋曰天之所以爲天也。」客觀而絕對地講是「天命不已」，是「天行健」。主觀地講是「文王之德之純，純亦不已」，且也是「君子以自強不

觀地講是「文王之德之純，純亦不已」，且也是「君子以自強不息」。政治社會地講，是春秋大義之「興滅國，繼絕世」。《詩經》、《春秋》、《中庸》、《易傳》中之語句與彰明昭著的皇皇大義與朗然坦白的鮮明義理，是前後一脈相呼應的，是中國文化與智慧之命脈。唯今日之中國人則自賤而自毀，完全不能理解，也不想理解，用種種邪僻不正之歪理與曲解而自毀。照儒家的立場，肯定這個世界繼續下去，最後根據是道德的創造性（moral creativity）。所以儒家一定肯定道體，這個就是道體的所在。道德的創造性直接從我們每一個人都有的道德意志、道德心性而顯。客觀地講就是天命不已，天命不已就是創造不已。創造是新名詞，儒家不是用「創造」這個詞，而是用「於穆不已」。「不已」是什麼意思呢？就是這個天命它深遠地不停止地起作用。所以，《中庸》引用《詩》「維天之命，於穆不已」而贊之曰：「蓋曰天之所以為天也。」「天之所以為天」就是天之本質，「所以」就代表本質。天地的本質就是不停止地起作用，就是創造。這個天命，不停止地起作用，它作用到那裡，那裡就有存在。這就是中國人的靈魂，這個靈魂也很美。

我們不想這個世界崩潰，是靠有一個於穆不已的天命在後面運用，不停止地運用，那麼，這個於穆不已的天命從哪裡證實呢？最重要的是從孔子所講的「仁」與孟子所講的道德的心性。儒家講仁，講心性之學。「仁」是生道，心性之學就是顯最根本而親切的道德創造性，道德創造性從我們的道德心性而顯。拿這個道德性的創造性證實天命不已的那個創造性。這一套本體宇宙論沒有像西方獨立地分別地從「存在」（to be）那個地方講 ontology，也沒有分

別地從上帝那裡講 cosmology，它是本體論、宇宙論合而爲一地
講。

　　本體論、宇宙論合而爲一的表示，哪些句子表示呢？就是
〈乾・彖〉所說：「大哉乾元，萬物資始。乾道變化，各正性命。
保合太和，乃利貞。」這就是本體論、宇宙論合一的一個創造的過
程。〈乾卦〉的四德：「元、亨、利、貞」，四個字也是表示一個
本體宇宙論的過程（onto-cosmological process）。這是《易傳》的
表示。《中庸》怎麼表示呢？《中庸》從「誠」表示。「誠者，物
之終始，不誠無物。」（第二十五章）「唯天下至誠，爲能盡其
性；能盡其性，則能盡人之性；能盡人之性，則能盡物之性；能盡
物之性，則可以贊天地之化育；則可以與天地參矣。」（第二十二
章）「其次致曲，曲能有誠。誠則形，形則著，著則明，明則動，
動則變，變則化，唯天下至誠爲能化。」（第二十三章）這些話都
是表示一個本體宇宙論的創造過程，拿「誠」來貫穿，這不是很具
體嗎？《易傳》是拿「大哉乾元」來貫穿。「誠」、「乾元」，就
等於西方上帝那個地位。

　　西方說上帝的創造，這個很抽象。上帝創造沒有人能懂，上帝
創造從無而造（create from nothing），從無到有。所以，西方是
一個形態，儒家是一個形態，這是兩個形態，道理相通，但表示不
一樣，講法不一樣。道家是另一形態，道家是境界形態，道家不是
西方從「存在」入手講「存有」之形態，也不是儒家從「天命不
已」、「生生不息」講存在之形態。道家的「生」是「不生之
生」，它是由無來保全存在，守母以存子之形態。所以它是一個消
極的形態，也叫做境界的形態。這樣幾句話把它總括起來。西方從

「是」字說明存在。中國從「生之謂性」這個「生」字說明存在，但由此引出兩支，一是儒家，由道德的創造性明這個「生」；另一是道家，是由「不生之生」以無來全生。

所以，道家講「無」。雖然《道德經》說：「道生之，德畜之。」那個道怎麼樣了解呢？是通過「無」了解，再進一步通過「有」、「無」的雙重性來了解，這樣了解的道生，實質上是「不生之生」，這是道家的講法。你讓開一步，你不要去操縱把持它，它自己自然會生。所以王弼註《道德經》有兩句話：「不塞其源」、「不禁其性」①，「其」代表萬物，不禁萬物的性，不塞萬物的源，萬物自己會生，這太消極了。講「無為而無不為」，這個平常大家很難了解，現在只有通過共產黨才能了解，共產黨犯的毛病就是專門來禁其性、塞其源，到處去操縱把持，一把持就死掉了。從這個地方可以體會到老子了不起，這是個智慧。這個形態只有我們眼前這個時代，面對共產黨統治的大陸有真切了解，而且痛切言之，不是玄談。

東歐國家已經覺悟了，蘇聯也覺悟了，就是大陸還不覺悟，還在「四個堅持」，越堅持越壞，你堅持不住的。《道德經》說：「為者敗之，執者失之」，你抓不住的。大陸就犯這個毛病，所以它一放就亂，一抓就死。為什麼死呢？就是「禁其性、塞其源」，

---

① 王弼注《道德經》第十章「生而不有，為而不恃，長而不宰，是謂玄德。」云：「不塞其源，則物自生，何功之有？不禁其性，則物自濟，何為之恃？物自長足，不吾宰成。有德無主，非玄而何？凡言玄德，皆有德而不知其主，出乎幽冥。」

這就死掉了。這個平常是玄談，不知道這個是自然之道，是自然之常道，所以道家法自然。現在這個時代，共產黨是最好的反面教材來了解道家的道理。

你看佛家更特別，佛家怎麼說明存在呢？說明存在就是存有論，就是 ontology，西方存有論從「是什麼」之「是」（存在）入手講「存有」。「存有」（being）就是「存在」之存在性。「存在」是在時間、空間裡存在，是具體現實的。存在之所以存在的道理，即存在之本質，就是那存在性。存有論就是對於存在之存在性作靜態的分析。光講存在之存在性還不夠，再講一個上帝，上帝使這個東西存在，意即創造這個存在。從上帝處講創造就是宇宙論（cosmology），從「存在」之存在性處講「存有」就是存有論（ontology）。儒家從「生」說明存在，透至天命不已，說明宇宙的變化，本體、宇宙論合而為一。（本體升至道體，無獨立的存有論。）道家是從無、有、玄說明並保全天地萬物的存在。保全之即說明之，說明之即在保全中說明之，徹底是境界形態的形上學，無獨立的存有論與宇宙論。那麼再看佛教。佛教如何說明天地萬物的存在？「天地萬物」是我們一般用的詞語，佛教不用「天地萬物」這個詞，它用「法」。

佛教怎麼說明法的存在呢？道家已經不平常了，到佛教更不平常。佛教說明法的存在是通過業感緣起，它是從緣起說明，有四步，四個階段。一、業感緣起，二、阿賴耶緣起，三、如來藏緣起，四、法界緣起。

業感從哪裡講起？就是從十二緣生講起，釋迦牟尼佛開始說法，這是最基本的教訓。十二緣生是：無明、行、識、名色、六

入、觸、受、愛、取、有、生、老死。從無明開始至老死，叫做業感緣起。業感是印度人的基本觀念，不但是佛教，婆羅門教也是這樣。照佛教講，一切作業背後的根就是無明。

德國哲學家叔本華也受印度影響，他說世界的起源是盲目意志（blind will）。盲目意志就是無明，無明就是所謂業感，由業感起作業。互相感受感應，跟著而來就是業感的因果關係，一步跟一步，一個一個來，這叫業感緣起。不說「天命不已」，也不說上帝創造，佛教不是很特別嗎？所以，佛教傳到中國來，中國人聽到「般若」是玄談很舒服，很高興接受，因為般若的玄智跟道家相同。可是講到業感緣起，理學家絕不贊成，這個地方跟儒家相衝突。儒家根據「天命不已」、道德的創造來說明萬物，一切東西是實事實理，實理就是天命不已的創造之理，這是道德之理，依實理而成的事是實事。這個觀念儒家非堅持不可。佛教講業感緣起，從無明開始，這個地方儒家跟佛教有根本衝突。所以儒家說佛教是異端。中國人可以吸收佛教，但在這個地方佛教不能夠代替儒家，它可以另成一套。

佛教不從上帝創造說，也不從實理實事、天命不已、道德創造說，它從無明說。無明所成的業感，因緣生起，所以結果統統是虛妄。業感緣起，一切法一切現象是如幻如化。所謂一切虛妄，一切如幻如化，這是什麼意思？最後說起來，抽象總起來說，就是根本無自性，任何東西沒有自性，沒有它自己，無所謂自己，自性這個觀念站不住。無自性結果是空，空什麼東西呢？不是空掉如幻如化的這些現象，而是空卻這些法後面的自性，把自性空掉，空掉自性就是把「體」去掉，「體」沒有了。要想有自性，就須建立一個

「體」。

照我們的講法，我是一個人（person），我有人格性（personality），有人格性就有個體性（individuality）。個體性不能證明，但我們一般肯定這個，我們確定每一個人是一個人格，有人格就有人格性，人格性就代表個體性。這就是有自性，有他自己。有自性才可以說我自己、你自己，甚至說這張桌子的自己。因此，我們才可以有身份證（identity card），identity 就是自我同一（self identity）。自身同一是我們肯定的，你能不能證明這個自身同一呢？這個就是自性。自身同一（self identity），有時也叫做數目性的同一性（numerical identity）。什麼叫做數目的同一性呢？一個人不管從心理狀態、生理狀態、物理狀態，剎那剎那在那裡變化，在一個變化過程中，哪裡有同一呢？但是我們總要肯定在變化過程中有一個同一性在那裡貫徹。在變化中的同一性就是數目性的同一（numerical identity）。數目性的同一性（就是自身同一性）。有自身同一性，我們始可講每一個人有一個人格，有一個個體性。孔子就是孔子，儘管孔子天天在變，但孔子沒有變成孟子。孟子儘管天天在變，孟子也沒有變成石頭。每一個人有他的人格性（personality），這個很難證明，但不能否定。為什麼很難證明呢？因為西方的哲學家要證明這個人格性費很大力氣，最後宗教家要靠靈魂不滅，表示那個 self identity 就在不滅的靈魂（soul）那裡。我的身體可以變，變沒有了，但我的靈魂還存在，這不就表示我有一個自身同一性嗎？這就是西方靈魂不滅的觀念出現了。但是，靈魂不滅科學不能證明的，所以康德說上帝、靈魂不滅、自由意志是宗教上的三個設準，就是宗教上必須肯定的三個設準。

西方哲學，這個自身同一性沒有科學的根據，科學裡面不能證明的，這是一個信仰。照康德的講法，這是我們的一個設準。所以，你要知道這個自身同一性很難證明，但你要想把它去掉也很難。西方哲學是爲這個自身同一性而奮鬥（struggle for self identity）。換一句話說，就是爲實有而奮鬥（struggle for being）。being 譯作「存有」可以，也可以譯作「實有」。「爲實有而奮鬥」就是「爲同一性而奮鬥」，因爲我個人的實有性就在我自己的同一性裡面。照佛教看，這些都是世間哲學，是俗諦。佛教把自己看得很高，佛教專門爲非有而奮鬥（struggle for non-being），就是把這個 being 拉掉。把 being 拉掉就是把一切法的自性拉掉，把那個自身同一性拉掉。

有自身同一性，我們才能說一個東西自己。首先說自身同一，自身同一就是說在變化的過程中有一個同一性在貫徹，所以不管怎麼變，孔子還是孔子，因此，我們才可以說任何東西的自己，說我自己的「自我」（ego）。照佛教看，這是世間哲學，世間哲學爲這個「我」而奮鬥，爲這個「同一性」而奮鬥，爲這個實有或存有而奮鬥。佛教正相反，佛教自覺地爲「非有」而奮鬥，「非有」就是把那個「我」拉掉，把自身同一那個同一拉掉。因爲這個東西是一切執著的根源，你有這個「我」，所以才有執著，有內外彼此的分別，佛教就把這個拉掉，這個是自覺的，這正好顯出佛教的特色。

理學家講實事實理，但想要反對佛教也不容易。佛教這一套是不容易打掉的，它代表一個大的智慧，代表人生的基本方向之一。你爲實有奮鬥，肯定實有不容易，佛教爲非有而奮鬥，要把實有拉

掉也不容易。佛教最重要是把「我法二執」去掉。「我法二執」就是人我、法我這兩種執著。先空「人我」,然後空「法我」。「人我」是就人類（human being）講的自我,每個人肯定有一個自己,有一個自我,每一個人有每一個人的自身同一,這個佛教叫做「人我」。「法我」就是除「人我」以外一切東西自身的自我。每一個東西都有其自己,粉筆有粉筆自己,桌子有桌子自己,這叫做「法我」。唯識宗為什麼要講唯識呢?就是為的要把「人我」、「法我」這兩種「自我」去掉。這二我如何能去掉呢?我們天天講自身同一,西方哲學為的是證明這個自身同一而講哲學,它不能安於沒有「存有」,沒有「自我同一」。儒家也是如此,儒家一定要講實事實理,假定把自身同一拉掉,實事實理不能講了。

但是,佛教也不能反對。佛教為什麼能把自身同一去掉呢?它的基本觀念是什麼?就是緣起、緣生的觀念。緣生這個觀念就涵著沒有自性。所以「緣起性空」這句話是分析命題。講緣起,它的性就是空,一定沒有自性。假如有自性就不要緣生。所以我說佛教「緣起性空」這句話用邏輯的詞語講是一個分析命題。佛教的基本觀念是從緣生講起,一切皆依因待緣而生。因,就是原因。不光靠原因,還要依待旁的條件來幫助,緣就是條件的意思。假定一切東西都依因待緣,它哪有它自己?它自己在哪裡?

佛教講緣起,第一步是業感緣起,再進一步講阿賴耶緣起,《成唯識論》就是阿賴耶緣起,肯定阿賴耶識是一切法存在的中心,這是唯識宗。再往前進一步,是如來藏緣起,《大乘起信論》就是如來藏緣起。阿賴耶是第八識,唯識宗不是有八識嗎?阿賴耶識是一切法的最後依止,阿賴耶就是無明,但這個系統還不很圓

滿，所以再進一步講，就是如來藏緣起。如來藏完整的說是「如來藏自性清淨心」。如來藏是什麼意思呢？就是一個潛存的如來，如來就是佛。「藏」是潛伏的意思。「自性清淨心」就是本性是清淨的心，本性清淨的這個心就是一個潛存的如來，一切法都從這個地方開出來，一切修行也從這個地方開出來。佛就在這個地方。這就是如來藏緣起。

佛教講「心、佛與眾生，是三無差別」，清淨心就是佛，佛是覺悟了的眾生，清淨心呈現的眾生；眾生是未覺悟的佛，清淨心未呈現的潛存的佛。每一個眾生都有自性清淨心，這個講法很合乎儒家思想。把自性清淨的這個本心充分實現出來，不就是佛嗎？你不實現出來，你就是眾生。眾生就是凡夫。我們沒有成佛，我們是凡夫，但是，你要是把你的自性清淨心充分實現出來，你就是佛。

業感緣起、阿賴耶緣起、如來藏緣起，是佛說明一切法之存在，說明一切法為什麼出現。一切法就是有漏法、無漏法都在內，最後還有一個華嚴宗講法界緣起。前三者是從反面講，法界緣起是從正面講。儘管法界緣起從正面講，還是緣起法，凡是緣起法就是如幻如化，就是沒有自性。你就是成了佛也還是如此，佛身上也有那些緣起法，佛也要吃飯，也要睡覺，吃飯睡覺都是如幻如化，都沒有自性。華嚴宗講光明遍照佛，這個佛法身所顯的一真法界就是法界緣起。既然成法界，界就是類的意思，法界就是法類，既然有一大堆法在那裡，那麼這些法就都是緣起法，一切佛之法身也要顯這些法。為什麼佛要顯這些法呢？顯法可以普渡眾生。你不跟眾生生活在一起，這些法就可以不要，但大乘佛法要跟眾生在一起，有一眾生不成佛我誓不成佛。這跟耶穌一樣，你光是神之子，誰跟你

在一起呢？人之子就好多了，我來是爲了替人類贖罪的。《聖經》上只說耶穌是上帝派遣的，並沒有說耶穌是神，耶穌是神的化身，並不是神，最多說是神之子，但耶穌也是人之子，他是木匠的兒子，爲什麼說他不是人呢？

業感緣起、阿賴耶緣起、如來藏緣起、法界緣起，四個緣起都可以說明一切法的存在，但還不表示佛教有存有論（ontology），問題就在這個地方。照佛教看，現實上每一個法統統是依因待緣而生，沒有一個法是自足無待的（self sufficient）。這個可以作爲普遍的眞理，所以「緣起性空」是一個分析命題，到處應用。一切法如幻如化，無自性，所以講空。佛教講空理，儒家講性理，道家講玄理。儒家講性理，「性」是性善之性，「天命之謂性」的性。佛教講空理，空是個理，這個理是如理、空如之理。這個「如」英文譯作 suchness，譯得很好。suchness 作名詞用，從 as such 轉過來，as such 是「如其所如」的意思。是一個副詞片語，意即緣起法正如其爲緣起法而觀之，不增不減，便謂之爲「如其所如」。

我們平常看一切法都不是「如」地看，要不是增加多了，要不是減少了。增加了佛教名曰「增益見」，減少了佛教名曰「減損見」。凡是「見」都是壞的。佛教講六十二種「見」，統統要化掉，最壞的是我見，我法二執，由此而起的我愛、我癡、我慢，佛教名之曰：四根本惑。其餘的是斷見，斷見就是斷滅見。佛教不是斷滅見，你不要以爲佛教講出世，就什麼都沒有了，沒有是沒有那個自性，那個法是有的。假如你說一切法都沒有了，你就犯了斷見，斷見是很壞的。但假如你以爲不斷滅就是「常」，那又犯了「常見」，因爲佛教不承認有實有或存有（being），不承認有同

一（identity），也不承認有常體（substance），所以不能講常。佛教要把你那個" substance "拉掉，但我們在生活上常常用那個「常」。譬如，我們在香港長居，要申請好幾次才能得到永久居留權，就是可以長期留住。一個東西永久持續地留住於世，就名之曰常住不變。由其常住不變，我們就說它是一常住體。康德就是通過「常住體」證明本體或自體（substance），其實是一個執著，是本體範疇底應用之所籠罩。佛教把它拆穿，是很有道理的。

　　斷見、常見、增益見，減損見，一切「見」都要化掉，這種情況下，一切法是如幻如化的法，如幻如化的法都從「無明」來。無明才有業，那個業就是一切活動，這些業起初都是從「無明」來。那麼，問題是我去掉「無明」，修行成佛就是去掉無明，去掉無明以後，這些業還有沒有？業就是作為一切法的那些現象。這些法你開始說是從「無明」來，那麼無明去掉了，那些法還有沒有呢？沒有，那不成了斷滅見了嗎？法沒有了，世界沒有了。但佛教沒有說世界沒有，那麼，在佛教有一個問題：無明去掉，那些如幻如化的法如何能保得住，而且這個保得住不是暫時的保得住，是永遠的保得住。假如佛教永遠能夠保得住那些如幻如化的法，佛教式的存有論才能夠講。佛教開始講業感緣起、阿賴耶緣起，不是講存有論（ontology），不是為了建立佛教式的存有論（buddhistic ontology）。去掉了無明之後，這些如幻如化的法如何能必然地保得住，這個時候才可以講佛教式的存有論。這個很玄。

　　釋迦牟尼佛開始說法就是講無明，人生開始就是無明。那麼，去掉無明，這個法還有沒有呢？去掉無明，這個世界還有沒有呢？照佛教說，去掉無明世界還有，法還有。《維摩詰經》有這麼一句

話：「除病不除法」，這句話很重要，這是佛教的一個基本原則。儘管開始說明法的來源是從「無明」來，但來了以後，我們要修行成佛的時候，要去無明，不去無明，不能說修行。不能說修行，不能成佛。所以成佛一定要去無明。去掉無明，不是去掉法，到這個地方，無明跟法分開了，開始的時候是合在一起的，分不開的。分不開，你就可以問，既然法從無明來，去掉無明，法還有沒有呢？到成佛的時候，法跟無明分開了，這個時候就可以說「去病不去法」，「法」就可以保得住。佛教的解答也很合邏輯，因為無明緣行，有一切法，這只是說有了無明，就有一切法，但這並未說：沒有了無明，就沒有一切法。所以，佛說法要一層一層說，業感緣起是最基本的，最開頭的。到可以解答「去病不去法」這個問題時，「法」若必然保得住，永遠保得住，這樣才可以講佛教式的存有論（buddhistic ontology）。

佛教式的存有論不是從「是什麼」之是（存在）講，也不是從「生之謂性」之「生」之「生生不息」講，也不是從「不生之生」之無之境界來保全萬物之存在講，所以很難，這個思考很有趣味。因此，佛教講判教，不要說小乘保不住「去病不去法」的那個法，大乘佛教有好幾個系統，阿賴耶系統還保不住，如來藏系統也保不住，根據如來藏系統講到最高是華嚴宗，華嚴宗還不成，華嚴宗還不能把那個法必然地保得住。一切法的那個一切，小乘還沒有充分說明，那個一切還沒有達到，小乘的一切並不是一切，是有限的，範圍很狹，其他那些法，連接觸都沒有接觸到，那裡能說保得住呢？華嚴宗根據如來藏系統講到最高了，講法界緣起，已經玄得很，不得了，但是天臺宗還批評華嚴宗是「緣理斷九」。「緣」是

順的意思，「理」是空如之理，順著這個空如之理，以這個理為標準，要斷絕、斷滅這九法界，這就是「緣理斷九」。既然順著這個空如之理，斷絕九法界，那麼，九法界的法還需要不需要呢？問題就在這裡。

佛教講一切法包括十法界。佛教講「一切法」，可以具體地給你擺出來，就是十法界法，就是十法類的法，界就是類，也當「因」講，因是因依之因，是根據意。有這個因依或根據，便依據這根據而有一個類（一個法界）。佛家說法界一共是十法界，十法界就是六道眾生加上四聖，每一類就是一法界。六道眾生：人、天、阿修羅、地獄、餓鬼、畜生。四聖：聲聞、緣覺、菩薩、佛。十法界包括一切，天上地下，太陽系統統在內。成佛之後，佛法界有佛法界的法，你要成佛的時候，你是不是要把沒有成佛以前的那九法界的法統統斷滅呢？還是不斷滅？就是這個問題。假如那九法界不斷滅，你怎麼能成佛呢？因為佛法界是一類，要成佛就要把眾生超過了，把聲聞、緣覺、菩薩都超過了，超過了就是斷掉了，斷掉了才能成佛，斷掉九法界而成佛，這個就是天臺宗所批評的「緣理斷九」。要斷絕這九法界，你才能成佛界，這樣一來，九法界的法保得住嗎？保不住了。既然保不住，佛教式的存有論不能講。所以，天臺宗講圓教，你要成佛，固然成佛是佛法界，佛身上那一切法都是清淨法，一點毛病、一點無明都沒有。但你要成佛是要就著九法界而成佛的，你不是斷絕這九法界獨立成一個佛界，你成那個佛界是就著九法界而成的。

所以，成佛不能離開眾生。佛有法身，佛身上有地獄相、也有餓鬼相、畜生相。佛本身已經解脫，他沒有無明，沒有地獄之苦，

但「除病不除法」，地獄那個法也要在佛身上表現，佛也要顯地獄的苦相，你不顯地獄的苦相，沒有辦法下地獄渡衆生。所以，佛也要顯地獄相、也要顯餓鬼相、也要顯畜生相，但他不是地獄衆生，也不是餓鬼衆生，不是畜生衆生，他是個佛。這很妙。所以，要成佛不是斷絕九法界的法而成佛，要就著九法界而成佛，不能脫離這個世界，沒有一個法可以去掉。這個就是天臺的圓敎。只有在天臺圓敎的情形下，始可以保住一切法的存在。沒有達到這種圓敎，一切法都不能必然地被保住。是故只有達到圓敎，我們才可以完成佛敎式的存有論。在圓敎的情形下如何能保得住一切法？爲什麼要達到圓敎才保得住呢？什麼叫圓敎？我先如此給你們講一個大概，以下再回頭詳講。這要認眞讀書，仔細思考。

第十二講　佛教「非實有」形態及西方實有形態對世界的說明

　　佛教為非有而奮鬥。自性、實有、自身同一的那個「我」，在佛教看都是執著，佛教就是要空掉這個「我」。假定從緣起性空講，這個不能反對。既然是緣起，就沒有一個東西是自足無待，都是依因待緣而生，都是有條件的。假如你自足無待就不靠緣生，不要靠條件，那麼，天地間哪有自足無待呢？照西方的想法，只有上帝自足無待，上帝不是緣生，但照佛教看，上帝就是個執著，根本是個虛構。所以，基督教反佛教，說佛教是無神論。無神論並不是壞，你那個神我為什麼一定要有呢？

　　世間一切哲學統統是想這個世界為可以理解，使天地萬物為可理解。西方哲學大體如此，中國儒家思想大體也屬於這個形態。使一切東西（天地萬物）為可理解，一般講是使這個世界可理解，可理解就是我們可以用理性去思考它。西方人說這個世界可理解，最後根據歸到哪裡去呢？可理解的最後根據要肯定上帝。中國就叫做「道」。照中國的講法，可理解的最後根據要肯定道、肯定天命不已。西方哲學看世界最後一定要歸屬到上帝，上帝代表第一因（first cause），最後的理由、終極的理由，或者說最高的理性（highest reason）。歸屬到上帝，這個世界才可以理解，西方人

這樣講的時候，大體屬於理性主義（rationalism），或者是理想主義（idealism）。中國人一定要肯定有一個道，不管是儒家所說的道，或者道家所說的道，反正有「道」，這個世界就可理解。

西方的理性主義哲學家有笛卡兒（Descartes）、萊布尼茲（Leibniz）、斯賓諾薩（Spinoza），他們用我們的邏輯理性，或康德所說的理論理性（theoretical reason）或思辨理性，來說明這個世界，說明最後的根據要肯定上帝，這個肯定不是宗教信仰上的肯定，是理性上，知識上要思考這個世界必須這樣肯定。假定重視宗教意義的信仰，那肯定便是理想主義。

理想主義最後也講到上帝，講上帝當然也是為的這個世界可以說明，但它最後為的講道德、宗教，這就是理想主義。誰是理想主義呢？蘇格拉底、柏拉圖就是理想主義。柏拉圖跟他老師蘇格拉底一樣，到亞里士多德變了一點。真正的理想主義開始於蘇格拉底，蘇格拉底以前是自然哲學。

"idea" 是個希臘字，原意是可看見的相，這個相就是形狀、形式（form）。比如，桌子是矩形，這個矩形就是桌子的相，它是客觀的。到柏拉圖使用 idea 的時候，把它放到具體的粉筆後面，是這個具體的粉筆所模倣的原型。具體的粉筆一定按照粉筆的理而來，這個理就是 idea。照柏拉圖的意思，idea 代表 form。桌子有桌子的樣子，但我們看見的桌子的樣子是感觸世界裡面的，那個桌子的 idea 是我們看不見的。我們看到的是具體的桌子，桌子之方形，但看不到方形本身。方形本身就是幾何學上的方，這幾何學的方是我們所看不到的。方形本身就是方之理，那是我們肉眼看不到的，只有我們理性的思想能把握到。蘇格拉底、柏拉圖的 idea 是

這個意思的 idea。所以，它是具體的東西後面的那個理，那個原本。在具體感覺世界，具體的東西就是模倣那個原本而造成的，所以，具體的東西就是倣本。具體的東西是現象，不是最眞實的，因爲它今天存在，明天可以不存在，具體的東西會變。idea 不會變化，後面那個原型古今如此，永恆常在。所以，柏拉圖就把 idea 當成眞實、實在。

　　最高的 idea 是什麼，是最高善（the highest good），柏拉圖名之爲「理底理」（idea of ideas）。一切理都分得最高善的幾分之幾，最高善是最圓滿。凡是 idea 就是圓滿，爲什麼有圓滿的觀念出現？因爲我們根據 idea 做出的具體的粉筆總是不如粉筆之理那麼圓滿，它總差一點。這種思想是很簡單的思想。在柏拉圖思想裡，「最高善」並不是上帝，它只是衆理中的一個最高的理。那類乎上帝地位的，柏拉圖叫它是造物主（demiurge），可是造物主並不創造天地萬物，乃是把 idea 放在 matter 上，所以，柏拉圖的思想是製造，不是創造。製造就像木匠造桌子，木匠造桌子就是木匠首先心中有一個樣子，一個圖案，那個圖案就是他腦子裡的 idea，把這個圖案放在材料上，這個材料就是木頭，這就成桌子，這是製造而不是創造。上帝創造是從無而造，只創造個體。所以，柏拉圖那個造物主跟基督教興起後講的上帝不一樣。在柏拉圖的思想裡，有一個造物主，有 idea，一切 idea 的 idea 就是最高善。idea 是很多的，所以是多元論。除造物主、idea 之外，還有一個觀念就是靈魂（soul）。造物主的責任只是把理型（形式）放在材質上，材料與形式都是已有的，擺在那裡。靈魂有個人靈魂與世界靈魂。個人靈魂永恆常在，而且是能認知理型的。世界靈魂是推動這個世界的。

靈魂就是後來的「心靈」，靈魂或心靈就是活動之原則。形式與材料都是不動的，是已有的「所與」（given），造物主把它們兩者加在一起，這當然不是基督敎上帝創世紀從無而造的想法。

在柏拉圖思想裡，理型是存有論的眞實性（ontological reality）。或者說本體論的眞實性，本體論這個詞不太好，實際上是存有論，本體是廣義的引申的。中國人講本體，因爲中國人不是從「是什麼」之是（存在）往裡進，是從「生」那個地方講。桌子是一個個體，把桌子分析成 matter 和 form，這是我們人的理性的分析，上帝沒有這個分析，上帝沒有 matter 這個觀念，也沒有form 這個觀念，上帝是創造個體。柏拉圖不是講創造，他是講製造，把這個 form 放在 matter 上。form 是本來有的，matter 也是本來有的，都不是那個造物主所造的。柏拉圖叫這個 matter 是容受器（receptacle），我們現在講 matter 是亞里士多德的意思，柏拉圖原來的意思忘掉了。matter 是被動的，是容受器，容受器就是容受那個 form。誰把 form 放在它上面呢？那就是造物主。

到亞里士多德出來，就根據他老師的思路創立了「四因説」。「四因」就是：質料因、形式因、動力因、目的因。我們現在了解matter 照亞里士多德就是材料的意思，但在柏拉圖本人叫做「容受器」（receptacle）。講 form 就是 ontological being，form 就類比 idea，代表圓滿。拿這個圓滿規定什麼是好，什麼是不好。從圓滿規定善、惡，這是柏拉圖的講法。這種講法後來叫做理想主義。這種理想主義就是柏拉圖式的理想主義。照柏拉圖，理想從 idea 講，我們譯作「理型主義」。理型是最後的實在，最高善是最高的實在。

理型代表實在性、眞實性（reality）。眞實性對著模倣它而成的具體東西講，具體的東西在時間裡面變化就不眞實。所以，哲學家追求眞實，就是追求永恆性的東西，永恆性是它本身不變的。中國人說天變地變道不變，道是一。從 ontological being 這個地方講 reality，這是柏拉圖的講法。reality 譯作「眞實性」，或者譯作「實在性」也可以。這個實在性照存有論的存有（ontological being）講，存有論的存有是什麼，就是理型，理型就是形式，就是那個基型（prototype），也叫做原型（archetype）。這種理型主義是客觀的，因爲理型是客觀的，是靈魂之對象，是我們知性的對象，我們的知性知道理，那就進入眞正的知識。

你知道具體的桌子不算眞正把握到桌子，眞正有桌子之知識，你一定要把具體的東西所模倣的原本抓住，那才算把握眞正的知識。這個觀念希臘人有眞切的實感，抓得非常緊。所以，把這個意思推廣的時候，人要誠實，不要撒謊。什麼叫不要撒謊？你必須要把不要說謊的理把握住，把誠實之理把握住。從現實上什麼叫不要說謊，沒有一定的。小孩不喜歡吃藥，但他病了，你告訴他這是一顆糖，這算不算說謊呢？你說謊他就吃了，你告訴他是藥他就不吃，不吃他的病就不好。這就是說，現實上經驗上的東西都沒有一定理由，你抓住那個「理」就一定了。譬如，殺人不是好事情，那麼，什麼是勇敢呢？打仗的時候，勇敢就能殺人。殺人是壞事情，那麼，打仗的時候殺人對不對呢？跟日本鬼打仗，我們就殺日本鬼，你說這算不對嗎？所以，現實上的東西對與不對沒有一定的，你只有把握那個理才能把握眞正的知識。而我們對一個東西下定義是根據那個理來下定義，根據理來規定那個東西。所以，理在柏拉

圖系統是客觀的。

這種理型主義共產黨名之爲「唯心主義」,其實柏拉圖不是唯心,是唯理,這個理是 object,不是心。照柏拉圖,靈魂代表心,把握理靠靈魂。心是主體(subject),理是客觀(object)。所以,嚴格講,西方人沒有唯心論,只有理型論。照柏拉圖,idea 不能譯作「觀念」,也不能譯作「理念」。到康德的時候就譯作「理念」,在柏拉圖只能譯作「理型」。因爲在柏拉圖,idea 是對著具體的東西說它是個模型。這叫做理型主義。理型主義不是唯心,是跟心有關係。爲什麼跟心有關係?能把握理型要靠我們清醒的靈魂。我們的感性都是混亂的,不清楚,只有靈魂清醒的時候才能把握住這個理型,所以,靈魂代表理性的心靈。純潔化的靈魂就是理性的靈魂。理性的靈魂,就是清明的靈魂。什麼是清明?我們的靈魂還有不清明的時候嗎?照柏拉圖說,什麼時候不清明呢?就是被感性所束縛的時候。

靈魂永恆不滅,後來基督教說靈魂不滅,蘇格拉底早就證明了。蘇格拉底在獄中吃毒藥,吃毒藥死就爲的證明靈魂不滅。我們的靈魂原初跟理型在一起,很親切。什麼時候不在一起,不親切了呢?就是跟我們肉體結合在一起,有生以後,我們的靈魂就陷入一個洞窟裡,爲感性所拘束。人死了以後不是解脫了嗎?所以,蘇格拉底那個證明很堅強,死掉以後靈魂才解脫。這是西方人的精神,這種精神是很可貴的。

那些理型原初跟我們的靈魂在一起,我們都知道,了解很親切。柏拉圖舉一個例子證明這個道理。希臘奴隸沒有受教育,沒有知識,但他腦子裡幾何學的知識都知道。你從開始一步一步問他,

統統都問出來，全部幾何學他都知道。所以柏拉圖說，你要得到眞正的知識，使你的靈魂清醒，最好的辦法是回憶。你本來有的，你忘掉了。爲什麼忘掉呢？就是因爲我們陷在軀體的洞窟裡。知識是你原初有的，不是我給你的，我怎麼能給你知識呢？所以，蘇格拉底自己作接生婆。這是柏拉圖的一套，這一套在生活上很親切。這種 idealism 譯作理型主義，不能譯作唯心論。

　　後來還有誰講 idea 呢？那就是英國人柏克萊（Berkeley）主教。柏克萊也講 idea，但他講的 idea 不是 mind，是現實的東西，也是 object，這種 idea 是可以看見的，我們的感性可以接觸到的，耳聞目見的那些具體的東西，在柏克萊統統叫它 idea。我看見這綠葉，這桌子的矩形，這個矩形就是可看見的相。這合乎希臘的古義，因爲希臘文 idea 就是可看見的相。照柏克萊的用法，idea 就是可看見，可聽到，感性可以接觸到的那些具體現實的東西，idea 是具體的（concrete），特殊的（particular），而且現實的（actual）。柏克萊所叫做具體的現實的東西，後來到羅素便叫做「覺象」（percepts）。percepts 就等於 perceptible phenomena，就是 perceptible thing，就是可覺知的那些東西。所以，在柏克萊，idea 應該譯作「覺象」，就是知覺現象。柏克萊是主觀的覺象論。爲什麼是主觀的呢？因爲我們感性接觸到的東西各人不一樣，所以從感性上呈現的東西都有主觀性。光知覺現象不能成功客觀的知識，因爲各人所見所聽的不一樣。主觀的東西如何能客觀化？客觀化才能成功客觀而公共的知識，才有科學知識出現。這是知識論的最重要問題，是近代化的知識論的問題，主觀覺象論這是十七世紀以來現代哲學的名詞。成功知識不能離開感性，但光講感性內的

「覺象」也不成，我們接觸外界靠感性接觸，所以，經驗主義，實在論，都從感性開始。

在柏拉圖已經知道，我們感性所見變化無常，所以一定要把握到理型。照柏拉圖的看法，理型不是我們的感性所能接觸到的，是我們靈魂所接觸到的，而且那個靈魂是清醒的靈魂，就是合理的、理性的靈魂。柏克萊講 idea 用的是希臘古義，因爲希臘古義的 idea 就是可看見的相。柏拉圖說我用這個字也合乎這個意思，也是可看見的相，不過這個看見不是肉眼看見，是心眼看見，rational soul 是心眼，不是肉眼，我的心眼可看見，不是一樣嗎？都是看見的「相」，都是對象（客體）。而且柏拉圖所說的理型之爲客體（對象）是高一層的，是對著理性的靈魂講的。柏克萊所說的覺象之爲對象（客體），是對著我們的感性的知覺講，那就低一層。

柏克萊是主觀覺象論，但中國人譯作主觀唯心論。主觀唯心論這個名詞聽到就敎人害怕，好像哲學家在耍魔術，其實柏克萊沒有這個意思。中國人到現在不懂英國人柏克萊所說的 idea 之爲「覺象」義。因此，把他的 subjective idealism 譯作主觀唯心論完全錯，也有譯作主觀觀念論，這更不對。在柏克萊，idea 是個可看見的相，不是觀念。翻譯要懂得哲學家的原意。英語中的 idea 以及我們平常說的 idea，是表示心中有一個想法，那個可以譯作觀念。你看見這支粉筆，你心中有什麼觀念出現呢？所以，觀念是一個心理學的名詞（psychological term）。但是，柏克萊用 idea 是依希臘古義而用的，意指覺象言，這不是心理學的觀念，它是可看得見的（可覺知的）事物（perceptive thing），它是個具體而現實的東西。覺象有三性：具體性、現實性、特殊性。所以，這個希臘古義

的 idea 不是主觀觀念。柏克萊的 subjective idealism 應該譯作主觀的覺象論。

到康德出來講超越的觀念論。康德也講 idealism，康德講 idea 是繼承柏拉圖最高圓滿完整的意思下來，說這個 idea 的意思是理性底產物，理性底產物就是理性所提供。他亦名之曰理性所有的概念，以有別於知性所提供的概念。柏拉圖說 idea 的時候，上自最高善，下至粉筆、桌子，都有它的理型。這樣 idea 所指太廣泛了。康德用 idea 只限於道德方面，只往上說，不向下說，那就是向最圓滿說。這個最圓滿是理性所追求的，理性提供這個東西。譬如說上帝存在，上帝這個觀念，在因果串繫裡面往後追問，你怎麼能把這個串繫完整起來成一個絕對的整體呢？只有理性有這個要求，感性、知性俱不能至。要求絕對的完整，順著因果關係往後追問，你能把這個串繫完整起來嗎？能夠絕對完整起來，我們最後肯定有一個上帝。

肯定這個世界或者是有限或者是無限，這都是理性所要求的觀念。在康德就說是理性底概念，就是理性所提供出來的概念。所以，簡單化就用古希臘柏拉圖所已使用的 idea 以名之，而其意即是理性所提供的概念。因此在康德，idea 就譯作「理念」。這些理性所提供的概念（理念），康德說跟知性提供的概念不一樣。知性提供的概念指範疇講，那才是真正的概念，那叫做純粹概念（ pure concept ）或叫做形式性的概念，亦叫做法則性的概念。所以康德說知性是概念之能。" idea " 也是一個概念，但這個概念不是知性所提供的概念本義，是理性所提供的概念，代表理性所追求的最後完整，因此，康德就說理性是「理念」之能。

理性（reason）是提供理念的一個能力，那麼他用 idea 這個字是老名詞，換一個新名詞就是理性上的概念，其實就是柏拉圖那個 idea 最高的意義。柏拉圖 idea 的意義太廣泛了，上通天下通地。桌子、粉筆都有 idea，這些是屬於經驗界的現象界的，康德都不要。柏拉圖講 idea 的那個意思，到亞里士多德已經變了，亞里士多德把這些 idea 變成共相，專講抽象的概念。康德就把亞里士多德重視的概念那個意思收到知性上來安排，把柏拉圖原初講的 idea 視之為完全屬於理性，這樣就很清楚了。

亞里士多德講十個範疇，到康德整理成四類，十二個範疇。範疇統統是概念，是知性上的。知性只負責把現象法則化，不負責把全部現象界完整起來。負此責的是理性，表示這絕對完整的是理性所提供的理念，就是理性所提供的概念。這些理念沒有實在性，是不能有直覺證實之的。只是一些觀念（想法），空概念，因此康德就依此而曰「超越的理念論」。當初柏拉圖講 idea 的時候，idea 代表實在。但康德出來就問：理性所提供的表示絕對完整的 idea 有沒有真實性呢？你能不能證明它的實在性呢？你能把握它的實在性嗎？把握不到。照康德的講法，有直覺的地方才有實在，這不是籠統的。我們的直覺是感性的直覺，感性的直覺是直覺不到絕對的完整的，把握不到 idea。感性的直覺是有限制的，哪有絕對的完整呢？那麼，你要把握到這種實在性一定靠智的直覺（intellectual intuition），但是，我們人類沒有智的直覺，只有上帝有智的直覺。這樣一來，這個理念只是個理念，只是個觀念，只是我們理性的一個想法，把握不到它的實在性。那麼在這個地方，康德出來的時候，這一個理性的概念與其實在性就分裂開了。

概念有它的實在性，有時候能證明，有時候不能證明。直覺達到的地方，它的實在性就把握了，它的實在性就可以證明。沒有直覺的地方，它的實在性不能證明。這個問題在柏拉圖的時候還沒有，到康德出來就有這個問題了，實在性和概念本身分裂。因爲柏拉圖承認他所說的那些理型原本跟我們的靈魂在一起，他承認我們的靈魂對它有直覺，我們的心眼可以直接看到的。到康德出來以後，理念指絕對完整說，而我們的直覺又只從感性發，感性的直覺達不到絕對的完整，那麼，你柏拉圖所說的心眼人類沒有，康德這個講法是近代化了，柏拉圖那個講法還是古人的講法。

照康德的系統，理性的概念我們不能證明，所以超越的看，只是個觀念。這時候可以用「觀念」這個詞。這個 idea 就是觀念，這是現代一般人所說的 idea 的意思。超越（transcendental）對著內在（immanent）講。所以，康德的大系統一方是「超越的理念論」，一方是「經驗的實在論」。超越的理念最難了解。理念就是理性所提供的那些概念，超絕地看，它只是個理念，沒有實在性。immanent 是內在的意思，這個內在不是 internal 那個內在，它是內在於經驗範圍之內的意思。你們要了解這一套思想，可以讀我的《現象與物自身》，書中有一章專門講這個問題。

西方人沒有中國人講的唯心論。西方人講理型、覺象、理念，都是 object，都是客觀的東西，都是心所思的對象。中國人才眞正有唯心論，佛教說如來藏自性清淨心，如來藏自性清淨心就是心，不是 idea。還有陸象山說「宇宙即是吾心，吾心即是宇宙」（《陸象山全書》〈年譜〉十三歲下），那是心，不是 idea。所以，眞正唯心論在中國才有，而這個唯心論並不壞，這個從實踐智慧學上

講，從道德上講，不是從知識上講。西方講的是知識論，不管是柏拉圖的理型或是柏克萊的覺象，或者是康德的理性的概念，都是從知識上講。中國人的講法，孟子講本心也是心，孟子說：「萬物皆備於我，反身而誠，樂莫大焉。」（〈盡心上〉），那是心，不是idea。所以陸象山出來講「心即理」，是從道德上講，從實踐理性上講。這種唯心論，西方人是沒有的。所以，西方人不見道，不透，往上只能講到idea，提出那些空洞的idea。

理性主義從知識上證明上帝，理想主義大體從道德宗教可以接觸到上帝。上帝有種種不同的講法，所以，我提到理想主義有幾種形態。就柏克萊那個主觀的覺象論，他講的上帝不是觀念，是基督教那個創造萬物的上帝（personal God）。柏克萊的「覺象」是具體而現實的可看見的東西，這些東西是客觀的、有條有理的，不是心理學的觀念。覺象雖然離不開心，但並不是心。柏克萊把matter拉掉，那麼，誰把這些具體而現實的東西呈現到我眼前來呢？就是上帝。所以他後面的保障是上帝，上帝來保障，這個世界成可理解。西方人總要想著使這個世界可以理解，就是要把這個世界的最後歸屬歸到上帝。這才有種種的思想，我這是給你們大體的講。還有一種想法，我們說明這個世界可理解不一定要往上追到上帝那裡去，從經驗主義實在論的立場也可以說明，這就是英國式的經驗實在論的講法。

英國式的經驗主義以實在論說明這個世界，這個天地萬物。萬物的這些現象，它不要追索那麼遠，不要安排到上帝那裡去，所以，它承認經驗現象，承認這些經驗現象是實在的，它之所以為實在，是因為有一些自然法則（natural law），這些自然法則我們可

以通過經驗一步一步把它發現出來。自然法則通過經驗得到，它不講先天的法則，康德才講先天，從範疇講。經驗主義與實在論承認有法則，法則也可以使這些現象為可理解。當然你可以說這不是最後的究竟講法。到究竟，這些經驗所發現的法則最後所屬在哪裡？你往後追問，追問到上帝也可以。但是，研究科學可以不追尋到那麼遠。就是說我們從經驗上能夠發現自然現象之間的規律，把那些自然法則發現出來，就可以說明這個世界，這就足夠了。英國式的經驗主義就是這個態度。

　　不管是通到上帝，或是通到自然法則，都承認有法則，有法則就可了解，這是世間哲學。這種態度佛教就很不一樣，你們最後所靠的上帝，以為最根本，佛教最不喜歡這個東西，這才是道地的法執。你最後那個上帝是道地的法執，這犯什麼毛病，犯增益見。所以，佛教一定把上帝拉掉，把柏拉圖講的那個存有論的實有（ontological being）拉掉，「實有」是沒有的，「實有」是一種執著。譬如，我們說自身同一（self identity），你自身同一在那裡呢？自身同一代表的那個我（self, ego），照佛教看，根本是執著。這個問題阿賴耶識講得很清楚，這個不能反對的，所以佛教很厲害。

　　經驗主義從經驗所發現的自然法則，這種相對意義的自然法則，不一定歸到上帝那裡去，這種由經驗所發現的自然法則，沒有什麼理性上的必然性，就是沒有理性的保障。因為最後歸到上帝是靠最高的理性來保障，經驗主義所說的那些法則沒有理性的保障，經驗範圍內的法則，大家說如此就如此，科學知識就靠這些法則。這種意義的自然法則佛教裡面有沒有呢？先把神那個執著，那個增

益見拉掉了，存有論的實有也拉掉了，不管是柏拉圖的理型、造物主，或者上帝，都是法我的執著，都要拉掉。那麼，經驗主義發現的這種相對意義的自然法則，佛教怎麼看呢？它不一定不承認。

　　佛教講緣起性空。緣起性空是在實相般若所觀照下的緣起法，緣起性空是普遍的道理，就是空自性、空存有論的實有，把最後歸屬的上帝拉掉，這是實相般若觀照下所把握的現象。這個緣起法就是「不生亦不滅，不常亦不斷，不一亦不異，不來亦不去」（《中論》），這「八不」說的是緣起法。緣起法而又「不生亦不滅」，這好像是自相矛盾，既然緣起就有生有滅，為什麼說「不生亦不滅」呢？這不是很難了解嗎？假定我們說上帝不生不滅、不常不斷，不一不異，不來不去，這很容易了解，上帝當然不跑來跑去。但佛教「八不」是說的緣起法，這就很玄，這就是佛教的智慧。「八不緣起」，自性才能空，空就是照見實相。假定沒有「空」，就不能見實相，你見的是假相。空什麼？就是空自性。自性就是柏拉圖所說的那個存有論的實有，佛教要把它空掉。柏拉圖把這個存有論的實有看成是一種真實性（reality），但照佛教看一文錢不值，要空掉。

　　那麼，經驗意義下的自然法則，佛教有沒有呢？經驗主義客氣一點，不要最後歸到上帝，就從經驗上我們可以發現的自然法則講。經驗主義講的那個自然法則，佛教也有一個看法。照佛教，一切法是緣起法，一切法是緣生，既然是緣生，在實相般若下一定是性空，一定沒有自性。但是佛教對這個緣起法有另一個看法。它用另一方法對「緣起法」這個「法」字下定義。籠統說「法」的意思很廣泛。就是一切東西，一切現象，法同時也是概念，這是總括起

來講。佛教對「法」有一個定義的講法，有一個訓詁上字面的確定意義，這就是「法者『軌持』義」。這是對法的一個很具體的講法，這樣一來很可以把經驗主義所說的那個法則的意義保留得住。但保留得住，在佛教看來還是一種執著。儘管是執著，它也可以給你說明，從軌持義那個地方給你說明。

「法者『軌持』義。」這句話是玄奘的大弟子窺基講的，下面還有兩句解釋：「軌者軌解，可生物議。持者任持，不捨自性。」佛教講緣起性空、無自性，這個地方為什麼又說「不捨自性」，又肯定自性呢？這裡是不是有矛盾呢？首先我們要了解，說無自性，說緣起性空是在**實相般若觀照下**的緣起法。當說「法者『軌持』義」的時候，這種軌持義的自性是**現象意義的自性**。

「軌者軌解」就是按照一定軌道可以了解，因為有軌道可以了解，所以引生客觀的議論。物議就是客觀的議論，「可生物議」就是可以予以客觀地討論。「持者任持」，持，就是它本身執持下去。任，就是自然、任運。任持，就是自然地自己執持住其自己，維持住其自己。這個地方講的「不捨自性」，這個自性跟緣起性空「空」掉的那個自性不一樣。緣起性空「空」掉的那個自性是存有論的實有，是自身同一，那個自性一定要空掉的，因為緣起法就是一定沒有自性。「持者任持，不捨自性」這個「自性」是什麼意思呢？就是「法者軌持義」這個軌持所涵的那個自性。軌持義的自性是現象界的實相，現象界的實相都在經驗範圍之內，這就是康德所說的經驗實在論，就是佛教所謂俗諦。俗諦佛教也承認，也可以給你安排。粉筆不是桌子，桌子不是黑板，粉筆有粉筆的自性，黑板有黑板的自性，這種意義的自性就是俗諦。這個跟緣起性空那個自

性是兩層的,不是衝突的,一定要清楚了解這個區別。

照佛教的說法,現象意義的自性也要靠一些條件而成功,靠一些什麼條件呢?條件是康德的詞語,用佛教的詞語說,就是靠「**不相應行法**」。不相應行法還是執著,是假名,但要成就俗諦非有這些執著不可,要不就沒有俗諦,沒有俗諦,軌持義的法就沒有了,我們講軌持義的法爲的是講俗諦,俗諦就是世俗的眞理,科學就代表俗諦。這裡佛教靠的什麼?靠的就是那些「**不相應行法**」,那些不相應行法可以使任何東西有它自己的軌持義,有它所含的可解的自性(本性)。這很容易了解。何以見得軌持義所含的自性由不相應行法而成呢?《法華經》有這個意思,《大智度論》裡面也有這個意思。佛教說實相有兩個意思:一是實相般若觀照下的實相,那個類比康德說的智思界(noumena),另一個是軌持義的實相,相當於現象(phenomena)。這就是「一心開二門」。

《法華經》云:「唯佛與佛,乃能究盡諸法實相。所謂諸法,如是相,如是性,如是體,如是力,如是作,如是因,如是緣,如是果,如是報,如是本末究竟等。」(《法華經・方便品第二》)每個東西有它如此這般的相,如此這般的性,如此這般的體、力、作、因、緣、果、報,不能亂的。儘管沒有實相般若下的自性,但它不能亂,粉筆跟桌子的相不一樣。每個東西有如此這般的相、性、體、力、作、因、緣、果、報,這是前九如。第十如是「如是本末究竟等。」任何一個東西都有一個如此這般從本到末的九如,「究竟等」就是這九如究竟說來畢竟平等。平等就是一樣。「等」依天臺宗,是就空而等(若說空,統統是空),就假而等(若說假,統統是假),就中而等(若說中,統統是中)。「如是本末究

竟等」就是實相，這是實相般若觀照下的那個實相，就是如相。《般若經》言「實相一相，所謂無相，即是如相。」

　　假若你不從實相般若上說，一切法不平等，泰山那麼高，粉筆這麼小。每一個東西都離不開前九如，到最後實相般若下才能說畢竟平等。到此時聖人也是如此，孔子是了不起的聖人，在實相般若下，你也是本末究竟等，你也是即空即假即中。釋迦牟尼佛也是即空即假即中。這叫做「如是本末究竟等」。

　　那麼，你可以看出來，軌持義的那個自性，就是有如此這般的相、性、體、力、作、因、緣、果、報而構成的，軌持義的自性是由前「九如」而構成的，那麼前「九如」就是「有生有滅、有常有斷、有一有異、有來有去」之識中的緣起法。前九如所成的實相，用西方哲學的詞語，就是現象意義的實相，也就是現象意義的自性，軌持義的自性。所以，你們要清楚了解，實相有屬於智思界的，也有屬於現象界的，一心開二門。《大智度論》也有兩層意義的實相。你們可以讀我的《佛性與般若》。

第十三講 真俗二諦及兩層意義的實相

西方依照基督教傳統講上帝創造萬物，這是一般人很容易了解的。儒家也較平常，也容易了解，儒家是從「天命不已」講天地萬物創生之道，所以《中庸》云：「天地之道，可一言而盡也：其爲物不貳，則其生物不測。」（第二十六章）這是儒家的形態。道家是消極的形態，對於天地萬物採取一種藝術性的觀照態度，「道生」是不生之生。所以道家很特別，這一個智慧是很有吸引人的力量。佛家的看法更不一樣，佛家認爲一切存在皆由無明起現，但去病不去法，它亦可以在圓佛的修證下保住這一切如幻如化的存在。法的存在雖如幻如化，空無自性，但如實觀之，它亦有它的「如此存在而不如彼存在」的一定法則。西方經驗主義以爲可以從經驗上去發現這些法的存在之一定法則，但經驗的發現總沒有定準。休謨就告訴我們說，經驗不能證明太陽明天一定從東方出，太陽明天從東方出是概然的。凡科學命題都是概然的，總是看概然率有多高，但是總達不到一定眞。這種事實，佛教也有一個說法，它可以就法的存在之一定法則建立一個俗諦。

俗諦如何能建立呢？佛家以爲由「法」字本身的意義即可建立俗諦。窺基說：「法者軌持義」，「軌者軌解，可生物議。持者任

持，不捨自性。」軌解等於西方亞里士多德所講之定義（definition）。對於一物有了定義才成一個客觀的概念，無定義便沒有客觀的概念，只是個人主觀的聯想或主觀感覺。對於主觀聯想或主觀感覺是不能客觀討論的，要成一個客觀的概念才能討論。在邏輯的程序上，如何成一個客觀的概念呢？曰：「只有通過下定義。」你說的概念能不能夠下一個定義？可以下定義，大家可以討論。照亞里士多德講，每一個概念有它的內容（intension），有它的外延（extension），內容、外延確定了，它的意義就確定了。定義可以不一樣，但你必須把你心中所想的弄清楚，定義也可以錯，可以有種種樣子，但必須有定義才能討論。

定義在佛教看就是軌解。軌解是佛教中的詞語。在亞里士多德叫做定義，代表一個概念的本質，下定義就是把一個東西的本質表現出來。沒有通過定義，這個東西的本質我們不清楚。本質就是軌道，有本質就有軌道，所以「軌者軌解」。按照一個軌道你可以理解。「持者任持，不捨自性。」

任何東西它若能自持其自己，它就不捨其自性，這句話是分析語。每一個東西有它的本義，有它的本義就是有它的自性。每一個「法」都是如此。所以佛教說「法義」，說法義的時候，這個「法」就等於西方哲學的「概念」。從軌持義了解的這個法，說「法」字就等於說法義。法義就是法之義。這個「法義」就等於西方哲學的「概念」（concepts）。嚴格說，concepts 應當譯作「概義」。「概念」這個詞是從日本來的，用這個「念」不太對。概念是大概的想法，重視主觀的作用。concepts 不是主觀的想法，是主觀想法中的那個內容。義是客觀的，想法是主觀的。若表示想法，

那是另一個字，在英文叫 conception。平常 concepts 跟 conception
沒有多大分別，但到眞正要分別的時候還是有分別。

　　concepts 就是客觀的東西，康德說的概念都是客觀的，代表一
個客觀的東西，所以應該譯作「概義」。中文「義」表示客觀的，
這個義是義理的義。那意思就很明確了，可是我們現在已成習慣，
都叫概念。佛教說法義，從法義了解的這個法就是西方的
concepts，不是 conception。佛教講「四無礙智」，四無礙就是：
辭無礙、義無礙、辯無礙、理無礙。詞語不能有滯礙，作文章要
通，下字眼要準確，遣詞造句要合文法，這叫「辭無礙」。不能有
不通的地方，不能前後矛盾，不成系統。所以哲學家唯一的要職是
「言之成理，持之有故。」西方哲學家眞正達到「四無礙」者只有
康德。辯要合邏輯，就是「辯無礙」，合邏輯就是要合因明，因明
是爲的雙方辯論，是獨立的一套，跟西方亞里士多德的形式邏輯不
同。「義無礙」就是「法無礙」，「義」指法義講，法義無礙，每
一個法有一定的義旨，這個「義」就是從軌持而來。「理無礙」，
理就是空理、空如之理，這是最高的。

　　現在我們注意法義這個「義」，每個法有它的「不捨自性」，
就是有它的義。這個「義」從那裡來呢？就是從軌持這個地方表示
出來。軌持是字面的解釋，它那個思想的底子是什麼？怎麼樣成每
一個法的軌持呢？它的底子（background）在哪裡呢？就是說用
「軌持」作字面解釋的那個法義的實質根據在什麼地方呢？你注意
這個問題，切實弄清楚，你便知佛教可以講出一套知識論，就是建
立俗諦。有了俗諦，你便可以與這個世界不隔，可以溝通。佛教傳
到中國來，中國人對這一套不感興趣。現在的佛教沒有出路，因爲

它自己封閉，成一個自我封閉的系統，沒有生命了，不能跟世界溝通。

《法華經》云：「唯佛與佛，乃能究盡諸法實相。所謂諸法，如是相，如是性，如是體，如是力，如是作，如是因，如是緣，如是果，如是報，如是本末究竟等。」（〈方便品第二〉）能夠成功軌持義的那個法，實際上的底子是靠「前九如」，每個東西有它如此這般的相、性、體、力、作、因、緣、果、報。你要了解任何東西，就要照它的一定相、性、體、力、作、因、緣、果、報了解，就是了解這個法的實相。這是一層意義的實相，佛教說的實相有兩層意義。先了解一切法的如是相、性、體、力、作、因、緣、果、報，每一法都不能脫離這前九如，前九如每一個法都有。儘管講緣起性空，如幻如化，但說法的時候不能亂，山還是山，水還是水。前九如，這是法的差別說，差別說就是分別說，就是現在西方哲學所謂分解的講法，凡是分析哲學就是差別說。所以，前九如表示每一個法不同，即表示每一法有它自己的實相，這是俗諦的實相。這種通俗的實相，菩薩說法不能違背，即每一法義不能亂，都要了解得恰當。

最後一如，第十如是「如是本末究竟等」，「如是本末究竟等」就是最後說起來每一個法都有如此這般的從本到末的全部過程，這全部過程到最後畢竟平等。從本到末什麼意思？九如說的就是從本到末。這第十如中的「等」，表示出另一層的實相。所以在「十如」裡面很明顯地有兩層意義的實相。照天臺宗智者大師的講法，平等的意思可就三方面說：即空而等，即假而等，即中而等。空諦、假諦、中諦，這是天臺宗的三諦觀。所謂三諦、三觀、三

智。三觀三智是主觀的講，三諦是客觀的講。空、假、中三諦是根據龍樹菩薩的《中觀論》中的一偈而來的，那一偈就是：「衆緣所生法，我說即是空，亦爲是假名，亦是中道義。」這是很重要的一偈，天臺宗就拿這一偈的「空、假、中」三諦說明平等。每一個法有如此這般相、性、體、力、作、因、緣、果、報的差別，但說到最後要說「空」統統是空。這叫即空而等，因爲統統是空，就平等了。「即」是就著的意思，即空而等，就是就著空而說平等。一切法都是假名，假名施設，要說假統統是假，這即假而等就是就著假而說平等。空、假是分別地講。但空是就著假來說的，說假是在空中的假，因此，空、假不是客觀分離地擺在那裡，乃是相即的，因此說中道，就是中道實相理，要說中道統統是中道，這就是即中而等。從中道這裡見實相，實相就是如相。中道實相理就是《般若經》說「實相一相，所謂無相，即是『如相』。」這個理是空理，空如之理，這個實相是《大般若經》所說的實相，實相一相，一相就是沒有相，沒有相就是如相。那麼，這個意思的實相跟前九如的實相不同，這不是很清楚嗎？雖然說得很玄，但講清楚了很容易懂。

　　所以「如是本末究竟等」，要說空，統統是空。要說假，統統是假，統統是假名，從前九如說統統是假名。要說中道，統統是中道，中道實相。照我們現在的話說，前九如的實相是爲的講科學，講俗諦，照康德的說法，前九如講的實相是現象意義的實相。那麼「本末究竟等」這裡說的實相，中道實相，就是《大般若經》所說「實相一相，所謂無相，即是『如相』。」這個意義的實相是實相般若中的實相，般若智觀照下的實相，這個實相什麼也沒有，沒有

那些種種的差別。

佛教說般若有種種名詞：實相般若、文字般若，還有觀照般若，這都是一個般若。般若代表佛教說的智慧，所以說般若智。佛教說般若智，道家說玄智，道家玄智的意思跟佛教般若智意思不一樣，儘管智表現的模式一樣，因為般若的意思是要見空，把自性空掉，道家沒有這個意思，道家的智慧從有、無顯，有、無是道的雙重性。儒家也講智，智的表現模式一樣，上帝表現智即神智，也當該是這樣，但是內容不一樣，教路不同。講玄是道家的講法，講般若是佛教的講法，講上帝是基督教的講法。那麼照儒家，那個智怎麼講呢？《論語》仁智雙彰，一方面講仁，一方面講智，「仁者安仁，智者利仁」，智要以仁為體，以仁為本。智發展到最高峰是什麼意思？把孔子仁智雙彰的意思發展到最高峰，就是王陽明的良知，王陽明講良知的感應。

良知的感應就是《易・繫辭傳》說的「寂然不動，感而遂通天下之故」那個感。〈咸卦〉那個咸就是感的意思。感字是個存有論的詞語（ontological term），你可以把這個「感」看作存有論的真實性（ontological reality）。儒家講感應是創造，在良知與感應中萬物就存在。儒家重視天命不已、生生不息的那個道德創造的創造，就是王學講到最後那個「四無句」也是這樣。這種分別很微細，這種分別一定要了解。儒、釋、道都講智，不管是儒家講良知的感應，道家講玄覽，或者佛教講實相般若的觀照，表現的模式一定一樣。這個表現模式發出來的時候，照西方哲學的講法，就是康德說的「智的直覺」（intellectual intuition）。

智的直覺照字面應該譯作「純智的直覺」，康德的原意就是純

粹的由智發的直覺。不管是道家玄智的智，佛教般若智的智，或是儒家仁智的智，它可以發出一種直覺的作用，那個直覺作用就是從智而發。我們科學認識的直覺是從感性發，康德說我們人的直覺都是從感性而發的，只有上帝才有智的直覺。西方基督教文化傳統就是把智的直覺劃歸給上帝，上帝代表無限心，聖心才是無限心，人心是有限心，發智的直覺者一定是無限心。

照中國儒、釋、道三教，我們人這個有限心一定要往上達到無限心，從無限心發的直覺就是智的直覺。中國沒有智的直覺這個詞語，但並非無這個詞語所表示的理境。儒、釋、道三教都承認人是有限的存在，現實的人是有限的存在，人不能成神。但人的本體不是現實的人，儒、釋、道三教皆肯定那個作為本體的無限心，人通過實踐的工夫能體現那個本體。因此有一個圓頓之教，圓頓之教才能圓滿地體現那個無限心，圓滿地體現之就是成聖、成佛、成真人。智的直覺從無限心而發，人可以體現這個無限心。所以，佛教講轉識成智。這種思想在西方人不可思議。在西方人看來，我們人就是有限存在，人有如此這般的感性，有如此這般的知性，有如此這般的理性。人表現的感性、知性，即使表現的理性還都是識，這個識怎麼能轉成智呢？但是佛教一定要講轉識成智。識可以轉成智，可見從有限心之中可以轉成無限心，轉成無限心，修行最高就是成菩薩、成佛。菩薩、佛不是 God，菩薩還是菩薩，佛還是佛，不是神。

這個地方就看出東方文化跟西方文化的分別。中國人把無限心看成是個本體，這個本體在人的生命中最容易顯現，所以只靠人的生命把它體現出來，因此重視實踐的智慧學，而並不把這個本體人

格化。譬如儒家講天命不已，《中庸》說：「天地之道，可一言而盡也：其為物不貳，則其生物不測。」那個創生萬物的天地之道，《易傳》「大哉乾元，萬物資始」的乾元，《中庸》說的誠，孔子說的仁。說誠也好，說仁也好，說乾元也好，都一樣，這都是當本體看。人是體現這個本體，體現的最高境界是要全部體現。如何能全部體現呢？在我們現實人生裡面永遠不能全部體現，所以體現過程無限拉長。但它又假定說你可以全部朗現，全部朗現一定有全部朗現的根據，所以東方一定講圓頓之教，就在這個意思上講頓教、圓教。

頓教、圓教連在一起講，佛教講成佛一定是頓，一下子成佛。你假定一步一步來，你永遠不能成佛，因為這個一步一步可以無限的拉長。所以一定講頓教、頓悟成佛。竺道生不是講頓悟成佛嗎？頓悟後面一定有個根據，使頓悟可能一定要有個圓教。這個發展是必然的，實踐的智慧學一定向圓教發展。佛教是充分的自覺到，道家儒家是因為受佛教的影響慢慢的自覺到。這樣一來，就不是基督教的形態。

基督教的形態是把那個本體客觀化，不但客觀化而且要實體化、人格化。經過三化才能講三位：父位、子位、靈位。它一定要把那個本體看成是客觀的實體，而且還要擬人化，擬人化就是人格化。人格化以後，人格神（ personal God ）才出現，這是信仰，以信仰為中心。典型的信仰就是基督教，這是信仰的形態。東方的智慧不向這個形態發展，它是向康德所說的實踐的智慧學發展，發展到最後一定承認無限心，無限心是個本體，它不把它人格化，不是我們祈禱崇拜的對象。它一定把它內在化，視之為人的生命本體，

人的生命的唯一責任義務就是體現無限心，就是要把「誠」、「仁」、「乾元」、「天命不已」代表的那個本體體現出來。從現實看，這個體現的過程可以無限拉長，你永遠不能全部體現，但你要一下朗現也可以，在這個地方講圓頓之教。不管儒家道家佛教都有圓頓境界，不講圓頓之教不能究竟，這個很清楚。現在中國人不好好理解，把這些義理都忘掉了。

與理智的直覺相對反的是感觸性的直覺，因為我們憑感性而發的直覺通過耳、目直接看到覺到。照西方講法，人只有這個感觸性的直覺，並沒有理智性的直覺，理智性的直覺只有上帝才有，就是康德也不承認人有智的直覺，在這個地方康德也還沒有達到中國三教的程度。這個理智的直覺作用在哪裡？理智的直覺不是個認識論的詞語。西方人從感性發的直覺是認識論上的直覺，從上帝講的智的直覺不是認識論的，因為上帝直覺這個東西就創造這個東西，它是個創造原則。上帝直覺這個粉筆就創造這個粉筆，就使這個粉筆存在。我們從感性發的直覺只能看到覺到這個粉筆，不能創造這個粉筆，這就是認識論的，認識論就是在 SKO 這個關係之中，S 是主詞、主體；O 是賓詞、客體。

從上帝發的無限心、智的直覺、是直貫下來的，因為　看到覺到它，　就創造它。這個意思的智，中國人也有，這個觀念你把頭腦轉一下很容易懂。《易‧繫辭傳》：「乾知大始，坤作成物，乾以易知，坤以簡能。」「乾知大始」，乾以「易」的方式知，「坤作成物」，坤以簡的方式而能。你怎麼理解「乾知大始」這個「知」呢？這個「知」不是「知道」，乾就是大始，不是乾知道大始。朱夫子以「主」注釋這個「知」字。「乾知大始」是縱貫的，

這個意思的「知」不是認識論的，認識論的知道是橫攝的。縱貫的「知」是存有論的，這個意思的「知」中國人是有的，譬如知縣、知府的「知」就不是知道的知。知，主也、管也。知縣就是主管負責一縣之事，負一縣興革的責任，不是旁觀地知道一縣之事。負興革之責就是他要革故生新，這就是他的創造性。

直覺有認識論意義的直覺，有創造意義的直覺，創造意義就是縱貫的。從道家講「道生萬物」實際是「玄生萬物」。從儒家講，仁、良知、本心、誠、天命不已發的直覺都是創造義的直覺，它代表創造性。但這個創造性佛教不講，佛教不但不講儒家、基督教那個創造性，道家形態的那個「不生之生」它也不講。

佛教講兩重意義的實相。軌持義所講的實相，思想根據是什麼？軌持義是文字學上的解釋，是字面的解釋，它的思想根據，義理背景在哪裡呢？就是前九如所成功的實相，就是現象意義的實相。第十如的實相，空、假、中的那個實相是實相般若觀照下的實相，用康德的詞語，就是智思界（noumena）的實相。因為佛教重視真諦，以真諦為主，所以《般若經》講「不壞假名而說諸法實相」（〈散華品第二九〉）。但前九如那個實相沒有人注意，和尚天天唸《法華經》，但不理會這一套，這一套開不出來，俗諦不能講。講俗諦一句話過去了，講俗諦只是講「真俗不二」。

在前九如可以假名施設科學。不但《法華經》有如是相、性、體、力、作、因、緣、果、報這九如，龍樹菩薩《大智度論》裡面也有。我在《佛性與般若》一書中把這段文獻都抄出來了，你們可以參看。兩層意義的實相很清楚，「如是本末究竟等」跟前九如不一樣。

　　了解清楚佛教兩層意義的實相，這套道理可以跟康德相會通。所以，康德這個哲學家了不起，有智慧。康德說現象與物自身的區分，這是一個很深的洞見（insight），這個意思跟佛教相合，所以佛教最容易了解康德的這個意思。

　　軌持義的法這個實相，現象意義的這個實相，它那個思想、背景是靠前九如，如是相、性、體、力、作、因、緣、果、報，統統是假名，說到最後是空、假、中。這個表示說，你這個地方所說的如是相、性、體、力、作、因、緣、果、報，這些軌持其實都是識上的執著。前九如從識看，九如都是識上的相，識上的執著，執著什麼東西？就是執著識上的那個相。識上的執著佛教叫遍計執相。唯識宗講三性：依他起性，遍計執性，圓成實性。在遍計執性上講，那是講識之執的意義、執著性，其所執著的東西就是「相」。凡有執著的地方就有相。

　　凡是屬於識的就是依他起，依他起就是因緣而起，依靠旁的東西作條件才生起。不但識如此，一切東西都如此，唯識宗講依他起從識上講，空宗講緣起性空，是普遍地講，意思一樣。識不但依他而起而且它本身有執著性，所以轉識成智，成般若智就是把那個執著給你拉掉。遍計執性就是從識本質上能夠執著方面看，它是周遍地就著一切緣起法而到處起執著，它所執的就是相，這個相就是康德所說的定相（determination）。從哪裡來的決定呢？從十二範疇來的決定，每一個範疇對現象有一種決定，十二個範疇就是十二個定相，再加上感性上的兩個形式：時間和空間。現象就有時間性、空間性，或時間相、空間相。時間、空間、十二範疇落實到粉筆上才成功對於粉筆的種種決定，即種種定相。

康德的講法，現象有定相才有客觀性，才可以成知識的一個客觀對象。所以從經驗裡面發現的那些法則都是有條件的，條件就是不能離開時間、空間，不能離開十二範疇。在時間、空間、十二範疇裡面，再通過我們的經驗這才可以發現那些特殊法則，屬於那個千變萬化的自然現象的那些特殊法則。那些特殊的法則就在這些普遍的條件裡，而這些普遍條件每一個條件落在現象所成功或所顯示的那個相，康德就叫做定相。譬如，根據量範疇可以決定粉筆的量相，根據質範疇可以決定粉筆的質相，這些照康德的講法就是我們範疇決定的那些相。照唯識宗講就是我們的識所執成的相，靠什麼東西來執成這些相呢？靠不相應行法。不相應行法就是範疇。這很自然相合，不是比附。這個識的計執不是前五識的執著，佛教最明顯最猛烈的執著是第六識：意識。不相應行法都是從第六識而發。

行是指思言。行中有相應行，有不相應行，在「色、受、想、行、識」五蘊之中，「行」蘊單就思講，這個「思」是取心理學的意義，就是思慮，不是思想，思想是 thought，thought 是邏輯意義。相應行很多，譬如，喜、怒、哀、樂這些情感都是相應行，跟什麼相應，就是跟心相應，和合為一，喜、怒、哀、樂是心之狀態，佛教叫做「心所」，心所就是為心所有，與心合和。這就叫相應行。還有不相應的，不相應就是不能與心和合為一，它雖然從心發出，但發出來以後跟心不能建立起或同或異的關係，它有獨立意義，跟心脫離。

佛教從第六識發出的不相應行法是執著。不相應行法包括些什麼呢？康德所說的感性之形式條件即時間、空間及知性之十二範疇都包括在內。照康德的講法，我們的感性表象現象於時空中，此時

現象是未決定的對象；然後再用十二範疇去決定現象，此時現象就
成了決定的對象。決定了的對象即示對象有種種定相。康德只講決
定一定相，不講執著，因為康德要講知識。感性、知性、理性都是
認知的機能。但是佛教卻把這些都看成是識，是泛心理主義的觀
點，因此，識是煩惱之源，是虛妄分別之源。康德講知識，即使是
識，也是取其認知的意義，重視其認知中之邏輯的關係。所以他不
講執著，不講煩惱。佛教講不相應行法與康德講時間、空間以及十
二範疇，其背景是不同的，但二者是可以相通的，而且即使佛教是
泛心理主義的，它也可以凸顯出前五識（感性）以及第六識（知
性）之認知機能義以成客觀的知識，如佛教亦講現量（直覺的知
識）、比量（推比的知識）是。

第十四講　佛教緣起法及其與西方哲學相關的問題

　　《中論》開首即由反面說「八不緣起」:「不生亦不滅,不常亦不斷,不一亦不異,不來亦不去。」不生、不滅、不常、不斷、不一、不異、不來、不去,八個觀念,這是反面講。根據華嚴宗賢首大師〈一乘教義分齊章〉講緣起六義:總、別、同、異、成、壞。這是正面說。緣起六義,「義」是法義的義,概念的意思。這些基本概念,西方哲學開頭就有,以後演變成亞里士多德的十範疇,再演變成康德的十二範疇,這是同一類的。在亞里士多德講十範疇以前,希臘哲學就有五個最根本最高的概念,最廣泛應用,最有普遍性。這五個概念是:存在(存有或實有 being)、一、多、同、異。最高的一個是「存在」。任何東西自身同一(self identity)是同。任何東西與其他東西相對,天地間沒有兩個東西完全相同,有兩個東西就有差別,有差別就是異,有同有異,引申出來就有「一」有「多」。這是最廣泛應用的最抽象概念,這些抽象概念西方人有,印度也有。

　　佛教傳到中國來,關於這些概念,中國人沒有興趣,中國人抽象的思考能力不夠。存有(being)這個概念,《孟子》裡沒有,《道德經》裡沒有,《莊子》也沒有。就是《荀子》裡有,荀子講

「大共名」。大共名、共名、別名,最下的是個體。籠統地說,粉筆是一個目、是別名。別而又別,別到最後就是個體。從別往上是共,共而又共,到最後那個共是大共名。大共名最抽象。荀子認為「物」就是大共名。這個物等於西方的「存有」。「存有」就是大共名。嚴格講,「物」似等於西方人所謂的" thing ",抽象地講就說是「存有」。「物」這個大共名,印度勝論裡面叫做「大有」。「大有」就是最高的存有,最廣泛了,這就與西方相通了。

「大有」是印度勝論師的名詞,佛教本身不用這個詞語。印度勝論、數論影響佛教最大。印度有六派哲學就是佛教所批評的外道,但是六派哲學都屬於婆羅門教,屬於印度的正宗。佛教在印度無地位,乃傳到中國來而得其發揚與光大。

存在、一、多、同、異,這五個範疇在亞里士多德以前柏拉圖時代就有的,最廣泛應用。照柏拉圖說這是五個最高的理型(idea),這五個理型跟粉筆的理型不一樣,不同類。粉筆有粉筆的理型,智、勇、誠實,這些德目亦都有其理型。那五個最廣泛的應用的範疇,他也叫做理型。柏拉圖都混在一起統稱之曰理型,其實意思不一樣,這五個最廣泛應用的理型是存有論的形式性的概念。佛教也有這些概念,中國沒有,所以,中國人的抽象思考力很差,吃虧就吃虧在這裡。因此,中國人很喜歡鬧情緒,有時候很聰明,很有靈感,很講理,通達得不得了,最通達的是聖人。但有時候蠻不講理,現在台灣民進黨的人瞎鬧,就是不講理,大陸上共產黨最不講理,這個與基本頭腦有關係。

你不要瞧不起英美商人,商人的基本精神是敬業樂群,賺錢是賺錢,但賺錢按照合法的軌道。中國人不喜歡這類,以為平庸、庸

俗，提到商人就說是市儈、奸商。但是現代文明就是第三階級開發出來的，在中國，第三階級沒有形成，不欣賞這個。這個地方你可以看出來，這個民族是有問題，有他的優點，也有他的壞處，調節得好可以很好，但有時亦極不講理。中國人最欣賞漢高祖，不欣賞蕭何，不喜歡後勤總司令，以爲很平庸。但漢高祖打天下，蕭何的功勞很大。這種人是辦事的，不能空談。財政部長、內政部長是幹實事的，中國人不喜歡，不欣賞，認爲這種人庸俗。中國的價值判斷瞧不起商人，就是你不能如其分地使商人得到一恰當的價值。你這個文化價值瞧不起他，但事實上他們在社會的活力與溝通上又有很大的作用，你不能使之在文化創造上得其正當的地位而納之於文化開展之軌道中。

存在、一、多、同、異，這五個最廣泛應用的最抽象的概念中國沒有，不是說沒有那個意思，是沒有形成個概念。到亞里士多德出來，根據這五個廣泛應用的概念提出十範疇，這都是第二序的形式概念，跟粉筆的理型不同，粉筆的理型是第一序的，它只就天地間粉筆的存在講。亞里士多德注意那些邏輯的形式的概念，第二序的，就是十範疇。後來康德講十二範疇，更系統化，分四類：量、質、關係、程態。這四類是基本範疇，是綱領性的。你若注意它們之間的關係，又可引出很多隸屬的範疇。佛教就叫這些範疇爲不相應行法。這些空洞的形式概念，就代表抽象的思考。中國人缺乏抽象思考，所以講中觀論「八不緣起」的時候，都不能先按照生、滅、常、斷、一、異、來、去這些概念之本義去說緣起法，如何「有生有滅、有常有斷、有一有異、有來有去」，然後再明其又如何能被說爲是「不生不滅、不常不斷、不一不異、不來不去」，而

只是籠統地去玄談。

到華嚴宗出來講緣起六義：總、別、同、異、成、壞。這是從正面講緣起法之實相，但是這不是從識的立場講現象意義的實相，而是從般若的立場講如相的實相，因此，那六義亦不是如範疇之實義而說的定相執相，而是詭辭之六義。詳見《佛性與般若》之華嚴章。華嚴宗之以詭辭正面講緣起六義，與《中論》「不生亦不滅，不常亦不斷，不一亦不異，不來亦不去」之反面遮撥地講八不緣起實是同一指歸，即是說，皆是實相般若下之實相觀，即皆是緣起法之「如相無相即一相」之實相觀。

《中論》講「不生亦不滅，不常亦不斷，不一亦不異，不來亦不去。」一就是同一的一，異就是差別。同、異涵著一、多，也可以說一、多涵著同、異。生、滅是因果關係，緣起就是因果關係。因緣生起而在實相般若之下說「不生亦不滅」，「不生」是什麼意思？就是生這個概念不可理解。生不可理解，滅也不可理解。「不常亦不斷」，常就是持久常住，常住不變（permanence），不能用永恆（eternity），也不能用定常（constancy）。因為從持久常住（permanence）就通常體（本體 substance）。

西方人講本體、常體（substance）。本體是指立於背後常住不變者說。呈現於眼前的變來變去者，其背後一定有一個東西在那裡持續著而常住不變，那個不變的東西就是本體或常體（substance）。亞里士多德講十範疇，頭一個範疇就是 substance。這個跟中國人說本體不大一樣，理學家講本體講工夫，那個本體不是亞里士多德說的 substance。中國人講本體籠統得很，廣泛得很。西方哲學，substance 是很確定的，這個 substance

在文法上代表主詞（subject），主詞是文法上的用語，要說本體（substance）就變成存有論的詞語（ontological term）。文法上的主詞就指這個存在的東西，文法上的謂詞是述語，與之相應的是屬性（attribute），就是隸屬的性質，隸屬於本體的性質。屬性也是一個存有論的詞語，從本體而想到常住不變（permanence），這個本體就是實在。所以亞里士多德講十範疇是實在論的講法，即從客觀的觀察而推定存在方面有十種實在性。

到康德出來講十二範疇，就把這些形式概念（法則性的概念）看成是我們知性所自發的一些概念，也隨亞里士多德叫做範疇，這些概念不能從外面發現，所以這個不是實在論的講法，正好我們用這些概念來決定外面感性經驗現象的那些特性，每一個範疇對現象有一個決定。到康德這是一個大轉變，所以康德講知性為自然立法。範疇決定現象，每一個範疇決定就有一個定相出現。譬如，通過 substance 這個範疇去決定一枝粉筆，那麼這枝粉筆的常住相就顯出來。本體就代表常住相。

佛教「不常亦不斷」那個「常」就是本體、常體底持久性或常住不變性所表示的「常」。這種「常」康德說是我們的範疇所決定的，這個範疇從哪裡來？就是我們純粹知性所自立，知性所提供，提供這些概念來決定粉筆的常住相，所以粉筆的常住相是通過本體範疇這個概念決定的，這是康德的思想。那麼，這個常住相也屬於現象範圍，範疇、時間、空間不能應用到物自身（物之在其自己）。康德說「物自身」（thing in itself）這個特別的詞語，中國人沒有，西方人也很難了解。

亞里士多德對於物性是實在論的講法，沒有現象與物自身之超

越的區分，洛克也沒有這種區分。洛克的分別是物性之第一性與第二性，這是經驗的區分。現在我們要了解佛教對於這樣意義的「常」怎麼看，就是康德所說通過本體範疇決定的那個常住相，這個恆常不變的常住相佛教怎麼看？有沒有？首先看有沒有，再進一步看他怎麼解釋。照佛教講很簡單，緣起法既是緣起矣，則根本沒有那個「常」，「常」是我們的執著。為什麼有這樣的執著呢？佛教有一說明，講得很好。這個「常」跟「我」（ego, self）一樣，自我就是自性，有自性就有常，佛教首先破「我」，人我、法我統統破掉。這是籠統地說緣起性空，緣起性空當然沒有自性，因而亦沒有「常」。

龍樹菩薩空宗「緣起性空」是普遍的原則（universal principle），到處應用，凡是具體的東西都可用「緣起性空」這句話說明。到唯識宗出來正式說明，緣起的東西、具體的東西統統收攝到識裡面來說明，所以名唯識宗。識也是緣起，不管那個識，識之為識是依他起，依他起就是緣起。唯識宗講唯識三性：依他起性、遍計執性、圓成實性。

唯識嚴格的意思是什麼？原初的意思是唯「識變」，不是唯「識」。一切東西都是識之變現，「識變」是一個整一的動名詞。到玄奘說一切東西都是識所變現。我們的識是能變，具體的東西是所變，所變曰境。所以說「境不離識，唯識所變。」這樣便把動名詞的「識變」拆開為兩語而成能變所變了。這樣便成「唯識」，而不是「唯識變」了。這不算錯，但非原義。佛教說境就是外在的東西，山河大地一切東西都是外在對象，都是人的識所變現，唯是唯獨的意思。識是什麼？最基本的是前五識，往後是第六識：意識，

第七識，末那，最後第八識是阿賴耶。整個人生宇宙是一個識之流，佛教形容阿賴耶如同瀑流一樣。所以，整個境不但不能離開識，而且它只是識所變現的東西。

　　光說「境不離識」這句話，西方也有，就是柏克萊（Berkeley）說的" to be is to be perceived "，to be 就是存在，「凡存在的都是被覺知的」。柏克萊只說" to be is to be perceived "，但他並沒有說" to be "是我們的識（覺知心）所變現。他只說" to be "不能離開我們的「覺知的心」，任何東西都要與人的覺知心發生關係，一定要在這個關係之中才能出現。所以說「存在就是被覺知」。一個存在的東西一定要跟一個能覺知的心發生關係，假定不跟任何能知的心（有限的或無限的）發生關係，就沒有東西，這是柏克萊的主張。這個講法乍聽起來很怪，其實很合理。這就是中國人認為不可理解的所謂「主觀唯心論」，其實不是「主觀唯心論」，而是「主觀的覺象論」。因為柏克萊說的" to be "（存在）是覺象（知覺所覺知的現象），不是心，能覺知的才是心。存在是所覺知的東西，是客觀而現實的特殊的東西。柏克萊說任何存在一定要存在於能覺知的心之覺知關係中，不在此關係中就沒有存在，不跟你的覺知心發生關係，也跟我的覺知心發生關係，不跟有限存有中的人類的覺知心發生關係，也跟其他類有限存有的覺知心發生關係，不跟任何有限存有的覺知心發生關係，也跟上帝無限存有的覺知心發生關係。最後歸到上帝，上帝也是心靈，是無限心，是神心。柏克萊是這樣主張的，這樣想也很對，不是中國人所想的「主觀唯心論」，耍魔術。你說一個東西不為你覺知，也不為我覺知，不為人類覺知，不為任何有限存有覺知，最後也不

爲上帝覺知，這樣的東西哪裡有呢？當然沒有這個存在了。

所以，我們現實生活上，任何東西都在關係中。中國人有一句
詩云：「前不見古人，後不見來者，念天地之悠悠，獨愴然而涕
下。」假如你永遠吊在太平山頂，跟任何東西不發生關係，你受得
了嗎？跟任何東西不發生關係，哪有這個東西呢？你說上帝自足獨
立，上帝也要靠這個世界，要是沒有這個世界，光上帝也沒有用。
所以，這樣講的時候，任何東西都存在於一定的關係中，不在關係
中的東西是沒有的。但柏克萊並沒有說在關係中的這個存在是我們
能覺知的心所變現。客觀的存在，最後的保障靠上帝，上帝把覺象
呈現到我們眼前來，所以西方人柏克萊這種想法還是實在論的，對
於佛教講，這仍是實在論，因爲覺象是實在的，是客觀的東西，特
殊而具體現實的東西。你在關係中才是特殊的具體的現實的，要不
在關係中，跟任何東西不發生關係，是抽象的，沒有這個東西。

但是照佛教講，不但一切東西不能離開這個識，而且一切東西
就是我們能覺知的心（識）所變現，這是徹底的「識變論」，這才
是徹底的唯心論，這個唯心就是唯識。這種意義的唯心西方人沒
有，唯識再往上講是唯如來藏心，這西方人更沒有了。

「境不離識，唯識所變」，這是玄奘翻譯的時候把它拆開，分
成能所。照它原初的意思根本是渾然一體，能所渾在一起，只是個
識變，能所合一，識變就是把能變所變合起來成一識的變現。識變
是動名詞，當作動名詞看的識變主觀地看就是心（識），客觀地看
就是對象（境）。客觀地看籠統地說是對象，還有一個說法，就是
「塵」或者說「器界」，器界就是你所住的國土，人的器界就是山
河大地，每一個個體的根身器界都是識的變現。這更玄，中國人不

大了解，不相信這一套。認識論地看是不通的，但泛心理主義地看，則是可理解的。

　　唯識宗說「色心不二」，它那個「境不離識，唯識所變」比較難理解，從認識論的立場看就很難理解。天臺宗說「煩惱心遍就是生死色遍」這句話比較容易懂，凡有煩惱心的地方就有生死色，生死代表色法，這是天臺宗的話，比較容易了解。因此，若是泛心理主義的立場就容易懂。佛教是以泛心理主義作背景的。這個在文學上就可以證明，《西廂記》長亭哭別：「曉來誰染霜林醉，總是離人淚。」最後一句：「遍人間煩惱填胸臆，量這些大小車兒，如何載得起？」這不是講煩惱心遍就是生死色遍嗎？這樣一來，先籠統地說整個世界都是我們的識的變現，然後在這個識的變現流裡面如何凹現出一個知識論來說明這個常，又如何能進一步予以遮撥而說「不常不不斷」等呢？佛教有其說明，他說常是個執著，實在是沒有的，是可以拆掉的。

　　你們了解佛教講緣起，再了解康德所說範疇所決定的定相，康德這個思想可以跟佛教相通，而且可以使佛教開出知識論。

第十五講 「八不緣起」及與西方哲學相關的問題

　　《中論》「八不緣起」:「不生亦不滅,不常亦不斷,不一亦不異,不來亦不去。」先了解字面意思。《中論》這頭一偈是就著緣起法而講的。緣起就是緣生,依因待緣而生。緣生是佛教基本概念。任何東西要靠有一個原因,光原因不夠,還要有條件輔助。這個條件佛教名之曰「緣」,這就是平常所說因緣。因、緣二字一定連在一起。因、緣是兩個概念,所以佛教說依因待緣而生。你要依因待緣而生,因緣生就是要說明有生,有生就有滅。為什麼說緣生而又說「不生亦不滅」呢?假如你說「道體」不生不滅。這很容易了解,說上帝不生不滅,這也很容易了解,但說緣起法不生不滅,這很難了解。緣生是分析地涵著生滅,緣生而不生滅是自相矛盾,故難可了解。

　　龍樹菩薩寫《中論》,就著緣起法說中觀。他不是通過正面的解釋來說八不,正面解釋佛教名之曰「表詮」(positive explanation),詮是詮釋,解釋的意思,表詮是正面的表示。《中論》說「八不緣起」是通過反面的表示來說,不是通過正面的表示來說。反面的表示,英文就是 negative explanation,就是消極的表示,亦即否定式的表示,反面的表示。反面的表示佛教叫做「遮

詮」，用遮撥的方式來表示就叫做「遮詮」。

西方基督教對上帝的體會就是用遮撥的方式講，因為正面地說你不能說上帝是什麼，祂究竟是什麼沒有人能知道，你只能說祂不是什麼，我們只知道上帝不在時間中，也不在空間中，上帝也沒有這個，也沒有那個，那麼，祂究竟是個什麼，不知道。但是，沒有這個，沒有那個，這種方式也表示了一個意思。對於上帝這一類最高實在，就應該通過這種方式表示。《道德經》那個「道」也是用遮詮的方式表示，沒有一個一定的概念、一個恰當的詞語可以表示道的意思，所以用上去就要拉掉，這就是 negative explanation。這是一種表示，但這個表示不能夠正面用一個一定的名詞、一定的概念去說明它，你用的任何一個名詞概念統統要拉掉。我們通常是通過一個名相，一個通孔來了解一個對象，了解一個東西，這種了解的方式就表示說我們的名言或者概念有效。雖然是一孔之見，你能見到一孔，也要靠這一個概念去了解這一孔。但是，道不是一孔之見所能見到的，一孔之見所見的那一孔不能相應於道的本質。你了解道的時候，你就要把這個通孔破掉，你用這個概念一定要把這個概念拉掉，把這個概念一拉掉，這個通孔就破掉。

為什麼了解道要把通孔破掉呢？因為這個通孔是個通孔同時也就是個限制，這個限制的意思就在這個通孔裏表示。譬如，我們通過窗戶看青天，但通過窗戶看的青天同時就為窗戶這個通孔所限，因為青天不是你通過窗戶看的那一點點。這就是這個通孔的雙重意義。好像道，它不只是這一個概念所指的意思，所以你要想把道的全部意思表示出來，你一定要通過一個通孔然後又必須把這個通孔拉掉，把通孔拉掉的時候，道的意思就顯出來，通過一個就拉掉，

再通過一個再拉掉，通過一個通孔來了解它，而實際上也就是限制了它，把這個限制拉掉，它不是更擴大地被顯現了嗎？這種思想方式可以廣泛地應用，最顯明的是《道德經》，《道德經》很會用這種思考的方式。這種思考方式我們名之曰對道的存有論的體會（ontological contemplation）。

《道德經》首句說：「道可道，非常道。」你先了解什麼叫「可道」，什麼叫「不可道」，可道就是說一個概念有效，我們可以用一定的概念去說它。譬如這張桌子是個有限的東西，在現實世界裏面，它是方形的，我們就用「方」這個概念去說它，這個方的概念就與它這個形相相合，可以用在它身上。這個方之概念用在道上成不成呢？當然不成，道無所謂方圓，用方不成，用圓也不成。所以，「不可道」就是說不能夠用一定的概念去論說它或去謂述它，就是說概念在這地方無效。反之，「可道」就是可以用一定的概念去謂述它。

魏晉時代討論名言盡意不盡意的問題。我們的名言能盡這個意還是不能盡呢？有說言盡意，有說言不盡意，還有說盡而不盡。「盡」就是窮盡的意思。歐陽建就主張名言能盡意，荀粲主張名言不能盡意，王弼主張盡而不盡。先秦儒家最喜歡講這個「盡」字，孟子講盡心盡性，《中庸》講「盡」講得更多，這個「盡」就是把「性」的內容全部充分體現出來。

《道德經》說：「道可道，非常道。名可名，非常名。」這是領導原則，「可道」之道就是可以道說的道，就是名言可以盡其所意指的意，名言有效。魏晉人討論這個問題，現在邏輯實證論還是討論這個問題。邏輯實證論說「可說的世界」，就是科學世界，可

以用命題表示的世界，命題有效，有眞假可言，而其或眞或假又是可以驗證的。這個問題中國早就討論到了，但中國人忘掉了，看到維根斯坦，以爲聖人來了，邏輯實證論者說形而上學的命題是無意義的命題，意即假命題，只有命題的樣子，而其實不是一命題，因它並無認知的意義，因此，它亦無眞假可言。它只是一首概念的詩歌，只在滿足人的情感。但形而上學是不是只是一首詩歌呢？那麼你首先看《道德經》如何分別可道之道與不可道之道，又如何去表示那不可道之道；然後你再去體會如何用一個概念隨後又把它拉掉。《道德經》這種表示很多，這都是對道作一「存有論的體會」。《道德經》對道用三種方式去體會，一是存有論的體會，再進一步對道作宇宙論的體會，最後歸於實踐，作實踐的體會。歸於實踐作實踐的體會就是落實到人生，所以《道德經》屬於實踐的智慧學。三個方向三層體會把《道德經》全部包括在內了。

哪一種屬於道之存有論的體會呢？王弼那個定名與稱謂的分辨就是說明這個問題。玄是個稱謂，不是個定名。定名服從客觀，稱謂存乎涉求。稱謂是從主觀方面涉求而說，定名是客觀指謂。桌子、粉筆是個定名，是指的這個東西。玄、道、微、大是稱謂，稱謂由主觀的涉求而起，從這方面看有這個意思，從那方面看有那個意思。那麼，道之存有論的體會就不能用定名去論謂。當然，也可以通過一個抽象名說，但至少指物名不可以用。道、上帝不是一個物，指物名不可以用。你看王弼那個說明，舉了很多例子都是稱謂，稱謂跟定名有分別。定名有一定的，方就是方，圓就是圓，桌子就是桌子。所以，你看看這個定名在道體這裡用得上用不上？當然用不上。

《道德經》云：「其上不皦，其下不昧」，「迎之不見其首，隨之不見其後。」上、下、迎、隨、皦、昧、首、後這都是定名，這些定名用在體會道，能用得上嗎？假定你借用這些定名方便去體會道，經過這種借用而又把你所借用的否定掉，這樣道體的超絕意義就顯現了。假定你從上面來看它，它的上面不見得更明朗，假定你從下面來看它，它的下面也不見得幽暗。上明下暗，那是現象世界所有的現象。迎面而來應該見到它的首，但它「迎之不見其首」，道哪有所謂首呢？你以為跟隨在它後面可以看到它的後，但它「隨之不見其後」，道哪有所謂後呢？這表示說，上、下、迎、隨、皦、昧、首、後這些定名統統無效，統統不能用。用之也知其無效，必須把它遮撥掉，這就把道之超絕性透露出來了，這也表示你知道了一點道之實義。這些定名在我們現象世界裡都有效，有效的地方就是可道的世界，可是王弼說的那些道之稱謂雖稍有所當，盡道之某一面，然而也不能盡其全，也只是一孔之見。既只是一孔之見，所以它雖透露一點道之實義，然而同時也限制了道之實義。王弼是很會體會的，那有像現代人那樣浮淺，一下子就說形上學無意義呢？

明白了這些道理，那麼，《中觀論》是站在什麼立場看這個緣起法？緣生本來就涵著有生，但它說不生，不生當該滅，它又不滅，它說緣起法「不生亦不滅」。不常它當該是斷，但它也不斷，它說緣起法「不常亦不斷」。你不要以為否定了這一面就歸到那一面。把這一面否定就歸到另一面去，在邏輯範圍之內可以這樣表示。在邏輯世界裡面，就是說，在可道說的世界，服從邏輯法則的世界裡，是如此。在可道說的世界裡，a 的否定就是負 a（-a），

負 a 的否定就是 a：-（-a）＝a。這是邏輯法則所控制的世界。這
世界是科學的世界，也就是可道說的世界。但是說「八不緣起」的
時候，不是把生否定變成滅，把滅否定變成生；也不是把常否定變
成斷，把斷否定變成常；不能說同一，也不能說別異。一切東西在
現實世界裡有來有去，有來有去就是運動，一切東西在時間空間裡
運動變化。但它說緣起法「不來亦不去」。就是這樣一種方式說緣
起法，所以緣起法「不生亦不滅，不常亦不斷，不一亦不異，不來
亦不去。」那麼，生、滅、常、斷、同、異、來、去這些形式的概
念沒有意義了，統統不能用。後來僧肇寫〈物不遷論〉專門就不來
不去說，文辭很美。《肇論》有幾篇文章很重要，〈物不遷論〉、
〈不眞空論〉、〈般若無知論〉，都是站在空宗的立場，就是中觀
論的立場，發揮般若觀照下之實相學。

　　常、斷、同、異、來、去這些概念都是屬於希臘時候最廣泛應
用的存在、一、多、同、異，以及亞里士多德十範疇，下至近世康
德的十二範疇，這些形式的存有論的概念。但生、滅呢？生、滅不
在西方那五個最廣泛的存有論的形式概念裡面，也不在亞里士多德
的十範疇之內，也不在康德的十二範疇內。但康德講變化，講變化
要靠一個什麼條件表示？要靠時間。生、滅就是靠時間來表象。沒
有時間，生、滅不能被表象，變化不能被表象。「八不緣起」所遮
撥的「生、滅、常、斷、一、異、來、去」之八相，大體不能超出
康德所說時間、空間、十二範疇。華嚴宗所說的「緣起六義」，是
正面講緣起法之「總、別、同、異、成、壞」之六相。講法跟康德
用在現象世界的講法完全不一樣。華嚴宗那個講法是用詭辭的方式
來表達，跟中觀論「八不緣起」從否定方面表示的相同，不是依照

那些形式概念之定義來決定現象之定相。依照那些概念之定義來講，總就是總，是定名，一定的，總代表整體。別亦是一個定名，是這個整體裡面的各部份。所以總決定量相的那個總量，別代表部分量，這是屬於量範疇。由總決定現象的總體相，由別決定現象的分別相，不能亂的。但華嚴宗講的那個總、別、同、異、成、壞，跟我們當定名看，有一定意義，一定應用的講法完全不一樣。它是用詭辭的方式講，你們讀我的《佛性與般若》便可明白。

華嚴宗那個講法跟「八不緣起」通過遮詮的講法相同，跟康德的講法不相同。因為康德是要說明科學知識，時間、空間、十二範疇是我們成功知識的先驗條件。佛教講「八不緣起」、「緣起六義」不是為的說明知識，不是為的成功知識。我把那些相關的文獻提出來，你們可仔細理會。譬如，就來去講，要了解「不來亦不去」，你們要讀僧肇的〈物不遷論〉。就生滅講，《中論》專門有一偈說明生不可理解。那一偈就是：「諸法不自生，亦不從他生，不共不無因，是故知無生。」這一偈專門破「生」這個概念，破生就是破滅。先形式地講，生這個概念不可理解，說不通，荒謬的。這個偈表面看起來是詭辯，但你很難反對它。「諸法不自生」，那麼，不自生就一定是從他而生，我們平常對不自生的東西一定想到從他而生，但它說「亦不從他生」，你不要以為不自生就是從他生。自生不成，從他生亦不成，那麼，自他共，合起來可不可以呢？既然自生不成，他生不成，合起來更不成了，所以說「不共」。如此說來，一切法不自生，也不從他生，也不共生，那麼根本是沒有原因啦，也不是沒有原因，所以說「不無因」。妙就在這個地方。四個可能都不可能而佛教最後說一句話：「而生相宛

然」。四個可能無一可能，生根本不可理解，然而生相宛然。宛然是英文的 as if。宛然好像是生，而實生不可理解。生相宛然是生相如幻如化。如幻如化就是虛假，不可理解。這是不是詭辯呢？從字面看，這是有點詭辯。

跟著這一偈而來的，佛教有所謂「至不至破、三時破」，表面看，這都是詭辯。什麼是「至不至破」呢？就是說原因是至於果呢？還是不至於果呢？它說兩個可能沒有一個可能，既不至，也不「不至」，原因怎麼能至於果呢？要是原因達到結果，原因跟結果是一，既然原因跟結果是一，怎麼能分別出這個是原因，那個是結果呢？所以原因不能至於果，至於果就是達到果身上，與果合而為一。那麼，原因不至於果，怎麼能產生結果呢？那更不成。我們平常說因緣生，原因的力量可以達到結果。如果你這個原因根本達不到結果，你怎麼能做它的原因呢？這個叫做「至不至破」。至不成，不至也不成，那麼，因果關係就不能說明。這是佛教的一個表面的形式上的詭辯。三時破是問：原因結果是同時存在呢？還是因先於果呢？或是因後於果而存在？既然原因結果同時存在，你怎麼能分別出原因、結果？那麼，原因先於結果嗎？既先於結果，則未有結果，那裡有所謂原因？或若說原因後於結果，既後於結果，則結果已有了，何須你作原因？原因、結果既不同時，也不前也不後，這三種說法都不通，這就叫做「三時破」。這些辯論表面看都是詭辯。

我舉這些例子總起來是要說明龍樹菩薩說「八不緣起」的時候主要作用不在用邏輯的詭辯方式來辯，他以名言的方式說出來顯示這個詭辯的樣子，實際上背後有一個般若智支持他，他的實意不是

發自識的。顯出來有詭辯相，很難落實，所以一定要通過後面的般若才能夠落實，這句話才是對的。要從詭辯方面講，你可以這樣講，我可以那樣講，你講的為什麼一定對呢？

龍樹菩薩說「八不緣起」表達的中觀叫做般若學，《成唯識論》唯識宗叫做唯識學。如來藏自性清淨心是真心派，唯識宗是妄心派。妄心派是通過阿賴耶識來說明一切法，真心派是通過如來藏自性清淨心來說明一切法，般若學缺乏對於一切法作一個存有論的說明這個問題。所以中觀屬於般若學，它為什麼缺乏這個問題呢？你要了解佛說般若，說般若是什麼時候說呢？說般若的立場，主要作用在什麼地方呢？不要像一般人所說龍樹是空宗，只講空，不講有，這種望文生義的說法令人誤會。說唯識宗是有宗，有宗不了解空，只了解有，其實唯識宗對空也了解不錯，要說不了解空就不夠資格講佛學。平常的講法不成的，沒有了解。差別在哪裡呢？這個問題就是對於一切法有一個根源的說明（original interpretation），這個根源的說明我們用世俗哲學的說法也叫做存有論的說明（ontological interpretation），唯識學。如來藏系統都有這個問題，般若學沒有這個問題。

佛說法分五個階段，五時說法，說般若是在第四時說的。第一時說華嚴，第二時說小乘，第三時說方等大乘，唯識宗、如來藏系統都屬於方等大乘，在第三時已經說完了，到第四時才說般若經，以前那些法那些系統早告訴你了，早說過了，當佛說般若時一法不立。因為他早立過了。佛說如來藏那些經的時候，都是從真心說明一切法，《成唯識論》是菩薩道，造論的根據在《解深密經》，這是代表唯識宗的經，這些都屬於第三時說方等大乘，這是對於一切

法作根源的說明。般若學對於一切法的根源沒有說明，因為這個問題在前三時已經說過了。

《般若經》本身一法不立，不正面說任何法，它的作用在消化，把一切法統統給你消化，用般若的精神來消化它，這是第四時說法。第五時說法華涅槃，這就是最後的圓教。消化表示什麼意義呢？佛教用什麼名詞表示這個消化？就是「融通淘汰，令歸實相」八個字。以前種種分別說的法，建立那些系統，不管大乘小乘，小乘有聲聞、緣覺兩個系統，大乘有唯識宗，有如來藏種種的系統。消化就是把分別建立的那些法加以融通，彼此融洽貫通，不要有衝突，而且淘汰，淘汰就是淘汰那些分別、執著，這就叫做「融通淘汰」。融通淘汰最後是令歸實相，這是《般若經》的本質的作用。

「令歸實相」這個實相是佛教理解的實相，不是西方哲學歸於最後的本體——上帝。也不是像儒家哲學最後歸於天命不已，那是形而上的了解，佛教不做這個工作。所以，「令歸實相」的這個實相要按照佛教的方式了解，就是歸到《大般若經》：「實相一相，所謂無相，即是如相」、「不壞假名而說諸法實相」。實相一相，就是只有一個相，這個「一相」就是無相，沒有相，這個「一」通過「無」來了解，沒有相就是「如相」。「如」是佛教最高最美的一個概念，因為我們現實大體都不如，不如就是種種的參差，瞻前顧後，種種的差別都出來了，那叫「不如」。「如」不是建立任何東西，是把那個分別說的那些法那些差別統統消化掉，而歸於實相，歸於如相，這個「如」是般若。所以，《般若經》的作用就是「融通淘汰，令歸實相」。這個實相就是如相，這個如相不能用辯的方式表示。

辯的方式都是詭辯的立場，總結起來，佛教那些辯表面看起來有詭辯相，但後面有個般若智和那個「見」（insight）來見那個如相，當它表現在文字上顯那個詭辯相，實在是它後面那個般若智所見的那個實相如相的那個智慧來支持它。在如相之下，「不生亦不滅，不常亦不斷，不一亦不異，不來亦不去。」這裡可以用莊子的話，莊子很有這種智慧，莊子說逍遙自在，逍遙自在莊子怎麼解釋呢？就是無待，通過無待說明逍遙自在。那麼，我們現象界有生有滅、有常有斷，有所變化，都是有所依待。通過般若見那個如相，「各性住於一世，不馳騁於古今」的時候，就是每一個照體獨立，這個就是無待。莊子說無待用漫畫式的語言，說得很清楚，不是用辯的方式說。莊子還說：「朝徹而後見獨」（〈大宗師〉）莊子不顯詭辯相，莊子講獨化，獨化無化相。我們平常說的變（change）、being 都有變化相。莊子說「朝徹而後見獨」，獨就沒有變化相，沒有變化相就是逍遙自在，就是無待。莊子〈逍遙遊〉、〈齊物論〉都發揮這個意思。徹就是通，通了你就可以見獨，見獨的時候你就自由自在了。通過這個你就可以了解不生不滅。

常、斷屬於十二範疇的本體、屬性，本體、屬性是關係範疇，還有存在、不存在，存在、不存在屬於質範疇，質範疇就是 being、reality 或者 non-being，non-being 就是斷。但緣起法「不常亦不斷」，十二範疇不能應用，應用就成功知識，那不是般若的立場，那是識的立場。站在識的立場，十二範疇可以應用，應用就成功知識，就是有生有滅、有常有斷、有一有異、有來有去。但是在實相般若觀照下，「不生亦不滅，不常亦不斷，不一亦不異，不來

亦不去」，把時間、空間、十二範疇統統拉掉，就見如相。所以，通過那個辯論「生」不可理解，「諸法不自生，亦不從他生，不共不無因，是故知無生。」所以佛教講「證無生法忍」。佛教最後最重要是證「無生法忍」，怎麼能證呢？就是通過般若，通過般若的智慧才能證「無生法」，這個「無生法」證得，你才能堪忍。忍就是堪忍，你可以受得了，可以受得住這個法。最後你要證明，這表示這種法不是很容易懂的。

佛教講「無生」，儒家講「生生不息」，所以，這是兩個相反的智慧。「生生不息」靠道德的創造，靠「天命不已」。「無生法忍」靠般若，從緣起法講，完全不同的系統。假定我們不用詭辯的方式表示，我也不贊成也不訴諸實相般若，也不想見「如」，用普通的分解的方式也可以說明。譬如，生、滅這兩個概念，我首先問這兩個概念是什麼概念？羅素分邏輯字和物相字，這個生、滅是邏輯字呢？還是物相字？生、滅既不是物相字，也不是邏輯字。粉筆是物相字，指示一個東西。物相字，羅素又叫做完整的符號，譬如，a, b, c 等等叫做完整的符號，a, b, c 代表個體，它就是完完整整的一個個體，不能拆開。生、滅不是一個完整的符號，不是物相字。那麼邏輯字呢？邏輯字是虛字，all, some 是邏輯字，中國的虛字「之、乎、者、也、矣、焉、哉」是邏輯字。生、滅也不是邏輯字。羅素還有另一個詞叫做描述詞，描述詞叫做不完整的符號，不完整的符號可以拉掉，沒有獨立性，只是描述詞。生、滅就是描述詞。

天地間有一個東西叫做「生」嗎？我們只說有一個個體存在，我們並不說有一個東西叫做生，生是描述這個個體存在的狀態。什

麼叫「生」呢？什麼叫「存在」呢？反面說，什麼叫「死」呢？有一個東西叫「死」嗎？死是描述一種狀態，醫生說心臟停止跳動就是死，心臟停止跳動是一種狀態。什麼叫「存在」？沒有一個東西叫存在，存在是緣生的一種狀態，也不生也不滅，這兩個獨立的概念給拉掉了。這是通過我們邏輯分析的方法辯以相示，這種辯以相示還通情一點，還可以使人理解。那個「諸法不自生，亦不從他生，不共不無因」太詭辯了。

　　生、滅沒有獨立性，可以拉掉的。從可以拉掉一轉就是康德的思想。康德說生、滅通過時間這個條件來表象，或者說，常、斷、一、異通過十二範疇表象，沒有時間、空間、十二範疇應用到現象來，生、滅、常、斷、一、異、來、去統統不能講。所以一轉就是康德的範疇論。這個地方，佛教這一套思想跟康德可以相通，康德的講法是積極的講，爲的說明現象，說明知識。佛教這樣講是你破掉這個可以見獨，見那個如相。佛教的目的不在說明科學知識而是爲的超過科學知識。這都是幫助，統統不是那個般若實相。「實相一相，所謂無相，即是如相。」這個完全是一個直覺，這個直覺是從般若發的智的直覺。

　　羅素說，生、滅屬於描述詞，是不完整的符號，這是幫助你了解生、滅沒有獨立的意義。所以，一轉就是康德的思想，任何現象不能離開時間空間，要時間、空間來表象，進一步要通過十二範疇來決定，這就是這個科學世界，這種思想不難了解，很可以說得通，佛教見實相如相的說法一樣說得通，就進一步了。這課講了「八不緣起」，下一課再講怎樣通過唯識宗契接康德。不要從實相般若這裡講，通過唯識宗講唯識，對於唯識的這個依他起如何應用

不相應行法建立科學世界，建立俗諦，不相應行法就是範疇，那是正面的，那不在般若學裡面。般若學是限制意義，它是破除這些東西。為什麼破呢？因為這些它都在前三時說法講過了，不相應行法這些法都給你講過了，唯識系統它講過了，眞心派如來藏系統它講過了，第四時說《般若經》是「融通淘汰，令歸實相」。

那麼，你通過這些了解以後，然後再了解佛敎在什麼情形之下如何可以把這樣的緣生的一切法，如幻如化而生相宛然的這一切法保得住呢？般若是見實相，見如相，見實相見如相不是這些法都沒有了，一切法還是有。那麼最後是講圓敎，到圓敎就可以把一切法保住，這就是佛敎式的存有論，這種方式的講法保住一切法，就叫做佛敎式的存有論，旣不是西方的方式，不是基督敎的傳統，也不是儒家的傳統，也不是道家的方式，道家沒有緣起性空這一套。

第十六講　佛教「八識」及與康德哲學相關的問題

　　般若學，也可以說實相學。如何把握實相呢？就是用般若智把握實相，所以這種般若，佛教名之曰實相般若。實相是客體，般若是主體，假定從主體方面講，從般若方面講，這個般若就叫做觀照的般若。實相般若是從它把握的對象方面講，但對象只是名言上的一個施設，是說法的一個方便，嚴格講實相不能夠作 object，object 是文法上的意義，跟我們知識上了解的對象不一樣。「實相一相，所謂無相，即是如相。」實相沒有相，沒有相就是如相，如相不是一個東西，沒有對象相，沒有對象的意義。

　　唯識學那個智怎麼說？唯識宗說「真知」表示什麼呢？唯識宗有另一套名詞。從識講，它是一切唯識所變，境不離識。每一個識的活動，不管前五識、第六識、第七識、第八識，識有見分，有相分，這是唯識宗的名詞。見、相二分是主、客關係，「分」是方面的意思。什麼叫見分呢？見分就是 subject 這一方面，相是object，相分就是相這一方面。玄奘講「境不離識，唯識所變」，分成兩句話，原初的意義是識變論，識變是動名詞，能變、所變統統在這個識變的活動裡面，兩方面呈現。能變就是識的見分，所變就是識的相分，所變現的東西就名之曰識的相分，相就是客觀面的

這些東西。八識任何一識統統這樣講，轉識成智以後，就智講，它也用這種見相說明它。這不是很好的說法，當然方便也可以這樣講。

譬如，從最低的感性說前五識，什麼是前五識？我們整個感性是以前五識構造成的，在唯識宗，這個感性裡面包括五種識，前五識就是一般的五官感覺：耳、目、鼻、舌、身。照耳講，耳聽，從聽這方面講就是見分，聽覺的見分，從所聽的聲音講，聲音就是聽覺的相分。其實是一個識，識的意思很簡單。照佛教立場講，識沒有一定壞的意思，識者了別義，識就是了別心。到唯識宗成一個系統的時候，一說識的方面就是壞的意思，因為識總有執著性、虛妄性。識的壞的意思從兩方面了解，一個是執著性，一個虛妄性。最顯明的虛妄分別在第六識，第六識是意識。識的全部作用，無限複雜廣大深遠都從第六識講，虛妄分別統統在第六識見。其實我們的感性一樣有執著虛妄，就是沒有那麼顯。

佛教講五蘊：色、受、想、行、識。舊譯五陰，陰是陰暗的東西，可以障蔽你的心靈，使你沒光輝，這叫五陰。到玄奘譯作五蘊，蘊是集合積聚的意思。受、想、行、識都屬於心法，心是個綜合詞，跟心法相對說色法。所以，色、受、想、行、識五蘊實際上是色、心兩類。總括起來心這方面有四蘊：受、想、行、識。色這方面，一切物質性的東西都名之曰色。

《金剛經》頭一句：「照見五蘊皆空」，幾個字全部《大般若經》都在內。《大般若經》六百卷，實在都是重複，重重複複，一句話就完。「不壞假名而說諸法實相」這一句話就夠了。重複有重複的好處，重複有重複之美，這就是董仲舒說「言之重，辭之複，

其中必有美者也。」重複是經的特色，論不能重複，造論就是造系統，菩薩造論就是造系統，造系統不能重複，但是經大體是重複，要不然就是鋪排，講神話鋪排一大堆。一句話就完了。唐（君毅）先生說重複的作用使人的神經靜下來，就跟禱告一樣。

　　識當一蘊看，識是了別義。前五識是心的了別活動依附於五官而表現，成為感性。聽覺、視覺、味覺、嗅覺、觸覺。總起來就叫感性。有相分、見分之分，這是唯識宗的講法。前五識進一步是第六識，第六識是心的了別活動，依附於思想（thought）、超越的統覺而表現。第六識就是意識，佛教所謂意識主要是指思想活動，而西方哲學叫做 thought，思想一定是邏輯的思想，這種邏輯思想在人的什麼機能表現呢？譬如，五官的感覺依附於感性，思想依附於 understanding，第六識表示 understanding 的活動。康德說感性、知性、理性，還有判斷力，是人類認知的能力（cognitive power），是人類三種認知的機能（cognitive faculty）在佛教，這些能力統統名之曰識。識為什麼有八個呢？就看你依附的那個樣式不同而有所不同。假如依附於五官而表現就成前五識，假如依附於思想而表現就成第六識，第六識用西方哲學詞語就是知性（understanding），知性就是成功知識的一個能力，或者說知解的能力。什麼叫知解的能力，就是對一個主詞可以加一個謂詞，加一個謂詞就能下判斷。知解的能力就是能對一個東西下判斷。再高一層是理性，理性的認知也是一種認知的能力，當然理性有兩面，一方面向認知方面表現，另一方面向實踐方面表現。這是西方的詞語，一樣的，比較清楚。魏晉南北朝隋唐用的是佛教的名詞，中國人忘掉了，所以到吸收西方哲學的時候不能適應。

耳、目、鼻、舌、身這五官感覺，中國先秦經典裡沒有。孟子有耳目之官這個話。籠統的有，但耳、目、鼻、舌、身五官感覺沒有。耳、目、鼻、舌、身是從佛教傳來的，佛教開始有這些東西跟西方哲學相通，就是西方說的感性。中國人沒有知識論，吸收佛教的時候中國思想家對這方面沒有興趣，所以唯識宗傳到中國來傳了兩代就完了。那兩代呢？就是玄奘、窺基，到窺基以後就沒有了，因為這一套太煩瑣，中國人不喜歡，中國人喜歡淨土宗、禪宗。那些囉哩囉嗦的分析，那些名詞中國人不喜歡。其實這些名詞很簡單，不過你要每一個了解，了解西方的知識論，這些名詞中國人到現在不清楚。你看十七、十八世紀不管英國哲學家德國哲學家對知性多正視呢，統統討論知性，西方人喜歡分析知性，因為它有知識論的問題。中國沒有這些問題，沒有這形態，我們古典裡沒有這一套，荀子裡有一點，但不完備。

第六識，佛教的名詞叫做意識，這個意識的作用就等於西方哲學的知性（understanding）。康德說知性的唯一作用是下判斷。知性的作用，康德還有一種說法，叫做超越的統覺（transcendental apperception），統覺是 apperception，不是 perception，perception 是感性的，依附於五官感覺而成。超越的統覺，康德也叫做純粹的覺識（pure consciousness），consciousness 日本譯作「意識」，其實是「覺識」。知性的作用是思考（thought），這種思考一定是邏輯的思考。思考是一般的說法，照直接了解對象方面說，這種了解的作用，康德叫做統覺的作用，這個統覺是超越的。當講純知性（pure understanding），就是可以提供範疇的那種知性，這種知性不從經驗方面表現它，這叫做超越的統覺，也叫純粹覺識。超越

的統覺，超越的就是超乎經驗以上而可以反過來作為經驗可能的條件。知性發生出來一個統覺，統覺就是把一切的判斷統在一起來了解它，那是綜和，這種綜和照康德說是先驗的綜和，從超越的統覺而發的綜和是先驗的綜和。先驗是先乎經驗就有，不是從經驗而來的，是經驗的基本條件。這個統覺拿什麼去統去覺呢？用範疇，用範疇去統去覺所成功的綜和就叫做先驗的綜和，先於經驗而成的綜和，拿一個範疇去綜和，綜和所到的地方就呈現一個相，那個相就叫做定相。

康德說範疇應用的地方就有一個定相出現，這種定相就是佛教唯識宗所說的那個執相。在康德不說執相，因為康德為了講科學知識。佛教為什麼說執相，因為佛教要說煩惱，煩惱是心理學的背景講，所以佛教以泛心理主義作背景，佛教大前提是泛心理主義。你先了解這個執相，當唯識宗就識說三性的時候，依他起性是因緣生起，這個話跟空宗講緣起性空一樣。還有遍計執性，遍計執性所執著的東西就是執相，這些執相需要破除，這才是佛教的精神。

假如你了解佛教這一套，你知道它跟康德可以相通。假如沒了解，聽說康德可通佛教唯識宗，這不是很怪嗎？康德還是康德，他沒有變成佛弟子，他還是基督教傳統。而且佛教也沒有變成康德，它還是佛教。邏輯的思考在第六識表現出來，我們現在邏輯、數學、科學都集中在知性的機能裡面，從它的形式方面表現就成形式邏輯，形式邏輯就在這個純粹的知性下有它的基礎，數學也從這裡建立，這是形式科學，套在經驗上而取得內容就是自然科學。所以，西方人邏輯、數學、科學這三門學問的中心都落在知性（understanding）。講邏輯、數學本身就要看知性的超越使用，形

式方面的使用,講自然科學是經驗的使用,這三門學問成功知識。邏輯、數學、科學,這是從知識方面講,從行動方面,實踐方面講呢?我們現在要求現代化,現代化不單是科學。行動方面、實踐方面也是三種:國家、政治、法律。這個政治指政治制度講,是憲法的政治,不是運用的政治,最要緊的是憲法,有皇帝不要緊,最重要的是立憲。所以康德說你不立憲,光靠一個大皇帝的意志,那麼你這個國家就是一個機器,就好像一架磨粉機,要是立憲的話,你的這個國家就是個生命。

共產黨你不立憲,你就是個大機器,你不是個生命,一下就垮掉、崩解。以前大皇帝,三百年、四百年,一崩解,一下子就完了,因為它那個組織,那個機構不是有機體,沒有生命的。所以黑格爾批評中國你那個統一不可靠的,這個黑格爾說得對,黑格爾沒有到中國來,也不識中國字,但他對中國這一點了解沒有人能超過,而且你不高興也得承認,不能反對。這就是哲學家的本事。

中國民國以來,講中西文化的那些人講得不通的,就是你沒有思考力,你儘管怎麼聰明沒有用的。像梁漱溟先生多有智慧,但淺薄得很,根本不行的,你達不到黑格爾這個講法的程度,你的講法都是不中肯的,這就是思考力不夠。中國人以前很有思考力,清朝三百年對中國影響很大,明朝亡國,中國文化也亡了,學絕道喪。所以洪秀全反滿清是對的,但他更壞,結果比滿清還夷狄。學絕道喪使人沒有頭腦,喪失思考力,所以才有共產黨出來,接受馬克思的一套,要不然中國人怎麼能接受馬克思這一套呢?那些秀才沒有思考力,一看馬克思主義,以為聖人來了。

所以,實踐方面中心點落在國家、政治、法律,這是現代化,

知識方面邏輯、數學、科學，中心點都在知性。這兩方面是相平行的，兩方面是一個精神，都是客觀化的精神。中國知識方面邏輯、數學、科學沒有，行動方面國家、政治、法律也沒有。中國那個精神的精華用在哪裡？它用在超過這個，境界高得很，在知識方面超過邏輯、數學、科學，在行動方面要成眞人、至人、聖人。它並不叫你成一個政治家，也不叫你成一個公民。現代化就要成一個公民，人要有人權、有義務。中國學問是往上走，癥結問題就在這個地方。你要看出中國學問的好處在哪裡，不夠的地方在哪裡，要知道限度分際，也不要妄自菲薄，也不能妄自尊大。中國要求現代化很困難，這跟民族性有關係。

英國眞正現代化是從大憲章開始，大憲章是現代化開始的第一步，一直經過十八、十九、二十世紀。現代化最健全的表現在英國，法國、德國還不行。英國政治很穩定，香港這個現代化就是從英國來的。我們現在不是要求現代化嗎？不但要求科學現代化，也要求國家、政治、法律現代化。國家是現代意義的國家，政治是有憲法基礎的政治制度，法律不是法家那個法，中國人提到法治是很令人可怕的，最好不要用「法治」這個字眼，中國以前講法治是法家的那個法，那個法很可怕的。

一方面邏輯、數學、科學，一方面國家、政治、法律，這兩方面是平行的，都屬於知性層次上的東西，一個最基本原則是對列原則（principle of co-ordination），這個原則一方面應用到邏輯、數學、科學，一方面應用到國家、政治、法律。co-ordination 一般譯作諧調，嚴格意思應譯作並列、對列。為什麼說對列原則是現代化的基本原則呢？中國的文化精神不用在對列原則，它往上用，它超

過知性。莊子〈齊物論〉最顯明。莊子說：「是非莫得其偶」，他就是要把是非相對給你拉掉。是非、相對是邏輯、數學、科學依靠的最基本的原則，這個最基本原則是對偶性原則（principle of duality）。〈齊物論〉唯一的目的就是要破除對偶性，莊子沒有想到我們固然可以超越這個對偶性原則，可以把它破掉，但也需要它，它也有它的必然性。莊子沒有意識到對偶性原則的必然性，你如何能安排這個對偶性呢？你要破除它，但你要建立它而後破除它，一方面要破除對偶性原則，一方面也要建立對偶性原則，不建立對偶性原則，邏輯、數學、科學統統不能有。行動方面講，沒有對偶性原則就沒有對列原則，沒有對列原則，現代化的國家、政治、法律也就不能有。我寫《政道與治道》、《歷史哲學》兩部書就是發揮這個道理。

　　兩個形式科學：一個邏輯、一個數學，建立於對偶性原則，應用到經驗方面成功科學，所以經驗科學一定是邏輯世界的，這就是邏輯實證論所謂命題世界。邏輯法則可以應用的地方，這是可道說的世界，可道說就可以說成命題。《道德經》說：「道可道，非常道」，這不是常道。《道德經》是向上往不可道的那個地方講。可道不是一句話，是有一套的，這一大套中國人沒有注意。莊子光知道往不可道方面講，沒有考慮這個可道也要靠一些東西，這些你也要正視，你可以跨過對偶性原則而破除它，但你一方面也需要建立它，這個才是佛教所說的真俗二諦，既顧及到真諦，也顧及到俗諦。所以道家這方面不行，道家不一定反智，但至少對知識方面沒有正視。儒家承認經驗見聞之知，儒家向來不反智，但儒家也沒有照知識本身來正視它，說明它，光一句話沒有用。吸收佛教也是如

此，佛教本來可以開出這個俗諦。俗諦之所以爲俗諦，俗諦本身就
在科學裡，但是佛教本身對科學並沒有說明，因爲它不重視這個，
這表示你這個俗諦沒有建立起來。佛教雖然講二諦，它主要是重視
「眞俗不二」這句話話，沒有先分別講什麼是俗諦，什麼是眞諦，
俗諦如何可能，眞諦如何可能，這個要分別考慮。它雖然指出來這
個就是俗諦，指出來以後它主要講眞諦。

　　照佛教講，第六識最重要，第六識執著性最猛烈，感性、前五
識的執著很簡單。第六識表現出來就是知性（understanding），純
粹的覺識的作用就是超越的統覺，拿什麼去統覺呢？拿範疇去統
覺，拿範疇去統覺就成功一個綜和。每一個綜和顯一個定相，這種
定相，康德叫做 determination，一種決定，這是按照範疇來的決
定。決定人有生相、有滅相，有因相、有果相。時間相、空間相、
十二範疇，這些在佛教統統叫做執相，執相屬於三性裡面的遍計執
性，這個意思也很有道理。遍是周遍，計是計度、衡量。周遍於什
麼？周遍依他起，就著依他起所到的地方，都可以執到。它怎麼執
到？它計度、衡量，就依他起、因緣生起那些現象加以計度，衡
量，算一算，而加以種種的執著，這叫遍計執性。這是識的一種執
著的能力，所執著的就是那個相。

　　遍計執性就是重視第六識的那個執性，那個執著的能力，是從
識的見分方面講，主觀方面講。從識所執著的哪方面講呢？所執著
的就是相分，相分就指相講。玄奘喜歡從所方面講，叫遍計所執
性，玄奘翻譯的時候加個「所」字。老的翻譯沒有「所」字，就叫
遍計執性，就識本身講，因爲執著的能力就是識。玄奘加「所」
字，就是重視所執的那個相。這是個重要的關鍵，你要宏揚佛法，

與現代化接頭，這個地方是可以跟康德相通的，但必須先好好唸好康德，要不然亂七八糟。

識有三性。依他起性，識就是依他而起，因緣生起，都有條件而生起，這是依他起性的意義。識還有一個執著能力，就著依他起的那些地方，那些東西加以計度、衡量而加以執著，這就叫遍計執性，所執的東西就是那些相。什麼相呢？《中論》所破的那個「八不」相就是最基本的，生、滅、常、斷、一、異、來、去八相是最基本的。照華嚴宗「緣起六義」就是：總、別、同、異、成、壞，這都是執相。要照康德講，時間、空間、十二範疇統統都在內。十二範疇還是十二個綱領，要併合起來有好多出現，都是執相。唯識宗講三性：依他起性、遍計執性、圓成實性。三性是正面講，還要從反面講「三無性」。

依他起性是正面說有這個性，它是因緣生起這個特性。無呢？就因緣生起說這個無，就是「生無『自性』性」。生沒有自性，假如有自性就不依他起了，既然依他起，就表示無自性，假如自足獨立，就不靠因緣生起。你要靠因緣，那有自性呢？這很清楚的，所以，反面就說「生無『自性』性」。對著遍計執性講呢？遍計執性就是我們這個識有週遍的就著依他起而執著的這麼一個性能，這是正面說。反面講呢？對著遍計執性而說的無性，就是「相無『自性』性」。「相」就是所執著的那些定相：生相、滅相、常相、斷相、種種的相都沒有自性，要有自性你怎麼能破除呢？沒有自性表示是虛妄，這叫「相無『自性』性」。

康德講十二範疇所決定的那些相，並不說它無自性，因為康德要說明科學知識，康德的說法也很通透，因為康德也說這個範疇只

應用到現象界，這些時間、空間、範疇不能應用到智思界
（noumena），這就有限制了。這個思路很好，這個跟佛教可以相
通。但康德並沒有說可以破除這些定相，中觀論就說破除，「不生
亦不滅」就是破，凡範疇所成功的那些相，生相、滅相、常相、斷
相、一相、異相、來相、去相，統統破掉。怎麼能破除呢？靠實相
般若。康德沒有說破，但他有一個後門，就是範疇不能向物之在其
自己應用，也不能向上帝應用。

　　「物自身」老的譯法是「物如」，現象是物的不如。不如才有
種種的瞻前顧後，過去未來，看看你，看看他，看看自己，有這些
種種的關係，關係就是紋路，有這些紋路，範疇就可以就著這些紋
路加以決定。康德這套物自身的思想中國人可以了解，西方人很難
了解，直到現在，英美人還不了解康德的物自身，因為英美人是實
在論的頭腦，以為康德是主觀主義，其實這不是主觀主義，你不了
解康德的意思。抗戰時期，我在聯大講演，講到建立範疇、破除範
疇，一位希臘哲學專家在場，他說範疇怎麼能破除呢？這個人的頭
腦完全被英國人俘虜。範疇怎麼不能破除呢？康德說範疇只能應用
到現象，不能應用到物自身，在物自身的應用上，不是把範疇拉掉
了嗎？中國人可以理解這個思想。照中觀論說，要有實相般若才可
以拉掉它，沒有實相般若拉不掉的。這個思想不是很容易了解嗎？

　　那麼，第三性是什麼呢？第三性就是圓成實性，圓成實性就是
真如性，真實性就著真如講，就是《般若經》所說那個實相，實相
就是如相，那個就是真實性。真諦譯作真實性，玄奘譯作圓成實
性，加那些形容詞，其實不必要。其實就是真實性，真實性就是那
個如相。玄奘譯作圓成實性，你證到如相的時候，你才圓滿成就，

究極成就。圓是圓滿，成是究極成就，玄奘加上這兩個讚美詞。對著圓成實性講無性，那就是「勝義無『自性』性」。

你們要注意，唯識宗講識的三無性，那個「相無『自性』性」很重要。對著相講，相無「自性」，唯識宗講這是不相應行法執著而成的虛妄，這些「相」分明是虛妄分別。你了解這個才能了解「八不緣起」為什麼要把生、滅、常、斷、一、異、來、去統統破除。因為那八相統統虛妄無自性，虛妄無自性當然可以破除。不但生、滅、常、斷、一、異、來、去要破除，時間、空間、十二範疇統統破除。那就是康德所說時間、空間、十二範疇只能應用到現象界，不能應用到物自身。在物自身那個地方，就是佛教所說的實相般若所觀照的那個實相如相。這種觀照在康德就叫智的直覺。那種智慧能照到這個實相如相呢？這個就是佛教所說的般若智，就是般若。

智的直覺就是純粹由智而發的直覺，但照一般的知識講，直覺不能由智而發，都是由感性而發，哪有由智發出來的直覺呢？所以康德說這種直覺而又由智而發，我們人是沒有的。照基督教傳統講，只有上帝有智的直覺，上帝是神心，神心等於無限心。人心是有限心，是有限定有限制的，因為有限制有限定，所以有時間性、有空間性，有那些範疇的定相。但佛教講般若智就是無限心，從般若發的那個直覺直接看到的，看到實相。這個不能反對。

前面講了第六識，第六識是最凶猛的。第七識是末那，末那就是「意根」，就是我們表現在外面這個 pure understanding 後面的那個根。這個意根就等於心理學的下意識、潛意識。它沒有顯出來，它執著在後面的時候，死死不放。知性表現在外面，意根沒有

表現，在後面。這個第七識是不顯的，默默的在後面不自覺的堅持，所以也叫做「我執識」。第六識執著那些相，成功知識。第七識這個意根單執著那個「我」，每一個人自己的那個我，就是self-identity。這個「我」（self，ego）照緣起性空講本來是無自性的，但為什麼有這個我呢？唯識宗給你一個解釋，就是一個執著，最大最根本的執著是我們有這個第七識，有這個我執識。這個識發出來有四種根本惑：我見、我癡、我慢、我貪。這是從第七識而發的四種人生最根本的無明，惑就是無明。

　　第八識是阿賴耶識，阿賴耶識就是種子識。佛教的種子就是潛伏的力量，藏在那個地方，就叫阿賴耶。唯識宗講「八識」講到阿賴耶識，一切法通到阿賴耶識，這就是阿賴耶緣起。

第十七講　佛教「智」與「識」
及康德「智的直覺」

　　佛教有從智方面講，有從識方面講。你了解佛教首先了解什麼是智，智以什麼方式表現，從智方面講跟從識方面講不一樣。我們對於一切法要有一個根源的說明，起源的說明，這不在般若了解範圍之內。般若講智，不是講識，智就是智慧，這個智是般若智。佛教講轉識成智，這個識可以通過修行的工夫轉化，轉成智。這種問題西方沒有的。因為照康德看，人的感性、知性、理性統統屬於識的範圍之內。理性不管是知解的（theoretical）或是實踐的（practical），統統屬於識的範圍之內。識就是分別，或者叫做了別。了是明瞭，別是分別。識不一定有壞的意思，我們一般所說的感性、知性、理性統統屬於識，只有轉識成智才算般若。這個「智」什麼意義呢？佛教所說的「智」不是普通所說的 wisdom，普通所說的 wisdom 廣泛得很，道家有道家的 wisdom，儒家有儒家的 wisdom。佛教說的智是般若智，照它整個系統講，嚴格講不能譯作 wisdom，不能用 wisdom 去了解，它跟西方哲學「純粹理智的直覺」（intellectual intuition）相等。

　　照康德的講法，人沒有「智的直覺」（intellectual intuition）這種能力。智的直覺是直接看到，而且這個直覺不是認知的，不只

是看到的。他看到這個東西這個東西就出現，上帝看到這張桌子祂就創造這張桌子，因爲上帝是個創造原理，所以智的直覺是一個創造原則，不是個認知原則，不是個呈現原則。這種意義的智的直覺，中國人也有，而且儒、釋、道三教都肯定人有智的直覺。《易傳》「乾知大始」那個「知」不是知道，是主管，那不是個認知的能力，是個興革的能力，興革就是創造。從「大哉乾元，萬物資始」的乾元那個地方講，那不是無限心嗎？或者從仁心，「仁者與天地萬物爲一體」、「仁以感通爲性，以潤物爲用」那個由「仁」而發的直覺，就是從純粹的智而發的直覺。良知發的直覺也是如此，因爲良知是無限心。道家那個「玄智」也是智的直覺，不是感性的。所以，從道家的玄智，從佛教的實相般若，從儒家講仁、講良知而發的直覺，統統是智的直覺。智的直覺不是個認知的能力，它是個創造的能力，所以從這個地方講創造性。

　　上帝看到這個東西就實現這個東西，我們感性的直覺不行，我們看到這個粉筆不能創造這個粉筆，所以感性直覺這個地方，那個直覺是個呈現原則（principle of presentation）。感性可以把這張桌子、這個顏色、這個形狀擺在你眼前，它不能創造這個東西。形狀、顏色、聲音不是感性所創造的，是感性給予的，所以西方在這地方講 given，given 就是所給予的東西。形狀、顏色、聲音，是感性所給我的，它不是創造的，這是認知的機能。但上帝看顏色，祂就創造這個顏色，不但只是上帝看這個顏色就創造這個顏色，上帝愛這個顏色就創造這個顏色，上帝爲什麼創造這個世界，因爲上帝意欲這個世界。在上帝那個地方講創造能力不是很顯明嗎？這個意義的創造就是中國人所說「乾知大始」那個「知」，這個「知」是

縱貫意義的知，通過它貫下來。認知意義的知是橫列的，有主客對立。這不是很容易了解嗎？中國一定承認智的直覺，所以我特別寫一本書《智的直覺與中國哲學》，這是一個觀念，不但儒家有，最明顯的是道家、佛教。所以，我說「智的直覺」是中西文化差別的一個主要觀念。

康德說直覺的意思就是直接看到，德文 Anschauung 就是直接看到，譯作英文不能用 see, seeing，英文用 intuition，這個意思跟中文說：「眼見是實」那個「見」相合，跟那個字相合的意思就是能見到。這個「眼見是實」包括什麼？嚴格講，耳聽也包括在內，在中文說聽見。在康德說，人類所有的直覺統統發自感性，從五官發，從五官發就是 sensible intuition。眼、耳、鼻、舌、身是感性，從眼發的是看，從耳發的是聽，直接聽到這個聲音，這是聽覺所得到的直覺。德文 Anschauung 原初意思就是直接看到，所以有人譯作「直觀」，但譯作「直觀」不太好，因為中國人使用「觀」字很神妙，觀照也是觀，玄覽也是觀，「直觀」這個詞不能用，譯作「直覺」就是了。直覺就是直接覺到，不管是我看到、我聽到、我嗅到、我嚐到、我觸到，都是我直接覺到。

直接覺到就是通過眼、耳、鼻、舌、身，從直接覺到這個地方講這個覺。直接覺到就是覺識到了，這個識就進來了。從覺那個地方說識，這個識就是前五識。我們心靈的活動依附著感官而表現，這就是前五識。為什麼叫前，前就是當下、眼前，不是前後的前。前五識就是從五官發的覺識，從視覺、聽覺、嗅覺、味覺、觸覺說識，這些就是前五識，耳、目、鼻、舌、身是五官，五官佛教名之曰「五根」。從覺說識，識就是覺識，這個覺識從五官發。這個覺

識不能通英文那個 consciousness，可譯作 awareness，或者譯作 perception。它是直接的覺到。此外，還有識的對象，識的對象就是塵。感官本身就是根，心靈活動憑感官而顯現就是識，識所覺到的那個內容就是塵。

佛教說的「十八界」，就是前五識的十五界加上第六識。第六識是意識，意識屬於思想，思想要使用概念。第六識從官這方面講叫「意根」，意也是個官，這個官就是心官。意識的對象是法，第六識的塵就是法。這個地方，法作概念（concepts）講，作觀念講。概念就是第六識的內容，佛教名之曰法。前五識加上第六識就成六根、六識、六塵，在我們一般生活中就是這六識在活動，六識成十八界。界（realm）就是領域、界域，你說十八類也可以，就是十八類現象。為什麼說十八類，不單單就前五識說十五界呢？因為前五識單單是感性，太簡單，一定要加上第六識才有思想活動。日常生活都有思想活動，不能光停在感性，一定要進到第六識，第六識最平常，而且最猛烈，表現最顯明。

十八界成一個專門名詞，十八界都是屬於三界以內的，我們人一般日常生活都在三界以內。三界也是一個專門名詞，佛教名詞對中國文化生活影響很大，佛教三界再加上儒家的五行，一般人的生活都在三界五行中。三界就是欲界、色界、無色界。欲界（desire world），欲望世界，不管是生理欲望、心理欲望或者是生物學的欲望，就叫欲界。色界（material world）作為我們欲望世界的背景。你能離開欲界，但不能跳出色界，斷欲很容易，出家人就是斷欲了，當然一般人斷欲也不容易，但你感到欲望是人生的麻煩，你下決心也未嘗不可以斷。但你能斷欲界不能斷色界，色界不能捨

棄，這個色作 material 講。還有一個無色界，無色界就是精神世界，沒有物質世界作根據就是無色界。無色界也不是很困難，和尚修行可以達到。六識十八界就是在意識範圍內你自己能控制到的，你能意識到你就能控制到，人生的麻煩就是很多地方你控制不到。了解人生而限制在十八界內，是很膚淺的。

　　佛教說「業力不可思議」，同時說「法力不可思議」。法力代表無限理性，神通廣大，所以說，「佛法無邊」。西方靠上帝救贖，救贖就訴諸於無限的理性。你說業力無限，同時正面要有一個無限理性把它控制住、籠罩住，撒旦如何了不起，總跳不出如來佛的掌心。什麼叫「業力不可思議」呢？「以布衣而登九五」就是業力不可思議。什麼叫「法力不可思議」呢？「立地成佛」就是「法力不可思議」，這是理性的力量，這個時候的理性當然是無限的理性。無限的理性不可思議。業力無論怎麼樣複雜廣大，一定有一個法力代表理性把它籠罩住，籠罩住才可以純潔化。「業力不可思議」同時「法力不可思議」，這是東方人採取的方式。所以成聖、成佛、成真人，是人的修行可以達到的。西方人不採取這個方式，西方人採取上帝的救贖，同樣都訴諸一個無限的理性。在東方，無限的理性從人這個地方通過修養就可以呈現。所以竺道生說「頓悟成佛」。無限的理性對著無限的業力，你可以說永遠不能成佛，也可以說立地成佛，這兩個相反的意思在東方同時成立，儒、釋、道都是這個意思。依西方基督教，人永遠不能成佛，人不可能有無限理性來籠罩業力，反而是業力無限，它把業力無限拉長，這就叫漸教。

　　在中國人看，業力罪惡是一個大海，法力也是一個大海，法力

代表理性，業力代表罪惡。佛教發展到最後一定要講圓教，圓頓之教，業力雖無限拉長，但你要成佛馬上就成佛，這就是頓悟成佛。在印度，成佛並沒有那麼容易，到竺道生出來，到禪宗才講「頓悟成佛」，這是中國的發展。在印度還是通過幾世幾劫才能成佛，沒有頓悟成佛這個觀念。有頓悟成佛，然後才講圓教，這樣才能有理論根據，這樣成佛的理論才能證成。這是東方宗教的特色。西方基督教的立場只能說無限的進程，無限嚮往那個目標，永遠達不到，這個意思也有好處，看得太容易也不好。

為什麼講到兩個無限呢？一個罪惡的無限，一個理性的無限。這個就是三界以外，亦即是在六識以外。因為六識在三界內。就是無色界，也還是在三界以內，你還沒有達到第七識、第八識，第七識、第八識就是三界外，就進到無限。用西方哲學詞語講，六識在三界範圍以內，封閉於有限，進到第七識、第八識才能闢開這個封閉，這個闢開就是從我們表面意識到的往裡入，通到無限。唯識宗先從反面講，阿賴耶是反面的無限。那麼，有反面的無限，它一定要講正面的無限。小乘，無論聲聞、緣覺都在三界範圍內，沒有接觸到無限，無限的範圍沒有講到。照天臺宗判教，空宗、龍樹那個中觀學也在三界以內。儘管中觀學也講般若，《般若經》說的般若是共法，般若通無限，龍樹講般若本身通無限，但般若不是個主張，龍樹超出般若以外還有一些關於主張（doctrine）的問題，照那些主張講，龍樹的中觀學還是在三界內。

大、小乘的分別，大乘有各系統，都是屬於佛性的問題，決定於佛性，不決定於般若，這是關鍵。般若是共法，般若本身不是一個主張，般若是個智慧，般若都是一樣。決定大乘，小乘、大乘的

各派是通過對佛性的了解，你對佛性了解不夠，就是小乘，小乘在這方面小了，儘管你也要表現般若，但你所表現受限制了，這個限制就是對於佛性了解的限制，而般若本身總是那樣。

般若都是一樣，般若就是智的直覺，智的直覺就是直接覺到，它沒有概念，沒有概念就沒有眉目。所以，康德說只有上帝有智的直覺，上帝是無限心，無限心哪有眉目？就是純粹理智。上帝一下看到，用不到數學，沒有形式邏輯。一有數學有邏輯就有眉目、有脈絡、有紋路。有紋路，有脈絡，我就可以把你抓住。上帝沒有紋路，沒有概念，上帝看到這個東西就創造這個東西，這叫做智的直覺。般若相當康德說的智的直覺，它沒有眉目，沒有種種區別，般若本身總是那樣。

佛性就牽連到法的根源的問題。譬如，我們要說明什麼叫佛，佛如何能成？就要通過法的根源的說明，但這些問題不屬於般若本身的問題。般若是消化，是融通淘汰。說法就是對一切法的存在要有一個根源的說明，在根源的說明這個地方就有不同的主張，有不同主張就產生不同宗派。譬如，第一階段說業感緣起。小乘對一切法的說明就是十二緣生，業感緣起就是十二緣生，從無明開始，行、識、名色、六入、觸、受、愛、取、有、生、老死，業感緣起說明的法都是在十八界內，都在三界以內。小乘聲聞、緣覺，大乘龍樹中觀學都在三界內。

第二階段說阿賴耶緣起，阿賴耶緣起就是唯識宗。唯識宗講八識，就講到阿賴耶識。業感緣起真正是緣起，因緣生起。阿賴耶緣起也是緣起，也是因緣生起，不過這個因緣生起是從阿賴耶識說。一切都到阿賴耶這個地方。它用什麼方式表現這個緣生呢？問這個

問題。這是唯識宗的特點，業感緣起不一定通到識。阿賴耶緣起以什麼方式表現？它是以「種子─現行」的方式來說明緣起。緣就包括因在裡面，因、緣是兩個概念，因是主因，緣是條件，沒有條件不行，光條件沒有主因也不行，一定因、緣兩個在內。種子就是因，緣是條件。唯識宗講緣講條件有四種：因是一個條件，種子本身也是個條件，因也是緣，其他三個條件是：「所緣」緣、「等無間」緣、「增上」緣。在佛教，因也是個緣，合起來就是「四緣」。

「所緣緣」是 object，照識講，一定要有一個對象，識的變現，有它的相分，「所緣緣」就是識的相分，識的相分就是識所變現的內容（object），「所緣」就是外在對象，也是個緣，也是個條件。「等無間緣」是前後的、縱貫的，在時間裡面，前一剎那過去，後一剎那上來，前後是一條流，沒有間隔，這就叫「等無間緣」。「增上緣」是什麼呢？「所緣緣」、「等無間緣」都是直接的，此外幫助的條件統統是「增上緣」。譬如，一棵花，種子是這棵花的因，土是這棵花的「所緣緣」。從種子先萌芽，再一步一步生長，這是一條流，這就是「等無間緣」，其他太陽、水、空氣等都是它的「增上緣」。

唯識宗講四緣，是以「種子─現行」的方式講，種子是因，發生的結果就是現行。現行就是表現在眼前。種子是原因（cause），現行是現實的結果，現行就是 actual。以「種子─現行」表現緣起，這是唯識宗的特色。阿賴耶識叫做種子識。種子是什麼意思？這是一種比喻，實際上種子就是一種潛伏的力量（potential force），這種潛伏的力量在你生命中說不定什麼時候

就起作用，從潛伏的力量發揮作用，起作用就起種種障礙。

　　佛教講的種子就是潛伏的力量，藏在很深很深的那個下意識下面，這就是第八識，阿賴耶識，阿賴耶識就是種子識，對著將來的現行講，它就是種子，這種說法就叫阿賴耶識系統的說法，對一切法的根源的說明，這種說明就叫阿賴耶緣起。這就是從第六識進到第七識，從第七識進到阿賴耶識，通到無限。三界是有限範圍內的法，第七、第八識是三界之外，三界外代表無限。當然，你可以說三界內雖然是有限，這有限範圍內的法也是無量的，這叫三界內的無限，三界內的法也無窮無盡，不要說三界內的法，就說一枝粉筆，你說到它的存在就無窮無盡，任何的法一涉及存在就無窮無盡。萊布尼茨說，一涉及到存在就無窮的複雜。有限、無限是比較的說法，三界內的無限是邏輯意義的。三界內任何一個東西可通無限，這是邏輯意義的說法。三界外的無限是絕對的無限，是存有論的無限。

　　以「種子──現行」方式表示緣起，這是阿賴耶系統，一切法集中到阿賴耶，一切法從阿賴耶開出。這個系統當然不夠，因為阿賴耶是無明，所以大乘還有一個系統講如來藏自性清淨心。我給你們大體說一個眉目，眉目很重要。第一是業感緣起、小乘，進一步大乘阿賴耶緣起，這是大乘的始教，或者天臺宗說的大乘的別教，還沒有達到圓教，它雖然接觸到無限，但還沒有達到圓教。天臺宗瞧不起唯識宗，就是阿賴耶緣起沒有達到圓教。只有達到圓教才能保障法的存在的必然性。

第十八講　佛教「不相應行法」及與西方範疇之相通

　　佛教講不相應行法，不相應行法就從第六識講，從第六識發，第六識就是意識。佛教講不相應行法跟西方講範疇相通，而且比西方用範疇更好。

　　西方講範疇（category）跟範圍不一樣，範圍是 ground，這個範圍根據什麼決定呢？就是根據基本概念決定，一個基本概念就是一個基本原則，根據這個基本原則就可以決定一個範圍，那個基本原則才是範疇。所以，範疇代表原則。亞里士多德講十範疇，就是十個基本概念，通過這個概念就可以了解對象方面某某現象，所以它有根本性。到康德整理出十二範疇，四類，很有系統。

　　中國《尚書・洪範》篇有洪範九疇。洪，大；範，法，規範；疇，類。商末箕子向周武王陳述「天地之大法」，分為九疇，這就叫洪範九疇，就是說治國平天下有九類基本原則。所以，category譯作範疇是可以的。西方人講 category 是從知識論上講，這個洪範九疇，洪範中的九類都是治國平天下，人生的基本道理都在內。都是作基本原則講。

　　佛教講不相應行法，這些法出於思蘊，是不相應於思蘊的一些法，「行」作思講。五蘊：色、受、想、行、識。色就是物質的東

西（material thing），受就是感受，或者是苦受，或者是樂受。想是想像（imagination）。識就是覺識，前五識、第六識、第七識、第八識統統是識，就是心理的了別。受、想、行、識都屬於心理現象，色法屬於 material，合起來就是心、物兩類。行蘊很難了解的，爲什麼叫行蘊呢？行蘊單單作「思」講，這個很怪。「行」字本身沒有思的意思，從佛教了解的「行」有一定意義，譬如，「諸行無常」，我們平常了解的「行」就是那個行，不管物理現象、精神現象在時間、空間中變化的都名之曰「行」，這個「行」不單單作思講，現實的活動都叫做行。爲什麼在五蘊中，色、受、想、識劃出去了，單以行蘊作思講，這沒有什麼道理。

每一個物質的東西都有一定的形狀、有一定的樣相呈現在我們眼前，這就叫做色法，這也是行，它也是在時間空間裡展露。受也是一類，受是心理現象，是苦受或者樂受，苦樂無常是眞正的大苦。想是想像，現實人生在想像之中，康德講想像力的作用非常大，那是從知識論講，有積極的作用，佛教是從泛心理學的意義講。識是心理的了別活動。色法、受法、想法、識法都提出來了，還剩下一些法，剩下的這些法歸到原來泛指一切法名之曰「行」那個地方，就叫做行蘊。色、受、想、識都提到了，還有一種我們心理活動中的思，剩下這個就叫行蘊，拿原來指一切東西而名之曰「行」的地方單就思講。這個思不是指我們邏輯思考那個思，它取心理學意義的那個思。這個思是 thinking，當動名詞用，當動名詞用的這個思不是站在邏輯學立場講，它是站在心理學立場上講這個思。

照佛教解釋，思者，迫促義。每一個人通過這個思作繭自縛，

這個繭有消極的，也有積極的、快樂的，天堂也是個繭。作繭自縛就是使每一個人的生命身不由己。佛教是以廣泛的一個心理主義作它的背景，這是泛心理主義，西方人不重視這個意思，因爲泛心理主義不能講科學，不能講數學。但佛教以人生的煩惱爲首出前提，要解脫，所以它一定以泛心理主義作背景，它講思是取心理學意義的那個思，不取邏輯意義的那個思，心理學意識就是迫促義，迫促義就是心理的一個繭。這個思從第六識發，你通過第六識想的理由，越想越有理由，越想越喜歡，或者越想越恨。譬如，作漢奸不對，他作漢奸卻拿種種理由爲自己解釋，這就是作繭自縛。作繭自縛就是違背原初良知的決定。

這個「思」有種種現象、種種方式，有些是相應的，有些是不相應的。思本身是相應的，它是 thinking，不是 thought，thought是抽象的邏輯意義的。thinking 意義的這個思是相應行法。什麼叫相應行法呢？佛教解釋很好，這個比西方人講得好，相應者就是與心合和，跟心（mind）合而爲一，合成一體。喜、怒、哀、樂都屬於相應行法，就是佛教說的心所。心是總起來說，總起來說名之曰「心王」，心所是指心王下面有種種心態（mental state）、心理現象，譬如，喜、怒、哀、樂，就是心理現象，種種心理現象就名之曰「心所」。心所就是「唯心所有，與心合和」，總起來說是「心王」，分開說就是心所，凡是心所都與心相應，相應就是相合和。

我們好多法屬於思，但有相應的思，有不相應的思。譬如，思本身是相應的，從思發出來還有一些形式概念，它本身從思發出來，但它本身不是思，不能叫做心所。康德說時間、空間是我們心

靈的主觀建構，從心靈發的那些狀態是心所，但從心主觀建構出時間、空間，這個時間、空間不是心理狀態，所以時間、空間不能名之曰心所。這個講法佛教很精察，西方人從亞里士多德起一直講範疇，沒有人這樣了解。康德對範疇始終沒有下定義，他只說這是純粹概念（pure concept），純粹的意思就是沒有任何感性的成份夾雜在裡面，不但是純粹，而且它是些形式性的概念。從亞里士多德講十範疇，直到康德講十二範疇，那些純粹的概念，它是形式性的概念。進一步，康德說這些形式性的概念是法則性的概念，這個形式是可以作法則意義的形式。時間、空間不是範疇，但也是心的主觀建構。照康德的意思，時間、空間是我們想像力的心靈活動，一個主觀建構，思、想像都是心所，但它所建構出來的時間、空間就不是心所。這種精察中國人完全不行，西方人有這一套，印度人也有這一套。時間、空間假如從我們想像的這個心靈而湧現而建構，它能湧現出一個東西來，這種想像康德名之曰創生性的想像。

想像有兩個意義，一是創生性的想像，這不是從經驗抽象出來的，時間、空間不是從經驗抽象出來，是從我們的想像力自身發出來，這種想像康德名之曰 productive imagination，productive 就是產生性的，也就是創生性的。還有一種，在科學知識、經驗知識裡面使用的，叫做 re-productive，re-productive 是重現，重現就是記憶。人有記憶，通過我們的記憶可以把過去的東西從想像擺在眼前，這種想像就叫做 re-productive。所以，人之成功知識完全靠的記憶、想像，從記憶、想像進到知性，假如沒有記憶、想像，知性是出不來的。底下一層是感性，上面一層是想像，再上一層是知性，這三層，康德名之曰三層綜和。想像有兩方面作用：一方面順

著經驗表現，就是 re-productive，但它本身有超越的功能
（transcendental function），它的超越功能就是產生性的想像，在
感性方面，它可以產生時間、空間。時間、空間這個 form 是想像
力湧現的。我們的知性（understanding）也是如此，有經驗層面的
知性，在經驗層面的使用，還有它的超越面，超越面它提供範疇。
純粹的知性本身有一個自發的能力，它的自發能力的作用在提供範
疇，範疇是知性本身所湧現出來的一些概念，法則性的概念、形式
性的概念，跟時間、空間這些 form 不一樣。依康德時間、空間跟
範疇不一樣，佛教沒有這個分別，佛教這方面不行了，但它說不相
應行法說得很好。

　　時間、空間不相應，但它是產生性想像力所發出來的東西。想
像力，或者說思，心理學意義上的思，這是心所，因為它與心相
應，與心合和為一。那麼，你這個想像力這一個心所所發出來的時
間、空間，你能夠叫它是心嗎？它是心的建構，但你不能夠叫時
間、空間是心，它發出來的時候，它不是心，所以時間、空間跟我
們的心不相應，而且不能名之曰心所。只能說喜、怒、哀、樂是心
所，惻隱、羞惡、辭讓是心所，想像、思是心所，但從想像力發出
來的時間、空間本身不是心所，因為它與心不能合和，不能相應，
不能合而為一。這個地方佛教很了不起，西方人沒有說得這麼清
楚。時間、空間從想像力而發，但它本身不是想像力，不是心，這
就叫做不相應行法。

　　照康德講，時間、空間跟範疇不是一類的。時間、空間是感性
的 form，它是想像力建立起來，用到感性上來的。感性本身沒有
超越能力，感性本身不能提供時間、空間這個 form。雖然時間、

空間是感性的形式，但這個形式不能從感性本身來。從哪裡來？這是心靈的主觀建構。在這個地方，康德只說了這樣一句籠統的話。假定你仔細問一問，你那個心靈的主觀建構是什麼心靈主觀建構？落實了應該是想像，也不是思考，思考屬於知性。我們講時間、空間當該有三種解釋，康德本來有兩個解釋：一、形而上的解釋，二、超越的解釋。當該還有一個解釋，這是什麼解釋呢？假定問時間、空間從哪裡發出來呢？你說時間、空間是心靈的主觀建構，那麼是什麼主觀心靈建構呢？你說是想像。那麼，這種解釋就是根源的解釋。它的來源是從想像力湧現，這種解釋名之曰根源的解釋（original exposition）。

　　形而上的解釋是說明時間、空間的先驗性，它的存在不是從經驗來的，先驗就是先於經驗就有它的存在。超越的解釋就是時間、空間的用的解釋，用的解釋說明幾何、數學。一方面從空間方面說明幾何學、使幾何學成為可能，一方面說明數學，使純粹數學可能，還說明一切現象，使一切現象可能，因為一切現象都在時間、空間裡，沒有時間、空間就沒有現象。所以康德說時間、空間不能夠向物之在其自己應用，只能向現象方面應用。這句話佛教也很能使你了解。「不是風動，也不是幡動，是和尚心動。」和尚心動就是時間觀念、空間觀念。時間意識、空間意識出來了，風也動了，幡也動了。所以時間、空間的觀念很重要，這是心靈的主觀建構，建構起來應用到感性，它的根源在想像，不是感性本身。時間、空間發自於想像而應用於感性以及感性所接觸到的現象，所以康德說時間、空間是感性的形式。說時間、空間是心靈的主觀建構，平常很難了解，到現在英美人還是始終不相信，英美大哲學家羅素

（Russell）、懷特海（Whitehead）都是實在論的講法，主張時間、空間是從經驗抽象出來的。一般人了解時間、空間都是這樣了解，只有康德說時間、空間是心靈的主觀建構，實際想一想，康德這話有道理，我們見到現象外面有變化，並沒有一種東西叫時間、空間，時間、空間怎麼能從經驗抽象出來呢？

　　時間、空間屬於感性，範疇屬於知性，知性的唯一作用是思考。能提供範疇的這種「思」就不是心理意義的思，這是邏輯意義的思，抽象意義的思。思是心所，跟心合和，與心相應，因為思考，不管是邏輯意義的或者心理意義的，它是我們的心靈活動，這叫高級的認知能力。但是那些思想發出的那些範疇不是心。康德的十二範疇不是心，不是想像，也不是思，照康德講，它是法則性的概念、形式性的概念。沒有一個東西叫做一、多、同、異。粉筆、桌子是具體的東西，羅素名之曰 object word。範疇的那些概念不是 object word，那是決定 object word 那些相的形式概念。這些形式概念是決定現象的一些基本法則，因為是基本法則，所以康德叫做法則性的概念。

　　康德講知性為自然立法，知性為自然立法的「法」是指最基本的範疇性的法，這些範疇從知性發出來，知性主要作用是思。照佛教講，思是行蘊。但知性發出質、量、同、異、一、多這些概念，這些概念本身不是思，這些概念不能當心所看。這個理解是佛教的貢獻。什麼叫不相應呢？不相應就是從思、從想像發出的法跟心建立不起同或異的關係。時間、空間、十二範疇這些形式性的法則性的概念從思發出，發出來以後它不能跟心建立或同或異的關係，既不能說同，也不能說異，就是不相干。不相應行跟我們的心建立不

起同或異的關係，其實是異，它不屬於心理世界，也不屬於物理世界，不屬於不是異嗎？

康德說範疇是知性所發，是主觀的，時間、空間是想像所發，也是主觀的。所以康德進一步說知性為自然立法。自然是什麼？康德說的自然是現象世界、現象的總體。全部現象界由知性立法。這種思想中國人很難了解，一聽就以為是唯心論、主觀主義。英國人也不能了解，因為英國人是實在論。但是，康德這個講法你不能反對，這是個眞理。時間、空間是想像所發，是主觀的，不但時間、空間是主觀的，十二範疇也是主觀的，這個主觀其實是從主體而發的意思，但是，這個從主體發出的主觀性的東西正好使一切現象成其為客觀的現象。主觀性的東西怎麼能使我們這個本來是主觀的現象，限於感性的現象客觀化？這是弔詭。

「理」就使我們人客觀化，能客觀化就站得住。理從哪裡來呢？理不是天上掉下來的，也不是經驗現象中來。根據孟子，理是惻隱之心、羞惡之心、辭讓之心、是非之心。從政治上講，當年周公制禮作樂，都不是純粹外在的東西。孔子說：「人而不仁，如禮何？人而不仁，如樂何？」（《論語‧八佾》）孟子講四端之心，都是理的內在化。理從主觀的心發，主觀性的東西外在化就成客觀的理，人就在這理中才能站起來。站起來不是客觀化了嗎？人的人格性要在理中站起來，人的思想要在邏輯中站起來。中國人的直覺力很強，有時候很聰明，但中國人純粹知性沒有出現，邏輯沒有出現。康德講兩重立法：意志為行動立法，知性為自然立法。知性為自然立法就是知性所發出來的這些範疇可以使自然現象客觀化。這種思想看起來很奇怪，實際上不難了解。

佛教從識那個地方講，就著依他起而通過週遍計度衡量，通過不相應行法而執著的種種的相，生相、滅相、常相、斷相、一相、異相、來相、去相、十二範疇所決定的那些相，統統是執著的相，統統是遍計執性。根據這個遍計執性而來，反面的就說「相無『自性』性」，依他起性，反面的說就是「生無『自性』性」。唯識宗通過識的瀑流中「種子—現行」這種緣起的方式來說明生，說明法的生起，這表明這個「生」沒有自性這個特性。唯識宗說就著依他起去掉遍計執，即見圓成實，三性就是這一句話關聯在一起說。第三性是圓成實性，圓成實就是如相，眞如實相。正面講圓成實性，反面講就是「勝義無『自性』性」。

《中論》「八不緣起」就是去掉執著，去掉從不相應行法而來的執著。遍計執純粹是虛妄。依他起不能廢，遍計執一定要廢，把遍計執去掉了，那麼依他起不是時間、空間、範疇裡面的依他起，馬上就見如相。如相就是一相、一相就是無相、沒有相，沒有相就是實相。照佛教講是如相，在康德講就是物之在其自己。但是康德沒有說去掉遍計執那些範疇所執著的那些相，他不看成是執著，不看成是虛妄，康德把它看成是構造成現象的條件，因爲康德講科學，差別就在這個地方。康德沒有想到這個還可以去掉，把這個去掉，科學不是沒有了嗎？但是佛教就說去掉，佛教並不想講科學知識。但科學知識總得有，在這個地方我們可以提出一個問題：這個遍計執純粹是虛妄嗎？不錯，遍計執有虛妄性，但不純粹是虛妄。佛教看遍計執純粹是虛妄，所以唯識宗一定說就著依他起，去掉遍計執，即見圓成實，就是轉識成智。

遍計執那些範疇所執著的那些相可以去掉，但它不一定純粹是

虛妄。那麼，問題就在這裡，就是說科學知識不純粹是虛妄，這個
事實要承認。科學知識可以去掉，我要它有就有，我不要它有就沒
有，但你需要它有的時候，它就不是完全是虛妄。佛教也講俗諦，
俗諦就是世俗的真理，諦者，真也。科學是真正的俗諦，你假定它
完全虛妄，它就沒有諦性，但它有諦性，這個諦是俗諦的諦，所以
佛教講真、俗二諦。佛教以前講遍計執都是純粹是虛妄，遍計執不
能保留，科學也不能保留，俗諦也不能保留。故佛教雖也講俗諦，
但那個講法是空的，俗諦建立不起來。但俗諦有它的用處，菩薩道
不廢俗諦，所以這個地方，遍計執有是純粹虛妄，有不是虛妄，有
相對的諦性，所以，它是俗諦，它有相當的真性，這個相當就是說
世俗的真理，不是講實相般若的如相。所以，佛教在這個地方可以
講科學。

第十九講　佛教：妄心派與真心派

　　唯識宗首先通過八識流行，以「種子—現行」的方式表示緣起。「種子—現行」表示的方式就是三性：依他起性、遍計執性、圓成實性。這當然很圓滿，但通過八識「種子—現行」的方式說明，只說明有漏法，有漏法就是染污法、不清淨法，清淨法的說明就不夠，這是唯識宗的缺陷。清淨法說明不夠，成佛怎麼可能？一切衆生皆可成佛，轉識成智，這是大乘佛法必須肯定的。既然肯定這兩點，那麼，對這個清淨法一定要有一個充份的說明。爲什麼說唯識宗清淨法的說明不夠？問題在哪裡？照唯識宗的講法，每一個法的生起是通過「種子—現行」的方式生起。種子是原因，有一個原因就有一個現象表現出來，現行就是結果。阿賴耶識是染污無明，本質是無明，所以從阿賴耶識那邊，那個種子生出來的都是染污法、有漏法，那麼，清淨法、無漏法（清淨法就是無漏法）從哪裡來呢？成佛靠無漏法，照唯識宗的講法，問題就在這裡。你不要看它鋪排一大堆，只是說明生滅現象，生滅現象就是有漏現象。

　　無漏法的現行靠什麼呢？也有種子，每一個法後面有一個種子，無漏法的現行靠無漏種，無漏種就是清淨種。轉識成智要靠無漏種，無漏種不夠，你那個智出不來，智出不來你不能成佛。在這

個地方，唯識宗說明得不夠。無漏種從什麼地方來呢？照唯識宗講，從後天的正聞熏習而來。你聽見有講清淨法、有善知識，你聽見有佛說法才成。你聽見佛說法才成，這有沒有必然保證呢？聽不到怎麼辦呢？所以唯識宗說的這個無漏種的聞熏習是後天的，光是後天的熏習要靠經驗，經驗到就熏習到，經驗不到就熏習不到，所以成佛沒有必然的保證，成佛成偶然的。那麼，「一切衆生皆可成佛」之理想，在唯識宗這一套理論不能夠充分的證成。所以佛教傳到中國來以後對唯識宗看得很低，此宗雖重要，但有些問題不能說明。

　　無漏法靠無漏種而來，那麼，你首先要考慮，無漏種只是靠後天的熏習嗎？後天熏習是新熏，我今天得到這個就有這個，以前沒有。《瑜伽師地論》說無漏種有兩種：新熏種、本有種。本有種是先天的、本來有的，我們生命中本有這個無漏種，《瑜伽師地論》有這個觀念。《瑜伽師地論》是有宗的綱領，唯識宗的根據在《瑜伽師地論》，還有無著的《攝大乘論》、世親的《唯識三十頌》。到無著寫《攝大乘論》的時候把《瑜伽師地論》那個本有無漏種取消，一切都從熏習來。他不知道一切都從熏習來有一個嚴重的問題，就是成佛沒有必然性，這是唯識宗的最基本問題。

　　孟子講「人皆可以爲堯舜。」（見〈告子下〉）這話說出來有力量。《荀子·性惡篇》也說：「塗之人可以爲禹。」那個就沒有力量。荀子那個可能只是邏輯的可能，因爲荀子講性惡，他講的「塗之人可以爲禹」那個可以只是邏輯上可能，事實上沒有一個人可以做到，爲什麼沒有呢？因爲荀子那個使人眞正可以成爲大禹的那個 real ground 不夠，那個眞實可能（real possibility）不夠。爲

什麼荀子的思想不能證明「塗之人可以為禹」的真實可能性呢？因為荀子講性惡，心的力量不夠。要講性惡又要承認「塗之人可以為禹」這個是不成的，你這句話是句空話。孟子講性善，講本心、四端之心，孟子說：「仁、義、禮、智，非由外鑠我也，我固有之也。」（〈告子上〉）這個本心的力量強，這樣一來，「人皆可以為堯舜」才有真實的可能性。可能性有兩種，一種是邏輯的可能性，邏輯的可能性就是不矛盾，不矛盾就是可能。還有真實的可能性。荀子的講法不成，因為心的力量不夠，我們實踐的動力最後是靠心（mind）。本有無漏種，就是我們生命中本有這個無漏種，本身有一個力量，你完全靠旁人教育，靠後天熏習，那是不可靠的。假如你本身沒有這個力量，你後天熏習、教育，找不接受怎麼辦？所以最後要靠你心中有覺醒的力量，這就是你本有的無漏種。所以，孟子一定講本心，講性善，王陽明出來一定講良知就是這個道理。荀子講性惡，你那個心的力量不夠，荀子講的心只是認知意義的心，行動的心不夠，動力不夠。這就是康德所講的實踐理性的動力不夠。儒家發生這個問題，後來程朱、陸王爭論的還是這個問題，佛教也有這個問題。

　　所以，成佛的根據不夠，「一切眾生皆可成佛」這句話沒有力量。唯識宗講「三乘究竟」，這個講法大乘佛教不能承認。三乘就是聲聞乘、緣覺乘、菩薩乘。究竟就是最後的，「三乘究竟」這話是不究竟的，究竟當該是「一乘究竟」，一乘就是佛乘，到最後都成佛，這才成最後究竟。唯識宗說「三乘究竟」，三乘都是究竟的，三乘擺在那裡，就有些根本不能成佛，這不行。所以，唯識宗講「成佛有種性」，這句話也不成。「成佛有種性」這句話跟「一

切眾生皆有佛性」相衝突。有種性就是說假定你生命中只是一個聲聞緣覺，你就永遠不能成菩薩，你永遠不能成佛。這個成佛有種性不是跟「一切眾生皆有佛性」相衝突嗎？這個觀念不行，這就是唯識宗的缺點。

後來佛教發展吸收到中國來，都從這裡往上發展，解決這個無漏種的問題。無漏種不能夠純粹是新熏的，而且成佛的動力也不能當種子看，這是另一個系統出現了，這就是《大乘起信論》徹底超過唯識宗的地方。了解唯識宗要看《攝大乘論》，《攝大乘論》是唯識宗的開山祖，一定要看，進一步要看世親的《成唯識論》，《成唯識論》是玄奘介紹的。再看《大乘起信論》，了解兩個系統的區別。

中國人喜歡《大乘起信論》，《大乘起信論》是個假論，考據證明它是假的，是中國人做的，不是從印度來的，不是從印度翻譯過來，印度沒有這個論。論是假的，但論裡面的道理不假，印度的《大涅槃經》、《勝鬘夫人經》都講這套觀念，這就是講如來藏的觀念。《大涅槃經》、《勝鬘夫人經》都肯定如來藏自性清淨心，《大乘起信論》就是根據這些經講如來藏自性清淨心。無著《攝大乘論》、世親《成唯識論》從印度傳來，那是阿賴耶緣起，一切法集中到阿賴耶，從阿賴耶發出來，缺點就是說明無漏種不夠。再進一步講如來藏緣起，如來藏自性清淨心緣起，要肯定每一個眾生都有一個成佛的可能性的那麼一個自性清淨心。自性清淨心就是它本身是清淨的那麼一個心。如來藏這個「藏」是潛伏的意思，如來就是佛，如來藏就是每一個眾生都有一個潛伏的佛。

你可以證如來那麼一個本性是清淨的心，這不是一個無漏種，

而且這個心也不能當種子看。自性清淨的心，用康德的話說是超越的心。孟子說四端之心，就是超越意義的心。儒家一定要肯定超越意義的道德心，這個超越意義的道德心後來就是王陽明所說的良知，這個不能當種子看，也不是後天的熏習。本心良知是本有的，人人都有。在佛教裡，阿賴耶識是染污心，它一定要講一個清淨心。講清淨心就是為的說明無漏種，就成一個動力。這個就是如來藏緣起，根據如來藏緣起就是華嚴宗。但是，華嚴宗也不是真正的圓教。照天臺宗判教，華嚴宗也不夠，天臺宗有一個講法。

如來藏緣起就是要肯定一個如來藏自性清淨心，那是以如來藏自性清淨心作一切法的最後根據，一切法從這個地方開出來。阿賴耶緣起是肯定阿賴耶識作最後的根源，阿賴耶識是染污識，阿賴耶識本質是無明，無明就是不清淨，所以那個系統只能說明染污法，不能說明清淨法。它也有一個說明，那就是無漏種的問題，這是後天的熏習，這個問題這樣講是不夠的。所以後來一定往前推進一步，進一步在染污識以上要肯定有一個真心，肯定一個超越的真心。如來藏自性清淨心我們叫做真心、真實的心。染污的心不真實，是虛妄的。如來藏自性清淨心是真實無妄的心，真實就是真實無妄。如來藏就是一個潛伏的佛，每一個眾生都有一個潛伏的佛的這個力量，這個力量就是自性清淨心。如來藏自性清淨心是一個同位複合詞，如來藏跟自性清淨心是同一個意思，自性清淨心就是每一個眾生有潛伏的佛。如來藏自性清淨心，這個本性既然是清淨的心，這個心一定是真心，這個真心不是經驗可以把握到的，當然不是經驗意義的心，所以名之曰超越的心（transcendental mind），

這是康德的詞語。那麼，阿賴耶識呢？那就是妄心，阿賴耶識的本質不是清淨，是無明，所以佛教有眞心、妄心兩個系統。

　　佛教一開始說心都是壞的意思。所謂尊性賤心，佛教就是如此。看重性，心以性爲標準，這就叫尊性，大概一般人是這樣看。在先秦，從哪裡看出賤心呢？告子「生之謂性」（見《孟子·告子上》）那個性也不是好的，心、性都不好。「生之謂性」那個性就是動物性，「食色，性也。」（〈告子上〉）荀子講性惡，也是「生之謂性」，荀子說從心上做工夫，這個心是經驗意義的心。道家的立場也是從心上做工夫，做「虛一而靜」的工夫。所謂「虛一而靜」就是說心本來不虛也不靜，把心弄清爽了，你才能了解道。道是客觀的，是個標準，你的心不清爽、不乾淨，不「虛一而靜」，你不能了解道。這是一般人的思路，這種講法一般人很容易了解，荀子就是這個立場。到孟子出來是一個新的想法，完全是獨創的，把心提上來。心就是性，心提高了，性也提高了。後來到朱夫子出來說「性即理」，這個性不是告子所說的性，性提上來了，但心沒有提上來。所以照程伊川、朱夫子這個系統，心是屬於氣，所以不能說「心即理」，可見心不可靠，性是標準。

　　照朱夫子系統，「性即理」這個理是從所以然帶上去的，這樣意義帶上去的理，這個所以然就代表性，所以說性就是理。性、理是同義語，這樣的性、理就是存有論意義的。存有論意義的性、理就等於西方亞里士多德說的本質（essence）。亞里士多德說下定義就是把一個東西的本質抓住，每一個東西有它的本質，有它的本質就是有它的性。從本質說的性就是體性，這個意義的體性就是朱

子說「格物窮理」所窮的理，這就是太極，太極是存有論意義
的①。「在物爲理，在人爲性」的那個性是體性的性，不是「生之
謂性」的那個性，性提高了。但這樣了解的性也不是正宗儒家。

　　爲什麼說朱子那樣了解性不是正宗儒家呢？因爲這種意義了解
的體性跟孟子講性善的性意思不一樣。這樣了解的性跟西方理神論
所謂的存有論意義的圓滿（ontological perfection）相同。體性就是
圓滿，這個圓滿是存有論意義的圓滿，是就著存有論意義的那個
being 講。孟子講性善的性不是這個立場，孟子講性善的性，道德
意味很強，性善的性就本心了解，就本心所了解的性是什麼意義的
性呢？孟子從本心說性，這個意義的性是道德意義的性，孟子所說
的性就是人生命中內在的道德性（inner morality）。正宗儒家講性
善只是單單指出人能夠做道德實踐的這麼一個能力。就著實踐道德
的能力講，孟子叫做良能。性是道德性的性，這個性是個能力，良
知是心，良知這個知是道德的知，你能知道這個是非，你就能表現
這個是非。良知良能，這種能力就是實現道德的一種能力。體現道
德就是中國人說的成德，你有能力實現出道德，這個就叫做實踐。
實踐是踐履，道德不是掛空的，可以通過我們的生命來表現，通過
生命表現就一定要承認你生命中有這樣一個表現道德的能力，這個
能力直接說就是良能。最後要肯定有一個眞心，這個眞心就是良
知，所以孟子說良知良能。

　　孟子曰：「孩提之童，無不知愛其親者，及其長也；無不知敬

────────────

①牟先生在《心體與性體》㈠頁87-100則嚴格區分朱子所說的太極之理
　與亞里士多德所說的「本質」之不同，讀者請參看。

其兄也。」(〈盡心上〉)「無不知愛其親」,這個知就是良知,他知道愛其親,他就能愛其親,能愛其親是良能,知愛同時就能愛,在這個地方,沒有知與行不合一的地方。所以王陽明講「知行合一」就是直接根據孟子那個良知良能而講的,這個地方,沒有知與行合一不合一的問題,「知行合一」單單指人的生命中有一個能夠表現道德的心覺、能力。心覺就是良知,良知就是直覺到。這樣講,體現道德的力量才夠,這是孟子了不起的地方。這個意思後來程伊川、朱夫子忘掉了,陸象山保存孟子義理,沒有忘掉。所以我說程朱不是正宗儒家,是儒家的別系,別子為宗。當然朱夫子有比孟子開闊的地方,因為他那個「性即理」可以通到太極。但孟子也有這個理,孟子講盡心知性知天,知天不是合一了嗎?但是你必須首先了解我們道德性的性能,這個不能減殺的。程伊川、朱夫子講的那個意義的性就是對於道德性的性減殺。減殺就是減少、減低,道德意義不強、不夠,完全成一個形而上學的玄思。孔孟不是這個思路,孔子講仁,仁就是人生命中的一個能力,道德意義很強,這是先秦儒家孔孟的本義,孔孟本義道德意義很強。所以孔子說:「我欲仁,斯仁至矣。」(《論語·述而》)我嚮往這個仁,仁就來了。這樣講仁、講性,道德力量很強。照朱夫子,心變成形而下,體現道德的力量不夠,這是程朱一個很大的歧出,不符合孔孟本義。一般分別不出來。

佛教開始說心都是壞的意思,心是剎那心,生滅心、煩惱心、無明心。我們平常人一般了解的心也不是好的意思,心不可靠,我們現實生活上也是如此,所謂心猿意馬。佛教開始說心,心就是一切法,一切法從無明、剎那生滅來,這個心不是好的意思,所以,

它自性空，發展到最高峰的時候就是阿賴耶識。一切法都從阿賴耶識這個根源出，阿賴耶有無明的本性，無明的本性就是刹那生滅、煩惱。刹那心、煩惱心就叫做妄心，阿賴耶識就是妄心，妄就是不眞。所以，佛敎有妄心派、眞心派。

妄心派就是從小乘起講心都是妄心，業感緣起一直講到阿賴耶緣起都是妄心派。心就是一切法，這是佛敎的本義，佛敎原初義就如此。天臺宗雖然是後來判敎判最高，但還是遵守原來的古義，所以說「煩惱心遍就是生死色遍」。心就是煩惱心、煩惱心遍於一切處，同時就是生死色遍於一切處。生死作色法講，有生有死，這就是佛敎說「色心不二」，煩惱心是心法，生死色是色法，心法跟色法不離，合在一起就叫做「色心不二」。「色心不二」講起來很有趣味，「煩惱心遍就是生死色遍」這是一句很有靈感的話。所以，天臺宗所說的心就是煩惱心、刹那心，不是眞心。妄心派當然有不夠的地方，成佛的那個眞心力量不夠。

所以，進一步講如來藏自性清靜心，首先肯定一個眞心。如來藏自性清淨心就是眞心，不是煩惱心。眞心就是超越的心，不是感性的心。拿眞心作最高的根源，一切法，不管是染污法或者是清淨法，都是從眞心開出來，這個就是《大乘起信論》說的「一心開二門」。《大乘起信論》是講如來藏緣起的唯一的一部論，如來藏緣起就是從如來藏那個地方說明一切法，清淨法、不清淨法統統包括在內，這個叫做眞心系統。

第二十講　圓教：佛教式存有論之建成

　　我們拿亞里士多德「四因說」衡量中國儒、釋、道三家，最重要的是「動力因」。說明一切法是「動力因」。基督教系統，動力因是上帝。上帝創造是從無到有，這個個體原來沒有的，使它有，這就是從無到有的創造，這是上帝的創造。柏拉圖不講創造，他是講製造。製造是什麼意思呢？是對著已有的材料加上 form，這就叫製造。就像木匠製造桌子，木頭這個材料不是木匠造的，木匠不能造木頭，木匠是利用已有的材料，再加上 form，這個 form 是他腦子裡出來的。到基督教出來講上帝，那個上帝才創造世界，這個創造是從無而造，這是西方的講法。最後講「動力因」，所以，西方從 ontology 講到 cosmology 的時候，一定講「動力因」。「動力因」最後是上帝。這是一個典型的系統，要注意這個典型的系統跟柏拉圖那個製造的分別。首先了解柏拉圖那個系統，基督教那個系統，再轉到中國來了解中國的系統。

　　講「動力因」這個問題就是說明天地萬物怎麼出來，就是利用亞里士多德「動力因」那個觀念來了解，來說明。有種種的講法，轉到中國來，首先看儒家，儒家這個形態最容易跟基督教那個形態相切磋，但不一樣。因為儒家不是宗教的講法，不是上帝造萬物。

儒家也講創造，但那個創造不是上帝的創造。儒家從「天命不已」那裡講的「動力因」是特別的形態，這個形態不能成宗教。所以，從這個地方想這個問題，儒家是理神論（deism），不是智神論（theism）。儒家「天命不已」代表的那個 creative reality 不能成personal God，但是它有創造性。這是儒家典型的創造。這個創造性既不同於道家，也不同於佛教，這是儒家的形態，這是一個創造的形態。

儒家這個創造的形態，就是熊（十力）先生無窮讚嘆的那個「乾元性海」。爲什麼叫「性海」呢？這是個大海，無窮無盡，這是創造之源。所以儒家喜歡講「生生不息」。《中庸》說：「天地之道，可一言而盡也：其爲物不貳，則其生物不測。」這是創生，但這個創生不是上帝創造萬物那個方式那個形態。從《易傳》講就是「大哉乾元，萬物資始。」「大哉乾元，萬物資始」就是天地萬物的一個「性海」，無限無量無邊的一個大海，這個「性海」就相當於無限的理性。這個是創造性，這是儒家特別有的創造性，這個創造性從哪裡證明呢？就從我們這個人性中的內在道德性（inner morality）來證明。從人的生命中，每一個生命都有一個內在的道德性。這個內在道德性之性從什麼地方了解呢？從孔子的仁悟入這個內在的道德性，孟子講四端之心、性善的性，都是內在的道德性。道德性就代表創造性，因爲眞正創造的本義，我們平常了解創造的意義，創造之所以爲創造，是從 moral will 這個地方了解。

意志（will）是創造原則。中國沒有提出 will，中國不用 will這個名詞，中國人從哪些字表示創造性呢？孔子的仁就表示創造性，仁是創造之源，擴大講就是生化之源，所以仁是生道。孟子講

心性，王陽明講良知，中國儒家是從這些詞語講。西方人從道德意志講創造性，這種意義的 will，在中國思想史裡面也不是完全沒有，但是，開始的時候並沒有這樣講。理學家程、朱、陸、王也講「意」，譬如《大學》「正心誠意」。王陽明講「有善有惡意之動」。程、朱、陸、王講的那個「意」都是「念」，就是我們平常所說的你心中有什麼想法，有什麼念頭，那是意念。那個「意」不是西方人講創造性的道德意志（moral will），那個「意」相當於「意念」（volition），volition 就是我們平常所講的作意。意念是感性的，經驗層上的。到劉蕺山出來，他講「意」與「念」的分別，劉蕺山講的「意」就相當於西方的道德意志（moral will）。

　　宋明理學家講儒家內聖之學，主要把內在的道德性講出來，用種種的詞語講，所表示的就是每一個眾生的生命裡面那個道德的創造性，道德的創造性就是這個內在的道德性。這是最真實的，創造的意義就從這個地方了解。什麼叫創造呢？革故生新就是創造。革故生新是中國人的講法，革故生新不是從知性（understanding）說，而是從 will 說。革故生新就是說：當該去掉的就把它去掉，當該創造的、沒有的就叫它有。這是中國人對創造的最真切最真實的體會。

　　創造的本義從道德意志見，這才是真正的創造。西方康德出來講 will 就是這個道理。把這個擴大，你要證明上帝創造也是從這個意義的 moral will 來證實它。所以說到最後靠人類的內在的道德性（inner morality）來證明創造性，平常我們所了解的創造不是從 moral will 了解。譬如，寫小說寫戲劇，那是文學家的創造，文學上的創造的根是自然生命，屬於才性，在這個地方可以講天才，這

是屬於自然生命的問題，這個不屬於理性的事情。內在的道德性、道德的意志屬於理性的事情，所以從理性講不能講天才。從理性講萬法平等，人人皆可以成聖人。所以孟子從理性上講性，那個不是才性。嚴格講，文學上的創造不是真正的創造，不是從道德意義講的那個創造的意義，亦不是從上帝講創造萬物的那個創造，因為它是有限的。凡自然生命都是有限的，你有這個有限的生命，你可以發這個光，沒有就沒有，而且你發的那個光也不是無限的，不是那個「乾元性海」無窮無盡。從生命發的「才」可以完，這個地方講天才，而同時在這個地方也講江郎才盡，這證明自然生命的限制。

所以，理學家看人從兩方面看，一方面從理性看，另方面從才性看。從理性方面看給每一個衆生一個希望，一個理想，在這個地方講平等。雖說平等，究竟不一樣，從才性這方面說不一樣、不平等。但你不能說你有才就可以瞧不起人，我雖沒有才，但我是個人，我有人的尊嚴，這個靠從理性方面看人。這是兩個尺度，一定要同時肯定。所以平常所說的從文學上了解的創造不是真正意義的創造，真正創造的本義是從道德意志了解。道德意志擴大的時候，拿道德意志這個意志來證明上帝那個 will，divine will。上帝的 divine will 是無限的，那叫做聖意，聖意就是無限心。

孔子說的仁，孟子說的本心，《中庸》說的誠，王陽明說的良知，都保存無限心的無限性，所以它可以作本體，不但是人的生命的本體，而且是天地萬物的本體。在東方不把無限心人格化，不把無限性的本體人格化，人格化就是 God。儒家就講這一套。儒家支配中國幾千年文化生命的命脈就是這一點，這就是孔孟的貢獻，後來宋明理學家發揮的也是這一點。所以王陽明說：「無聲無臭獨知

時，此是乾坤萬有基。」旁人不知不覺，單單你自己知道，就叫獨知，這個獨知就是良知，這個良知是無聲無臭的。單單這個無聲無臭的良知就是乾坤萬有之基。其實儒家最後根據就是「乾元性海」，儒家講創造從這個地方講，這個綱領是如此，理學家講五、六百年就是講這個問題。經典根據就是《論語》、《孟子》、《中庸》、《易傳》，加上《大學》五部書。這是典型的一個系統，這個系統講創造跟基督教宗教家從上帝講創造的意義不一樣，這是兩個很特別的系統。東西方人類幾千年文化的貢獻有五個系統：柏拉圖系統、基督教系統、儒家系統、道家系統、佛教系統。這五個系統要好好了解。

儒家所表現的這個創造意義，道家有沒有呢？這是「動力因」的問題。儒家拿「乾元性海」作「動力因」，那麼，這種意義的「動力因」道家有沒有呢？道家沒有，道家不講這一套。但是，道家說「天下萬物生於有，有生於無」、「道生之、德畜之」、「無名天地之始，有名萬物之母」。道家講的這個「道」也是說明天地萬物的存在，它有「動力因」的意義，而那個「動力因」也是使天地萬物有存在。不同的是道家的「道」沒有創造意義，它那個妙處也在這個地方。

再進一步問儒家這種創造意義的「乾元性海」佛教有沒有呢？佛教怎麼說明天地萬物的存在呢？佛教很特別。假如你要拿亞里士多德的「動力因」來說明佛教，這個佛教的「動力因」在哪裡？佛教並不肯定上帝來創造，也並不肯定「天命不已」，不是從儒家的「天命不已」、「乾元性海」、本心、良知講，也不是道家的講法。佛教這個系統很難了解，它也代表一個智慧。我們講佛教這個

系統,第一個是業感緣起,第二個是阿賴耶緣起,第三再進到如來藏緣起。不管是業感緣起,阿賴耶緣起,或是如來藏緣起,一切法的出現最重要的就要靠無明。

佛教《攝大乘論》有一個很重要的偈:「無始時來界,一切法等依,由此有諸趣,及涅槃證得。」《攝大乘論》一開頭就引這個偈,從這個偈造大乘系統。界,因義,就是 main cause。有一個因作基本原則,可以把一切現象包括在內,這個因義就涵著可以構造成一個類。這個「界」通因通果,前面通到一個原因,後面通到一個結果。有這麼一個東西,從無始的時候就有,這個東西就是一切東西所依靠的一個因,因就是種子。所以下面講:「一切法等依」。「等」是一律、平等。「依」是依靠、憑依。一切法一律皆依待於這個「界」,這個「界」看你拿什麼東西來填上去,就有種種不同的系統。

再下面就說:「由此有諸趣,及涅槃證得。」「此」就是這個「界」。「諸趣」就是六趣,六趣又名六途、六凡,就是六類眾生:人、天、阿修羅、地獄、餓鬼、畜生。從這個一切法所等依的界就有諸趣的法演變出來,從諸趣這個地方所說的法是染污法。「涅槃證得」代表清淨法,證得涅槃的過程要經過幾個階段:聲聞、緣覺、菩薩、佛。聲聞、緣覺、菩薩、佛這四類也是眾生,這四類叫做四聖。六凡四聖合起來十法界,十法界就是十法類,十法類包括天上地下太陽系全部系統在內,一切法都在內,這是佛教所說的一切法,可以具體的說出來,不是講邏輯的時候籠統說的all。邏輯意義的一切是抽象的,那個沒用的。所以,「由此有諸趣,及涅槃證得」過程中一切法統統從那個「界」開出來。

那麼，這個「界」是抽象名詞、籠統名詞，要具體地指出哪個東西代表這個「界」呢？阿賴耶系統就拿阿賴耶代表這個界，從阿賴耶緣起所說的就是「種子─現行」那個方式，就是拿「種子─現行」的方式表示這個緣起來說明一切東西的存在。佛教不是講上帝創造，也不是講「天命不已」的創造，也不是道家從「無」那個地方表示。佛教是從無明講，一切法出現根本就是無明。所以，十二緣生一開始就是無明。講阿賴耶緣起的時候說明一切法，說明六道衆生很充分，說明四聖不夠。所以進一步有如來藏緣起。你們要了解如來藏緣起，讀我的《佛性與般若》上冊。上冊講唯識學，最詳盡最清楚，而且有概括性。一個階段一個階段給你講出來。

前期唯識學是南北朝時代眞諦介紹的，前期唯識學從地論師、攝論師開始。先有地論師，眞諦是傳《攝論》的攝論師，他在梁武帝時候來華。《攝論》即《攝大乘論》，《攝大乘論》就是解釋阿賴耶。但是，眞諦傳《攝大乘論》對於這個「界」的解釋不大合乎《攝大乘論》的本義。因爲眞諦的頭腦是屬於《大乘起信論》那個思路，他喜歡講如來藏系統，所以不大合乎無著、世親的意思。玄奘爲什麼要到西域去取經呢？就是要徹底了解眞諦所傳的《攝大乘論》的原義。就是對「無始時來界」這個「界」要徹底了解，究竟是像眞諦那樣了解呢，還是像後來《成唯識論》講成阿賴耶那個了解。玄奘到西域取經就是要解決這個問題，所以玄奘回國後就叫做後期的唯識學。後期的唯識學就是眞正成功阿賴耶緣起。這是《成唯識論》的思想。

眞諦傳《攝大乘論》，把阿賴耶緣起講成跟如來藏緣起差不多，他喜歡如來藏系統，類乎《大乘起信論》的思想。《大乘起信

論》也要讀,這是很重要的系統。《大乘起信論》文字很通順,沒有那麼詰屈聱牙,所以說它不是從印度翻譯過來的,是中國和尚造的,印度沒有這個論。內學院講佛教的都承認《大乘起信論》是一部假論,假論就是說不是從印度翻譯過來的,是中國和尚造的,這在佛教界已成定論。中國哪個和尚造的呢?考據不出來。內學院歐陽大師他們說是「梁陳之間的小兒」所造,哪個小兒呢?這個假論實際上是誰造的呢?事實上是眞諦大師造的。我用不著考據,就可以斷定這是眞諦法師做的。因爲《大乘起信論》是眞諦翻譯,假託馬鳴菩薩造,眞諦翻譯就是眞諦造的。當然也不是他一個人造,大體是集體創作,材料是眞諦找的。因爲《大乘起信論》那個系統就是眞諦所想的系統,就是想把如來藏自性清淨心跟阿賴耶合在一起。

講唯識學,說明一切法的時候有兩個系統,一個是眞心系統,一個是妄心系統。講阿賴耶的是妄心系統,因爲阿賴耶是妄心,它的本質是無明。本質是無明就不能說明清淨法,所以要說明清淨法一定要從妄心推進一步,肯定一個眞心,一個超越的眞心,那個就是如來藏自性清淨心。這就是如來藏系統。發展是這樣,先有地論師,地論師就是講《地論》的那些法師。《華嚴經》有一品叫做〈十地品〉,把〈十地品〉這個經抽出來加以解釋,成《十地經論》,這個工作是世親做的。這個首先傳到中國來,裡面講到第八識,八識系統不完整,但是接觸到第八識。所以傳到中國來就有兩派(地論師分南北兩道)的解釋。地論師是最早的,後來眞諦傳《攝大乘論》,我們叫眞諦是攝論師。地論師、攝論師都是向眞心系統走,都違背無著作《攝大乘論》的本義。無著作《攝大乘論》

所了解的「無始時來界」的那個「界」實質上是阿賴耶系統，屬於妄心系統。所以玄奘不滿意真諦的解釋，真諦把兩個系統攪和在一起，不清楚。

從玄奘回國就是後期唯識學。後期唯識學就不是真諦所講的那個《攝論》，而是《成唯識論》。成唯識論構造的底子是《唯識三十頌》，這個頌是世親造的。《唯識三十頌》由玄奘傳到中國來，又將護法等十大論師的釋文糅譯為一部。對頌的解釋，是以散文作解釋說明，叫做長行，長行是玄奘編成的，兩者合起來成為《成唯識論》。本來世親作只有三十頌，這部書可代表玄奘的學問。什麼叫《成唯識論》？成，成就也，究竟成就唯識這套學問，不可搖動，充分證成。唯識學就是阿賴耶系統，阿賴耶系統清清楚楚地擺出來。

《成唯識論》是阿賴耶系統，所以，「無始時來界」這個「界」是阿賴耶。但是中國和尚和佛教界不停在阿賴耶這個地方，因為這個地方確實有缺陷。《成唯識論》的境界不高，所以進一步講《大乘起信論》。《大乘起信論》雖然是中國和尚造的，但這個論內容並不假，內容有經作根據。代表如來藏系統最典型的經是《勝鬘夫人經》，《勝鬘夫人經》就是講如來藏緣起，《大乘起信論》引《勝鬘夫人經》最多。順著《大乘起信論》往前進就是華嚴宗，華嚴宗根據《華嚴經》，論是《大乘起信論》。華嚴宗是以《大乘起信論》作它開宗的理論系統的支持點。所以，從前期唯識學地論師、攝論師、後期唯識學成唯識論，進到大乘起信論如來藏緣起，再發展到華嚴宗，到這裡停止，就成了華嚴圓教。這是一個了不起的系統，全部佛教就在這裡面，名詞也最多。但是華嚴宗不

是最高的圓教。天臺宗不順這條路走。華嚴宗順著唯識宗發展是北方佛教，天臺宗是南方佛教，天臺宗不是順著唯識學的系統，天臺宗講圓教不是華嚴宗那一套。天臺宗判教：藏、通、別、圓，就把華嚴宗那一套當成是別教。我們現在不詳細講這些系統，還是順著我們原來的思路講「動力因」的問題。

通過「動力因」來說明天地萬物的存在，照佛教講就是說明一切法的存在。這一切法的存在，不管是阿賴耶緣起或是如來藏緣起，一切法的出現最重要的就要靠無明，還是原初的業感緣起，從無明開始。所以，照佛教講，這個「動力因」既不是靠上帝，也不是「天命不已」，也不是道家的那個「無」，而是無明。由無明而有一切法。那麼我們修行成佛，成佛就要從無明中解脫，那麼，我們成佛以後，一切法還保住保不住呢？問題就在這裡。所以，這個地方佛教提出一個圓教，達到真正的圓教，才能保住一切法。沒有達到真正圓教的時候，一切法統統保不住，就是說從無明所緣起的天地萬物一切法到時候斷掉，沒有了。這就保不住了，沒有必然性。沒有必然性怎麼成呢？因為佛教不是斷滅主義。

斷滅就犯了斷見，佛教不是斷見，也不是常見，佛教一定講不常不斷。佛教不是虛無主義，虛無主義是斷見。但也不是常見，肯定有一個梵天，有一個上帝，那是犯了常見，犯了增益見。照佛教講，一切法從無明變現出來，那麼，我們通過修行成佛，到成佛的時候，這些法要不要呢？當然要。因為佛教不是斷見，所以，它有一個最重要的觀念：「除病不除法」。這是《維摩詰經》的一句話。我們修行成佛是就著法而修行，就著法修行把你的病去掉，這個法並沒有去掉，而是怎樣能夠把這個法圓滿起來。就著法而修行

就是說沒有一個法可以離開。就著一切法而成佛，在成佛的過程中就把一切法保得住。這個很巧妙，比拿上帝作保障更可靠。你不覺悟就是眾生，一切法都在無明中滾，投入在生死海裡面滾。無明就是生死海，你不修行不覺悟就是眾生，眾生就在生死海裡面浮沉，浮沉幾下子就死掉了。你覺悟的時候也不是說離開這個生死海，就著這個生死海而成佛。那麼，成佛的時候一切法統統乾淨了，在這個地方，它可以把一切法保住。假定成佛的道路不是圓教，你還是保不住。成佛要是圓教才能保住一切法。這個圓教的意義就是天臺宗所表達的。那麼，就表示說，假定你通過「動力因」說明一切法，照佛教的講法最後是通過一個圓佛。小乘佛那個佛不圓，就是大乘佛，根據大乘起信論講到華嚴宗那個佛也不是圓佛。不是圓佛，那麼，一切法就保不住。最後，我們拿亞里士多德的「動力因」來說明一切法，照佛教講，一切法的保住，「動力因」在哪裡？就是在成佛要靠著圓教的那個圓佛才能保得住。佛教是這麼一個形態，這個形態很特別，不太好說明。我先告訴你們一個大體，你們可以思考，要自己讀書。能夠見到這一層沒有幾個人，並不容易懂的。

就是說，一切法保得住要靠圓佛的修行來保住。佛之所以為佛靠什麼？靠三德秘密藏。三德：法身德、般若德、解脫德。涅槃法身不是一個空洞法身，不是一個寡頭的法身，法身要就著三千世間法而成其為法身。三千世間法就是十法界，十法界裡面有三千世間法。所以，天臺宗說「一念三千」。一念三千世間法統統包括在十法界裡面，那麼，十法界展開就是三千世間法，這個玄得很。什麼叫三千世間法？先了解什麼叫做世間。有三種世間：眾生世間、國

土世間，五陰世間。每一個眾生有他的國土，就是有他的住處，他的地理環境。譬如人住在陸地上，魚的國土就在水裡，天堂眾生的國土在天堂，每一眾生都有他的國土。這叫做國土世間。六道眾生加上聲聞、緣覺、菩薩、佛，六凡四聖都是眾生，這叫做眾生世間。每一個眾生分解開，加以解剖分析，成五陰世間。六凡四聖都有色、受、想、行、識五陰，這就叫做五陰世間。

　　成涅槃法身的時候，要就著三千世間法而成涅槃法身。每法界都有三種世間：眾生世間、國土世間、五陰世間。照天臺宗講，每一個人的法界身上就同時有著十法界，每一個法界具備十法界，每一法界有三種世間，總起來就是三千世間法。三千法統統在一念之中，所以說「一念三千」。假如漏掉一個就不圓，圓不圓就看是否統統具備三千法。什麼叫做法身呢？法身就是從法性而來的身，名之曰法身。法性就是空如、真如。身者，聚也。身就是功德聚，功德聚才能成個身，不是空洞的寡頭的身。聚就成一個 body，這個聚就是 body 的意思。所以，這個法身就是無邊無量的功德聚。那麼，法身是就著三千法而成的法身，一定要講般若，要透入般若智，般若呈現才能成佛。用西方的詞語，般若智就是康德所說的智的直覺。你要就著一切法而表現你的智，法身要就著一切法而表現你的法身。解脫呢？解脫就是斷煩惱，斷煩惱就成解脫，解脫表示斷德。你要解脫，表示你的斷德，也要就著三千世間法而解脫。所以，當我解脫的時候，當我表現般若的時候，當我成法身的時候，那一切法都在這個般若解脫法身裡面保住了。這裡面確有妙趣，不要說你修行到了，你就是了解到這一套也很美。這比上帝的創造美多了，甚至比「天命不已」的創造還美。但我並不做佛弟子，我還

是贊成儒家這一套，這才能心安，才是安身立命之處。

　　這樣一來，它不就是把一切法保住了嗎？一切法保住就等於對於一切法的「動力因」說明了，最後圓教才說明。佛教應該這樣了解，我告訴你們一個結論，這個講起來很難的，這個很妙。我用荊溪的兩句話告訴你這個意思，「三千在理，同名無明，三千果成，咸稱常樂。」這是天臺宗的精神。這個「三千在理」就是黑格爾所說「理上說的自由」，德文是 vernünftige Freiheit，英文譯作 rational freedom 不達德文原義，中文譯作「理性的自由」、「合理的自由」，也不是黑格爾的意思。Vernünft 是理性，Freiheit 是自由，兩個名詞合在一起，意思是「從理上說的自由」。這個「從理上說的自由」就等於天臺宗所說的「三千在理，同名無明」，也就是「理即佛」那個理。天臺宗六位判佛：理即佛、名字即佛、觀行即佛、相似即佛、分眞即佛、究竟即佛。「理即佛」是起點，就是說每一個人都是一個潛伏的佛，從理上說每一個人是佛，但你沒有經過修行，你事實上不是一個佛。這種思想德國哲學家有，佛教有，說出來中國儒家也很能了解，就是英美人不了解，現代中國人也不了解。

　　「三千在理」，從理上說，三千法統統在無明中，沒有通過我們的修行把它純潔化，所以，統統是在無明中的三千法。就是說你身上有個佛，你還未顯出來，你要把你身上的那些佛的法顯出來，要通過奮鬥，要通過自己修行，也就是要把「理即佛」通過修行一步一步把它顯出來。「三千在理，同名無明」這句話很難了解，這要靠有解悟力。「三千果成，咸稱常樂」，你通過修行達到佛果的時候，三千法統統是常樂，不但你的法身常樂，三千法統統是常

樂，統統純潔化。這樣你才能保住三千世間法。保住三千世間法，
佛教式的存有論才能夠出現，才完整。

牟宗三先生全集㉛

周易哲學演講錄

牟宗三　主講
盧雪崑　錄音整理

《周易哲學演講錄》全集本編校說明

盧雪崑

　　本書是牟宗三先生於香港新亞研究所講授「周易」課程的記錄，共分爲兩部分：前半部講《周易》，共二十一講，講於一九九二年；後半部講〈繫辭傳〉，共九講，講於一九七二年。全書未經牟先生過目，編輯委員會委託楊祖漢與王財貴校訂。由於錄音帶保存不完整，本書的後半部所呈現者，並非完整的課程記錄。但因牟先生除早年所撰的《從周易方面研究中國之玄學與道德哲學》（後易名爲《周易的自然哲學與道德函義》）一書之外，並未有其他討論易學的專書，故本書對於了解牟先生的易學思想，實有極大的價值。

目　次

周　　易

第一講 《易傳》——儒家的玄思

　　這學期講《易傳》。《易傳》是解釋《易經》的，解釋要相應，解釋得對與不對，要看相應與否。了解一個東西一定要相應，假若你要了解科學，那麼你要對科學的本性有相應的體會，假若你要了解哲學，那麼你要對哲學的本性有相應的體會。不相應就是外行，一說話就錯。

　　《易傳》就是十翼，十翼不必是孔子所作，但十翼出之於孔門，當無可疑。《易傳》成一套玄思，代表孔門義理，這是確定的。為什麼說十翼之傳是孔門義理？這表示十翼之玄思是儒家的玄思，儒家的玄思與道家的玄思不同，不是同一個系統。

　　什麼叫做「玄思」呢？「玄」這個字根據中國本有的意思，就是《道德經》所云：「此兩者，同出而異名，同謂之玄。玄之又玄，眾妙之門。」「玄」是中國本有的一個名詞，見之於《道德經》，儒家沒有這個名詞，但儒家有儒家的玄思，儒家的玄思通過《易傳》了解。

　　人的思考進至玄思的時候，境界就很高了。初步的思考是邏輯的思考，邏輯的思考是平常的思考，並不玄。玄思的境界一定比邏

輯思考高，依《道德經》言玄之意義，其層次在邏輯思考之上。在中國傳統裡，魏晉以後的玄學是最高的學問。「玄學」這個名詞不是民國初期科玄論戰創造的新名詞，這個名詞南北朝的時候就有。南北朝經過魏晉的玄學，到佛教傳過來，天臺宗智者大師把玄學看作人類最高的學問。

　　民國初年，科學派與玄學派論戰，罵玄學派「玄學鬼」，這是古今人不相契。古人認爲科學沒有什麼了不起，現代人崇拜科學是功利主義的觀點，不是智慧的觀點。照佛教講，科學是俗諦，科學是眞理，但只是俗世的眞理，世俗的眞理境界不是很高，普通任何一個人都可以做到。科學是最普遍的，而且實用，有效，這就是功利主義。譬如說，西醫是科學的，西醫有效。但你不能說中醫一定無效，現在大家爲什麼都不相信中醫呢？嚴格講，中醫境界層次比西醫高，好中醫難得，中國人稱好的中醫師爲「神醫」。西醫很簡單，人有 physical body 一面，西醫就在這方面發揮功能，所以它有效。但是，人不單是一個動物，人不單有 physical body 一面，人還有精神生命的一面，中醫治病旣承認人有肉體，但不把人只當一個肉體看。所以中醫境界高，難就難在你看得準不準。

　　世俗的眞理一定要對著物理對象而立說。因爲人有一個身體，假如你沒有肉體，西醫就無效了。宗教家相信靈魂不滅，當你的靈魂上天堂享福的時候，你就用不上西醫了。沒有了肉體，西醫就沒有了。超過俗諦而進至高一層次的境界，佛教稱之爲「眞諦」。佛教講眞俗二諦，諦是眞理，眞理有「眞的眞理」與「世俗的眞理」之分。對於俗諦而言，眞諦可名之曰「超越的眞理」（transcendental truth）。

　　《道德經》言「玄」有一定意義。《道德經》云：「此兩者，同出而異名，同謂之玄。」「此兩者」指什麼講？指「無」、「有」講，無、有根源上是同一的，就是同一個根源，「同」的意思是 original same。「出」是分化出來的意思，分化出來才有不同的表現，有不同表現就有兩個不同的名詞，分別的說才有不同的名詞。有、無是道的雙重性，最根本的是無，發生作用就是有。「異名」就是一方面說無，一方面說有。「同謂之玄」的同根據「此兩者同」之同而來，意思是「有」與「無」同一個根源，渾然爲一，故謂之「玄」。

　　從「異名」的立場講，有是有，無是無。「有是有，無是無」這兩句話不玄。黑是黑，白是白，這種說法在邏輯思考上是同一律的思考。有是有，無是無，就是同一律，同一律就函着矛盾律，就函着說一個東西不能同時是 a，又不是 a。所以，凡是我們的思考遵守同一律的，統統是邏輯的思考，邏輯的思考是確定的，並不玄。故此，老子說：「同謂之玄」，這不是就分化出來之後的異名說的，而是就根源的（original）渾然爲一說的。有、無兩者渾然爲一，這個很難懂，這就是玄。

　　爲什麼說「同謂之玄」呢？這個地方就要靠理解。講思想，講哲學，不能光靠訓詁。這個「同」不是 a＝a 中的同，a＝a 是自身同一。「同謂之玄」之同是根源上渾同的意思。如果就兩者「異名」說，那麼有是有，無是無；但是，就同一根源說，你不能那麼清楚地說有是有，無是無。這就是說，道有雙重性，你要依照道的本性講，你要體會道的本性。從根源的渾同方面看，首先說它無，但它又不一定無，它無而非無，它有有的一面，但有而非有。你從

道的兩面看它，它不是異名。

世間的東西，黑是黑的，白是白的，這不能亂，科學的真理是邏輯的真理，不能亂。但是，你思維道就不一定要遵守同一律，你要說它無，它無而非無，你要說它有，它又有而非有，這就是玄呀！西方人說玩弄字眼（ games of words ），這是不是玩弄字眼呢？這種來回轉的道理，你要能徹底了解才成。

為什麼說無而非無呢？平常這樣說不通的，這是自相矛盾的。在邏輯上不能說 a = -a。「無而非無，有而非有」，這種話來回轉圈子，科學裡沒有這種話，邏輯裡沒有這種話。假如你以科學作標準，你可以罵「玄學鬼」。無而非無，當該是有，但他又說有而非有，這就是玄。為什麼要這樣講呢？這就需要了解，需要體會。玄思比一般的邏輯思考高一層，比科學真理高一層。玄是深奧的意思。天地玄黃，玄者黑也。水本來很清，一點不黑，為什麼看起來黑呢？因為深嘛。清淺之水沒有什麼深奧，清淺如水壞處就是膚淺。清淺的標準是什麼呢？胡適之就是典型的清淺如水。王船山說：「害莫大於膚淺。」此言痛切之至。一般人就是貪圖一時的清楚明白。

玄不是壞的意思，現代人從功利主義的立場崇拜科學，不了解玄學，譏笑「玄學鬼」，這是現代人的淺陋。現代人沒有出息，不但自己沒有出息，而且禍及子孫。天臺宗智者大師就肯定玄學是人類最高的學問，一直到唐朝還是如此。「五四」以後中國人忘掉了，現代人崇拜科學崇拜得那麼厲害，如何能懂玄學?!

魏晉人講玄學有三玄：《老子》、《莊子》、《易經》。所以《易經》是一玄。《易傳》是解釋《易經》的，它代表孔門義理，

儒家的玄思就表現在《易傳》。這是中國人原有的東西，這種思考，這種義理跟講「白是白的」不同。講名物、名器要按數學、邏輯講，按照數學可以計算得很清楚，按照邏輯可以明白地確定地表達出來。老子說：「兩者同出」，它是無，但又是無而非無；它是有，它又是有而非有，這就是玄。這個時候，你不能像講名物度數那樣，可以用一定的概念把它說出來。可以用一定的概念，一定的名詞把它說出來，這叫做可道之道。所以《道德經》說：「道可道，非常道。名可名，非常名。」可道就是可以道說。有不可道的道就是不能夠用一定的概念，一定的名詞去說它，這就是不可道的道。

　　道是雙重性的道，通過有、無了解，玄是有、無兩者的渾同。這是道家對道的體會。至於道家有、無怎麼講，你們要讀《老子》。講哲學要一個概念一個概念地了解，都有一定的意義。儒家的玄思在《易傳》。玄思是中國本有的老名詞，西方人說思辨（speculative），但是以 speculative 解中國哲學中的「玄思」，不是很準確，不很恰當。因為西方 speculative 意思很多。依照康德（Immanual Kant）的講法，思辨的理性對著實踐的理性講。康德在《純粹理性之批判》一書中說，我們思考靈魂不滅、自由意志、上帝存在，這三者皆沒有經驗的根據，沒有事實來證明，因此是純粹思辨的，這是純粹理性的思辨。依中國傳統，肯定靈魂不滅，肯定自由意志，肯定上帝存在，都是屬於玄思範圍內的義理。玄思範圍內的義理又名之曰「形而上的義理」，這是中國原有的意思，這是很清楚，很確定的。但西方人言 speculative 則很廣泛。

　　《易傳》成一套儒家的玄思。為什麼說「儒家的玄思」？這表

示儒家的玄思跟道家的玄思不完全相合。剛才講「無而非無，有而非有」，那是道家的玄思，「玄」字出自《道德經》，《道德經》的本義是如此。我們講《易傳》，《易傳》代表的是儒家義理，不必依照《道德經》的方式講，體會不一樣。當初我讀《易經》，根據的是朱子的註，朱子之前，王弼的註謂之古註。唐朝《十三經注疏》，《易經》是王弼註的，到朱子出來重註四書五經。王弼是按照道家的玄理來解釋易經的，他的解釋也是玄理，但你能說那是儒家的玄思嗎？王弼依據道家的玄理註《易》，他那個註就不對了，不相應嘛。王弼的頭腦根本是老子《道德經》的頭腦，他註乾卦彖、象、文言，統統不對，這是可以檢查出來的。就像朱子註四書，因為不相應，很多地方出錯。朱子的頭腦不能理解孟子。你不要以為孟子很簡單，一個思想家，一個義理系統，文字很簡單，朱子就是不能了解。朱子的文字程度很高，但這沒有用，他還是不能了解孟子，他註孟子重要的地方註得統統不對。也不是說朱子註完全錯，一般的地方，朱子註還是對的，就是重要的地方，代表孟子精神的地方，他的註就出錯。所以你的理解相應不相應很重要。朱子的頭腦能夠了解《大學》，了解《大學》，他的頭腦很容易湊泊上去。但了解《論語》、《孟子》、《中庸》，朱子大體都不成的。這麼簡單的四書，朱子那麼了不起的人物，了解孔夫子都出問題，最嚴重的是錯解孟子，註《孟子》根本不相應。所以朱子自己也說，他那個註就是對《大學》讀得透。其他的大概都有問題。能不能讀透，是相應不相應的問題。

要認真讀文獻，讀文獻最重要是求了解，而了解要相應。不相應、不了解，不要瞎講，沒有會心講什麼東西呢？現在中國人對中

國古典根本頭腦不相應，爲什麼不相應？不是說現在中國人的聰明不夠，因爲現在中國人的頭腦橫撐豎架，生命不能順適調暢。中國人本來很聰明，很明白事理，頭腦清楚，事理通達。爲什麼現在中國人最糊塗，最不講理？中國人是人類，人類就有共同的理性，爲什麼現在中國人完全不理性呢？因爲你的生命爲馬克思那一套意識形態橫撐豎架，生命不調暢，血脈不流通。所以柏楊說這個時代中國人是最醜陋的中國人。一個相信基督教、天主教，一個相信馬克思，中國人爲了這些意識形態把生命橫撐豎架，理性不暢達，生命不調順。我們現在講《易傳》，講儒家的玄思，你講這一套，相信天主教的人聽不懂，這就是終極關懷的問題。信仰不同不能溝通，到最後，你講那麼些玄理完全沒有用，我相信一個上帝就完了，你那些玄理都是胡說八道。信仰不同不能溝通，就是生命不順暢，理性不暢達。所以生於這個時代，你們要好好讀哲學，要好好讀康德，讀批判哲學，把你的理性調暢通順。科學是科學，道德是道德，宗教是宗教，宗教裡面有基督教，有佛教，道家，系統多端，不能說單單你上天堂，我們都下地獄。天天祈禱是一個方式，你認爲天天祈禱好，你天天祈禱，我也不反對，但不要以爲你的信仰是唯一的信仰，唯一的真理。道家是一個大的智慧方向，代表指導人的生命的一個方向；佛教也是一個生命的方向，儒家也是一個生命的方向。安排妥當，這些都可以交談，可以溝通。

　　現在中國人不了解中國的智慧，本來是我們的老祖宗，現代中國人就不懂什麼老祖宗，根本讀不懂，好像隔萬重山一樣。不讀中國書嘛！你看大學教育，那些先生講的都是洋文，那一個讀中國書呢？這是嚴重問題。現代人讀中國書最不相應。洋人頭腦很清楚，

很邏輯，現代人能相應，容易讀懂。

《易傳》解釋《易經》能相應，何以見得相應呢？因為《易傳》把握到《易經》的基本觀念，那就是「幾」這個觀念。儒家的玄思從「幾」這個觀念全部展開。你看「幾」這個觀念於《易經》從那個地方表現出來，《易傳》提出「幾」這個觀念來了解《易經》的道理，這個了解是相應的，何以見得是相應的呢？首先要讀經文，了解卦、爻辭方面何以表示出幾這個觀念。幾跟經哪一方面相應呢？不是憑空來的呀！為什麼單單中國儒家喜歡講「幾」這個觀念？西方人沒有這個觀念，科學不講這個觀念，西方哲學裡面也沒有這個觀念。那麼，《易傳》所說的「幾」是從哪一方面表現出來的呢？要解答這個問題就要讀《易經》，讀卦辭、爻辭。要了解卦辭、爻辭，就要先了解卦象，卦象就是一個卦的結構。

儒家兩部大經影響最大，一是《易經》，一是《春秋》三傳。《易經》代表儒家玄思，《公羊傳》代表《春秋》大義，《春秋》大義代表儒家的社會哲學、政治哲學、歷史哲學。《易經》玄思代表儒家之理智的俊逸，《春秋》大義代表儒家之道德的莊嚴。《易經》代表儒家之理智的俊逸，表現在兩方面：一是象數，一是義理。先了解象數方面卦爻的結構，從卦爻的結構表明《易經》有它本身的象數，「幾」的觀念是從象數這方面啓發出來的，易理不能離開象數。

《易經》本身的象數很簡單，就是一個卦是怎樣構成的。「初、上、九、六，二、三、四、五。八字命爻。」你了解「初、上、九、六，二、三、四、五」這八個字，你就可以了解卦的構造，這是《易經》本身的象數。象數是兩個觀念，象是象，數是

數。象是主觀地講，是方法學的詞語，用這個方法表示一個道理，是主觀的。這個「象」表示象徵的意思，跟西方「象徵」的意思同。基督教以十字架表示耶穌的精神，這個十字架就是象徵的表示。數代表客觀的宇宙的知識，這個宇宙知識是數學的知識。數是客觀地講，代表客觀的實在，代表宇宙的眞實。《易經》重視數的觀念，這種重視數的觀念跟希臘自然哲學數論派的重數不一樣，希臘數論派是西方式的自然哲學，《易經》從卦爻的結構所講的象數是中國式的自然哲學。《易經》從象數所了解的自然變化，是中國式的自然哲學，跟希臘時代蘇格拉底（Socrates）以前的自然哲學不一樣，這都是客觀的。可以講得明白的，各有好處，可以恰當了解，講得好都成一套學問。中國人沒有理由自卑。

第二講　幾——採取最開始最具體最動態的觀點看事件

　　《易經》本來是卜筮之辭，心中有疑問，你去占個卦。你眞心去問，一定有一個答覆，所以說「誠則靈」，占卜一定要誠。不疑不卜，你自己有了決定，就不必卜了。什麼是占卜？就是問一件事情，這一件事情在宇宙間就是一個動向。宇宙間有這麼一件事件生起，發生。發生（happen）轉成專有名詞，就是一個事實的緣起（actualization）。中國人看天地間的人事，人的生活，在家庭裡、在社會上，種種屈伸、進退，全部生活就是一大堆事件，每一件事都可以卜。所以占卜的觀念是一個 actualization 的觀念，不是 time 的觀念。

　　一件事件在宇宙間發生，即有其一個地位，跟它前後周圍都有一個關係。它有一個動向，一件事件發生在宇宙間就有一個將來，有一個往哪個地方歸結的問題。所以漢朝經學家鄭康成用三個字表示一件事件的發生過程，那就是：「始、壯、究」。

　　宇宙間任何事生成若用圖畫式的語言表示，都是一條拋物線。它就是一個機竅（moment）。康德講審美判斷有四個 moment：質相、量相、關係相、程態相。moment 譯作機要，其實是機竅，

四個 moment 就是四個竅門，通過這個竅門你可以了解它的特性，每一個機竅了解一個相。相是佛教用語，佛教性、相通用。質相就是質性，量相就是量性，關係相就是關係性，程態相就是程態性。相表現於外，如此這般的相是根據如此這般的性表現出來的。

　　占卜就是看一件事件的發展，一件事件的發展就是一個拋物線。所謂拋物線就是你可以把它展開，通過「始、壯、究」三個觀念了解它。人生在世，活一百歲也是一個「始、壯、究」，生老病死就是一個「始、壯、究」的發展過程。用西方的詞語說，就是 happen, actualization，這都是很具體的了解。現代西方人看世界，講哲學從這幾個字講，這跟亞里士多德（Aristotle）的邏輯不同。依照亞里士多德的邏輯看，任何東西不是首先當一個事件（event）看，不是當一個 actualization 看。亞里士多德一定要通過本體屬性來看事物，本體是個體物，這枝粉筆是個體物，這個個體物有它的體，有它的屬性。那個體就是 substance。依照亞里士多德的講法，一個東西分成本體與屬性，這是老邏輯，是傳統的形式邏輯，從本體屬性說，最基本的命題是主謂命題，這種方式看事物，是亞里士多德的邏輯思考方式。但是，現代人從十九、二十世紀以來，從符號邏輯出來以後就不採取亞里士多德式的方式思考，他們通過最具體的觀念，最具體的觀念就是 actualization，這個觀念重關係。從這個觀念轉出「現實的事實」（actual fact），首出的觀念是事實，是緣起集，actualization 可譯作「緣起集」。所以，維根斯坦（Ludwig Wittgenstein）的《名理論》頭一句就說：「世界是事實的總集，不是物的總集。」頭一句就提出事實的觀念，這是具體的。「事實」這個詞最容易表示關係這個觀念。這是

從羅素（Bertrand Russell）講數理邏輯的時候開始，數理邏輯反對亞里士多德本體屬性、主詞謂詞的方式。羅素出來重視關係邏輯，這表示一個新的世界觀，代表一個新觀點的出現。這是現代人的思考方式，就像達爾文（Charles Darwin）的進化論出現一樣，達爾文進化論也影響基督教信仰，影響創世記的世界觀。

「始、壯、究」。始就是開始，任何事物開始之後總得在時間中經歷一個過程，有所成著，成著這個時候就是所謂「壯」，「究」就是快完了。這個過程要是用圖畫表示，一定是一個拋物線。若從量的方面看，用康德的詞語說，這種量就是強度量，不是廣度量。廣度量是數學量，任何東西都可無限分割下去。《莊子·天下》云：「一尺之捶，日取其半，萬世不竭。」這就是古希臘所言「無窮二分」，這種可以無窮二分的量就叫做廣度量。拋物線是強度量，不是廣度量。它開始於微小的時候，從微小到壯大，然後消滅。這就是強度量。

強度量可以分成始、壯、究三個階段。《易經》就是用三個階段來表示，用圖畫式的語言表示就是三畫卦。卦象開始就是三畫卦，兩卦重而為一，是重卦。為什麼用三畫卦呢？三畫卦就表示「始、壯、究」。每一畫在卦象裡叫做爻，始、壯、究三項每一項就是一個爻。爻者交也。《易傳》講陰陽，陰陽相交，相交就是一個動相，把它用圖畫式語言展開就是三畫卦。三畫卦當作一個過程看，它就是始、壯、究。

「幾」這個觀念就是採取最開始最具體最動態的觀點看。一件事件發動就是生起（happen），一發動就一定有一個後果。《易傳》云：「幾者動之微，吉之先見者也。」幾就是要動還未動的時

候，就是動之微啦！一發動就有一個後果，這個後果或者是吉，或者是凶。吉凶依照什麼標準講呢？就是看跟你這個生命順不順，順就是好，就是吉；不順就是不好，就是凶，這個沒有嚴格的道德意義。順與不順，這個地方講的是運氣。運氣可以從兩方面看，橫的方面，看跟社會的關係；縱的方面看，就是看歷史的運會。占卜就是從這兩方面看，看你的生命跟社會環境合不合，跟歷史的運會合不合，這個不能反對的，最科學了。運氣好就是順，運氣不好，投機也投不了。中國人說「命」，西方人就說是上帝的安排。

任何一件事在人世間，在宇宙間生起，開始一發動，將來的結果就統統包括在內，這開始一發動就是「幾」。占卜最重要是看幾，能看到幾，將來的結果都可以算到了，占卜就是用最具體的心態看事物。中國人的頭腦很靈活，但這靈活要根據中國傳統文化的教養講。西方人講本質屬性那一套很死板。現在，中國人忘記自己的長處，學西方人那一套，但又學不好，所以現代中國人最麻煩。

《易經》本來是占卜之辭，占卜最重要是看幾。周濂溪講幾這個觀念很清楚，《通書·聖第四》云：「動而未形，有無之間者，幾也。」從「動之微」說幾，幾就是「有無之間」。什麼叫做「有無之間」呢？就是你說它是有，它又沒有彰顯出來，你說它無，它又不是無，它已經發動了。

「幾」屬於氣化，中國講「氣」這個觀念，有時候可以跟亞里士多德講 matter 相類比，但意思不大一樣。中國人說氣化是動態的，亞里士多德講 matter 是靜態的。中國講氣化，這氣化本身有獨立意義。《易經》開始，從占卜那個地方這個氣化觀念的獨立意義就呈現出來了。看氣化要用具體生命來接觸，一抽象，氣化就沒

有了。〈人間世〉云:「無聽之以心,而聽之以氣。」,「氣」這詞有時候是貶義字,在莊子這句子中卻是褒義的。在道家看,心不是好的意思,是作用心,最麻煩的是心,心有成見,人出問題就在心。氣相感通,沒有成見。這個地方所言「心」不是孟子說的本心,是道家說的成心,佛教名之爲習心。氣是自然感應,一氣流通,這個氣就是好的,是有機體中的氣。中國人講氣化之妙,這個氣化是好的意思。

從《易經》本身的象數發端,了解氣化之妙,自然造化之妙,這是中國人講的自然造化,自然造化就是氣化,這一套叫做中國式的自然哲學。希臘蘇格拉底以前就講自然哲學,那個講法跟中國不同,形態不同。西方人繼承希臘傳統,最後歸宿向中國形態走,那就是懷特海(Alfred North Whitehead),懷特海是了不起的英國式的哲學家,晚年寫了一部反康德的書《過程與眞實》(*Process and Reality*),那是英國式的宇宙論,從宇宙論反康德。海德格(Martin Heidegger)是德國式的,從本體論方面反康德。懷特海的《過程與眞實》頭一頁有兩句格言式的名言:「過程是最後的」,「事實是最後的」。這本書的思考就是東方式的,不是西方式的。所謂東方式的,就是《易經》的方式。

我讀大學的時候除跟我的老師張申府讀羅素的《數理邏輯》,自己還讀懷特海。懷特海的書我統統讀過,讀得很詳細,但是以後絕口不講懷特海。他的兩本書(按:指《自然知識之原則》,《自然之概念》兩書)我翻譯了,稿子留在大陸沒有帶出來,就那麼掉失了。我一方面讀《易經》,從氣化之妙處看,了解中國式的自然哲學;一方面讀懷特海。你要了解《易經》,讀我二十五歲寫的書

（按：此書初版於民國二十五年，原名《從周易方面研究中國之玄學及道德哲學》，由台灣文津出版社重印於民國七十七年，書名改爲《周易的自然哲學與道德函義》）。我那書是歷史地講，先講漢人象數，再講王弼的易觀，然後講宋人的易觀，接下去講清朝胡煦、焦循兩個易經專家，最後一部分總說。因爲那時候對道家玄理了解不夠，對理學家了解也不夠，所以講晉、宋人那部分沒有精彩。那是青年人的狀態，只能了解中國的氣化這個層次。

我現在給你們講《易經》，不講自然造化那個層次，只照儒家的道德形上學講，用康德的詞語說，不是朝自然目的論的方面發展，是朝道德目的論方面發展。理學家講《易經》是往上提，往高層次上講，不是落在造化之妙的氣化的層次上講。從高層次上講，你可以了解儒家，也可以了解道家的玄理，可以了解佛教的「緣起性空」。這是我後來的工作。

第三講 乾坤代表兩個基本原則：創生原則與終成原則

陰陽以氣言，乾坤以德言。乾坤代表「性德」，德者「得」也。陰陽屬氣，氣是動態字。西方自然哲學講地、水、風，水是靜態字；中國自然哲學講陰陽五行是動態字。陰陽是氣，是具體的；乾坤代表性德，是抽象的。從德方面了解這個乾，乾的本性是什麼呢？乾者健也。健是德，不是氣，這個「健」是精神的，不是健康的「健」。乾代表健德，坤也是一德，坤者順也。「乾坤以德言」，這表示乾坤代表一個原則。原則是理，只有德才可以轉進至原則。

《易傳》乾坤並建，講乾坤兩卦就要首先了解兩個基本原則，講兩個原則，但不是西方的二元論。乾健所代表的原則是「創生原則」，創生原則也就是創造性原則。「創造」是基督教詞語，我們講創生不講創造。坤順所代表的基本原則是「保聚原則」，也叫做「終成原則」。坤卦代表終成原則，等於西方的 final cause（目的因），從 final cause 落腳的地方講終成原則，final 就是終成，《易傳》終成二字最合 final cause 的意思，終成這個詞最典雅。誰擔負終成的責任呢？就是坤順之卦，這跟乾健的創生原則不同。

　　〈乾卦〉卦辭云：「乾，元、亨、利、貞。」「元、亨、利、貞」代表一個過程，四個階段，靜態講就叫做「四德」。「元、亨、利、貞」整個過程就藏有兩個原則，創生原則從「元亨」二字看出來，終成原則從「利貞」二字看出來。元亨裡面就藏有創生原則，利貞裡面就藏有終成原則。

　　〈乾・彖〉曰：「大哉乾元，萬物資始。」「大哉」乃讚嘆之詞。乾是個元，故曰「乾元」。「萬物資始」意謂萬物資以為始，萬物資以有其存在。資者，憑藉憑賴也。「大哉乾元，萬物資始」，這就是從萬物資始表示乾元是一個創生原則，乾元使萬物存在。萬物憑賴乾元才有其存在，才有其存在就是創生。乾元這個觀念從哪裡來呢？依《易傳》，乾元這個觀念是順著乾的健行之德而來的；依《詩經》，這個智慧從「維天之命，於穆不已」（《周頌・維天之命》）而來。《書經》講天命很具體，可以列舉出來的。原初《書經》從政權講天命，政權是天命的。天命開始命得很具體，天不停地給你命吉凶，吉凶是由天決定的。一般地概括說，萬物都是天之所與予，天地萬物都是天使其如此。萬物的存在都是天之所命，所以《詩經》說：「維天之命，於穆不已。」「於穆」者深遠貌，就是深奧的意思。「不已」意謂不停止地起作用。「大哉乾元，萬物資始」的根據是「維天之命，於穆不已」。《中庸》引用這詩句，云：「詩云『維天之命，於穆不已』，蓋曰天之所以為天也。」《中庸》加「蓋曰天之所以為天」一句，意謂「維天之命，於穆不已」就是天的本質，就是天之德，天德就是健。下一句是「於乎不顯，文王之德之純」。《中庸》加「蓋曰文王之所以為文也，純亦不已。」所以，中國的道德形上學這個深遠的玄思有兩

個智慧，客觀的講就是「天命不已」，主觀的講就是「純亦不已」。這是中國文化智慧的最早的根源。

　　中國文化智慧最原初的根源就是「維天之命，於穆不已，於乎丕顯，文王之德之純」這首詩。「純亦不已」是主觀地講，從道德修養講，轉到《易傳》就是「天行健，君子以自強不息。」（〈乾・象〉），象辭這句話是兩個意思合在一起。「天行健」是天健之德，是創生原則，這是客觀地說。「君子以自強不息」是根據「文王之德之純」。文王之德之純，純亦不已，「純亦不已」就是自強不息，「純亦不已」是法天。兩個「不已」是中國的智慧，一代一代相呼應，孔子就是繼承這個傳統。這不是很美嗎？中國的智慧、中國哲學為什麼不能講呢?!西方哲學開始於希臘，希臘是科學哲學，沒有這種哲學呀！

　　「大哉乾元，萬物資始，乃統天。」（〈乾・象〉）表示元、亨二字。接下去說「雲行雨施，品物流形，大明終始，六位時成，時乘六龍以御天。」這是落在六爻上講。落在六爻上講就是展開了，展開成一個過程。「雲行雨施」是具體的描述天地的氣象，這種自然氣象很美，很具體。現在我們把自然的美破壞了，這是很危險的。「品物流形」意謂種種物在雲行雨施這種氣象下，這種自然環境下流行。「品」是類，就是萬物，種種物。「流」是流動變更的意思，「流」當動詞用，流動啦，形態沒有一定的，天天在變化。「行」是形態（forms），就是康德說的「時間」。「品物流形」就是種種物在雲行雨施這種氣氛中流動變更其形態，六位就是六種形態。變更其形態就表示在一個過程裡面。這個過程是什麼過程呢？就是六爻的過程，生長的過程。這個講的是乾卦，乾卦純

陽，純陽代表光明，所以說「大明終始」。「時乘六龍」是漫畫式
的語言，沒有什麼道理。

進一步說「乾道變化，各正性命。」（〈乾·彖〉），「大明
終始，六位時成」是乾道變化的過程，「元亨利貞」也是乾道變化
的過程，但道不能變化呀，道哪有變化呢？乾道變化不是說乾道本
身在變化，是道在陰陽的生長過程這個變化之中顯現成「乾道變
化」，變化是在「六位時成」這個地方講。在乾道變化的過程裡面
各正性命，萬物每一個東西同在乾道變化中正其性命，正其性命就
是定其性命，正者定也，定其性命就是成其性命。落在萬物上才說
「性命」二字，不落在萬物上就是一個「天命不已」，就是天道、
乾道。乾道落在萬物上就各個個體講才有「性命」這兩個字，在乾
道變化中，粉筆成其為粉筆，成其為粉筆就有粉筆的性、粉筆的
命。粉筆在天道變化中有粉筆的性與命，就人而言，人在天道變化
中有人的性，也有人的命。你這個性命是從「天命不已」這個地方
下來，這就是理學家說的義理之性，命是道德命令的命。假若根據
氣來，就是王充所說「用氣為性」的性。「性」分兩層講，都在
「乾道變化，各正性命」這兩句話中表示。

從「大哉乾元，萬物資始」講，也就是從「元亨」講是創生原
則；到「乾道變化，各正性命」就是終成原則，就是「利貞」二字
所表示。正、定、成，就從「貞」字這個地方表示出來。貞，正
也，定也，成也。在貞這個地方停止了，就是有所成。萬物成其性
命，等於懷特海說的客觀化，這個客觀化是本體宇宙論地講，不是
認識論地講。康德講知識要合客觀原則是認識論地講客觀化，通過
範疇的規定而客觀化，那是認識論的客觀化；懷特海講的客觀化是

本體宇宙論的客觀化。每個東西能在乾道變化中正其性，正其命，它就可以站得住，它就能成其為個體。

　　亨，通也。亨這個通往上走，故曰「元亨」。利，利刃之利，一下子通出去。利往下走，也就是往貞走，故曰「利貞」。所以，「元亨」是一個階段，「利貞」是一個階段。亨這個通是生命之內潤之通，不是往外通。自己生命內部不滯不塞，內部諧和，所以這個「亨」屬於元，往上通，這個通是生命之不滯。作為天命不已的乾元，宇宙的大生命，當然不擠塞，不呆滯。擠塞呆滯怎麼能創生天地萬物呢？生命不滯才能發光。「利」如一個箭頭，這個箭頭的方向到什麼地方成它的目的呢？箭頭代表一個徼向，徼向落在什麼地方呢，向什麼地方停止呢？落在「貞」，這個貞表示成，終成。

　　《易經》講生成，終始，講創生，不是盲目亂闖，不是虛無流，所以《易經》重視終成。「至哉坤元」就藏在利貞這個地方，從元亨見「大哉乾元」；從利貞見「至哉坤元」，《易經》從這兩個原則講一終始過程。這是儒家的義理，既不是道家的，也不是佛教的。佛教沒有這一套，佛教講緣起性空，如幻如化。儒家根本反對「緣起性空」，哪是如幻如化呢？哪是「緣起性空」呢？照儒家講，天地萬物都是「乾道變化，各正性命」。這是儒家的靈魂。所以世俗的人說理學家是陽儒陰釋，這是胡說八道，似是而非，假聰明。理學家根本義理是儒家的，從清朝三百年來大家忘掉了。

第四講　乾元之道（〈乾·彖傳〉）

> 大哉乾元，萬物資始，乃統天。雲行雨施，品物流形。大明
> 終始，六位時成，時乘六龍以御天。乾道變化，各正性命。
> 保合太和，乃利貞。首出庶物，萬國咸寧。

　　乾彖這種語言不是嚴格的概念語言，這是具體的漫畫式的語
言。漫畫式的語言重要的是要了解它的意義，要了解這種具體的語
言它表示的是什麼意思。「陰陽以氣言，乾坤以德言」，這表示乾
坤兩卦之德要通過氣來表現。乾卦是代表純陽，以「九」代表陽；
坤卦是代表純陰，以「六」代表陰。陰陽以氣言，通過這個氣的發
展表現一個什麼德呢？從初九到上九這個純陽的發展表示一個健行
之德。健行是德，性德的「德」，不是嚴格的道德（virtue）的
「德」。乾彖就是總起來判斷乾卦的本性，這種判斷的語言很有啓
發意義。唐君毅先生叫這種語言做「啓發性的語言」，用具體的詞
語表示，所以是啓發性的。這種啓發性的語言不是嚴格的概念的語
言，旣不是概念的語言，同時也不是嚴格的科學的語言，科學的語
言一定從概念語言來。
　　「大哉乾元，萬物資始。」這兩句話是概念的。下面說「雲行

雨施，品物流行，大明終始，六位時成，時乘六龍以御天。」就不是概念的語言，是漫畫式的語言。這個落在六爻的層次上講話，六爻一定要從下往上畫，初九、九二、九三、九四、九五、上九。這個「上九」為什麼不叫做「九六」呢？「初九」為什麼不叫做「九一」呢？「九六」、「九一」是不通的。「上」與「初」表示「位」。初是始，初放在前面，就是重視始，這是陽爻剛開始，所以放在前面。發展到最高不說「九六」，說「九六」就涵著有「九七」，所以不說「九六」，而說「上九」，表示到這個地方是最高位，沒有超過它的。所以說：「初、上、九、六、二、三、四、五，八字命爻。」下面漫畫式的語言就是落在「初、上、九、六，二、三、四、五」所命名的爻上講話。

具體的宇宙都可以用陰陽表達，乾卦就用陽表示，乾卦就代表光明，它是一個創造性的原則，故曰「大明終始」。「初九」是一位，它是始，「九二」、「九三」、「九四」、「九五」、「上九」都是一位，每一位都在時間中，所以六位依時而成，隨時而成，故曰「六位時成」。「時乘六龍以御天」是漫畫式的語言，隨時乘著這六龍而駕御天地萬物。御是統，跟上面「乃統天」的統一樣意思。「以御天」就是統御天地萬物，將天地萬物都控制在這裡面，這是涵蓋性的。乾卦是一個導言，是一個綱領。

乾卦是一個綱領原則（leading principle），表示這個綱領涵蓋得住，涵蓋得住表示這個綱領還有些隸屬的原則。必須有附屬的原則，那個綱領原則才能涵蓋天地萬物，天地萬物都可以說在內，都可以用這個綱領原則去解釋。不是只講綱領原則，綱領原則裡面就藏有那個附屬原則。附屬原則不能做綱領，它一定在這個綱領原則

之下。分解地講，分開講兩個原則，但表示這個綱領原則的時候就要替那個附屬的原則留一個地步，留一個餘地，在那一個分際上附屬原則就藏在那裡了，就進來了，就含在裡面。它含在那裡，它是以這個綱領的原則作它的綱領的，這個綱領要領導就要領導到這個地方來，「統天」就從這個地方說。

　　乾元是綱領性原則，就是說它可以容納另一個原則進來，另一個原則就在「各正性命」那個「各正」的地方進來，也就是在「利貞」那個地方進來。哪一個原則進來了呢？就是坤卦代表的那一個原則。就在「各正性命」的地方，在這個層次上把坤卦的原則容納進來了。因為萬物各正性命，落在萬物上講，不只是道。粉筆要成一個粉筆，桌子要成一個桌子，不只是一個道就完了，它還有質料因（material cause）。所以，坤卦的保聚原則就藏在「各正性命」裡面。

　　「時乘六龍以御天」純粹是漫畫式的語言，這句話就是圖畫。我們說乾卦每一爻是一條龍，象徵自然現象的變化，山河大地不管怎麼複雜，統統可以用這種圖畫來表象它。因為這種是古典的語言，讀典籍要了解它詞語的意思。現代人不能讀古典，因為現代人的頭腦習慣於西方的概念語言、科學的語言，習染太久了，所以對古典那種不是很嚴格的概念化的語言很難看得懂。你跟他們說不通的，也不必跟他們辯，跟他們辯是永遠辯不通的，囉嗦不堪。有些學者對於義理是不通的，死在西方那個概念語言之下。西方概念語言你要用得好，必須要反省一下，要了解那個語言是在那一個層次上這樣表示。你要知道中國古典用的雖然不是概念語言，但它的分際不亂的。說話的分際層次不亂，它這個分際是這個意思，現在用

概念的語言把它表達出來，但不能錯解。現代人對古典完全不能懂、不相應，死在西方概念語言之下，一竅不通。孟子當年就說「不以辭害意」，這就是說對一句話要有了解。

老子說：「道可道，非常道。名可名，非常名。」魏晉時代根據道家這個意思討論：我們的語言究竟能夠盡意呢？還是不能夠盡意呢？已經討論得很清楚，有三派學說：一、言不盡意；二、言能盡意；三、盡而不盡。「言能盡意」派主張語言能把心中所想的意思表達出來。什麼時候言能盡意呢？能盡意的語言一定是科學語言。科學的語言一定能夠盡意，科學語言能夠盡的意一定是科學的意，即科學的真理。有屬於科學的真理，有不屬於科學的真理。譬如說，老子說「道可道，非常道。名可名，非常名。」「可道之道」就是科學的真理，可以道說的，就是可以用名言表示出來，以科學語言表示的道是科學的道。那麼，另有一種「不可道之道」，是科學的語言不可能盡的道。所以老子的《道德經》一開首就分開兩個世界：「可道之道」與「不可道之道」。「不可道之道」就是不可以用我們平常的語言道說得盡的，這就涵著說，一定的概念語言在這地方無效，不能用一定的概念去謂述它。我們所說的概念都可以用一定的名言表示出來，不可道就是不能夠用一定的概念去謂述它。那麼「不可道的道」是什麼道呢？你總要承認有這個道呀！道家講的道就是「不可道之道」，「不可道之道」就不是科學的道。

可說的道就是維根斯坦《名理論》所說的「命題」，命題的世界就是可以用命題表示的世界。維根斯坦只承認這種語言，這種語言可以成知識，所以叫做有意義。但是，維根斯坦也不是像後來邏

輯實證論所說的，他還承認有一個世界是不能用命題表示的。不能
用命題表示就是老子所說的不可道之道，維根斯坦並沒有說可以把
這個取消，他只說形而上學的命題不是知識的命題。維根斯坦以為
只有科學才代表知識，形而上學不代表知識，但他還承認有一個不
可道的世界，那是屬於神秘世界。譬如，美、善。那個神秘世界並
不是很了不起的神秘，照我們平常說，美、善都是可以說的。如果
站在科學的立場說，要承認一句話有意義，那是完全的知識意義，
那麼這個科學知識當然沒有美，沒有善。那就是說，美、善不能夠
用科學命題來表達，因為美、善不是對象的一個特性。所以後來實
證論就乾脆說形而上學沒有意義，形而上學裡面那些命題都是
meaningless，因此就說形而上學裡面那些命題根本不是命題，是假
命題，是概念的詩歌。照康德的哲學系統，美、善是可以講的。照
維根斯坦本人來說，也並不說美、善沒有意義，他只是說美、善是
一個神秘的世界，不可以用邏輯命題去表達。這個說法是可以的。

　　從維根斯坦的《名理論》發展到邏輯實證論，大家以為新鮮東
西，了不起。其實中國魏晉時代早討論清楚了，而且比他們講得清
楚。魏晉有三派，「言可盡意」是一派。「言可盡意」，那就是科
學語言，那已經承認了。科學語言可以盡意，而科學語言所盡的意
一定是科學的真理，並不是上帝的真理。科學語言裡面沒有上帝，
但宗教家還是天天講上帝，上帝還是可以講。科學語言所盡的意也
不是老子所說的道，但是老子那個道也可以講。主張「言可盡意」
的是歐陽建，另一派主張「言不盡意」，那是荀粲。荀粲等所言不
能盡的意一定是老子說的不可道之道之意，就像上帝那個意一樣。
所以荀粲說聖人之意「蘊而不出」。聖人之「意」永遠表達不出

來，六經只是聖人的糠粃呀！六經是一個語言，六經是聖人的糠
粃，那就是說，這個語言所表示的聖人之道只是糠粃啦，聖人的眞
正旨意是蘊而不出的。「蘊而不出」就是藏在那裡，永遠不表現出
來。六經都是表現聖人的道理的，但六經這些語言只是聖人的糠
粃。這個糠粃的意思，子貢就表示出來了，子貢說：「夫子之文
章，可得而聞也；夫子之言性與天道，不可得而聞也。」(《論語
‧公冶長》第五）夫子之文章就是夫子之言論行動，夫子哪裡有做
文章呢？文章就是生活中的言論行動。這些「文章」就是荀粲等人
所說的「聖人之糠粃」，這個就是子貢說「可得而聞也」者。但
是，性與天道不是我們的科學語言可以盡的，性與天道的問題永遠
說不明白，你也聽不懂。此所以子貢云：「夫子之言性與天道，不
可得而聞也。」這並不表示聖人對於性與天道沒有他的看法，他有
他了解的方法，他了解，但他不大常說就是了，說出來你也不一定
懂。所以子貢說「不可得而聞也」。

　　荀粲等主「言不盡意」說，認爲聖人之意「蘊而不出」，所以
「六籍〔六經〕雖存，固聖人之糠粃」（按：荀粲等之主張可參見
《三國志‧魏志‧荀彧》注引）。這些話不是聰明人妄說的，是有根
據的，在《論語》上就可以找出根據，前面講過子貢的話就是一個
根據。孔子自己也說：「予欲無言。」子貢接著問：「子如不言，
則小子何述焉。」孔子答：「天何言哉！四時行焉，百物生焉。天
何言哉！」（《論語‧陽貨》第十七）這句話就很有啓發性，是啓
發性語言。從《論語》這兩段話可以知道，主張言不能盡意是有道
理的，有根據的。聖人之意「蘊而不出」，永遠藏在那裡，就看你
懂不懂。

「盡」字是很美的，先秦儒家經典很喜歡講這個「盡」字，那是另一個層次所說的「盡」。孟子說：「盡其心者，知其性也，知其性，則知天矣。」（《孟子‧盡心上》）《中庸》曰：「唯天下之至誠為能盡其性，能盡其性，則能盡人之性，能盡人之性，則能盡物之性，能盡物之性，則可以贊天地之化育，可以贊天地之化育，則可以與天地參矣。」

「名言能盡意」那個名言與意的關係是一對一的關係。照羅素說，名言與意的關係有一對一的關係，有一對多的關係，也有多對一的關係，都是在科學範圍內。說「言能盡意」的歐陽建也很實在，就是西方講的實在論，那個人頭腦很清楚，很科學。反對「言能盡意」的是荀粲，他主張「言不盡意」。荀粲是絕頂聰明的人，他所言「言不能盡意」那個不能盡之「意」一定是形而上的，形而上的玄理跟「言能盡意」是兩極。第三派出來就是王弼，王弼主「盡而不盡」說，他認為就是老子所說的形而上的不可道之道也是「盡而不盡」。王弼最聰明，《易經》的語言就是王弼說的「盡而不盡」。魏晉時代就有這麼三派了，現在講名理論講邏輯實證能分析得這麼清楚嗎？「意義」涵義多得很，為什麼一定要限於科學知識呢？科學知識是科學的意義，講美是美的意義，講善是善的意義，意義多得很呀！

乾象「大明終始，六位時成，時乘六龍以御天。」是圖畫式的語言，落在乾卦的六位上講。六位就是六爻之位。但是，它還是表示乾卦的這個綱領原則。通過乾卦這個「六位時成」來統天御天，這表示什麼呢？你們讀下段「乾道變化，各正性命。」乾元就是天道，天道不會變化呀，氣才能變化，那麼這個地方說「乾道變化」

怎麼了解呢？這不是嚴格的概念語言，是漫畫式的語言。為什麼說「乾道變化」呢？「六位時成」就是變化，有時間性，有空間性。道沒有時間性。也沒有空間性，因此不能說道有變化。我們是通過乾卦來象徵地表示乾道，這個「六位時成」不就是乾卦嗎？乾道不會變化，是「六位時成」這個氣的變化倒映到道上成「乾道變化」，陽氣之六位倒映到乾元之道上而說「乾道變化」。倒映就是反射、反映。這個漫畫式的語言是這樣形成的，你可以把它的漫畫性拆掉，變成概念的語言。這樣才可以了解古典而能現代化，才能把它用現代語言講出來，都有一定的講法，不是隨意講的。

「乾道變化」一句中「變化」一詞不是描述語，不是天道的一個謂詞。「變化」是陽氣之六位反映到乾道上面而說「乾道變化」，事實上還是氣在變化。那麼，你可以說「六位時成」這個氣的變化就象徵著道的創造性，象徵著乾元之道的創造性，而不是象徵道的變化。陽氣的變化倒映到道上來而說「乾道變化」，在乾道變化的過程中各正性命，這個過程是通過氣的變化象徵地表示的。故云：「乾道變化，各正性命。」「正」是動詞，主詞省略了，這句的主詞是「萬物」，意即：在這個變化的過程中萬物分別地皆得以正其性命。

王充說「性成命定」，性命是兩個概念，你的性成，你的命就定了。「性成命定」可以從兩方面說，王充說的是「用氣為性」，是氣性，才性也屬氣性。但「性成命定」這句話也可超越地看，完全從理上看。從乾道這個地方看，這個「各正性命」就是超越地講，是從乾道的理上講，是「用道為性」，命是命令的命，是命令的應當之命，不是命運的命。義不容辭，不當說謊就不當說謊。這

個地方「各正性命」是從天道說，根據《詩經》說，這個道就是「天命不已」之道。

　　「各正性命」接下去就說「保合太和，乃利貞。」，「各正性命」通過保合太和達至「利貞」。「各正性命」是成其萬物，每一個東西都得其成，所成萬物一定要保持相互之間的合作，這就是「保合」，不要衝突。然後提高一層才能達至「太和」。太，大也，至也。和，和諧也。乃，至於，達到。到「保合太和」的時候才有一種結果，才能講「利貞」，就在「保合太和」這個層次上講「利貞」這兩個字。「乾道變化」前面那一段屬於「元亨」的階段，「保合太和」屬於「利貞」的階段，「元、亨、利、貞」四個階段，大分兩個階段，這是儒家道德形上學所嚮往的最高境界。

　　《易傳》講乾元之道，乾元之道根據《詩經》「天命不已」來。乾元即是形上實體（metaphysical reality）。《中庸》言「誠」也是當作一個形上實體看，不只是道德的。把個人道德上表現的「誠」擴大化，誠的意思是真實無妄，這個真實無妄不但在人這方面說，就是宇宙那個最高的實體也是真實無妄，虛假就不成了，虛假就沒有「天命流行」。佛教看天地萬物後面的根據是無明，無明就沒有真實，所以如幻如化。那是一套宇宙觀，那一套宇宙觀跟儒家根本衝突，儒家講誠體流行，所以儒家不贊成佛教。但佛教也能成一套學問，要了解佛教很難。

　　《中庸》講誠，誠是宇宙間那個形上實體，這跟《易傳》講乾元的意思一樣。因此，濂溪以「誠」合釋「乾元」說道體。「元、亨、利、貞」四個階段，「元亨」屬於「誠之立」，「利貞」屬於「誠之復」。所以吳草廬讚濂溪「默契道妙」。

第五講　〈乾·彖〉的義理——儒家的道德形上學

　　我把乾彖的義理輪廓給你們講出來，這個義理是什麼義理呢？就是道德的形而上學。這個義理屬於道德形上學的義理，它的義理規模就在乾彖裡面。「大哉乾元，萬物資始。」這個乾元之道是一個概念，這個概念根據什麼來呢？你要知道它的來源就是根據《詩經》「維天之命，於穆不已。」《中庸》引此詩，並加一句「蓋曰天之所以為天也。」這個「於穆不已」就是天之所以為天，這個「所以」表示天的本質。中國以前沒有本質這個概念，本質（essence）這個詞從亞里士多德來，中國表示本質就從「所以然」那個「所以」講。「天之所以為天」就是說天所依以成其為天，天就是憑「於穆不已」才能成其為天。有「然」，有「所以然」。「然」是事實上如此，它所以如此的道理就是「所以」。依西方的名詞，然是實然，所以然是本質。本質是邏輯的語言，往上提，集中到形而上學層次講，那個「所以然」相當萊布尼茨（Gottfried Wilhelm Leibniz）的充足理由律（law of sufficient reason）。萊布尼茨就「所以然」建立充足理由律，所以然代表然的一個充足理由，充足理由就是充足條件。

充足理由有好幾個層次的講法，可以是邏輯的講法，可以是科
學的講法，也可以是形而上學的講法，或者神學的講法。萊布尼茨
的講法是神學的講法，照神學的講法，充足理由指上帝講，上帝所
代表的充足理由就是使這個杯子存在，使這個杯子存在就是創造這
個杯子。所以充足理由律是個實現原則，唐先生名之曰存在之理。
基督教講上帝創造萬物，創造是從無而造，就是原來不存在，我現
在使它存在。這個就是從「然」（這個東西事實上如此），追問它
所以如此（所以出現這麼一個東西）的理由。「所以然」有好幾層
次的講法，要是邏輯的講法，就是本質，杯子成其為杯子有其本
質，就是對這個杯子下定義所舉出來的特性。邏輯的講法再具體歸
到現實上來，就是科學的解釋，科學的講法對「所以然」可以作物
理的解釋，或者化學的解釋，就是作自然科學的解釋。科學的解釋
把那個本質具體化，這個還在現象界的範圍內。再進到形而上的層
次，照神學的解釋就是上帝的創造，上帝使它存在。上帝不能表示
這個杯子的本質，上帝是創造它，使它存在，它原來沒有，使它現
在有，這一層的「所以然」西方叫做神學的講法。類比神學的講
法，照中國儒家的道德形而上學講，哪個概念與「上帝」相當呢？
就是「大哉乾元」。

乾元是個創造原則，創造什麼東西呢？就是它原來不存在，使
它存在。「大哉乾元，萬物資始。」萬物資以有其開始，有其開
始，就是有其存在，這不是創造原則嗎？乾元就是創造原則。「大
哉乾元，萬物資始。」的根據在《詩經》「維天之命，於穆不
已。」《中庸》引以說「天之所以為天」，就是拿「於穆不已」作
為天的本質，這個本質是方法學上的詞語，也是個邏輯的詞語。天

的本質就是天的本性，天的本性是什麼？就是創造，創造萬物。創造就是它原來不存在，使它存在。「天命不已」、「大哉乾元」擔負的責任就是使天地萬物存在。我根據亞里士多德名之曰「實現之理」（principle of actualization），實現之理就是使它實現出來，使之成為現實。沒有實現之前，它只是個可能，實現之後，成為現實的。所以我說「大哉乾元，萬物資始」根據「維天之命，於穆不已」來，這個就相當萊布尼茨的充足理由原則。

萊布尼茨從神學的立場講，充足理由就是上帝創造。從哲學立場講，唐君毅先生名之曰「存在之理」（principle of existence），就是使每一物有存在性的一個原則。我名之曰「實現原則」。這種義理在儒家就叫做形而上學中的義理，在西方傳統就叫做神學中的原理。中國沒有神學，照中國的文化傳統就叫做道德的形上學。道德形上學的內容就是天道性命通而為一，這個是宋明儒學的論題。照《孟子》講，就是盡心知性知天。照《論語》講，就是踐仁知天，下學而上達，上達就是知天，通過實踐把仁道體現出來，你就可以知天道。這個就是儒家道德形上學的義理。所謂義理之學，義是概念，理是原則，概念與概念連貫起來就是理，這都是方法學上的名詞。照佛教講，義就是法、法義。理就是空理，緣起性空。各有各的義理，義理是方法學上的名詞。

儒家道德形上學的義理規模都在〈乾‧彖〉裡面表現出來，這就是兩個原則，創造性原則是綱領原則，創造性原則在「元、亨、利、貞」的過程中就藏有另一個原則，那個原則就是保聚原則，也叫做終成原則。〈乾‧彖〉就是了解乾卦這個本性，兩個原則都藏在裡面。把終成原則特別提出來專講就是坤卦，坤卦代表終成原

則。乾卦代表創造性原則，是綱領，在這個綱領下，終成原則就在
這裡面完成萬物之為萬物。所以中國文化尊乾而法坤，這兩個原則
沒有人能反對。尊乾就是以創造原則為尊，為綱領，法坤就是取法
於坤。終成原則代表母道，照宇宙論講，坤是終成原則。法坤是照
我們人生的修養之道講，取法於坤就是做道德的修養工夫，道德的
實踐都是坤道。如何能成為聖賢君子呢？就是要法坤，取法於坤
道。

　　乾是創造性原則，是體。我們本身不是乾道，我們是要把這個
乾道表現在我們的生活中，把這個「體」體現到我們的生命中來，
這就要通過一個實踐的工夫，這個實踐的工夫統統是坤道。你看坤
卦裡面，主要講的是道德實踐，道德實踐都在坤卦裡面。乾卦只講
一個「體」，人不是體，人要成為聖人，成為君子要體現這個
「體」。成聖成賢是有層級的，天道裡面有什麼層級呢？奧妙就奧
妙在這個地方。我說：「聞道尊孟軻，為學法荀卿。」孟子是乾
道，是創造性原則，是綱領。不管你有多大的創造，多了不起的天
才，你總是人，你不是神，你總要學。學當然有好幾層，有好幾種
學的方式，但總是要學，學就落到坤道上。所以，坤道是保聚原
則，你沒有這個學，光講乾道，它不能凝聚。不要以為創造是火車
頭，不能凝聚就是橫衝直撞。要有所成，有所成就要使它凝聚。光
講創造而無所成就是虛無主義。

　　哲學家要好好想一想，要指導這個現代化的科學社會往哪裡走
呢？不能讓它按照現時的樣子自然發展下去，自然發展下去一點好
處也沒有。唸哲學就是要思考這些問題，這就是時代的問題，不要
以為講哲學是胡思亂想。我們講這種哲學與時代、人生、社會、民

族、個人生命都有關係的，所以我們才講這種學問。

　　乾卦講過了，下面接著講象傳，象傳就是「天行健，君子以自強不息。」象者，象也，就是要在日常生活中找一個道理說明乾卦這個創造性原則。「天行」後面何以加一「健」字呢？這個「健」作生生不息講，健行不息就是生生不息，這是從乾元的創造性原則透露出來的。從人事生活上了解這個道理，一點不錯的。「天行健，君子以自強不息。」是根據〈乾‧彖〉「大哉乾元，萬物資始」講。「大哉乾元，萬物資始。」是本體宇宙論地說，是一個本體宇宙論的語句。「天行健，君子以自強不息。」是象徵語句，從我們日常生活上講的，從實踐生活上講，取證於人的實踐生活，象是屬於實踐的，彖是本體宇宙論的。

第六講 先天而天弗違，後天而奉天時（〈乾卦〉卦辭、爻辭、〈象傳〉、〈文言〉）

「元、亨、利、貞」四字是〈乾卦〉卦辭，說明〈乾卦〉的主要性格。〈乾・彖〉是根據「元、亨、利、貞」這四個字再加以判斷，加以解釋。彖者，斷也。就是根據「元、亨、利、貞」這個卦辭來判斷〈乾卦〉的特性。我費了幾堂課的時間講〈彖傳〉，儒家的根本洞見就在這個〈彖傳〉裡，這個就是儒家的道德形而上學。〈彖傳〉幾句簡單的話代表一個方向，代表儒家的義理，道家沒有這種道理，道家的講法跟《易傳》完全不一樣，可見儒家與道家是兩個系統。王弼這個年輕人註老子《道德經》註得很好，因為他的頭腦與老子相合，但他註《易經》就註得不對。他用道家的玄理來註孔門的義理，所以不相應。王弼這個年輕人是個聰明人，但這個聰明人完全不能判教，完全不能分判儒家與道家的區別。他註老子《道德經》那個大文章就寫得很好，《道德經》他能了解，但《易傳》的〈彖傳〉，〈象傳〉，〈文言〉他就不能了解，不是他不識字，是他的頭腦不能了解孔門的義理。

「元、亨、利、貞」是卦辭，除了卦辭之外，還有爻辭。一個卦由六爻構成，本來是三畫卦，伏羲畫的是三畫卦，重而為六，是

文王所作。朱子著《周易本義》有一首〈八卦取象歌〉:「乾三連,坤六斷,震仰盂,艮覆碗,離中虛,坎中滿,兌上缺,巽下斷」。重而為六,成六十四卦。文王做六十四卦,歷史上這樣講,到底是不是文王所作呢?我們暫且不管。

每一個卦有六爻,每一爻有一句話說明這個爻的性質,這就是這個爻的爻辭。照〈乾卦〉講,六爻就是:初九、九二、九三、九四、九五、上九。剛剛開始的陽叫做初九,初是開始,這個陽定了才說九二。每一爻代表一個時位,時位這個觀念很重要。時位用西方的詞語說就是時間、空間,中國沒有時間、空間這種抽象的觀念,中國用時位一詞比較具體。時位用以表示爻的性格,照西方的思考方式,可以說時位是爻的形式條件(formal condition)。除形式之外,什麼東西代表質料(matter)呢?那個 matter condition 從哪裡看出來呢?中國人沒有這種抽象的觀念,中國人的頭腦是很具體的。我們說時位是爻的形式條件,那麼,這個形式條件所表示的那個爻的質料一面在什麼地方表示出來呢?就在爻本身。爻本身就是氣,陰陽以氣言嘛!所以,時位是形式條件,時位這個形式條件所表示的那個爻的質料的成份就在爻本身表示。

初九:「潛龍勿用。」(爻辭)初九就是陽爻剛開始的階段,這個時候,陽氣在最幼嫩的狀態,它未能顯出它的作用。

九二:「見龍在田,利見大人。」(爻辭)這是第二階段。人生也可以按照六位來了解,照一個人的生命講,初九、九二是十八歲以前的成長階段,少年時期,還沒有加冠,不用負社會法律責任。九三、九四代表中年階段,是一個過渡階段,出問題最多的時期。九五、上九達到最高峰,達到最高峰就要向下滑,就要起變

化。

九三：「君子終日乾乾，夕惕若，厲无咎。」（爻辭）乾，健也，自強不息的意思。「夕惕若」，就是說夜裡也要警惕。厲，嚴重的意思，表示這個時候有問題。所以你要「終日乾乾，夕惕若」，才可以无咎。假如你不能乾乾，也不能夕惕，就會向壞的方向發展，你就有咎。能无咎全靠你能乾乾，也能夕惕。這個爻辭就表示這個位的性格是如此，表示這是一個有問題的階段。

九四：「或躍在淵，无咎。」（爻辭）或，或者的意思，表示疑而未決。按人生講，這也代表中年階段。中年人是建基立業的時候，照黑格爾（G. W. F. Hegel）講，中年人是散文時代，表現知性能力的時期。

九五：「飛龍在天，利見大人。」（爻辭）九五最好。

上九：「亢龍有悔。」（爻辭）知進而不知退，則有悔。照人生講，就是要「功成身退」。《論語》云：「及其老也，戒之在得。」人追求的無論是知識或是財富，天天增加，並不一定是壞事，但老年人戒之在得，這個時候最好是客氣一點，謙退一點。假如你在「得」方面不謙退一點，就是貪婪無恥。無限追求的精神，建功立業，追求知識，追求學問，那不是貪婪無恥，但當你追求不到，你不應該再往前進，你硬要往前闖，就變成貪婪。這個分際很難說，這些話都是經驗之談，你們年輕人也沒有這個經驗。

用九：「見群龍无首，吉。」（爻辭）只有乾卦、坤卦有用九、用六，其他卦沒有。這個地方沒有什麼道理。許多人喜歡在這個地方發揮，朱謙之以「用九」講泛神論，熊先生從「用九」講無政府主義，那都是沒有什麼道理的。所以，這個地方我不去強講，

講義理也不必從這個地方講。

〈象傳〉：「天行健，君子以自強不息。」這是就著〈乾卦〉卦辭講的象，就是〈大象〉，〈大象〉相應彖傳。下面是〈小象〉：「潛龍勿用，陽在下也。見龍在田，德施普也。終日乾乾，反復道也。或躍在淵，進无咎也。飛龍在天，大人造也。亢龍有悔，盈不可久也。用九天德，不可爲首也。」〈小象〉是就著六爻說的象，就是對每一爻加以解釋。初九是「潛龍勿用」，「潛龍勿用」是什麼意思呢？就是「陽在下也」。九二是「見龍在田」，「見龍在田」是什麼意思呢？就是「德施普也」。如此等等。

下面看〈文言〉。經過〈彖傳〉、〈大象〉、〈小象〉的解釋之後，再進一步重加解釋，就叫做「文言」。文言就是文飾之言。前面的解釋很簡單，文言是擴張、展開的解釋。

〈文言傳〉曰：「元者，善之長也；亨者，嘉之會也；利者，義之和也；貞者，事之幹也。」這是對「元、亨、利、貞」的解釋，這個解釋沒有什麼道理，不是照「元、亨、利、貞」當作四個階段的發展來看。〈文言〉這個解釋落在社會日常生活中，這是一種發揮，不是很嚴格的，不能拿來作標準。講「元、亨、利、貞」要就著〈彖傳〉「大哉乾元，萬物資始」講，這個講法才是「元、亨、利、貞」的本義。周濂溪《通書・誠上第一》講「元、亨、利、貞」就是按〈彖傳〉講，是嚴格的講法，那是對的。

「利者，義之和也。」這不是「利」的原義，這是說的利益之利，是生活上的發揮，不是乾卦卦辭言「利」的本義。照儒家的義理講，利是利，義是義。利是形而下的，當然不好，但是，拿「義」這個原則調節它，就是好的。義也不能離開利，那是另一種

發揮。利本來是形而下的，是現實的，講道德不能講利，但是，生活不能離開現實的一面，也就是不能離開利。只能把利統屬到義上去，拿義這個客觀的超越的道德原則來調節它，達致諧和，不要衝突。

「貞者，事之幹也。」這也不是「貞」的原初本義。

「君子體仁足以長人，嘉會足以合禮，利物足以和義，貞固足以幹事。」（〈文言傳〉）這是拿「仁、義、禮、智」配「元、亨、利、貞」，不是〈彖傳〉的本義，是另一種發揮。這完全是落到社會生活中，是實踐上的講法。這是好句子。

〈彖傳〉、〈象傳〉是本體宇宙論的講法，〈文言〉進一步用發問的方式，落在實踐上加以解釋。這個你們自己讀。其中九五〈文言〉最重要：「夫大人者，與天地合其德，與日月合其明，與四時合其序，與鬼神合其吉凶。先天而天弗違，後天而奉天時。天且弗違，而況於人乎？況於鬼神乎？」這段講人修養的最高境界。

「夫大人者，與天地合其德，與日月合其明，與四時合其序，與鬼神合其吉凶。」天地之德是「生」，德者生也，創生萬物；大人之德是「仁」，仁就是生德。所以說大人之德與天地之德相合，他生命中的光輝與日月的光明相合，他的生活秩序與四時的秩序相合，他對於吉凶的感應與鬼神對於吉凶的感應相合。這是道德修養的最高境界，也就是聖人的境界。此如孟子言「充實之謂美，充實而有光輝之謂大，大而化之之謂聖，聖而不可知之之謂神」（〈盡心下〉）。

「先天而天弗違，後天而奉天時。」這兩句話是儒家道德形上學的綱領。主詞是「大人」，也就是聖人。大人這個生命從先天方

面看，天也不能違背他。「先天」是副詞，是超越的意思。超越地看大人的生命，天也不能違背他。超越地看，就涵著從德方面看，大人超越的生命就是德性生命。天不能違背大人生命中的德，這個德要從超越方面看，超越地看，聖人的生命全體是德性生命。但聖人還是個人，所以還要說「後天而奉天時」。不是天不能違背大人的那個形軀生命。大人也有現實一面，後天來看，用康德的話說就是內在地（immanent）看，內指地看，聖人也要遵守天時，不能違背自然趨勢。奉，遵守也。天時，天然的自然趨勢也。

聖人的生命有先天面，有後天面。先天面就是耶穌說的「我就是生命，我就是道路，我就是真理。」基督教不講「後天而奉天時」的一面。耶穌也說「我是神之子，也是人之子。」後來傳教的人把耶穌講成只是神。只有基督教只講耶穌是神，佛教、道家都有兩面講。依佛教，道身是超越地看，法身是內在地看。「先天而天弗違，後天而奉天時」兼顧兩面，一定要兼顧超越與內在兩面。你懂得這兩句話，你就能了解儒家的全部真理，道德的形而上學就在這裡面。

第七講　道德實踐是法坤（〈坤·彖傳〉）

〈坤卦〉純陰，六畫都是陰爻。坤代表凝聚原則，凝聚就是保聚的意思。說「凝聚」、「保聚」稍為具體，你要是不喜歡用這兩個詞，說「終成」也可以。凝聚原則就是終成原則，終成原則等於西方古希臘時期亞里士多德的 final cause。從 final cause 表示的原則就是終成原則。final cause 譯作「目的因」。目的因是向前看，任何東西是一個發展，往一個方向發展，發展到完成一個目的，目的達到了，那個地方就叫做「目的因」。我們從發展的觀點了解一個東西，發展就要向一個目標發展，final 就是最後的意思，這個符合《易傳》說終成的意義。終成就是停止了，停止就是最後。終始是很重要的觀念，《易經》的哲學就是終始哲學，重視一個終始過程（process of becoming）。

在西方哲學，becoming 是抽象，分析的，概念的思考。中國人比較具體，沒有 becoming、being 這種字，中國人講「誠者物之終始，不誠無物。」（《中庸》）西方說「最後的原因」（final cause），中國說「終成」，頭腦不同，所表示的意思是相同的。在希臘亞里士多德的系統裡，「四因」（material cause, formal cause, efficient cause, final cause）都是說明 becoming，通過這四個原因來說明任何東西的一個 becoming，就是通過「四因」完成這個 becoming。跟這個 becoming 相對反的詞就是 being。從希臘開始有兩個基本概念：being、becoming。being 代表「是是什麼」（按：「是是什麼」乃亞里士多德經常使用的一個詞組 to ti en einai 的中譯）。西方人從 I am，you are，he is，they are 講存在是靜態的。中國人不用這種靜態的講法，中國人從「生」講，「生」代表一個東西存在，是動態的講法。西方人的講法是靜態的，抽象的，很難了解，所以中國人很難了解西方人的頭腦，很難了解西方人那一套，西方人也很難了解中國人這一套。

在西方哲學，am，are，is 表示存在，存在轉成動名詞 being，就譯做「存有」，或譯做「實有」。存有抽象一點，存在比較具體一點。am，are，is 是具體的，就人稱講，有單數、複數，being 從 am，are，is 這個具體的東西抽象出來，成一個動名詞 being，譯做「存有」或「實有」。籠統的說，being 也有人譯「存在」，嚴格講，二者要區分開。becoming 也是個動名詞，becoming 從 become 這個動詞來。西方這種名詞都是抽象的，邏輯的。亞里士多德看任何一個東西都有一個生成過程，不要說人、有機物，就是杯子，也有杯子成為杯子的一個過程。嚴格講，上帝只創造自然物，山河大地是上帝創造的，但粉筆桌子就不是上帝創造，那是人造的。人造的就是說這個粉筆有這個粉筆成其為粉筆的一個過程，通過幾個化學成分，這些化學成分之間有一個相當的比例，這個比例就是一個化學公式，我們按照這個化學公式造成這枝粉筆。譬如，上帝只造水，並不造氫二氧一，根據氫二氧一這個公式造水是人造水。在上

帝面前只是物自身，水就是水之在其自己，水不是當一個現象看，並不需要知道氫二氧一的公式。我們分析水爲氫二氧一是當作一個自然現象看，作爲一個科學的對象，科學的對象是對人而言。這個就是康德哲學的見解，中國人不懂康德的現象與物自身的觀念，現在的中國人不懂，以前的中國人也不懂，這個需要有高度的訓練才成。

依照亞里士多德的講法，任何東西都是通過一個成爲過程而完成，「完成過程」是一個總攝的說法，把這個總攝的說法打開，剖解開來看它裡面有些什麼成分，亞里士多德就在這個地方講「四因」（質料因、形式因、動力因、目的因），「四因」就是四個基本成分，也就是四個原則，通過這四個原則來完成一個東西。講目的因是向前看，所以能向前看，能達到這個目的，後面一定有一個力量，那個力量就是動力因。所以，動力因是從後面看，目的因是向前看。照《中庸》、《易傳》的講法，final cause 可以譯作「終成因」，「終」就是停止了；「成」就是完成了；「因」就是根據的意思，原則的意思。中國人講生成始終，終對著始講，成往後推，對著生講。終落在「利貞」，見終就見成。

〈坤‧象傳〉曰：「至哉坤元，萬物資生」萬物皆憑賴坤元有其生，生就涵著其後的成。生就是存在，它生，它就存在著。這是孔門義理，是道德的形而上學。〈乾‧象傳〉講「大哉乾元，萬物資始」是開始它的存在，代表創造原則。從「存在著」這個地方講，就是「資生」。「資始」那個地方，原來什麼也沒有的，所以唐君毅先生名之曰「存在原理」。它原來不存在，我使它存在，這個是始；存在以後，你照這樣而存在著，這就落實了，真正成一個

現實的東西。這個意義的「資生」在老子通過「有名，萬物之母」
講，「存在著」，老子《道德經》說「有」。所以，「至哉坤元，
萬物資生」這個「生」字，在《道德經》就屬於「有名」範圍之
內，是「有」的範圍之內。用西方哲學的名詞，「有名萬物之母」
一句中「母」字就是 ground，就是 formal ground，也是柏拉圖那
個 Idea，亞里士多德那個 formal cause。中國人講「父生母養」，
生就是養。照《易經》講，這個「生」就是養，《道德經》保存了
這個意思，保存在「有」的範圍之內。

　　「母」是形式原則。王弼云：「長之育之，亭之毒之，爲其母
也。」長育亭毒，就是「母」的意思。在「有」的範圍內，萬物才
能長之、育之、亭之、毒之，才能得其生，得其育，得其亭，得其
毒。生育成熟，母的責任就在「長之育之，亭之毒之」這個地方，
這是最具體的講法。這不是哲學的詞語，這是漫畫式的語言，「有
名萬物之母」是具體的漫畫式的詞語。「長之育之，亭之毒之」就
要落在「有」的範圍內，這個地方不能說「無」。這個很好，道家
在這個地方與《易經》一樣，道家說「母」，《易經》說「資
生」。老子《道德經》說：「無名天地之始」，那就是另一個系
統，是道家玄理的系統，道家通過「無」說始，創造性不顯。照
《易傳》講，乾元代表始，始代表創造，始就是開始有其存在。開
始有其存在，落實了就要有一個具體的東西來完成它，完成它就是
終。乾坤之理抽象地講，用哲學詞語講，就是創造原則與終成原
則。創造必然涵著有所成，有所成的創造才不陷於虛無主義。你們
要講這些義理，就要學會抽象思考，要學會使用哲學詞語。

　　現代科學社會把啓發人靈感的自然環境破壞了，人類今後有沒

有以前那樣的文化很難說。現代文明是理智的，現代文明光重視人的幸福沒有什麼好處的，沒有文化敎養，人爲萬物之靈的意義就沒有了。現代人只有狡猾，沒有文化，只有理智，沒有理性。理性的觀念有價值判斷，孔子的「仁」就代表理性。理智沒有價值的判斷，理智就是計算，頭腦精明得很，算盤打得很精明。

「乾，元、亨、利、貞。」這是〈乾卦〉卦辭，前面講過了。在「利貞」那個地方，終成原則就藏在那裡，把它抽出來單獨講就是〈坤卦〉。「坤：元亨，利牝馬之貞。君子有攸往，先迷後得主，利。西南得朋，東北喪朋。安貞，吉。」這是〈坤卦〉卦辭，都是具體詞語。

坤元不能先於乾元，因爲領導它的是乾元那個創造原則，要是它先於創造原則，那它一定迷失路向。沒有方向理性作領導，沒有指導原則作先在根據，只有技術理性，這個社會一定迷失方向。我們的技術理性一定要有一個方向理性作它的指導。一切道德修養的完成都在〈坤卦〉、〈坤‧文言〉裡，這是台大同學范良光的發現，他有新貢獻，新觀念。

卦辭之後，進一步了解這個卦的性格、本性，就是〈彖傳〉，〈彖傳〉就是根據卦辭而做成的。彖者，斷也。根據〈坤卦〉卦辭而對於〈坤卦〉這個性格下一個判斷，就是〈坤‧彖傳〉。

〈彖〉曰：「至哉坤元，萬物資生。」我們可以拿這個跟《道德經》講「始」、「生」比較，這是兩個系統，可以做文章。「有名，萬物之母」跟「有，名萬物之母」意思一樣，兩種寫法都可以，這句話是假定我們從「無」了解天地萬物的開始。天地萬物就從「無」開始，不能從「有」中開始，從「有」中開始就永遠沒有

開始，落在「有」就不能叫做「生」。所以王弼的註在「有」的範圍之內講「長之育之，亭之毒之」，這就是兩個系統。可以做儒家和道家兩個形上學系統的比較，就是《道德經》和《易傳》的比較，《易傳》也就包括《中庸》的義理在內。這一比較你就可以下判斷，判斷王弼註《老子》是相應的，註《易》卻不相應，這個問題可以做論文。王弼對於儒家系統完全不了解，他所了解的只是道家的玄理，這個玄理跟《易》的道德形而上學的義理不同，你要了解得很好，這不容易。這就是哲學思考的第一步。

「萬物資生」生就涵著生長，就是生育成熟。《道德經》所謂「長之育之，亭之毒之」就是在「有」的範圍內進行。當我們說創造，是從「無」而造，原來不存在，現在使它存在。從「無」而造就表示說不是利用已有的材料加上 form（形式）。利用已有材料加上形式，這叫做製造，不是上帝的創造。創造是創造這個個體，不是只創造這個 form，不是創造抽象的概念。

「坤厚載物，德合无疆。含弘光大，品物咸亨。」〈坤·象傳〉這幾句話很好，是智慧的語言。所以，君子的道德修養就是法坤，中國文化的綱領就是尊乾而法坤。君子變化氣質，作道德修養總要以厚德載物爲標準，不厚就是薄，薄不行。乾代表創造原則，坤代表終成原則，兩個原則都不得了。

「先迷失道，後順得常。」（〈坤·象傳〉）這兩句什麼意思呢？就是說坤元不能先於乾元創造原則，它後面一定要有一個方向理性作它的領導。它先則迷失方向，所以迷失方向因爲失道。後得主的時候才順，「順」就是順成。

「人身難得」。人身所以難得，照康德的講法，人有可教可化

的性能，自然的傾向，這樣一來人才是自然的最後的目的。一切東西都有目的，而人是最後的目的，人的目的是最高善（圓善）。人是為圓善而存在的，所以說「人身難得」。人落在道德修養都是法坤，人的生命的本體是創造原則，使這個創造原則顯現出來，體現出來，要通過修養，因為人不是創造原則本身。創造原則是你的本體，你生命中的本體，這個本體要能體現出來就要通過工夫。依照西方的講法，這個本體抽象出來就是上帝，人不能是上帝本身，我們只能說人怎麼樣跟上帝合一。中國人不講上帝，只講創造性本身，創造性作我們生命的本體，就是道體。中國人講道體，不把它客觀化，也不把它人格化。西方對絕對本體客觀化，絕對化。客觀化是第一步，第二步是人格化，絕對本體通過這兩步成為崇拜的對象。中國人只把「道體」看作生命中的本體，並不把這個絕對性的本體客觀化，人格化。中國人在這個地方最理性，把客觀化、人格化的兩步化掉。中國人知道客觀化、人格化的兩步是假的，只承認天道性命通而為一的道體，絕不把道體客觀化、人格化。中國文化儒、釋、道三家都有這個智慧，最典型的是儒家；道家是另一系統，也是如此，道家那個道是有、無，並沒有客觀化、人格化；佛教講三德秘密藏、法身、解脫、般若，決不把法身、解脫、般若客觀化、人格化。中國人理解的道體不是神，不是人格神（personal God），這就是中華文化，這是最清楚的。

　　照佛教判教，基督教當是權法，權就是一時的方便，不是正常的，所以是小乘。權法與實法相對，天臺宗判教就是權實相對，它一定講圓實教，除圓教以外統統是權教。中國人、東方人的思想成熟、理性，所以他向圓實方面落實。從圓實裡面提出來，起波浪，

統統是權法。從圓實裡面提出來，有一個人格化的上帝，這不是起波浪嗎？陸象山最聰明最有智慧，這種起波浪，陸象山有一句話，他說：「平地起土堆。」以圓實教爲標準，這是一個平地，從圓實教這邊提出一個東西，把這一個東西凸出來，把它客觀化、人格化，這就叫做「平地起土堆」。這是智慧。從理性上講，中國人、東方人最成熟，西方人不行。西方人在了解現象（phenomena）方面行，在本體（noumena）方面很不行。但了解現象很重要呀！現代中國人既不了解現象，也沒有本體的體悟，所以我們現在努力就是要恢復中國的傳統智慧，同時恢復西方的正式傳統，這樣中華民族的生命才能暢通。要不然民族生命永不能暢通，還要受罪。

第八講　厚德載物，直方大（〈坤卦〉爻辭、〈象傳〉、〈文言〉）

　　〈坤‧象傳〉：「地勢坤，君子以厚德載物。」這句話很好，這是名句，金玉良言。乾坤兩卦〈彖傳〉、〈象傳〉、〈文言〉大家要常讀，背誦。先有哲學的了解，抽象的了解，然後落實到具體的詞語上，這是讀古典的一種方便法門。〈坤‧象傳〉與〈乾‧象傳〉兩兩相對，〈乾卦‧象傳〉也是一句話：「天行健，君子以自強不息。」「君子以自強不息」表示創造性貞正不移，這是重要的經典句子。一個是「自強不息」，一個是「厚德載物」，你看，這兩句話多有原則性呢！這種原則沒有人能反對的。

　　「厚德載物」。「厚」是厚重，不要輕薄膚淺。「載」是持載的意思。人要忠厚，厚德才能載物，這跟地一樣。地為什麼能持載萬物呢？因為地厚，地大物博嘛！下面是小象，每一爻有它的性格，對於這個性格有一個象徵的了解，那就是小象。小象你們自己讀。

　　〈坤卦〉的爻辭也要讀一讀，沒有什麼了不起的深刻的哲學在爻辭裡面，但是人生體會的道理很親切。初六：「履霜，堅冰至。」這是爻辭，秋天有三秋，走在霜上，就知道一步一步而來的

季節，也就知道堅冰要到了。

六二：「直、方、大，不習，无不利。」這是六二爻辭。六二爻是很好的一個爻，這個爻直、方、大，程明道、陸象山最重視這個「直」字。這表示一個人在人生現實生活的過程裡面，能夠表現直，表現方，表現大，這是很難做到的。誰人能眞正表現直、方、大呢？這是人生生活上很重要的體會。所以，明道最喜歡「直、方、大」，陸象山也常講「直、方、大」這三個字。這就是陽剛的生命。六二是坤卦啦，足見坤卦中也有創造性原則，創造性原則與終成原則到處應用。不要以爲男人的生命統統是創造性，它在創造性中尊乾而法坤，尊乾而法坤是陽中有陰。女性的生命中有凝聚性原則，也有她的創造性原則。每一個生命皆如此。

「不習」就是完全是 original，從最根本的地方講簡易之道，簡易才能「直、方、大」，不簡不易，彎彎曲曲，出小花樣，做小手腳，這種人沒有什麼意思，這種生命沒有意思的。《易傳》講簡易，只是從最根源的地方講才是簡易。「簡」是 simple，易是 easy。並不是到處是簡單容易，只是從道那個最根源處它是簡單容易。中國人以前講這個道理，但不能概念地詳細講出來。所以，我藉引西方哲學家康德的哲學把這個道理概念地講出來。什麼地方講簡易呢？從自律道德那個地方講，那就最簡單容易。假若你講他律道德，道德法則不是自己的自由意志所自立、自律，而由其他的條件替你建立，那麼，這個道德一定很麻煩，因爲你要知道很多外在條件嘛！外在條件無窮無盡，你怎能知道那麼多呢？你知道十個，你以爲最好，按照這十個條件建立道德法則。但是，另一個人知道十五個，比你還要好，他按照他的十五個條件建立道德法則。那不

是有麻煩了嗎？假若你說道德法則是上帝給你預備好的，那麼，上帝在哪裡呢？我沒有看見上帝。假若你說法院給你預備好，或者說共產黨給你預備好，那都是他律道德呀！什麼叫做「善」（good）呢？依照英國人功利主義的講法，大多數人的幸福快樂就是善，這是從快樂幸福來決定善不善，是他律道德。基督教從上帝那裡決定，以上帝的意志為意志，但上帝能替你決定道德法則嗎？共產國家是黨給你決定，馬克思主義的意識形態給你決定，但它怎麼能給你決定道德意志呢？

　　依照他律道德，你要知道很多條件，需要很多知識，這就不簡單了，也很困難。你說大多數人的幸福就是善，但是，什麼是幸福呢？你以為這個幸福，我不以為幸福。你以為吃辣椒幸福，我以為吃大蒜幸福，究竟哪一個幸福呢？所以，他律道德以外面的東西規定什麼是善，什麼是不善，最複雜、最困難，需要很多知識。依照自律道德，按康德的講法，從自由意志決定，按陸象山、王陽明來講，本著我們的良知來決定，這個最簡單容易。王陽明舉兩個例子最清楚，所以王陽明是最了不起的哲學家。在西方就是康德，康德能夠了解自律道德，並且把道理給你講清楚。當年王陽明也給你講清楚了。王陽明說：「舜不告而娶，武王未葬而興師。」這種決定就叫做「良知的決定」。以前結婚要告訴父母，舜沒有告訴他的父母就結婚了，就決定了，因為他知道一告訴父母就不能結婚了。舜的父親很壞，所以「舜不告而娶」。武王伐紂的時候，文王剛去世，還沒有安葬。沒有安葬父親就要出征打仗，這個按照平常的道理不行呀！嚴格講不合法的。這個時候就是良知自己決定。這個你問誰呢？你能參考什麼呢？這個時候道問學沒有用，沒有什麼學問

能告訴你應該怎麼做，許多科學知識沒有用的。

王陽明舉「舜不告而娶，武王未葬而興師」這兩個例子最顯明了，這種決斷就是薩特（Sartre）說的「存在的決斷」，要做這種決斷參考許多書沒有用的。人的生命中哪個能力能作這種存在的決斷呢？就是良知，就是孟子講的「四端之心」。莎士比亞《哈姆雷特》劇本中有一個很重要的句子：「to be or not to be」，你總要有個決斷，生歟？死歟？哈姆雷特那個時候要有一個決斷，究竟生歟？死歟？存在呢，抑或不存在？薩特就根據這名句寫他的書。或者是這個，或者不是這個，你總要有一個決斷，這種決斷就是存在的決斷。這種存在的決斷只能從哪裡講呢？不是有什麼邏輯的根據，不是根據什麼科學的原理，這完全是根據自律道德講的。要是依據科學的根據、邏輯的根據，那是他律道德，那個麻煩得很。所以，簡易從最根源處說，這是籠統地講。清楚地說：就是康德講的自律道德。

從簡易這個地方才能講「直、方、大」。不必經過經驗的磨練培養，到處無往不利，這個要從根源處講。所以六二爻辭云：「直、方、大，不習，无不利。」不是到處簡易，簡易從高層次講，落到技術上說，技術都很瑣碎。所以《易傳》講簡易。雖然講簡易，但不是不知險阻，險阻的地方就有麻煩，麻煩就要有另一種專門人材來處理，技術問題要歸技術處理嘛！

〈象〉曰：「六二之動，『直』以『方』也。『不習，无不利』，地道光也。」這是六二象辭，對於六二爻辭作象徵的了解，取象的了解。

六三：「含章可貞，或從王事，无成有終。」這是六三爻辭。

為什麼說「无成有終」？因為〈坤卦〉是終成原則，成的發動從〈乾卦〉的創造原則來，終成原則是完成創造原則的發動。所以，在〈坤卦〉本身就是无成，「无成」就是不居功，不居功就「有終」。終成原則重視這個「終」字，從它那裡擔負創造的完成。

「六四」、「六五」、「上六」，有些句子是生活上的體會，不一定都有哲學上深奧的道理。把爻辭看過以後，我們重點看文言。只有乾、坤兩卦有〈文言〉。〈文言〉是對〈彖傳〉、〈象傳〉、爻辭、爻象總括起來，再重新解釋。

〈文言〉曰：「坤至柔而動也剛，至靜而德方。」這種話是辯證的。一個人的生命不能是單方面的，所以孔夫子說：「溫、良、恭、儉、讓。」太柔不好，太剛不好，柔中有剛最好。

「後得主而有常，含萬物而化光。坤道其順乎！」（〈坤・文言〉）這都是好文章，都是經典性的文章，不是唐宋八大家那種文章。

「臣弒其君，子弒其父，非一朝一夕之故，其所由來者漸矣。由辯之不早辯也。」（〈坤・文言〉）這是說開始的時候，幾那個地方最重要。周濂溪講工夫就講「幾」，「幾動於彼，誠動於此。」（《通書・誠幾德第三》）這就是說要在「幾」上用工夫。幾發動常有好有壞，在發動的地方你馬上覺察到，在那個地方把那個壞的化除。幾的結果就是勢，到勢成就很難轉化了，不能改變了，那就要承受這個結果。這是儒家的實踐工夫，周濂溪首先重視這個問題。

下面看「直其正也，方其義也。君子敬以直內，義以方外，敬義立而德不孤。『直、方、大，不習，无不利』，則不疑其所行

也。」(〈坤‧文言〉)

「直」表示正，故云「直其正也」。「方」表示義，故云「方其義也」。「君子敬以直內，義以方外。」這是很重要的兩句話，程明道最喜歡引用這兩句話。拿這兩句話表示什麼呢？這是了解儒家學問發展的最重要的關鍵，跟佛教一點關係也沒有。這是有原則性、決定性、本質性的話頭，決定什麼呢？一方面決定自己的道德行為，另一方面還有一個重要的作用，那就是辨佛，只有程明道有這個聰明。為什麼這兩句話有這麼大的關鍵的重要性呢？因為它是分別儒家跟佛家、道家的本質的差異點。方，方正也，方正屬於義道。根據「方其義」，下面說「義以方外」，就是拿這個「義」方正外面。「直其正也，方其義也」二句中「直」字、「方」字是動名詞作主詞。

「義以方外」，就是拿這個「義」方正外面。「方」是動詞，使它正當的意思。「敬以直內」就是以敬來直內。「內」就是內心，代表內部生命（inner life）。以敬來使你的內心直，你才能站起來。否則，你歪歪曲曲的，站不起來嘛！你自己的人格挺不住了。理學家做工夫講「敬」，朱夫子講「敬」，「敬」根據孟子「四端之心」的「恭敬之心」而言。所以，人不能隨便放肆，要站在文化教養上說，不能只注意法庭上合法不合法。古典文化重視方向理性，文明重視技術理性。技術理性不夠的，一定要有文化，文化代表教養、陶養，文化是教養的客觀化。張君勱先生說：「敬表示生命的凝聚。」凝聚不散就是敬。只有儒家講敬的工夫，道家、佛家不講敬。「敬」是道德的詞語，道德的概念。道家講靜，「虛壹而靜」。儒家講「定」。

　　拿「義」來方正外在的社會、外在的世界。人要過社會生活，這是儒家的基本精神。程明道就拿「義以方外」這句話分判儒、佛。佛教講「定」，內心生活弄得很清楚。佛教有它的工夫，工夫的路跟儒家不同，佛教走止觀的路，儒家講「敬」是道德的路。所以程明道說佛家只有「敬以直內」，沒有「義以方外」。這是客氣話。嚴格講，佛家不是「敬以直內」。

　　程明道最聰明，《論語》、《孟子》、《易傳》、《中庸》四部書中重要的句子都是明道指點出來的。你要了解道德之所以成為道德的本質的意義，道德有好幾種講法。照康德講，有自律道德，有他律道德，從他律立場上講道德統統不成的，只有從自律立場講道德才切合道德的本質意義。儒家是自律道德，自律之所以為自律靠什麼東西呢？靠 free will 、moral will，照儒家的詞語講，就是靠本心、良知。真正講主體，從主體這個地方挺立起來，頂天立地，只有儒家，其他諸教都不是從主體挺出來，都是繞出主體以外。這是核心的一點，你抓住這點，你就是儒家，你不抓住這點，你就不是儒家。這是最普通最突出的一點而又最難了解，因為人總想追求往外看。

　　「敬以直內，義以方外」，根據《孟子》講下來，「義」也不是外在的義，義也從內發。重主體，這是儒家跟其他各家各派的分別。這個主體從 free will 、moral will 透出，這個主體真正是能的主體，這個主體當作「能」看。中國老名詞是「能」、「所」，跟「能」相對的是「所」。只有儒家真正的重視「能」，其他的都是重「所」，無論基督教或是道家、佛家都重視「所」。馮友蘭不能算儒家，因為他正好不重視「能」，他也講道德，但不從主體講。

所以，我們為什麼贊成康德？因為從康德能夠真正了解這個主體
性。康德講自律道德就是講意志自律，了解康德的自律道德也不是
很容易的事，西方的道德哲學除康德之外統統是他律道德。中國以
前沒有「自律道德」、「自由意志」這些名詞，但有一些名言，表
達同樣的意思。熊十力先生了解儒家抓住主體這個「能」，了解得
十分透徹，熊先生就是儒家的，可以做開山祖。

「天地變化，草木蕃。天地閉，賢人隱。」（〈坤・文言〉）
這也是很重要的兩句話，程明道常常引用，明道云：「推拓得開，
就是天地變化，草木蕃。推拓不開，就是天地閉，賢人隱。」所
以，我們人的生命要推拓得開。自由世界「天地變化，草木蕃」，
就是它推拓得開，不是一個封閉的社會。全部的儒家道德修養都在
坤文言，我講的坤文言就是「直、方、大」，「敬以直內，義以方
外」，「天地變化，草木蕃。天地閉，賢人隱。」這就是了解中國
哲學最基本的核心的地方。抓不住這個核心就不是儒家。錢穆先
生、方東美、馮友蘭統統不是儒家。所以方東美根本反對宋明理
學，反對孟子，稱讚荀子。

第九講　〈咸·彖傳〉、〈恆·彖傳〉、〈賁·彖傳〉

　　每一個卦象徵一件事情，就這一件事發揮一個道理。剝卦、復卦是很重要的。泰卦、否卦也是一對，也很重要。坎卦、離卦也是一對，都很重要。咸卦、恆卦也重要。六十四卦，你們自己讀，我給你們講幾個要點。

　　剝卦（䷖）是陰剝陽，把陽氣剝盡了，一個人生命裡一點陽氣也沒有，沒有陽氣就沒有生機了。剝卦陽氣都剝掉，那麼，陽氣都跑到哪裡去呢？跑到復卦（䷗）去了。下面講咸卦，咸卦很有意義的。

　　〈咸〉：「亨，利貞，取女吉。」這個卦辭沒有包含什麼道理，那是用在占卜上的。重要義理在〈咸·彖傳〉，〈彖〉曰：「咸，感也。柔上而剛下，二氣感應以相與。」天地間最基本的就是「感」，當宇宙論的詞語看，就是存有論的感（ontological feeling）。這個感就成了宇宙間、天地間最基本的一個實體（reality），正如《中庸》講的「誠」一樣。接下去說：「天地感而萬物化生，聖人感人心而天下和平。觀其所感，而天地萬物之情可見矣。」寫這個〈彖傳〉的人很有存有論的洞見（ontological insight）。西方哲學家中，德國的海德格爾有 ontological feeling。

存在的事實誰負責？西方人把它交給上帝，上帝負責。因爲我們的存在是上帝創造的，存在你自己不能負責，你不能掌握的，上帝創造你的存在。爲什麼他長得漂亮，我長得不漂亮？這個沒有什麼道理的，這是存在的事。「幸福」這個觀念從宗敎來，祈禱什麼呢？祈禱上帝赦免你的罪，給你降福。中國人不是不知道幸福，事事如意，談何容易呢！沒有人能擔保，這是你的存在的事實。命是自己掌握不到的，所以中國人不做祈禱工作。孟子說：「求則得之，舍則失之，是求有益於得也，求在我者也。」你自己的道德生命「求之在我」。又說：「求之有道，得之有命，是求無益於得也。」這是「求之在外」，不是「求之在我」，這屬於存在的事情，基督敎交給上帝決定，中國人交給「天」。

〈咸卦〉下面就是〈恆卦〉。「恆，久也。剛上而柔下，雷風相與，巽而動，剛柔皆應，恆。恆，『亨，无咎，利貞』，久於其道也。天地之道，恆久而不已也。『利有攸往』，終則有始也。日月得天而能久照，四時變化而能久成。聖人久於其道，而天下化成。觀其所恆，而天地萬物之情可見矣。」這是〈恆·彖傳〉。夫婦之道是恆，夫婦之道就是存有論的感（ontological feeling）在人事方面的表現，在人間的表現，夫婦就是陰陽二氣相感。

「天地之道，恆久而不已也。」「聖人久於其道，而天下化成。觀其所恆，而天地萬物之情可見矣。」這幾句話很好。這裡提出「化成」，人文化成的觀念不在恆卦，在賁卦。「賁，亨，小利有攸往。」（〈賁卦〉卦辭）賁者，飾也。〈賁·彖傳〉曰：「柔來而文剛，故『亨』。分，剛上而文柔，故『小利有攸往』，剛柔

交錯，天文也；文明以止，人文也。觀乎天文，以察時變；觀乎人文，以化成天下。」

　　「觀乎天文，以察時變；觀乎人文，以化成天下。」〈賁‧象傳〉這幾句話很重要。「文」不是文章的文，是文飾的文，當動詞用。「天文」是中國的老名詞，「天文」是自然的調理、秩序，陰陽剛柔之道是自然的道理。中國人講「人文化成」就從這裡出，儒家講「人文化成」。「文明以止，人文也。」光講自然秩序不成，自然秩序要加以人的力量，所以觀乎人文，才能化成天下，才能移風易俗。《中庸》講：「參天地，贊化育」，這就是化成天下。化育是自然的化育，要人的力量參予天地之間，參贊這個化育。光靠自然不成。

　　《中庸》、《易傳》代表孔門的玄思，儒家的玄思就是道德的形而上學，前聖後賢存在的呼應。下次講〈繫辭傳〉。〈繫辭傳〉宋明儒都講過了。程明道、周濂溪都能相應，張橫渠大體相應。宋明儒象山表現最好，好不好依據《孟子》講，象山對《易傳》不感興趣。明道講得最好，但明道也有明道的弱點，就是天天掛著聖人的觀念。某方面明道比象山圓融，但沒有象山那麼無憾。孔子、孟子都無憾，無憾就是沒有自卑感。

第十講　在天成象，在地成形
（〈繫辭・上傳〉第一章）

　　繫辭是對著卦、爻所繫的辭。傳者，詮也。傳就是對著繫辭所加的解釋。〈繫辭傳〉開頭一大段是漫畫式的具體的詞語，這種話沒有很多的哲學的意義。重要的意思在「方以類聚，物以群分，吉凶生矣。在天成象，在地成形，變化見矣。」

　　「方以類聚」。古註：方猶道也。「方」解作道，這個說得太重了。這個「方」是方向的意思，是是非善惡的方向。任何事情可以往這個方向走，也可以往那個方向走，這個正好落在道家言「有」的範圍。道家根據「徼向」規定有，這個地方的「方」就等於《道德經》裡的「徼向」的意思。這個太抽象了。具體地說，生活中每一件事情總有一定的方向。我們生活的意念也一樣，念頭一發動，或者往這裡，或者往那裡。所以，王陽明說：「有善有惡意之動。」意念發動一定有一個方向，一定有一個是非善惡的方向。任何事件的方向以類相聚。好的意念跟好的意念在一起，壞的意念跟壞的意念在一起，人在社會上也一樣，性情相合的，是非善惡相合的在一起。是非善惡性情都有一個方向，這在具體生活中隨時表現。所以說「方以類聚」。

「物以群分」。「物」不一定指具體物，事事物物都在裡面，這個物包括事，事也在內，物涵著事。有時以事賅物，有時以物賅事。有時以物表示事，有時以事表示物。說「物」就是具體的事物，說「方」就是說具體的事物後面的根據。老子《道德經》就分三層：無—有—物。「方」是有，「物」是事事物物。

「吉凶生矣」。任何事物，往這裡走就有好結果，往那裡走就有壞結果。你究竟往哪裡走呢？或好或壞或凶或吉沒有一定的。

「在天成象，在地成形。」這句話講得好。在天上所表示的東西，可以作為人間的具體事物的一個象。「在天成象」這個「象」就等於柏拉圖（Plato）的那個 Idea（理念）。「在天成象」在我們人間社會裡就表現成具體的東西，這個具體的東西就是柏拉圖所說的「具體物」。「在地成形」就是成具體的東西，成具體的東西就有變化，故云：「變化見矣。」

象有兩個意義。卦象、爻象是客觀地講，就是對著每一個卦每一個爻有一個象，這個象是圖象的象，英文是 picture。還有主觀講的象，就是象徵。象曰的象就是主觀地講，是象徵的意義。這是方法學上的一個詞語，象徵的方法就是取象的意思。取象來表示這個卦、這個爻的意義，取於天地間的自然現象，或者取於我們的社會現象，作類比、象徵、比喻以了解這個卦這個爻的特性。譬如，〈乾・象傳〉曰：「天行健，君子以自強不息。」就是藉「天行健」這個觀念說「君子以自強不息」以象徵地表示乾卦的特性。這種象徵是純義理的象徵。有時候取理，以理為象，以理為象是抽象地講。有時候取事，以事為象，或者以具體東西為象。馬就是具體的，馬代表健。在康德哲學裡，想像力使概念具體化，這兩個概念

不能亂。這個很抽象的。具體看一看人間的東西，拿物，拿社會人事方面來做象徵。〈坤‧象傳〉曰：「地勢坤，君子以厚德載物。」這就是以人事取象。最具體的地方是牛馬，所以，馬象徵乾，牛象徵坤。牛馬在中國是最高的，我們北方人不許吃牛，不能殺生的，吃牛肉不是中華民族的傳統。

〈大象〉、〈小象〉那個象是主觀地講，方法學上的取象，取象是象徵的意義。取什麼象呢？可以以事為象，也可以以最具體的東西為象。〈繫辭傳〉就是對於卦象、爻象所繫的那個辭加以解釋，解釋就是傳，傳註跟註疏都是一樣意思。六十四卦，每一卦有一辭，每一爻有一辭，傳完全從義理上詳加解釋，不受辭句限制，所以發揮很大，長篇大論。《禮記》中〈中庸〉、〈樂記〉跟《易傳》一個頭腦，〈樂記〉就著音樂發揮一大套道理，玄得很，那是靈感。

「在天成象，在地成形。」後面還有兩句話，就是「天垂象，見吉凶，聖人象之。」還有一句「天生神物，聖人則之」。「天生神物」就是「天垂象」，「聖人則之」就是聖人取法「天生神物」而成務。這是靈感，古人有這個靈感，天地萬物人間社會一把抓，有一個總的了解。「天生」的超越根據是什麼呢？「天生」已經落下來了，後面最後的超越根據是「天命不已」。「天命不已」是超越的最根源的說法，「天命不已」表現在具體的東西就是「天生神物」，當我們講「天生神物」的時候一定已經從「天命不已」落下來了。說「天命不已」是提起來講，「天生神物」就是具體化，具體化才能說聖人取法，取法就開物成務。「聖人象之」就是聖人以「天生神物」做法，根據這個模型可以成務，成人間之事，所成事

物無窮無盡。「聖人象之」，開物成務所成的務就是眞、善、美的
表現。分別說的眞善美與合一說的眞、善、美，都是「聖人象
之」，開物成務。最確定最完整的講法一定要通過康德。眞的表現
成爲眞的世界、眞的領域，照康德的講法，眞的領域怎麼出現呢？
不是從天上掉下來的。「天生神物」，「聖人象之」，通過「天生
神物」，聖人的靈感就出來了，聖人一看，靈感就來。照康德講，
眞、善、美都是通過人的一個特別的性能而挑起，而凸顯出來的。
在上帝面前沒有眞，沒有善，也沒有美。上帝超過了那個眞善美。
我們所說的眞複雜得很，是對著人講的。照康應講，上帝沒有美
感，動物也沒有美感，只有人這理性的動物才有美感。這種玄談，
我們平常誰想到這個問題？上帝爲什麼沒有美感呢？上帝沒有美感
跟動物沒有美感不一樣。兩極啦！動物沒有美感是最下級的，動物
沒有美感是因爲它沒有達到；上帝沒有美感，是因爲它超過了。這
個「美」是通過人的品味（taste）對自然現象或者藝術作品所挑起
的。我們說鳳凰木很美，但自然界的鳳凰木，在上帝眼中就是鳳凰
木，沒有美的觀念。這種玄談的境界，中國人以前都懂，中國人很
會談，這是中國人的 taste，這方面康德不如中國人，但中國人沒
有康德那麼明確，那麼概念化。所以，康德是了不起的哲學家。

照康德講，這個眞的世界、這個善的世界怎麼凸顯出來呢？第
一批判就是講眞，建立眞這個世界。眞有兩層意義，什麼東西代表
眞？科學代表眞。但是，照康德的講法，科學知識所知的對象是現
象，對著現象講還有物自身。物自身這方面我們人達不到，就是說
物自身這方面的眞，知識是表示不出來的。所以，康德講兩層，現
象一層，物自身一層。你看，「眞」這個觀念多複雜，建立眞這個

概念很多困難呀!上帝面前哪有這麼複雜呢?在上帝面前哪有現象呢?在上帝面前只有物自身,現象只對人而顯。〈繫辭傳〉講「聖人象之」,「開物成務」,就是首先成真,使「真」這個世界擺出來。康德第二批判講道德。善的世界是如何凸顯出來的呢?在上帝面前沒有這種凸顯,這都是平地起土堆。康德說上帝面前沒有真善美,就是說上帝面前是平地,真善美這些凸顯都是人挑起來的。中國人不說上帝。陸象山就說「平地起土堆」,這個符合禪宗的精神,儒、釋、道都有這個想法。

從平地怎麼凸顯出善的領域?一個道德的世界怎麼凸現出來呢?《論語》「踐仁知天」,《孟子》「盡心知性知天」,(就是通過「踐仁」,「盡心知性」凸顯善的世界)。What is good？good 就代表 moral world。這一個善的世界怎樣凸顯出來呢?善的世界最基本的概念是「應當」。上帝沒有應當不應當。我們說應當這樣,現實不一定這樣,所以,在人這個地方才有現實與應當之間的破裂。「應當」代表理想,在上帝那裡沒有現實與理想的分別。人類存有是理性的存有,沒有理性就沒有應當,應當是凸顯道德的善的一個最基本的觀念。這個「應當」如何表現出來?康德就在這個地方說「意志」(will),「自由意志」(free will),自由意志表現這個「應當」。再進一步說,自由意志如何把這個「應當」作具體表現呢?就是自由意志發出一個道德法則。從自由意志那個地方表現道德法則,道德法則就代表一個道德的命令,應當就是應當,不應當就是不應當,沒有條件。「道德法則對我們而言是一個定然律令」,定然律令就涵著義務(duty),這個義務從道德法則、定然命令來。這不是聖人開出來了嗎?說聖人開出來,其實就

是我們的理性開出來。

「天生神物」，成真的世界，成善的世界，還有美的世界。這三個世界都是土堆，有土地就有平地。那麼，這個美的世界怎麼凸顯出來呢？這不是平常所講的「美」，以為讀幾首詩詞歌賦就能講美學，那不行的。美的領域，按照康德講的眉目，只有理性的動物才有美感。康德在《判斷力之批判》中說：「美之有意義是只對人類而有意義，即是說，只對那些『是動物性的同時又是理性的』諸存有而有意義（不是對那些『只當作理性的存有看，即只當作睿智的存有看』的諸存有而有意義，但只對那些『作為動物性的存有同時又作為理性的存有』的諸存有而有意義。）」（按：引文見牟先生譯本上冊172頁。）成功美的能力是 taste（品味），成功真的能力是 understanding（知性），成功善的能力是 free will（自由意志）。understanding, free will, taste 都是人特有的能力，不能把它取消的。

只有人才有審美、品味，taste 是主觀能力，光是 taste 不行，還要有一個對象，那個對象跟我們審美能力相遇，美的世界就凸顯。那麼對象方面甚麼東西可以算美呢？科學的真、道德的善裡面沒有「美」。通過知識了解的存在其中沒有一個成分叫做美，沒有一個物相（屬於物的特性）叫做美，美的特性從科學知識裡早抽掉了。美既不能劃在真的領域，不能劃在知識所了解的對象裡面，也不能劃在善的對象裡面。通過科學知識表示的世界就是如此如此，這般這般，哪裡有美呢？譬如窗外的鳳凰木，從科學的觀點看，美這個特性早沒有了。站在道德的立場上，鳳凰木也沒有甚麼道德不道德。所以，這兩個領域都沒有美這個特性，美這個特性對於知

識、道德是多餘的。

美要成爲 taste 的對象，它總要有個對象，那個對象才美。自然方面，通過我們的 taste 呈現爲美，那種美是 beautiful view（美的景色）。我們說花是美的，花是 beautiful object（美的對象）。美的景色很多，譬如「潺潺溪流」，溪流有甚麼美呢？但「潺潺溪流」這個景象能令人自由聯想一個美的景色。beautiful object、beautiful view 跟我們主觀的 taste 的特殊能力一碰頭，美就凸顯出來了。那個 taste 你有，我不一定有。有沒有 taste，判斷一個人俗不俗。

在 taste 面前，它是一個對象，我們就說它是美。這種美的對象、美的景色是氣化的多餘的光彩，所謂多餘，是對著眞、善講。taste 要有妙慧，聖人的智慧不排除妙慧。

哲學家是替聖人說法。「作之之謂聖，述之之謂明。」《禮記》這兩句話是最根源的智慧。

第十一講　乾以易知，坤以簡能
（〈繫辭·上傳〉第一章）

「是故剛柔相摩，八卦相盪，鼓之以雷霆，潤之以風雨，日月運行，一寒一暑。乾道成男，坤道成女。乾知大始，坤作成物。」（《周易·繫辭·上傳》）前面數句是描寫語，通過八卦鼓盪，把整個世界生動化活潑化。

「乾知大始，坤作成物。」有說「作」是「化」，這種說法沒有根據。儒家的經典很少錯。《莊子》、《荀子》就不同，需要校勘。《孟子》也有幾個字可以考證。但歷來不能隨意改動。

「乾知大始，坤作成物。」根據乾、坤二卦來。乾坤以德言，從德方面看它的作用。

「乾以易知，坤以簡能。」這是孔門義理，從《易傳》講的儒家道德形上學，最難講但最重要的兩句話。我們現在了解乾坤簡易，配合《周易·繫辭·下傳》幾句話看：

「八卦成列，〔……〕夫〈乾〉，確然示人易矣。夫〈坤〉，隤然示人簡矣。」

「易之興也，〔……〕夫〈乾〉，天下之至健也，德行恆易以知險。夫〈坤〉，天下至順也，德行恆簡以知阻。」

這兩段話就是講乾易坤簡。雖然是易,但「恆易以知險」,不是到處是簡易。險就是阻,知阻知險,這是中間階段,到處是險阻、障礙、麻煩。天下事情有各種層次,簡易是從甚麼層次上講的呢?簡易是從最根源處說的。你們把上面三段話記在一起,再回頭看「乾知大始,坤作成物。」

「乾知大始」,「知」不是知道。知,主也。乾元是創造原則。「大哉乾元,萬物資始。」(《周易‧乾‧彖》)乾元本身就是萬物所資以為始者。從乾開始,不是乾知道那個開始。乾元就是始,就是天地萬物的開始,天地萬物就從這裡開始。資,憑藉、藉賴。萬物憑藉它才有其始,有其始就是有其存在,這等於創世記,西方講上帝,中國講「大哉乾元,萬物資始。」乾元代表創造原則。古註沒有註「知」字。朱註:「知者,主也。」乾元主管大始。主管有兩個作用:興與革。興就是創造,從沒有存在使它存在。革就是把它去掉,它存在,我叫它不存在。這個「知」有創造意義,它有這個力量,該革的革,該興的興,這個就是創造性。乾元主管天地萬物之間最高的始。

「坤作成物」坤是終成原則。「坤作成物」就表示坤擔負的責任是完成這個物。所以《周易‧坤‧彖》云:「至哉坤元,萬物資生。」坤也是一個原則,那麼,我們可進一步問,真正能使它把這個原則性表現出來的那個東西是甚麼?坤代表原則,從德方面講它是原則,那麼,它這個原則可以表現出來,落實了落在甚麼地方呢?哪個東西才能使它完成其為一個終成原則呢?落在「氣」。陰陽五行之氣。用老子《道德經》的話表示,終成原則是「有」,有是萬物之母,完成它那個母要靠「物形之,勢成之。」在有的範圍

內「生之、育之、亭之、毒之」，才能成其爲一個母（mother ground）。所以「坤作成物」這個「作」表示能，眞正能表示它有這個能，完成它這個能，靠「氣」。要靠著氣化，這個物才能完成其爲一個物。物成了，坤的作用就實現了，它的作用就完全表現出來了。

　　「乾知大始，坤作成物。」這兩句話，一句說創造原則，一句說終成原則。接著說「乾以易知，坤以簡能。」乾作爲創造性原則，那麼，乾以甚麼方式才能成其爲創造原則呢？乾以甚麼方式知這個大始呢？以「易」（easy）的方式、樣式、道路、路數。以易的方法知，以易的方式表示它是一個創造性原則。它是容易呀，因爲它無條件，它不需要其他的條件。「簡易」都是從最根源的層次上說。落到垷實上囉嗦得很，複雜得很，有很多險阻。說出來很簡單，做起來很難。「坤作成物」，從「成物」這個地方看坤有這個能，那麼，它以甚麼方式表現它這個能呢？以「簡單」（simple）的方式表示。就是最簡單的路，簡單、單純。

　　最根源的地方最容易最簡單。所以，簡易是從最根源的層次上講的。西方講自然科學，自然形上學的，觀察這個宇宙，它也是從最根本的地方講。自然走最短的路線。自然現象沒有跳躍。沒有跳躍就沒有眞空，自然無論怎麼複雜，最後也歸到最簡單。科學的方法：不必要的東西不要增加。這個世界，這個現象用一個原則可以說明的，不要用兩個。這不是簡單嗎？所以說，簡易代表最根源的智慧。簡易在最根源處說，甚麼東西表現最根源處呢？從生命說，從生命最強的地方看。如果他生命的智慧不夠，他就落下去，提不起來。他落下去，那麼在他看來複雜得很。

「夫乾，確然示人易矣。」確然就是一定的（certainly）。

「夫坤，隤然示人簡矣。」隤就是退。隤然，一點費力氣也沒有，順著就退下去，自然就過去了。

「夫乾，天下之至健也，德行恆易以知險。」天行健。乾德健也。從乾至健的本性，它一定「恆易」。雖然它容易，但它未嘗不知道落在第二、第三義以下的有險有阻。險不是最根源的地方，在最根源的地方，它「德行恆易」。但落在第二義第三義以下的險阻它也知道，它也不逃避這個困難。開始的地方是易，碰到險阻就彎彎曲曲。「恆易以知險」就表示說對於這個險阻困難複雜的地方不逃避。

「夫坤，天下之至順也，德行恆簡以知阻。」順字根據「隤」字來。隤然就是順。根據在〈坤・象傳〉：「地勢坤，君子以厚德載物。」

「乾知大始」之知是本體宇宙論的知，不單是靜態的本體論的知。知，主也。那是文字訓詁上講；從哲學上講，這「知」是本體宇宙論的詞語，不是認識論的詞語。認識論是橫列的，一定要首先假定有一個認識論的對偶性，就是主客的關係。講認識論的詞語，一定要先假定有一個 subject，一個 object。你研究的是甚麼？誰來研究？認識論的知，在認識論的主客觀系統中表現。本體宇宙論是縱貫的，乾知大始的知是縱貫的知。縱貫才能表示那個創造性，才是本體宇宙論的。講哲學首先要了解甚麼是橫列的系統，甚麼是縱貫的系統。一般人的頭腦對橫列系統的道理容易了解。無論道家、佛教，抑或西方的柏拉圖、基督教都是重視橫列，真正重視縱貫的是儒家。儒家的道理最基本的是縱貫的，你要把握這個基本道理。

把握這個道理，你才能了解王陽明。陽明的「良知」這個知是一個甚麼詞語？是本體宇宙論的詞語。陽明根據孟子良知良能講良知的「知」正好是「乾知大始」的知。所以，後來王龍溪就拿「良知」解「乾知大始」。這就是「能、所」的問題。

　　哲學的基本道理就是能所的問題，在各個層次上說的能所的問題。主客是現在的新名詞，能所是老名詞，佛教裡面就有能所的問題。能是 suject，所是 object。唸哲學要了解最關鍵的，就是要抓住要點。

　　重視縱貫是儒家，而且儒家是順著孟子這個系統，先秦儒家就是《孟子》、《中庸》、《易傳》，統統是縱貫。朱子的頭腦不能了解《孟子》、《中庸》、《易傳》，他只能講《大學》。《大學》講「格物窮理」，「格物窮理」是橫列的，所以朱子的頭腦根本是橫列的，伊川也是橫列的。程朱以外宋明儒者統統是縱貫系統，縱貫系統是先秦儒家的義理特性。

　　道家重視所，佛教講般若，三德秘密藏還是重視所，基督教重上帝，上帝是 object，也是重所，柏拉圖也是重所。要知道，人的心思表現能所，表現認識論這個主客關係很容易，馬上看到了。真正要你看到你生命站起來，從你自己的生命縱貫下來，這就很難。所以，以前理學家跟佛教爭論，最重要的關鍵都在這裡。你永遠跟他們說不通，他假定是佛教的頭腦，道家的頭腦，基督教的頭腦，他不會贊成儒家的，因為他們的頭腦一下子往橫列的方向轉。只有康德代表儒家的縱貫系統，講意志自律。所以，天主教把康德的書列為禁書。基督教也有好幾派，康德也是基督教，但康德是新教。馬丁‧路德（Martin Luther）出來，新教重視主體，重視道德。

第十二講　儒家的智慧：超越而內在（〈繫辭·上傳〉第四章）

> 易與天地準，故能彌綸天地之道。仰以觀於天文，俯以察於地理，是故知幽明之故。原始反終，故知死生之說。精氣為物，游魂為變，是故知鬼神之情狀。
>
> 與天地相似，故不違。知周乎萬物而道濟天下，故不過。旁行而不流，樂天知命，故不憂。安土敦乎仁，故能愛。範圍天地之化而不過，曲成萬物而不遺，通乎晝夜之道而知，故神无方而易无體。（〈繫辭·上傳〉第四章）

這是〈繫辭·上傳〉第四章。這章該讀一讀。這一段玄得很，儒家從《易傳》這個地方講道德的形上學。道的具體的呈現。

「易與天地準，故能彌綸天地之道。」這個「易」是指易之道。《易》這部書裡所講的道理，就是易之道，易之道就是變化之道。易之道就是「一陰一陽之謂道」那個道。「易與天地準」：《易》講的這個道與「天地準」。準者，就是相應的意思。與天地相應，換句話說，就是剋就天地的變化而說出來，所以說：「易與天地準。」它能彌綸天地之道。「彌」是充滿的意思。朱夫子體會

「彌綸」這兩個字體會得很仔細。不是很抽象的很籠統的說法。「易與天地準」，所以它能彌綸天下之道。綸是隨其曲折而曲之，沒有一個漏掉，也沒有一個超過的。「彌」是充滿、充實。「綸」是曲曲折折有條理。「準」就是相應。與天地之道相應，天地之道就是生化萬物的變化之道，充滿於天地一切變化，而且隨著一切變化而有條有理把它們的道理表現出來，隨著它應有曲折而曲折，不過也無不及。這就是「彌綸天地之道」的意思。

所以能「仰以觀於天文，俯以察於地理」能夠隨著天文而天文之，隨著地理而地理之。這個叫做「與天地準」。它能知幽明之故。晚上是幽，白天是明。死是幽，生是明。甚麼叫「神」？神者，伸也。伸就是明。鬼者，歸也。這是宇宙論的講法。不講生死，講幽明。佛教也好，基督教也好，都講生死。儒家不講生死，講終始問題，講幽明問題。佛教講生死，基督教講靈魂不滅上天國，儒家不講這一套。你那個了生了死，嚴格講，你了不了。所以儒家把生死問題轉成終始問題，再從終始問題轉成幽明問題。生死這個問題解決不了的，你活一百歲總是要死嘛！你講涅槃，涅槃還不是死？總要死嘛！道家講成神仙，光肉體也不能成神仙呀！一定要羽化而登仙。這個臭皮囊，這個軀殼要脫下來，這才能成仙呀。嚴格講，生死就是我們這個身體的問題，所以這種問題不能解決。你該死就要死，因為這是自然生命呀！涅槃不是自然生命呀，神仙也不是自然生命。自然生命沒有辦法，不能解決。所以儒家就不解決這個問題，它把生死問題轉成終始問題，再轉成幽明問題。張橫渠說生死是大來大往，根本無所謂死。生是大來，死是大往，往哪裡去？往幽那裡去。那個地方是幽，這個地方是明，它沒有完。這

是中國人的智慧，是《易經》的智慧。照現實人生講，它是個終始問題，不講生死。

儒家說：「君子曰終，小人曰死。」甚麼叫「君子曰終」？就是他把人生看成是一個成德的過程，這個過程就是終始過程。有始有終，這個終始過程是一個成德的過程。人一生就是奮鬥，不是奮鬥發財，是奮鬥成德，就是發展你的德性人格，這個成德過程做完了就終。所以君子死就叫做終。小人浪生浪死，酒囊飯袋，死掉就算了，一生一點價值也沒有。所以儒家看成德的過程是價值過程。生死本身的問題不能解決。佛教講涅槃，涅槃是個精神，也要轉化，還是生死。涅槃是涅槃法身，法身講般若、解脫、三德秘密藏。邢是 spirit。還是一樣。所以在這個地方是可以相通的，儒家對這個問題看得很透徹。但是，佛教的出發點是四難：「人身難得，中土難生，佛法難聞，生死難了。」生死難了，不是難以明了，是難以了達。了達是個解決。你永遠解決不了這個問題，涅槃不能解決這個問題。你不能叫我不死，是嗎？佛教說「了生了死」，說得那麼神，事實上，你生也沒有了，死也沒有了。你了的是另一個問題，了的是解脫煩惱。基督教說靈魂不滅，死了以後還上天堂繼續享福，這是想得太遠。儒家不這樣說，乾脆把你的生死問題轉成成德過程，直接的是一個道德的「了」，道德是個擎天柱，直接從這個地方以這個作一個中心來立教。基督教、佛教都是繞出去，都不從這個中心講話。繞出去，從這裡講，從那裡講，就是離開這個中心。世界上從這個中心說話的只有儒家，所以儒家是人的常道。從這個地方講也可以說儒家永遠不能成一個像普通樣的那麼一個宗教。這就是儒家的精神，靈魂所在就在這個地方，在這

個幽明、終始。儒家看生死很通達，理學家都講明白了。現代人不知道，清朝以來講考據，瞧不起這個學問，說這個學問從佛老來。哪一個從佛老來？！沒有一個從佛老來，都從《論語》、《孟子》、《中庸》、《易傳》、《大學》來。

「原始反終」，有時候也叫做「原始要終」。「要」即《道德經》的「徼」。能原其始就能要其終，往前看，看到它的終點，往那個地方落就往那個地方歸宿。「反」就是歸，歸到、返歸。跟「要」一樣意思。如此，你才知道死生。甚麼叫做死生呢？就是看你歸到那個地方。照成德過程講，君子才是終始過程。終就是暫時停止，所以不說「死」，而說：「原始反終，故知死生之說。」

「精氣爲物，游魂爲變，是故知鬼神之情狀。」你從「精氣爲物，游魂爲變」這個地方就可以知道「鬼神之情狀」。這個鬼神的「神」是從氣化講。「精氣爲物」就是神，「游魂爲變」就是鬼。這是牽連到的，鬼神的問題，生死的問題，統統歸化到幽明的問題。

「易與天地準」不是籠統地說的。是要說明天地裡面一切的變化。最大的變化，照人生感覺到的就是生死問題，生死問題就是幽明問題。所謂鬼神也就是幽明問題。那麼一來，這個道就是這樣一個道。下面再總起來說「與天地相似，故不違。」這是說明前面「與天地準」。「不違」就是不違背，沒有差異的地方，所以相應呀！好多道理與天地不相似。譬如，儒家不會贊成佛教，儒家的人生觀、宇宙觀跟佛教不同。照儒家看，佛教那一套根本跟天地不相似，所以它「違」。本來是整個天地陰陽變化，佛教看是如幻如化。佛教以「因緣生」這個觀念看，從因緣生這個觀念看，一定是

無自性，「空」是一定的，不能反對的。這是另一個觀念，中國人不取這個觀念。基督教說上帝創世記，頭五天造天地、草木、魚類、鳥獸。第六天造人，也是與天地不相似，都是違背天地變化之道的。上帝創造，上帝天天創造，這個上帝不是太累了嗎？造天地，造人，造蛇⋯⋯。造老鼠單單爲給貓吃嗎？違背天地之道，就是穿鑿。中國人從來不這樣看，儒家不這樣看，道家也不這樣看。

　　佛教說一切東西是因緣生，緣起性空。佛家的基本道理，一切東西是因緣生，依因待緣，就是無自性。「緣起」一定涵著「性空」，這個地方，佛家很有道理，很 logical，也成一個大教。但這個基本觀念跟儒家相衝突，所以儒家不贊成這一套。他可以了解佛家，但不能贊成它。譬如我寫《佛性與般若》，講那麼　大套，很少有人講的能超過我。但我不相信佛教。我可以給你講得頭頭是道，但那不是我安身立命之處。緣起當然涵著性空，這個不能反對。但它不該這樣看。儒家看一切變化有一個實理在後面貫徹，有一個實理在後面貫徹的就不是如幻如化的事，而是實事。實理在貫串，那麼，一切變化是實事。這是儒家的立場。變化當然變化，既然是變化，今天在，明天不在。當然你佛教可以說它如幻如化，你把它那個本性拉掉。儒家不這樣看。緣起是一個實理在貫徹，有一個實理在後面貫徹，它就不性空，它有物自性。既然它有物自性，它雖然變來變去，它不是如幻如化，它是實事，轉成實理實事，一下子給你轉過來了。佛教說得那麼玄，從大、小乘、佛五時說法，結果理學家都不贊成。

　　所以，《易傳》這一段（〈繫辭傳〉第四章）是智慧之言。

　　「與天地相似，故不違。」呼應頭句「易與天地準，故能彌綸

天地之道。」

「知周乎萬物而道濟天下，故不過。」這個「知」等於智慧、明智。不是知識的知。你的智慧的明智能周遍萬物。濟，成也。拿道來成濟天下一切事情，一切變化。周遍萬物的「智」，照康德哲學講，這種智是智的直覺（intellectual intuition）。等於佛教所說一切種智，一切種智就是佛智。佛智呀，天地萬物萬事，它都知道。不通過概念知道。周遍萬物就是天下每一個東西都知，就是無所不知。

我們平常的科學的明智，了解科學道理的那個明智，不是說你能周遍萬物。譬如，古今中外的人你沒有都看到，但是我們使用「人」這個概念，那麼，使用概念這種智，照西方哲學講，用康德的詞語，那屬於 discursive understanding。通過概念、抽象，根據邏輯的思考，根據數學，根據歸納法、演繹法而知道，那種智是西方人說的 understanding，成功科學的那個 understanding。成功知識的 understanding，康德名之曰「辨解的知性」（discursive understanding）。辨解的意思就是曲曲折折彎彎曲曲一步一步往前進達到的。科學知識、邏輯的知識、數學，或者要遵守下定義的方法，一個一個下定義，使用歸納、演繹，都是這個 understanding。彎彎曲曲達到的知識叫做科學，這是一定的。依西方的講法，使用概念是 human understanding。講 human understanding 的同時一定想像一個跟人的 understanding 相反的 understanding，那就是 divine understanding。神的知性不是辨解的，是直覺的，一眼看到的，沒有曲曲折折。使用概念一定曲曲折折，不要以為科學了不起，科學就要使用概念，使用概念一定是曲

折進取。上帝的 divine understanding 一看就全看到。聖智就是智的直覺，跟人類的不一樣。人類的直覺從感性發。上帝的直覺沒有感性，祂沒有感官，那麼上帝的直覺是 intellectual，叫做純粹理智的。我們人類的知性是 discursive，我們的直覺是 sensible。假如拿這個道理應用到佛教，intellectual understanding 就是佛智。

甚麼是佛智呢？一切種智就是佛智。佛智從 understanding 方面講，它就是 intellectual understanding。你要從直覺方面講呢，它就是 intellectual intuition。但是中國人說這個佛智不是上帝，我們人修行可以達到。這個是了不起，佛教的大貢獻就在這個地方。儒、釋、道三教都承認。人現實上要唸科學，唸邏輯，這都是 discursive。但從王陽明所言從良知發的那個 understanding 一定是 intellectual，從良知發的那個直覺一定是 intellectual。這說明理學家所說的德性之知，道家講的玄智，都有我們人類 discursive understanding 上面的那一層，都可以轉上去。西方人卻不這樣看，西方人認為人轉不上去。它放在哪？放在上帝。祈禱崇拜上帝。人是人，神是神，他們是這樣分開的，這是西方的宗教。按道理講，基督教講不過中國儒、釋、道三教。但就是因為中國沒有出來科學，沒有十分現代化，所以牽連到中國一切都倒楣。其實這個現代化是時間問題，我今天沒有到，我明天到了，科學有甚麼了不起！科學我要它有就有，我不要它就不要它。以前我不顯這個，但你不能說我沒有這個聰明，中國人唸科學的聰明大得很，不過他以前的用心不在這個地方。西方人用心在這個地方，先走了三百年，先走了一步，我們中國人落後了三百年，也不是了不起的落後。落後的三百年是滿清的三百年，所以滿清三百年對中國文化的影響非

常大。滿清以前，西方人並不一定比中國高明。你知道，十七、十八世紀的時候西方人最崇拜中國文化，十八世紀是乾嘉年間，西方文化正在蒸蒸日上的時候，所以它最崇拜中國文化，它不是崇拜滿清的文化，它是崇拜中國理學家的那個理神論，它說中國文化最合理。十八世紀呀，那是中國最出鋒頭的時候，到十九世紀不提了。十八世紀不單單是法國人，德國人最崇拜中國文化。萊布尼茲是十七世紀，到康德是十八世紀。康德爲甚麼那麼重視道德，講道德講那麼好，康德不識中國字，不懂讀中國書，但是不是說那些傳敎的人一定不把中國的東西傳給他，康德一定從儒家的道理得到啓發，他不提就是了。到十九世紀，黑格爾出來就盡量瞧不起中國，反過來了，他反動啦。十八世紀法國、德國最崇拜中國文化，英國也如此。到十九世紀帝國主義出來，中國才垮掉了。

民主政治是難一點，因爲這一套生活方式你學它很難，但學民主政治這一種理性跟研究科學，成功科學的那種理性是同等的，層次相同，那個勁度也相同。成功自由民主跟成功科學的那個理性是同一層次的，而且是同一勁度，這種勁度中國人很難學。（大陸）現在還反對三權分立，一權最方便，我爲甚麼要三權？自找麻煩？這套理性用孔子的話講就是「克己復禮」。孔子講「克己復禮」是個人修養。現代化的民主社會是客觀的，只看行動的「克己復禮」。個人的「克己復禮」多難呀！「克己復禮」說起來很簡單，事實上誰做到呢？

客觀的「克己復禮」更難，你要學這一套不容易。此成功科學。中國人很聰明，但要把你那個聰明力量用在研究科學而成科學，有成就，就很難。中國人有成功科學的那些聰明，但沒有成功

科學家的那個勁度。這是甚麼緣故？唸科學，你那個聰明用在甚麼目的？假如你唸科學爲的是功名利祿，你永遠不能成爲科學家。就像以前考科甲，假如你讀四書五經爲的是考科甲，那是功名利祿之徒，你永遠不能了解儒家的學問。譬如你得了諾貝爾獎金，你回到中國來，中國就捧你，成爲社會的名人，你成爲社會的名人，科學不能做了。研究科學要關起門來。

香港沒有民主制度，但香港有充分的自由，它通過行政不是通過政黨政治來表現，通過治道來表現西方的自由民主精神。中國以前有治道的自由，沒有政道的自由。充分自由就是你不必天天恐懼，資本家投資也要充分自由，不能天天提心吊膽。中國人以前老習慣重視的智是「知周萬物」、「範圍天地之化而不過」這種智。這種智一定是 intellectual understanding。這種智不能成科學的。中國人 discursive understanding 始終沒有磨練出來。

「範圍天地之化而不過，曲成萬物而不遺。」這兩句話最漂亮，最美。代表儒家的智慧最漂亮的兩句話。這就是我和唐（君毅）先生說的：儒家的道理既超越而又內在。既超越而又內在的意義就在這兩句話。「範圍天地之化而不過」能範圍天地之化而不過，是超越的（transcendental）。過了就不是康德說的 transcendental，而是 transcendent（超絕的、超離的）。隔絕就是過了，不過就必然涵下句「曲成萬物而不遺」。「曲成萬物而不遺」就是內在，既超越而內在。「不過」就是超越，同時就是內在。「不遺」就是不遺漏一個。這是呼應頭一句「彌綸天地之道。」

「通乎晝夜之道而知」就是前面「是故知幽明之故。原始反

終，故知生死之說。」生死、幽明就是晝夜之道。白天是明，晚上
就是幽。所以「神无方而易无體」這個就是神，這個道就是神。無
方就是沒有方所。方，方所也，就是空間。不能拿空間限制它。易
是變化。無體是無定體。這個「體」不是本體，是定體，就是沒有
一定的。從這樣一個道所顯示的那個神沒有方所沒有定體，那麼這
個神呀，就好像下面一段所說的「陰陽不測之謂神」，兩句話一樣
的意思。「陰陽不測之謂神」這不是對神下定義，是從陰陽無限變
化而不可測中顯神的意義，見神的妙用，這個神的妙用就是「神无
方而易无體」這就是《易傳》中講的神。這個神的意義也就是張橫
渠《正蒙》所講的太虛，根據這個地方講太虛就是神。所以，張橫
渠對《易傳》讀得很熟，他的思想都從這裡發。

　　下面還有一個地方講神。「寂然不動，感而遂通天下之故。」
那又是一個意思，那也是講神。所以，最後一句話：「神也者，妙
萬物而爲言者也。」（《周易·說卦傳》）關於神貫通講，最後的
結論就是這句話。中國人了解的神就是這個意思。這個神的意思從
無限的妙用理解。「妙萬物」就是它在萬物後面運用。這個運就是
陰陽變化，就是陰陽不測，陰陽不測是氣，不測就是無窮無盡，永
遠可以生生下去。這句話就顯出神的本質的意義。神作「體」啦！
「神」這個 term（名詞）怎麼出來呢？是就著妙萬物而說的。
言，說也。妙當動詞用，等於岳飛說的「運用之妙存乎一心」這個
妙代表一種運用，一種作用。所以我們把這個神再抽象地規定，概
念地規定，就變成無限的妙用，無限的妙運。這個妙運英文翻譯不
出來，只能譯作 immense function。無限就是妙，我們平常的用不
是無限的，你有這樣的用處，沒有那樣的用處，一定的。所以，這

個妙用就是無限的用，它是通過 function 這個觀念來了解。不是西方所了解的那個神，西方人了解的那個神通過 personality，personality 是個東西，妙用不是個東西。西方講人格神（personal God），personal God 是個 entity，是個物體，function 是個作用，這是東西方了解神的差別。這個神的意義在道家更顯明，這個神的意義，道家通過無來表示。所以《道德經》說：「無名天地之始，有名萬物之母。」儒家是從正面講，通過陰陽不測來了解，道家通過無來了解，更玄。但它都是無限妙用，都沒有 personal God 的意思。佛家更沒有。

　　還有一句最重要，就是「寂然不動，感而遂通天下之故。非天下之至神，其孰能與於此。」這一段這個神最清楚最精闢。這一段這個神與「神也者，妙萬物而為言者也。」相合。「夫易，聖人所以極深而研幾也。唯深也，故能通天下之志。唯幾也，故能成天下之務。唯神也，故不疾而速，不行而至。」（《周易‧繫辭‧上傳》第十章）體現《易傳》最潔靜精微的就是這一段。下次再講。儒家的道德形上學，儒家的玄理，玄在甚麼地方，這個要好好講。

第十三講　一陰一陽之謂道（〈繫辭·上傳〉第五章）

> 一陰一陽之謂道。繼之者善也，成之者性也。仁者見之謂之
> 仁，知者見之謂之知。百姓日用而不知，故君子之道鮮矣。
> 顯諸仁，藏諸用，鼓萬物而不與聖人同憂，盛德大業至矣
> 哉！富有之謂大業，日新之謂盛德。生生之謂易，成象之謂
> 乾，效法之謂坤，極數知來之謂占，通變之謂事，陰陽不測
> 之謂神。（〈繫辭·上傳〉第五章）

這一段很重要，是〈繫辭傳〉中最重要的句子。

「一陰一陽之謂道」，首先了解儒家所言道的意義。

「繼之者善也，成之者性也。」這是《易傳》從本體宇宙論的立場說的。甚麼是善呢？「繼之者善也。」甚麼是性呢？「成之者性也。」這種講法是本體宇宙論的講法。所謂本體宇宙論的講法就是表示跟孟子言性、言善不是同一個入路。但是，二者是相通的。孟子言善，言性，是道德的立場。《易傳》講「繼之者善也，成之者性也。」是本體宇宙論的講法。儒家的義理是通過對儒家的經典幾百年的講習，天天講出來的。讀文獻要一字一句講，社會上的誤

解都可以擋住。所謂陽儒陰釋是清朝考據家的胡言，清朝三百年把知識分子的頭腦弄壞了，唸經典只是讀文句，表示他《說文》《爾雅》的知識。他們並不想了解「天命之謂性，率性之謂道。」「自誠明謂之性，自明誠謂之教。」他們也不了解。章太炎說：「大哉乾元，萬物資始。」那個乾元是「無明」，這是甚麼國學大師呢？讀那麼多中國書，卻這樣毀滅中國文化。趙元任，所謂兩個半漢學家，他們是語言學家，他們講漢學，不講中國文化。漢學是洋人的名稱。清朝末年的假洋鬼子，說宋明理學從佛老來，是胡說八道。清朝造了三百年謠言。朱夫子負一點責任，他說陸象山是禪，天天顧忌佛老。陸象山跟朱子辯論〈太極圖〉的時候，說〈太極圖〉從道家來，互相攻擊，沒有道理。

　　《易傳》這些話是孔門的道德形上學的義理。《易傳》玄理，這個玄理就是形而上學，跟道家玄理表示的形而上學各不一樣，各成一大系統。

　　「一陰一陽之謂道」，「道」西方人譯作 way，way 是大路。道，大路也。所謂大路，是車、馬、人統統要經過這裡，好比天地萬物統統要通過道，統統從道而來，由道而來，這個比喻是很好的。這個道的觀念與理的分別在甚麼地方？沒有說：理，大理也。也沒有說：浩浩大理。可見道與理不同。道是帶著一個行程，動態的。當說理，是靜態的說法，靜態是 state。動態的一定帶一個行程，行程從經過了解。理不代表行程，沒有一個經過，是靜態的。動態的講與靜態的講，主觀地講與客觀地講，分析地講與綜和地講，這些都是思考的方式。要學會這些詞語。

　　道是動態的，一定要帶一個行程，浩浩大道。當我們說動態意

義的道，是綜和的講法，統統容攝在內。分析是謂詞涵在主詞裡，直接從主詞分析出。綜和的時候，謂詞不能從主詞分析出來，兩個不同的概念合在一起，所以擴大我們的知識。它為甚麼是道呢？它帶著一個行程，這裡面就涵著氣化的意思，但光是氣不能說道，道是一個綜和的詞語。所以，張橫渠《正蒙》說：「太和之謂道。」太和就是道，通過太和來了解道。太和就是至和，和，諧和（harmony）。光是個理無所謂諧和，有種種調子，才有諧和。太和是總攝的詞語。太和一定包含甚麼呢？通過張橫渠的分解，是哪兩面呢？是氣一面，太虛一面。太和裡面一定不單只一個成分。首先了解它是一個總攝的詞語，這個總攝的詞裡面一方面含氣，一方面含太虛。太虛就是神，當他說太虛，虛是靈的意思，虛則靈，也就是太虛含著神的意思。神，神靈也。神就是誠則靈那個神，不是God那個神。氣不是死氣，氣不互相衝突。假如氣互相衝突，就沒有諧和，沒有諧和在裡面，這個氣就是死的。一定有虛靈，神在這裡面運用。太虛是神在裡面，神來指導運用氣，這個氣才不死，才不互相衝突，才諧和。你的生命內部和諧，你才能生長。假定你的生命不諧和，七分八裂的，不暢通，毛病就出來了。

　　道是動態字，從動態字想到它是個綜和的總攝的詞語。總攝的就涵著它裡面不只是一面，它的活動不是從虛的地方表示，是從氣的地方表示。虛是太虛，是指導運用那個氣，這個運用就是《易傳》所謂妙。《易傳》曰：「神也者妙萬物而為言。」妙是動詞。在萬物後面運用萬物，使萬物生生不息，氣化萬千而不亂，這就叫做「神」。神的觀念從《易傳》來。要分析太和，分析「太和所謂道」，動態的說總攝的說一定有兩面，有氣這一面，有神這一面。

氣表示動態，動態之所以爲動態靠神。神是活動的，神之動跟氣之動不一樣。

　　「一陰一陽之謂道」，陰陽是氣，不是道，一陰一陽才叫做道。照儒家說，到處是陰陽，但並不是說陰陽是道。所以，這裡要佩服朱夫子。朱夫子體會這句話體會得很仔細，很深刻，他讀文句很用工夫。陰陽是氣，光說陰陽是形而下，不能說形而下是道。這個是朱夫子的體會，我們現在都根據朱夫子的講法，普通的註疏沒有用的。陸象山說《易傳》明明說陰陽是道，沒有說無極而太極才是道，他跟朱子辯，朱夫子瞧不起他，那是陸象山辯輸了，辯〈太極圖〉象山辯輸了。當然，陸象山不喜歡〈太極圖〉這一套，他只讀《孟子》讀得熟，對《易傳》不發生興趣。一個人能不能了解《孟子》，一看就知道。你能了解《孟子》，不一定能了解《中庸》、《易傳》，有限制。朱夫子對《孟子》、《中庸》、《易傳》統統不了解，儘管他讀文句很行，文句註解不是統統是錯的，但精神，基本的義理方向他不能了解，他只能了解《大學》。程伊川、朱夫子只能了解《大學》，這就是頭腦相應不相應，頭腦不相應，文句統統講對了也沒有用。

　　朱夫子說陰陽不是道，陰陽是形而下的，氣和道要分開。朱夫子重視那個「一」字，那個「一」字代表 adverb。分解地講是陰陽。好像一扇門，分解地講有兩個作用：開與關。這是分解地講的兩個動向（moments），moment 有譯作「契機」，那是日本的翻譯，不好。開闔是門的兩個動向，一開一闔表示個動態，就在這個一陰一陽的動態裡面顯出道的意義。這跟說「太和之謂道」的意思一樣。陰陽是氣的兩個相反的作用，「一陰一陽」是陰了又陽，陽

了又陰，連續下去成個變化，道就在變化過程裡面呈現。並不是說變化是道，變化不是道。這樣一句話，你要通過分析的表達才能夠把它的全部意義表達出來。我這個了解根據朱子的註解來。

　　中國人說「生生不息」，這個宇宙永遠得以繼續下去，依西方人說，這句話沒有科學根據，科學不能證明的。照科學的道理，太陽的熱力放完了，宇宙也完了。所以，宇宙可以永遠繼續下去，這句話不是科學命題，科學不能證明的，這是一個超越的命題。依基督教的說法，上帝喜歡這個宇宙永遠繼續下去，宇宙永遠繼續下去，靠上帝在後面。上帝創造這個世界，因為上帝愛這個世界，這個愛是宗教家說的愛。依中國人的說法，宇宙為甚麼能生生不息？儒家說這個宇宙能繼續下去，靠仁，仁是個生道。生而又生永遠个停止，生生不息後面的根據是仁。這是最高的道德。見之於春秋大義，就是「興滅國，繼絕世」。把斷滅了的國興起來，繼續下去，把斷絕了的世代復興，繼續下去。這就是最高的道德，這是中華民族所以長壽的一個超越的根據。西方人始終不了解，中華民族為甚麼這麼長壽。照他們的看法，一個民族歷史文化開一次花就完了，但中華民族還沒有完。依黑格爾看，春秋戰國開花以後，中華民族到秦漢以後就死掉了。這是民族的斷滅論。

　　《春秋》大義兩個原則：親親原則、尊尊原則。周公制禮作樂就根據這兩個原則。尊尊是國家的、政治的等級；親親是五服，五服最高是高祖。大復仇，不准滅人國，絕人族，每一個民族都是永遠連續下去。就是儒家所講的「仁」才能做到。所以，「生生不息」不是科學命題。一定要肯定一個道。道有氣、神兩面，神是體，氣是用。真正能表示帶氣化行程的是在氣那裡，但能使它所以

能夠變化靠神。所以，陰陽不是道，陰了又陽，陽了又陰才能呈現道。

第十四講　繼之者善也，成之者性也（〈繫辭・上傳〉第五章）

　　程伊川說過：「陰陽以氣言。」陰陽不是道，「所以陰陽」才是道。「一陰一陽」那個「一」就代表「所以」。這是程朱理學家講《易傳》，程伊川、朱子大抵採取這個略數。

　　一陰一陽，陰了又陽，陽了又陰，這樣才可以通過陰陽不同的兩面而有變化。這種變化就是所謂氣化。氣化本身並不是道，分開講陰陽這兩種作用也不是道。這兩種作用起一種變化，叫做氣化，氣化本身也不是道。朱夫子解「一陰一陽」，那個「一」字加上去，就表示陰了又陽，陽了又陰，永遠繼續下去。光是說繼續下去本身，它不是道，是氣化。所以能氣化，它所以成功這個氣化一定有一個緣故。那個「一」字就是使它成功這個氣化的緣故。因此，伊川說「陰陽是氣，所以陰陽才是道。」這個「所以」表示一個果。「因為……，所以……」，在邏輯上講，後句代表結果，前句是根據、前提。有前提才有後面的結果，根據結果就能找出它的根據來。這種形式中文沒有講出來，中文就用這個「所以」。所以陰陽才是道，從這個「所以」就想到那個根據。眼前有一個陰陽的氣化，所以有這個變化的緣故才叫做道，這個緣故可以從「所以」表

示。因此，程伊川就說陰陽是氣，所以陰陽才是道。從眼前的氣往後推一步，這種推法，從客觀方面說，是存有論的推斷（ontological inference）。這種存有論的推斷就是從眼前的所然，找它那個所以然。往後找它的根據，這個叫往後推。「因為……，所以……」是往前看。程伊川說所以陰陽是道，不是這個往前看，他是往後找它那個所以然。甚麼能代表那個所以然呢？《易傳》說「一陰一陽之謂道」，道一直在起作用呀！朱子的講法根據程伊川。這是朱子的聰明，平常人沒有這樣講。只有朱子會讀這個句子。要不然陰陽怎能是道呢？陰陽明明是氣嘛！陸象山也不理解。旁的地方象山了解得很好，這個地方就不成，粗心啦。這個地方就要理會文句，嚴格了解文法。馬一浮說：理會文句莫過於朱子。

　　從章註到進一步能理會文句是很難的。「隆禮義而殺《詩》、《書》」這是荀子的主張。乾嘉年間考據家只識字不識句，不了解荀子這句話，有人說「《詩》、《書》怎麼能殺呢？」把這個句子改為「隆禮義而敦《詩》、《書》」，只有王念孫是對的，他說荀子是「隆禮義而殺詩書」，孟子是「道性善言必稱堯舜」；孟子擅長《詩》、《書》，荀子輕視《詩》、《書》。荀子重視客觀，重視禮義。荀子主張「隆禮義而殺《詩》、《書》。」隆，尊敬也。殺，減殺也，就是往下降低的意思。譬如說「親親之殺」親親是五服為標準，最親是父母，三年喪，喪服是三層。祖父母一年喪，伯父母、叔父母也是一年喪。高祖以外沒有戴孝。這個「親親之殺」，就是一步一步減少。另一個系統是「尊尊之等」，等是等級，一級二級，最尊是皇帝。最高一級是天子，最下一級是士。公、卿、大夫、士，士大夫就在「尊尊之等」中，一級比一級高。

老百姓不套在這個尊尊系統中，老百姓最尊貴。擺架子不能向老百姓擺，只向下屬擺。不是做官到處都是大。這是民本主義，這是文化，這個文化沒有人能反對。

　　孟子擅長《詩》、《書》。《詩》有詩教，「溫柔敦厚詩教也」，會讀詩能讀出生命的道理。《書經》的道理是：「疏通致遠書教也。」《易經》的道理是：「絜靜精微易教也。」

　　理會文句是語意的問題，這個本事朱子很強。句子與句子成文章又是一步工夫。識字、識句，再進一步識文章。朱子在第三步不很行，貫串成文章以後所表達的義理，朱子就看不出來，就不行了，不很好。舉例說，朱子註《孟子》大體不對，朱子不能理解《孟子》，不識文段，重要的地方統統講錯，不是字、文句的問題，是段的問題，一段文章理解得不好。譬如，「盡其心者，知其性也。知其性，則知天矣。」（《孟子·盡心上》）這一句朱子講錯。這一句意思很清楚。你能盡你的心，你就能了解你的性，你了解你的性，你就進一步能了解天。所以，孟子以心說性，性善從心善說。「四端之心」就人的內在道德性說，不是荀子說的「心」，也不是朱子說的「心」。盡心就是把你本有的四端之心充分地實現出來。盡，充分實現（體現）。四端之心是超越的（transcendental），先天的（a priori），本來就有。照康德講就是 a priori。性是內在的道德性，你能充分實現你的本心，你就能知道你內在的道德性的性能。為甚麼知道這個性就能知天呢？這種性能是創造性能，will 是創造的性能，是創造原則。understanding 是知解的能力，是知性的原則。儒家講的性，性善的性，就等於康德的 free will，它是創造性。你能了解內在道德性這個

性，你就能了解天，就可以通天，因為天代表創造性。天不停止地起作用，你從哪個地方來證明呢？沒有科學根據呀！就從我自己這個 moral creativeness 證實，從我們自己的道德的創造性來證實這個「天命不已」也是創造的，所以，從知性就可以「知天」。

　　另有一段朱子也講錯了。公都子問：「告子曰：『性無善無不善也。』〔……〕」（《孟子‧告子上》）後面一大段非常重要，朱子也講錯了。因為文句本身有兩種講法，那麼，你採用哪一種講法呢？這個時候不是文句決定整段，而是整段反過來決定文句的講法，句子與句子連起來又是一個意思。這一大段中有一句很重要，就是「乃若其情，則可以為善矣，乃所謂善也。若夫為不善，非才之罪也。」這一句朱子講錯了，不合孟子精神。這是思想系統的問題。陸象山、程明道講這個講得完全對，理解最高。「乃若其情」之「情」字可以這樣講，也可以那樣講，要由《孟子》整段的義理決定如何講。「若」是一個虛字，就著、順著的意思。就著它的情講可以為善。「情」，一個當作情感講，一個當作「實」講。從《孟子》的義理講，情者，實也，情實之情，非情感之情，情感之情怎麼能決定一定善呢？「其」字是代名詞，指「性」講，指人講也可以。就性之實講，它可以是善，我們就說性善。「才」也有兩個講法，朱子解作「才能」，才能不是大家一樣的，所以，這個地方不能解作才能。這個「才」還是指那個性，「才」是質地的意思。還是指你的性之實的質地講，指的一回事。所以，陸象山說：所謂性，所謂實，所謂才，是一回事。這是籠統地說，是對的。朱子仔細體會，講得那麼著實，都講錯了。「牛山之木嘗美矣」，牛山本來可以生長很茂盛的樹木，後天的破壞使它光禿禿，難道說牛

山的本性不能長樹木嗎？「人見其濯濯也，以為未嘗有材焉，此豈山之性也哉！」難道是山之性嗎？這個「性」就當實講。在這大段文章中，有時候用「才」，有時候用「性」，有時候「才」、「性」兩字合用。這個地方，「才」是當實質講，不是才能，是才質、質地。甚麼質地？質地是從性說。所以，識句是一種本事，識段又是一種本事，了解一個哲學家的思想要連貫看。看合不合邏輯，連貫不起來就不合邏輯。

朱子解「一陰一陽之謂道」，從「一」看出所以然，這是對的。但是，這種就眼前的氣化推出所以有這個氣化之「所以然」。這種推證的「道」就叫做存有論的推斷（ontological inference）。朱子了解的太極（理）都是用這個存有論的推斷的辦法。這種分析方法用在朱子的系統，道只是理，太極只是理，這就是偏差了，變成只是理，這就不對了。張橫渠的理會大體不差，那個所以然，那個理，照張橫渠體會就是太虛。太虛是神，是體。道固然有理的意思，但理之中也有神，有神就涵著有活動義。光只是個理，沒有神的意志，也就沒有活動義，只存有而不活動。

朱子是可以從「所以然」來了解「一陰一陽之謂道。」但是，他對「道」本身的分析有偏差，因為他理解成「只是理」。「天命不已」明明不只是個理，理不會動，不會動怎麼能表現它的創造性呢？它是個靜態擺在那裡，這就不行了。道是個哲學概念（philosophical concept）。這種文句上的體會可以往上了解，體會了解文句之後，你還要對這個哲學概念仔細體會，這個體會不在文句之中，旨在言外。

「一陰一陽之謂道」有幾層意思才能決定這句話，講明白這句

話。照《易傳》本身的意思，這個道並不是朱子所說的「只是理」。要是「只是理」，它沒有一種力量能夠使陰陽之氣成爲一個氣化，連續下去，帶著一個行程。帶著一個行程，它本身一定要有一個力量，這個力量表現在哪裡？表現在心，表現在神，表現在情。活動才有力量，光是理不能動，不能動就沒有力量。

《孟子》說惻隱之心，惻隱之心是心，也是情。這個情不屬於氣。惻隱之心明明是心，但從惻隱這兩個字看，它又是情。這個時候，它是心，是情，同時也是理。這個時候的情不是形而下的，不屬於氣。這個意思朱子不懂。喜怒哀樂，七情之情以氣言，四端之心那個情以理言。這就分成兩派。韓國哲學家就分開了，中國沒有，到朱子出來就有這個問題。

心體、性體、道體通而爲一是縱貫系統，朱子那個系統不是縱貫系統。這個道依照張橫渠那個體會就不只是道理。從「一陰一陽」那個一字，從所以然了解的那個道當然是理，但它不只是理，也是心，也是情，也是神，那才有活動意義。有活動意義才能引伸出一個行程，使氣化永遠連續下去，要不然怎麼能連續下去呢？你能把這個行程永遠連續下去，就是「繼之者善也」。你能繼續下去，使它不要斷，這個就是善（good）。這個 good 是甚麼意思的good？這種善是本體宇宙論的善，本體宇宙論的詞語，不是孟子所說的那個善，孟子說的那個善是道德的意義。

「成之者性也」這個「成」有兩種講法，一個講法：順著陰陽順著變化的那個元、亨、利、貞下來有所成。〈乾·彖傳〉云：「乾道變化，各正性命。」那個「成」就是順著「各正性命」那句話了解。順著元、亨、利、貞的變化下來，落在萬物上能成就這個

東西，每一個東西能正其性命，不就是完成其爲一個東西嗎？這個「成」順著下來就是性，性就是「各正性命」的性。這樣講是順著「各正性命」的方向講。「之」是代詞，作繼、成的受詞，「之」代道。道從行程看，能把這個帶著行程的道繼續下來就是善。所以，宇宙生生不息，不能斷滅。它也不是往下滾的虛無流，它在一個行程中須有所成，各正其性命。那麼，這個「成之者性也」從「各正性命」那句話來。

還有另一種講法，那是向後反的方法。「成」也是動詞，「之」也是代詞，「之」代道。「成之」就是完成它，這個成不是成就的意思，是完成的意思。不是順著「各正性命」那個意思，是完成這個道。誰能完成這個道呢？是我們人的性能，表現在我們的生活上來，就是我們的性善的性能。依照這個講法，就是我們的性能能夠完成這個道，在人的生活中把道體現出來。沒有這個性能，你怎麼能完成呢？這就是我們的道德的創造性呀！人有道德的創造性就能夠完成那個「一陰一陽」永遠連續下去。那麼，這種講法類比哪一句話呢？這個講法也有個根據，就是類比《中庸》「率性之謂道」這也可以講得通。張橫渠就採取這個講法。

第十五講　然與所以然之三層解釋

陰陽變化的所以然。陰陽所以能繼續的變化下去，所以能夠陽了又陰，陰了又陽，永遠連續下去，後面一定有一個根據。這個根據在西方哲學，叫做超越的根據（transcendental ground）。一件事情擺在眼前就叫做然，事實如此，擺在眼前就是事實。那麼，為甚麼擺在眼前呢？為甚麼是這樣而不是那樣呢？有一個追問，要有一個根據，後面的那個根據就是所以然，用這個所以然表示它。所以，眼前有一個事實擺在這裡，我們想要對它有一個說明，有一個了解，使它可理解。

在西方哲學，問這個世界到底可理解不可理解，有三種解釋：科學的解釋、哲學的解釋、上帝的解釋。科學的解釋，再往上是哲學的解釋，哲學的解釋還不是最後的，最後解釋是上帝。宗教家的解釋從上帝那裡講。所以有三層。然就是個然在這裡，對於這個然可以有三層解釋：科學的解釋（物理、化學的解釋）、哲學的解釋、上帝的創造（〈創世記〉的解釋）。科學解釋很容易，那個解釋是物理學的。甚麼是哲學的解釋呢？為甚麼哲學家還要有一個解釋？

科學的解釋一定基於經驗，可以試驗的。你提出一個解釋，大家可以通過實驗去證明，看看這個解釋是否成立。就是邏輯實證論所謂驗證。科學的解釋限於經驗層面上。但有些情況不能推演，譬如「上帝」就推證不到。亞里士多德那個 physics 就是講物質，這就是科學的解釋，物理學的解釋。他說我用這些概念、這些解釋是不是可以往後再追問，這個往後再追問叫做 metaphysics。在古希臘，物理跟自然是一樣的意思，物理學是自然的。講運動，講空間，是物理學的專論。牛頓的自然哲學都是講這些，運動的三大定律就是物理學。這是亞里士多德的規模，到牛頓出來更簡練化，成 natural law，牛頓三大定律是自然法則，現在講到量子論。但這些都不是最後的，是否可以把這些往上推，再歸結到少數原則上呢？往後推，這就構成哲學的解釋。先有 physics，再往後追問，把 physics 所講的再深一步研究，看看是否可以把它歸納到更少數原則上去。那表示物理學的原則不是最根本的，對於物理學的原則再進一步研究，研究成果放在物理學後面。後面就叫做 meta，metaphysics 嚴格翻譯意思是：物理學後面的一部分，所以叫做 metaphysics，就是物理後學。按照這個分析出來的方式可以到處應用，最明顯的應用是 metalanguage、metalogic。邏輯是否可以再往後追問，對邏輯系統再加以解釋呢？可以呀，講這個問題就是 metalogic， 就是邏輯結構呀！甚麼叫做邏輯結構呢？就是 metalogic，就是 philosophic logic。還有一個名詞 metalanguage，就是語言後學、語言哲學。這是現代人模仿亞里士多德的 metaphysics 造出來的。對邏輯系統加以解釋，都屬於 metalogic，亞里士多德一個系統，羅素一個系統，路易士一個系統。系統表示

甚麼意思呢？需要解釋呀！你們看我的《認識心之批判》。這麼多系統，先作形式主義的解釋。形式主義的解釋一定是約定的，再進一步作超越的解釋，超越的解釋才進到康德的先驗邏輯。這些解釋無論是形式的，抑或是超越的，都是 metalogic。

　　人與人之間的關係是人倫關係，關係就是理序。「論」是說話的理序，言之成理。「倫」是人與事之間的關係、脈絡。所以，人際關係原來是人倫關係，就是倫理。人際有很多種，可以物理學地講，化學地講，社會學地講，道德地講。所以，「人際」這個詞不通的。甚麼是倫常關係呢？不單只是男人與男人的關係，男人與女人的關係，光男人跟女人不是倫，男女成夫婦才是倫常關係。父子、兄弟是天倫，夫婦不是天倫，天倫沒有變化的，五倫再包括君臣、朋友。

　　「然」和「所以然」有好幾層，第一層是科學的，第二層是哲學的。照亞里士多德講，科學就是 physics，metaphysics 就是科學後面的，那就變成哲學，講第一原則。除此以外，還有一個屬於哲學的解釋。譬如，柏拉圖講 Idea 就是哲學的解釋，還有希臘哲學家泰利斯講世界的本質是水，拿水解釋這個世界也是哲學的解釋，不是物理學的解釋。還有一個希臘哲學家講元素論，地、水、風、火四元素，指出來四個元素，很具體。element，元素、成素、成分，是個靜態字。中國人不用 element，用五行：金、木、水、火、土。行是個動態字，行表示作用、行程。從五行再簡單化就是陰陽，正面是陽，反面是陰，它是動態的關係，這些統統是自然哲學裡面的哲學解釋，這就叫做自然哲學（natural philosophy）。《易》講陰陽五行，就是中國的自然哲學，中國自然哲學的頭一個

階段。

　　西方從元素論再進到原子論。古希臘時代就有原子論，希臘時代的原子論雖然是物理的，還是當哲學看，是物理哲學，不是現代的科學的物理學。因爲是聯想的，沒有人看到，通過物理的試驗進行聯想，這還是哲學。到通過科學實驗證實了，這才算是科學的解釋，科學的解釋就決定了，是原子就是原子。說宇宙的基本事實，最後的事實是小原子，這還是哲學的說法。因爲在物理學、化學，原子還不是最後的，還可以分解到電子，再講到量子，這種科學的解釋不是最後的，它不敢肯斷說這個世界、宇宙的最後眞實是原子、電子或量子。康德的批判哲學一看就看出來了，康德說科學的解釋受我們眼前的知識的程度、主觀條件所限制。我們知識的能力眼前就只達到這個程度，這個能力就我們人類講，人類不能客觀地看到宇宙的最後的眞實就是這樣的小原子。因此，物理學家說的原子是物理學的解釋，與希臘主觀地想像而說客觀的世界的眞實是小原子，完全不一樣。客觀地肯斷宇宙的最後眞實，從理性上客觀地肯斷，這個就叫做哲學的解釋。通過經驗的實驗對於我們眼前人類知識的程度說，我們知道世界由原子構成，這是科學的解釋，所以，科學的解釋永遠是暫時的。從知識的程度上講，只能知道宇宙是如此如此，這是主觀的肯斷。我們的認知能力是很粗的。從我們認知的機能的能力上，我們只能試驗到眼前的暫時的。二十世紀宇宙的眞實是量子，目前只能試驗到這程度，如果儀器先進點，也許有進一步發現。這種解釋叫做科學解釋。

　　哲學的解釋是從理性上作客觀的肯斷，這不是暫時性的，而是到處是一樣的。哲學的所以然不能證明。哲學的所以然還不是最後

的，最後是上帝的創造。上帝創造就是中國理學家說的「太極」。
所以，唐（君毅）先生說太極是存在之理，或者叫做實現之理。存
在之理就是使這枝粉筆存在。上帝創造就是通過創造使它存在。創
造就是不存在的使它存在。所以，上帝創造是從無而造。上帝是創
造這個個體物，這個個體物原來在世界上沒有，我現在叫它有，這
是宗教家的講法。柏拉圖那個 Idea 不是創造的 form，是製造的
form。不是從無而造，它有現成的材料，那個現成的材料不是它創
造的，就像木匠只創造桌子的模型（form），把這個 form 加在木
料上，成個桌子，這叫製造。上帝創造，創造就是使這個個體存
在。中國講「天命不已」、「太極」，跟西方講上帝同一層次，但
不是宗教家的講法，不是創世記的講法。照朱夫子，那個太極也是
使這個氣化的東西存在，這是存在之理，不過這種存在之理跟上帝
創造的意思不大一樣，是兩個不同的系統。儒家一個系統，基督教
一個系統，道家又是另一個講法。

　　道家通過甚麼東西使這個東西存在呢？道家講「無名天地之
始」這個更玄。佛教也有一套講法，更玄更難了解。嚴格講，開始
講，佛教不能講存有論、宇宙論。萬法怎麼來呢？佛教有一個解
釋：萬法從無明來。識的變現，唯識宗講識的變現，不是涅槃法身
造的，不是三德祕密藏造的。所以，嚴格講，佛教沒有存有論呀！
到甚麼時候，可以說它完成一個佛教式的存有論呢？它要對萬法有
一個說明。你說萬法從無明來，這還不能保證萬法的必然性。到甚
麼時候，佛教能夠保證萬法的必然性，那個時候佛教式的存有論才
能夠出現。這最難了解。但是，我們用亞里士多德的四因說了解
它，一樣可以運用。基督教是上帝創造，儒家是「天命不已」潤

化,也是個存在之理,那個創造不是上帝能創造。兩個系統不一樣。

由此說來,所以然有三層說明。哲學的,希臘的自然哲學統統是形而上的哲學的解釋。哲學解釋客觀地肯斷就是如此。科學的解釋就是說我們眼前知識的程度,我們的認知機能只能達到這個地步,受經驗限制,受我們認知能力的限制,這樣就叫做科學的解釋。所以,科學的原子論跟哲學的原子論不一樣。還有一種邏輯的原子論,更難了解,西方的花樣多得很。邏輯的原子論既不是科學的,也不是哲學的。因為科學、哲學都接觸到眞實,邏輯原子論不接觸到眞實。哲學是客觀的肯斷宇宙有最後眞實。科學是從我們知識的能力、認知機能的本性接觸到世界是如此這般。一個是客觀的、永久的,一個是主觀的、暫時的。哲學的解釋就是要接觸到宇宙的眞實,邏輯的原子論不接觸到眞實,是方法學上的系統,這個世界是否眞實不知道。它從邏輯分析的方法上來肯定世界上任何部分皆有它獨立的意義,政治上講就是重視個體,世界上怎麼樣我不知道。肯定原子的獨立意義,這樣分析知識才能成立。假定我要了解一個杯子,要通過一個全體才能了解,科學就不能成立。這就是二十世紀最現代化的哲學,最巧妙。現代有許多是纖巧的哲學家,有他的作用。譬如胡塞爾的現象學,海德格的存在主義,還有維根斯坦,都是二十世紀的纖巧哲學。巧妙,所以吸引人,但是,都不聞君子的大道。要知道它的分寸,才不爲它所害。

萊布尼茲的單子多元論是形而上學的多元論,也是哲學的解釋。

孟子說:「仁義禮智,非由外鑠我也,我固有之也。」(《孟

子‧告子上》）四端之心先天本有。孟子說性善就是說心善，從心善證性善。但物理分析，四端之心只是氣之靈，它靈不從神那個地方說。中國人對「神」可以形而上講，也可以往下講，講成氣，講成鬼神之神。鬼者，歸也，陰氣也。神者，伸也，陽氣也。從誠講，誠則靈，從誠講神，是道德的。從誠發的神不能以氣言，不能說凡動即屬於氣。動有屬於氣，有不屬於氣。上帝不只是個理，還有 will、love，will、love 代表甚麼呢？代表上帝的活動，但並非說上帝跑來跑去。朱子理氣二分太簡單化了。伊川、朱子體會的道體只有存有性沒有活動性，這已經成為定論，沒有人能反對。其他理學家通通不如此，伊川、朱子的體會不是儒家的本義。

　　儒家從《詩經》下來，講「維天之命，於穆不已。」《中庸》講「誠」，然後《易傳》講「神」。《易傳》講神從哪裡講呢？「神也者，妙萬物而為言者也。」（《周易‧說卦傳》）「易，无思也，无為也，寂然不動，感而遂通天下之故。非天下之至神，其孰能與於此？」（《周易‧繫辭‧上傳》）《易傳》言「神」是從寂感這個地方顯，神才有寂感。假若只是個理，只是個 formal ground，有寂感嗎？神才有寂感。寂然不動，但它一感就通，遂通天下之故，這個就是神。神通過寂感來了解，寂感不是分成兩段。即寂即感，同時是寂同時是感。這個意思王陽明講得最好。所以，我從這裡說：宇宙最後的真實是寂感真幾。寂感就是天地萬物最後的最真實的，metaphysics reality，它不只是個理。先秦儒家的古義是即存有即活動。兩個「即」字白話文就是：它是存有，它同時是活動，兩者分不開。從存有性方面說，它是理。它同時有活動性，從活動性方面說，它是神、是心。這樣它才有活動性，才有作

用，要不然它沒有作用。

程伊川出來才正式講《大學》「格物窮理」。濂溪、橫渠、明道，後來象山、陽明講工夫都不是講致知格物，他們都作內聖道德工夫。他們知道致知格物不能使你作聖人。明道在生的時候，伊川大體跟著他老哥講，雖也有他自己的思想，明道死後，伊川就發揮他自己的思想。陸象山講工夫根據《孟子》：「學問之道無他，求其放心而已矣。」（《孟子‧告子上》）求，找回來。放，放失之放。找回來，使其歸位。找回來，保存它，叫做「存心」。「存其心，養其性。」（《孟子‧盡心上》）找回來，保存，進一步擴而充之，擴充就是工夫，這是內聖工夫，道德實踐的工夫。擴充則盡心知性知天。「反身而誠，樂莫大焉。」（《孟子‧盡心上》）陸象山擴充，講心即理，陽明講「良知」，根據在《孟子》。

「一陰一陽之謂道，繼之者善也，成之者性也。」這幾句話就等於《中庸》：「天命之謂性，率性之謂道。」「成之者性也」這個性是道體下來的，道體落在個人身上就是你的性。道體不要斷，繼續下去，就是 good，就是好，這個 good 是本體宇宙論講的 good。完成這個繼續下去的道，是我們的性，這句話就是《中庸》「率性之謂道」，這對道有真切的體會。「成之者性也」能完成這個一陰一陽的這個道，了解這個氣化的行程，這是我們的性能。我們的性能裡面「仁、義、禮、智」四樣都具備。要從性能方面了解它，完成它，哪裡有分開呢？一般老百姓不了解，分開說，各見一面，天天用這個道，但習而不察。

第十六講　成道：顯諸仁，藏諸用（〈繫辭·上傳〉第五章）

「繼之者善也」是宇宙論的講法。

「成之者性也」，完成它就是我們的性。因為我們的性體能夠完成那個道。所以，這句話跟「率性之謂道」一樣的意思。甚麼叫「率性之謂道」呢？就是順性而行就可以成個道。這個道客觀地講在宇宙間，現在就表現在你的生命裡面。率，順也。率性，順性而行。順著你的性體表現，它那個「成」帶著行程，這就有生活了，這才能有道。這個叫做「成道」。光講道不行，要講成道，成道就是在我這裡體現出來。「成之者性也」是這樣講呀。所以，假定你不是率性而行，光從你的性情的偏愛，性情有剛柔緩急，這就不同了。假定你的性情是仁者型的呢？見天下的事情統統是仁，這是一孔之見。假定你的性情是智者型的呢？你以智的眼光看天下事。但我們的性體中仁、義、禮、智都有，能率性就不偏，仁、義、禮、智全有。假定你不能率性，光順著你的性情之偏來看道，那麼就叫做「仁者見之謂之仁，智者見之謂之智。」（《周易·繫辭·上傳》）這是偏見，但也有見。至於一般老百姓是習而不察。一般人天天在道裡面過生活，但不知道道，就像人活在空氣中卻不知道空

氣的重要。哪一個人能離開空氣呢？空氣不能一剎那離開，道也不能一剎那離開，這叫不可須臾離也。這就是「魚相忘於江湖，人相忘於道術。」（《莊子》）人在道術的社會裡才能相忘，相忘就是你不必照顧我，我不必照顧你。魚在江湖裡游來游去，很舒服自在。要你照顧我，我照顧你，就是不能相忘。到人要互相照顧，這個社會就很危險。互相照顧，平常說不是很好嗎？平常說的「照顧」，這是人情味，這個人情味沒有也不好。這個社會太冷，有點人情味，人間溫暖，但人情味太重的時候，一樣使人受不了。所以，人類的社會最重要有社會的軌道，使人免於恐懼。所以講民主自由。在西方社會，人能相忘。一個社會天天整人，使你恐懼、害怕，見神見鬼，那是最不人道的社會。

不能使每一個老百姓作哲學家。老百姓習而不察，不一定是壞事。只有王陽明知道，朱夫子知道，一般人哪裡知道呢？就在聖人之道裡面好好過生活就很好了。所以感激聖人呀。中國人以前感激周公制禮作樂，周公制禮作樂才有社會的軌道，才能維持人生自然的常道。你要自覺地使這個道真正能表現出來，那麼，就重視「成之者性也。」所以佛要隨時說法，不說法就是「百姓日用而不知。」非說不可。但是說的時候，也有超過說法的境界。所以佛說法四十九年而無一法可說。說法就是要把道理說出來，而無一法可說，就是超越這個說法。使人在軌道中過生活，這個就是成道。說法是講道，使每一個人在軌道中生活，這是成道。光說一個道理，這個道理不能表現，不能建立一個軌道，這個道理不能成道，頂多是一個個人的學說。

孔子說：「予欲無言」，又說「天何言哉？四時行焉，百物生

焉，天何言哉？」（《論語‧陽貨》篇第十七）但又不能不講。子
貢就說：「子如不言，則小子何述焉？」你非講不可，永遠不講，
這個社會就沒有光明。所以，講與不講之間，這個跌宕的分際，是
智慧。百姓日用而不知呀，你不講不成。所以要出幾個哲學家、宗
教家。要出孔夫子、釋迦牟尼佛、耶穌。在中國出個陸象山、王陽
明。所以一定要有道，講道一定要成道。成道才能使大家有一個生
活的軌道。所以中國傳統文化重視周公制禮作樂。制禮作樂的原則
是經驗的，沒有先天的，一定是實在論。實在論就是看有沒有自然
的實在意願。要有實在的根據，依據社會上的需要，社會上需要就
有實在性。政黨的經濟政策都是經驗的，因地制宜，不足　黨之
私。經驗實在論落實了就是制禮作樂。周公制禮作樂就是「親親之
殺，尊尊之等」這個不是根據個人的思想、一個人的學說造出來
的。個人的一套理論都是主觀的，這種理論就是意識形態。意識形
態是黑格爾的名詞，原來在黑格爾不是壞的意思，意識形態是說每
一人思想的形式不同。把個人的想法變成客觀的絕對的標準，意識
形態就成為壞的意思，意識形態就成了壞東西，其實是「意底牢
結」。「親親之殺，尊尊之等」不是意識形態。最親是父母，這是
人性之常，自然之常，這很合理。你說「尊尊之等」：公、卿、大
夫、士是封建等級，那現在不是也有省長、市長、局長？不是也一
樣嗎？這就是尊尊之等。等級、政治分層，到處如此。家庭生活的
軌道，社會生活的軌道，政治生活的軌道都安排好了。社會有軌
道，人才能相忘於道術。相忘表示自由自在，不是冷酷。溫暖過分
不成。人情味過分，對旁人造成騷擾。

　　天地間哪有絕對的？上帝才是絕對的。上帝沒有內容。

「顯諸仁,藏諸用。」(《周易·繫辭·上傳》第五章)這兩句話要好好理解。我們開始說:「一陰一陽之謂道,繼之者善也,成之者性也。」這是先客觀地講。客觀地講的這個道,帶著一個行程,陰了又陽,陽了又陰,能夠繼續下去,這是客觀的一種要求,這個世界永遠不要斷絕,連續下去,生生不息。但這種客觀地講一定涵著道的形式意義,而且只有道的形式意義。這個道怎麼表現呢?具體的意義還不了解。首先是客觀地講,譬如相信基督教的首先講上帝創造天地萬物,天上的父是客觀地講,這個父的意思是甚麼呢?只有形式的意義。祂是天地萬物至高至尊的,這是籠統的話。這些籠統的話具體怎麼表現呢?照基督教講,要通過耶穌,才能顯出上帝這個聖父具體而真實的意義,見出其父之為父。耶穌是聖子,所以聖子的地位很重要,通過耶穌見出上帝的意義,通過上十字架表現出愛,通過這個可以了解聖父。父之為父,上帝之為上帝的具體而真實的意義靠著耶穌來顯發。

照著儒家,「一陰一陽之謂道」這個客觀地說的道,只有形式意義的道,要從我們生命中的仁來顯,所以說「顯諸仁」。這跟上文「仁者見之謂之仁」之仁是不是同一樣意思呢?這個道顯諸於仁,顯是彰顯的意思。在仁裡面能彰顯出來,正如在耶穌的生命裡面能彰顯出上帝之所以為上帝的具體內容。這個很具體。所以,上帝是客觀性原則(principle of objective),耶穌是主觀性原則(principle of subjective)。上帝的具體而真實的意義由耶穌彰顯。真實對著形式講。

「一陰一陽之謂道」這些是形式的空話呀,它的具體而真實的意義(real meaning)靠仁,仁是個主觀性原則。所以孔子說:

「克己復禮為仁。一日克己復禮，天下歸仁焉。為仁由己，而由人乎哉？」（《論語·顏淵》）「我欲仁，斯仁至矣。」（《論語·述而》）「仁」有兩個意義。第一，「仁者見之謂之仁，知者見之謂之知。」（《周易·繫辭·上傳》）那個「仁」當作一個德目看，當virtue看。孟子講仁、義、禮、智並列的「仁」就是當一個德目看；第二，孔子講「仁」不是仁、義、禮、智並列，是專言之仁。專言就是把它凸出來，提出來，一切德從仁出來。孟子說：「仁也者，人也。合而言之，道也。」（《孟子·盡心下》）這種意義的仁是孔子所講的仁。程明道提出「專言」這個詞，是總說的意思。所以程明道說：「學者須先識仁。」「義禮智信皆仁也。」（〈識仁篇〉）這是根據孔子來。仁是一切德之德，總合成最高的。所以孔子《論語》我們用一句話表示，就是「踐仁知天」，實踐這個仁道，你就可以上達天德。到孟子轉一轉，講盡心知性知天，通過心、性來了解這個「仁」。討論人性從孟子開始。

「顯諸仁」意思是：這個道顯諸於仁，這個仁是孔子說的當作全德看的仁。「藏諸用」就是藏之於大用，不是抽象的掛在那裡。客觀地講的抽象的道通過仁與用去具體表現，通過一個生命來彰顯它。這個生命就叫做主觀性原則。沒有主觀性原則不成，這個主觀性原則非常重要，這個主觀不是壞的意思。心覺非常重要，心是主觀性的原則。

假如用黑格爾的辯證法來想，這個客觀性原則就是父身分的上帝（God in itself），上帝之在其自己。用佛教的名詞，客觀性原則是自性原則。子的身分是 God for itself，上帝之對其自己。祂自己以自己為對象，這表示在其自己的上帝的身分分成兩個，自身分

裂。自身分裂的時候，耶穌是上帝的兒子，耶穌把自己分出來，這
才分出父位、子位。上帝以祂自己爲自己默識的對象。第三步，
God in and for itself，就是聖靈。耶穌上十字架之後回到上帝那
裡。原來跟上帝分開，現在又回去了。這個時候，通過耶穌表現的
愛（divine love），犧牲，替衆生贖罪，才能證明上帝是個純靈
（pure spirit）。假定耶穌不上十字架，不回去，那麼上帝只是哲
學家心中的上帝。哲學家心中的上帝不是 pure spirit。所以亞里士
多德的 pure form 進到基督教意義的 pure spirit，是西方文化的一
個最大的進步。所以，基督教在西方文化中的地位很重要。但是，
這個道理在中國採取另一個形態表現，中國儒家、佛教採取另一個
形態。所以基督教到中國傳敎五、六百年，始終傳不進來。中國人
可以接受佛教，但很難接受基督教。因爲它那個調調中國人不喜
歡，它那個 style 不好，每天吃飯禱告一下。中國人說「誰知盤中
餐，粒粒皆辛苦」，爲甚麼不感謝農夫？基督教到處要禱告，非禱
告不可。耶穌反對法利賽人大聲禱告，說是虛假、虛僞，最好不要
在衆人面前禱告，關起門來禱告。那麼，爲甚麼不可以不禱告？既
然默禱可以，不禱告爲甚麼不可以？

　　但上帝之在其自己，假定不通過上帝之對其自己，上帝究竟是
甚麼？我們不知道，甚麼也不是。依天臺宗，佛之在其自己是「理
即佛」。「一切衆生皆可成佛」，這個「皆可成佛」是原則上可成
佛，你事實上還沒有成佛，就是說理上你可以成佛，這個理不是實
踐理性，是佛教講的空理，一切衆生皆無自性。你還沒有通過實踐
的工夫，還沒有修行，還在理即佛的階段。第一階段，理即佛；第
二階段，名字即佛；第三階段，觀行即佛；第四階段，相似即佛；

第五階段，分眞即佛；第六階段，究竟即佛。天臺宗六即判佛，這個了不起。從六個階段分判佛的完成程度。

「鼓萬物而不與聖人同憂」（《周易·繫辭·上傳》），「天地變化，草木蕃」，天地有生氣。

第十七講 中國式的自然哲學及西方 idealism 的三個系統

你把三句抄出來，連起來讀，看看儒家傳統如何看這個「神」。

「陰陽不測之謂神」｜｜知變化之道者，其知神之所爲乎！」（《周易·繫辭·上傳》）這兩句句義相同。但「神也者，妙萬物而爲言者也。」這句有特別意思。你們要用心，要注意，每個概念有確定的了解。

那麼，再看第九章：「大衍之數五十，〔……〕其知神之所爲乎。」這一大段是中國式的數學。中國式的老算學，你們有興趣可以看我寫《易》的那本書（《周易的自然哲學與道德函義》）。有一定的算法。

眞正講《易》的兩個專家在清朝，以胡煦的《周易函書》最好，另一個是焦循。《說文》、《爾雅》是考據家的經典，還有《皇清經解》，你們都要讀。

中國式的自然哲學，這句話就表示說中國的自然哲學跟古希臘蘇格拉底以前的自然哲學不大一樣，形態不一樣。怎樣看「中國式的自然哲學」這句話。道家儘管說「道法自然」，但道家不是自然

哲學，道家說的自然不是我們現在說的自然。道家就是道家，它代表一個智慧，不能當自然哲學看，當自然哲學看層次很低。單就氣化講道理，這個就是自然哲學。《周易》不能離開氣化，所以講氣化之妙，但它不止於氣化，不停在氣化上。它就著氣化看所以氣化的後面的那個道。這個層次提高了，這就成就了我們所說的孔門的義理，孔門的義理就是道德的形上學。所以，魏晉人了解《易經》說三玄：老莊是道家的玄，《易經》是儒家的玄。但魏晉人只能了解老莊的玄。魏晉人看玄學是最高的學問，最高的智慧。現代人罵玄學鬼，這是現代人的淺薄、醜陋。魏晉人也知道儒家的玄理高一層次。我的那本書你們看序就可以了。

儒家的道德形上學，孔門的義理，真正稱得上「絜淨精微易教也」。「溫柔敦厚詩教也」、「疏通致遠書教也」。理解每一經都可以走錯路，要有一種正當的心態與它相應。

我現在講《易傳》照孔門義理講，就是當道德形上學講。我年輕時候寫《易傳》那本書（《周易的自然哲學與道德函義》）是照自然哲學講，落在氣化講就是自然哲學。中國人現在都學西方哲學，但 idealism 到現在還是弄不懂。或者譯作「觀念主義」，或者譯作「理想主義」，照哲學講有好幾種意義。到中國來就看成「唯心論」，大陸上天天罵唯心論，罵的甚麼東西？憑空罵人，擾亂人心。擾亂人心的結果是害天下，害中國人。

idealism 是哲學裡面最普通的一個名詞，嚴格講不能譯作「唯心論」。西方人只有 idealism，沒有唯心哲學，只有中國才有唯心哲學。陸象山說：「宇宙便是吾心，吾心即是宇宙。」（《陸九淵集‧年譜》）孟子說：「萬物皆備於我矣。反身而誠，樂莫大

焉。」（《孟子·盡心上》）那個「我」指四端之心說。四端之心是心呀！良知是心呀！陽明講良知根據孟子來，良知是心的靈明，就是虛靈明覺，虛靈明覺不是心嗎？心不是 idea。佛教也是心。《成唯識論》講八識，八識是心，那是識心。《大乘起信論》、《勝鬘夫人經》，還有講如來藏自性清淨心，那是心，不是 idea。西方人沒有說宇宙本體是心的，嚴格講，西方沒有唯心論。西方人只有 idealism，idealism 一般籠統地翻譯作理想主義可以；翻譯作觀念主義也可以，但只是某一個形態是觀念主義。如果照柏拉圖講，當該翻譯作理型主義。ideal 是理想，這個理想照柏拉圖是從 Idea 轉過來。ideal（理想）與 Idea（理型）不一樣。這個「理想」從哪裡發？從哪個意義鑒別？就從 idea 這個地方鑒別，所以基本是 idea。在康德那裡，當該翻譯作理念主義。理念是理性上的概念，這個念作概念（concept）講，這個概念是從理性上發的。有從理性上發的概念，還有從知性上發的概念。從知性上發的概念是範疇，範疇是純粹概念。從理性上發的概念就叫做 idea，這個 idea 在康德指理性上發的概念。概念是現代的。亞里士多德的老師柏拉圖講 Idea，到亞里士多德出來，把 Idea 轉成 concept。到康德也講 concept，講 concept 就是近代化了。

　　concept 這個字呀，嚴格講譯作概念不很恰當，這些名詞好多從日本來，通用了。這個 concept 跟講 idea 是同一類的東西，都是客觀東西，objective。對象不是心，是心所對的。理性也是心，知性也是心。心在柏拉圖老名詞叫 soul（靈魂）。在柏拉圖，我們這個靈魂原來跟 Idea 在一起，所以，它了解得最清楚。到有生以來，我們的靈魂跟我們的臭皮囊合在一起呀，弄糊塗了，淪陷了，

所以忘掉了，把你既有的 Idea 忘掉了。西方人講 idea 是對象，是客觀的。那麼，這樣講起來，這個字譯作概念已經不好了嘛，它無所謂念，當該譯作「概義」。所以，西方人所說的概念，照中國的老名詞講，從魏晉南北朝時代從佛教吸收過來，當該是概義。這個「義」不是儒家所說的義。

佛教說「義無礙」那個義是概念的意思，就是概義。義是客觀的，有這麼一個形式的東西，由知性發出來的。譬如說，本體、量、質、關係、因果，這些都是義，都是知性所發的義。還有理性所發的義，就是把宇宙系統整個完整起來，能完整起來成一個 idea，那就叫做理性所發的 idea，那就叫做理性的概念。理性的概念，專門名詞就是 idea，這是康德的意思。理性的這一層比知性高啦。知性並不就這個現實的宇宙整個完整起來了解。理性想要完整起來，你知性是散的了解，了解這一面，了解那一面。把散的了解完全總合起來，完整起來所成功的那個概念就叫做 idea。那麼這種概念是理性發出來的，是理性的要求。所以，你從這個地方講，這個 concept 是概義。

柏拉圖講的 Idea 是個 form，它是個理型，它是現實東西的一個模型。它是客觀東西擺在那裡，它是客觀的。我們的靈魂能了解這個 Idea 才是真正的知識，不了解這個 Idea 沒有真正的知識。它是個 Idea，不是個心。所以，他只有理性主義，沒有唯心主義。到康德講理念主義，理念是通名，康德本人講超越的理念論（transcendental idealism），對著經驗的實在論講。康德這個超越的觀念很難了解。還有一個也是 idealism，就是柏克萊（George Berkeley），很有名，平常哲學史叫做 subjective idealism（主觀唯

心論）。中國人聽來更害怕了，甚麼主觀唯心論？你哲學家不是耍
魔術嗎？最容易起誤會的是這個柏克萊的 subjective idealism，一般
翻譯為「主觀唯心論」，或「主觀觀念論」。不能說柏克萊是唯心
論啦，因為在柏克萊這個地方，idea 不是心，是心的對象。所以，
西方人講 idea，不管是柏拉圖的講法、康德的講法，或是柏克萊的
講法，它都是對象。所以，idealism 譯作唯心論不是完全錯了嗎？
這是望文生義，胡思亂想，攪亂天下，自害害人，害天下蒼生。

　　講柏克萊的 idea 是小寫，柏拉圖的 Idea 是大寫。這個 idea 本
來有兩方面講法，照一般人的了解，你心中甚麼想法，你的意思是
甚麼，那時候，這個 idea 是主觀意義的，主觀的想法，這種一般
人所了解的 idea 是心理學意義的。柏克萊的 idea 不是心理學的，
它是知識的對象，是 objective。從 objective 方面講，不從
subjective 方面講。

　　柏克萊講 idea 也是根據希臘 idea 那個意思來，跟柏拉圖講
idea 是一個意思，但它不是理型。這個字原初是希臘字，意思是指
我們看見的「象」講，就是「可見之象」。不過，柏拉圖那個象不
是肉眼看到的，肉眼看不見，是心眼看見，靈魂看見，還是可看見
呀！到柏克萊，看見的象就是我們肉眼看見的，那是感官上的。照
這樣講，柏克萊是覺象主義，覺象就是直觀現象，既不是理型主
義，也不是理念主義。凡是覺象都不能離開與心的關係，但它不是
心。不能離開心的關係，等於佛教唯識宗說「境不離識」。覺象不
能離開心而存在，所以前面加 subjective。假如這個覺象可以離開
我們主觀的心而獨立存在就叫做實在論，叫做 realism，不能叫做
idealism。柏克萊只有境不離識，沒有唯識宗那句「唯識所變」。

西方人不講唯識所變，變現就是耍魔術了。柏克萊說：「存在就是被覺知。」這就表示任何東西都在關係中存在，在關係中才是具體的存在。人必須在關係中存在，這很可理解。這種 idealism 有甚麼錯處呢？所以現在的中國人最淺薄無聊。要了解 idealism，至少要了解柏拉圖、康德、柏克萊三個系統。

第十八講 「神」的兩種意義

「陰陽不測之謂神」「知變化之道者，其知神之所為乎。」
「神也者，妙萬物而為言者也。」這三句是《易傳》言神，連在一
起了解。這三句話裡面表現「神」的意義不大相同。「陰陽不測之
謂神」「知變化之道也，其知神之所為乎。」這兩句是一類。

「陰陽不測」就是陰陽變化不可測度，無窮的複雜，這個地方
說神就是神妙的意思。神妙不可測度，這是描述語。一種讚嘆，或
者是一種描述。「知變化之道者」也是一樣意思，這個變化就是陰
陽變化。陰陽變化在中國後來說都是氣化之妙，氣化的巧妙，後來
就簡單說「妙」。所以，這個神的意思就是妙，但這個妙呀，它是
個描述語，從陰陽變化的無窮複雜，無窮巧妙中表現出來，所以它
是個描述詞語。這個氣化的巧妙，中國人還有另外一個詞語，叫做
「神工鬼斧」，意思就是你不能猜測，不可猜度。《莊子》言庖丁
解牛，就是神工鬼斧。它是個讚嘆語。這個神的意義呀，沒有超越
的意義，不是宇宙間那個本體。

「陰陽不測之謂神」是從氣化的巧妙這個地方看，氣化之妙就
是屬於造化之妙。這個「神」的意思就是從造化之妙這個地方看，
這個造化千變萬化，沒有人能測度。造化這個詞等於 creation，但

這個創造不等於上帝創造那個創造，這個是造化。有時候說，整個宇宙本身就是個造化，就是世界的存在。現實的世界如此這般的存在，現實的宇宙如此這般的存在，但現實宇宙怎麼如此這般的存在？現實世界怎麼如此這般的存在？如何存在呢？中國人不從上帝的創造那個地方講。而從這個造化之妙這個造化講，從氣化這個地方講。造化就是現實世界的存在，全部現實宇宙。從造化這個地方看，這個現實世界的存在不是從上帝的創造那個地方講。從上帝的創造那個地方說，上帝是宇宙的本體，那是超越的意義。從造化這個地方看，現實世界的存在是氣化，氣化不是一個超越的意義，這是一個描述的詞語。所以，從「陰陽不測之謂神」「知變化之道者，其知神之所爲乎。」這兩句話看不出這個神有超越的意義。

「神也者，妙萬物而爲言者也。」這個「妙」是個動詞，這個「神」的意義跟上兩句言神的意義不同，這個神是就著它在萬物後面而能妙萬物。妙當動詞用。這樣一來，這個神就顯出超越的意義，這個本體的意義就在這個地方，這個神有本體的意義。「妙」是甚麼意思呢？就是它在萬物後面運用，這個妙表示運用的意思，妙運呀。妙是個運用，它是個主動，萬物是個被動。萬物要後面有個神在運用才能夠變化，生生不息，有千變萬化，無窮的複雜。無窮的複雜就是神在後面妙來運用它。所以，「神也者，妙萬物而爲言者也。」這句話有本體的意義。中國人講神，是從「妙萬物而爲言」這個地方來了解，從「妙萬物而爲言」了解這個神。至於神工鬼斧那種神，沒有本體的意義，那個是氣化。

中國人講鬼神，鬼神屬於陰陽之氣。神者，伸也，屬於陽氣。鬼者，歸也，屬於陰氣。鬼神沒有超越的意義，這個沒有甚麼了不

起，這個不足貴。孔夫子說：「敬鬼神而遠之。」鬼神不是西方所
說的上帝。所以基督教拿這句話說中國沒有宗教精神，那是不對
的。孔子並沒有說敬天而遠之。鬼神沒有超越意義。孔子說天命，
天的意義可以跟西方人所說的“God”相類比。可以相類比，意思
也不同呀，但它那個層次可以相類比。你說從「敬鬼神而遠之」這
個地方表示孔子宗教精神不夠，這個講法表示你這個傳教士是個外
行的講法。因為，鬼神這個神是屬於氣化的，陰陽之氣。

　　「妙萬物而為言」這個神，是從運用之妙來了解。所以，岳飛
說：「運用之妙存乎一心。」通過運用之妙來了解這個神，所以中
國人了解這個神是通過 function 這個觀念來了解，function 是作
用。這個 function 跟普通說的 function 不同，就「神也者，妙萬物
而為言者也」說，在萬物後面起作用的神只有一個，不能說妙桌子
的這個神跟妙粉筆的那個神是兩個神。這樣一來，這個運用，這個
function，就著天地萬物而言，就著它能夠妙這個天地萬物而為
言，那麼，這個 function 一定是無限的作用。粉筆的作用是寫黑
板，這個寫黑板的作用單屬於粉筆，不屬於桌子，這種作用就叫做
有限制的作用。這個意思不單儒家、《易傳》這樣想，道家也如
此。

　　《道德經》說：「故有之以為利，無之以為用。」這個無當動
詞用，「無之」就是使它「無化」，無化才表示用，這個用就是無
限的妙用。「無之以為用。」就是無之而使其成其用。《道德經》
裡是「用」跟「利」對比。「有」也當動詞用，「有之」就是使它
成個 being，「有之」從 what is to be 講，就是 being is a certain
being，就是使它成為某種的一定的一個存在，這就叫做「有

之」。「有之」所以表示它的利,所以這個利就是英文的 utility。「無之以為用」那個用是無限的妙用,「有之以為利」那個利就是有限的用,利用的用。利用就沒有妙,利用是一定的,不能說妙,一定的作用沒有妙。科學世界說的用大體都是利用,「無」才有妙,「有」就沒有妙。

所以,三句話所說的神有兩種意義,頭兩句話的「神」是神工鬼斧的那個神,是氣化之妙。從氣化這個地方講,從氣化這個觀念講 creation。「神也者,妙萬物而為言者也。」是通過作用了解。這句話甚麼意義呢?這跟西方人了解的「神」根本不同,西方人了解的神一定是 personal God,不是通過 function 來了解,是通過 entity 來了解,function 跟 entity 是相對的兩個詞。所以中西方的頭腦、想法不一樣。entity 是一個實體(實物)。甚麼是 entity?personal God 就是個 entity,不過這個 entity 是 transcendent entity。entity 在英文是很廣泛的使用,等於中國人說的「物」,它通過「東西」的觀念來了解。function 不是個東西。譬如,點、線、面、體叫做幾何學的 entity,就是說它們是幾何學的東西。甚麼叫做 mathematical entity 呢?O(zero)就是 mathematical entity,這個 entity 就是 non-being,它也是 entity。所以,entity 是很廣泛的,很抽象的。譬如,幾何學上的點、線、面,事實上沒有的,幾何學上的點那不是有量的點,沒有部分,也沒有大小。線只有長度,沒有寬度。面只有長度寬度,沒有厚度。

personal God 是宗教上的 entity,西方通過 entity 這個觀念來了解。personal God 是個東西,擬人呀,它有「格位」:父位、子位、靈位。中國人想這個「神」是通過無限的妙用,通過運用。從

《易傳》就開出這個意思。《孟子》、《中庸》、《易傳》都有這個意思，後來理學家就繼承這個意思，這個意思往上通「天命不已」。這個神的意思通過無限的妙用的意思，通過「天命不已」，這就是超越的。「天命不已」在《詩經》。《書經》有西方那個人格神的意義，但它沒有成為一個宗敎，沒有成為祈禱的對象、崇拜的對象。到「天命不已」這個觀念出來，經過《中庸》的發揮、《易傳》的發揮，《孟子》以後，到理學家，那個人格神的意義完全沒有了，化掉了。化掉的時候，就是那個「天命不已」，它就是一個作用，「天命不已」就是一個無限的作用。這個無限的作用是甚麼作用呢？就是創造性的作用，就是一個道體、天命，它不停止地起作用。「天命不已」就是「維天之命，於穆不已」。於穆，深遠貌。「於穆不已」就是深遠不可測度，不停止地起作用。那麼，就等於「神也者，妙萬物而為言者也。」一個意思。所以，「神也者，妙萬物而為言者也。」跟中國古典這個「天命不已」的觀念打成一片。打成一片，從此以後，personal God 這個意義在中國根本站不住了。所以，中國這個文化裡面根本沒有宗敎，不能成為祈禱的對象、崇拜的對象。中國人敬天，鄉下人祭天，皇帝也祭天。敬天可以，但天不是個崇拜的對象。這就是文化的靈魂，思想家的靈魂。《論語》中孔子說天呀，有慨嘆意味的天，有人格神的意義，雖有那個意義，但不重要。孔子說：「天之將喪斯文也，後死者不得與於斯文也。」（《論語·子罕》）孔子有一個超越的使命感。到孟子出來，再通過《中庸》、《易傳》，把那個「天命不已」跟神打成一片的時候，personal God 的意義就沒有了。

　　所以，我叫你們讀《易傳》，要好好了解中國智慧的方向，它

不是一個宗教性的方向。西方是個宗教性的方向,最典型的宗教就是基督教。中國智慧不是宗教性的,儒家不是,道家根本不是,更明顯了,後來佛教傳到中國來,也不是。佛教跟中國的文化那個基本的情調、心態組合,所以中國吸收佛教比吸收基督教容易。從利瑪竇到中國傳教以來,一直傳不進來,因為基本心態不同。儘管中國儒、道哲學跟佛教不同,但基本心態相同。為甚麼說儒、道哲學跟佛教心態相同呢?儒家講人皆可為堯舜,就是人人可以為聖人。佛教《大般涅槃經》說「一切眾生皆有佛性,一切眾生皆可成佛」。這種思想跟中國頭腦相同。此語見〈獅子吼品〉,「獅子吼」就是釋迦牟尼佛說法,就是作「決定說」,把它詳細擺出來,就是作決定的說。一定如此,斷然不可移的,就叫做「獅子吼」。既然有佛性就可以成佛,這是東方的智慧。儒、釋、道三教,這個是相同的。就是跟基督教不同,基督教想它那個特色傳到中國來,很難的。我們不反對你信基督教,但你不要排斥別人。為甚麼光是你可以上天堂,別人都下地獄?你不要有排他性。守著自己的立場,相觀而善,通過互相觀摩,智慧到最後可以消融。通過佛教判教的層次,判教的層次分兩層,慢慢來,一步一步來,釋迦牟尼佛說法說了很多,後來通過判教,判教說了好多系統,大乘、小乘、大小乘各自有許多系統,通過判教,最後可以消融。

　　佛教講眾生皆有佛性,眾生皆可成佛。儒家講性善,每一個人皆有良知、良能這個善性。所以,每一個人皆可以成堯舜。人皆可成堯舜,人皆可成聖人,孟子這樣說,荀子也說:「塗之人可以為禹。」但荀子說「塗之人可以為禹」沒有力量。那個「可」就是可而已,就是邏輯上不矛盾,但力量不夠,因為他講性惡。基督教不

可以說人人皆可以做基督，你只能做基督徒，你不能做基督，因爲基督是個神。假定你說人人可以做耶穌，那是褻瀆。但耶穌明明是個聖人。在中國看，耶穌是個聖人，爲甚麼把他看成是個神呢？你把他看成是神，中國人永遠不會相信。耶穌本人很通達，他說：我一方面是人之子，一方面是神之子。耶穌有兩個身分。「人之子」很好呀，中國人相信這句話。孔夫子說：「吾非斯人之徒與而誰與？」（《論語‧微子》）就是「與人爲徒」呀。但耶穌一方面又說是神之子，這個是吹牛。我們尊崇你可以，你自己不能這樣講嘛！這是中國人的頭腦。我們可以尊崇孔子、釋迦牟尼佛是聖人、菩薩。孔子說：「若聖與仁，則吾豈敢。」（《論語‧述而》）孔子不是神，連聖人也不敢自許。你說你取決於神，這可以，等於中國人說「法天」。聖人法天，但他與天也不是完全一回事。聖人是聖人，天是天，聖人不是天本身。聖人與天還有距離，有差別。天地無心而成化，《易傳》說：「鼓萬物而不與聖人同憂。」聖人有憂患呀。

耶穌法天呀，法天就是以上帝爲標準。你不能說你乾脆就是神呀。所以這些觀念，中國人聽著不順，從明朝利瑪竇到中國傳敎，傳到現在六、七百年，中國人不容易接受。但中國人可以尊重你。

現在講最後一段：「易无思也，无爲也，寂然不動，感而遂通天下之故。非天下之至神，其孰能與於此。」（《周易‧繫辭‧上傳》）這一段跟「神也者，妙萬物而爲言者也。」一貫的思想。這個「易」指占卜之易講，就卜筮講。占卜有兩種方式：一是龜卜，一是蓍草。因爲《易經》本來就是卜筮之辭，就是從卜筮這個地方透出呀。卜筮爲甚麼通神呢？卜筮最重要是「幾」。這個占卜呀，

不是數學可以算出來的，占卜就是看那個「幾」，最重要就是「知幾」。所以，《易傳》說：「知幾其神乎。」（〈繫辭·下傳〉）誰能知幾誰就神。這是一種高度的 intellectual，而且這種高度的 intellectual 就等於康德說的 intuitive intellectual。這不是科學知識的對象。「幾」不是科學知識的對象，科學知識不能了解幾，它反而把一切幾都毀掉了。科學知識把一切化歸成數學量、物理量，幾沒有了。歸成數學量，或物理量，成了機械的了，幾沒有了。科學將一切歸成數學量、物理量，把一切變化劃歸到機械原則，幾就沒有了。但是《易經》就是重視這個幾。就其以其為幾而了解，這個幾是最具體最微妙的東西。幾是最具體的一個觀念。科學知識裡面，把具體的東西都抽象化了，抽象化歸到量，如此一來，幾沒有了。

占卜就是知幾，你去占卜，你個人主觀方面首先要誠，誠則靈，不誠不靈的。這個幾沒有一定的，不能數學化、數量化。知幾很難的，替人占卜的人也要有一種知幾的能力，他也要誠。江湖術士不靈的。我不懂占卜，但我知道它的道理。占卜有用龜卜，有用蓍草卜。龜、蓍草有甚麼用呢？是藉它作一個工具，所以，龜、蓍草本身「无思也，无為也。」這個無思無為不是像王陽明講的那個良知呀，這是就著龜殼、蓍草講，它是個死東西嘛。雖然是個死東西，但你問的人要誠，誠則靈。所以，這個無思無為的東西，它本身寂然不動，跟著「无思也，无為也。」下來就是「寂然不動」。雖然它寂然不動，它本身是個無思無為的死東西，但你通過這個卜，你有誠心來問的時候，就感，這就是下一句說的「感而遂通天下之故」。

龜殼、蓍草本身寂然不動，寂然不動通過無思、無爲來了解。甚麼叫「寂然」？就是無思、無爲，沒有任何思欲，也沒有任何做作。但是你一問，你有占卜這個感應呀，它一感即通天下之故。它本身雖然是無思、無爲的龜殼、蓍草，但你藉著它做工夫，你一問，你有問的感應的時候，它一通就通天下之故。故，當故事講。通天下，全部宇宙的故事，統統通到。「通天下之故」就是一通全通，就是全部宇宙的故事都通徹。不是說只通到這裡停了，只通到那裡停了，也不是只通一次，不通兩次，那個就不是神。所以，感而遂通天下之故，這個等於一通全通，感通全宇宙。感通全宇宙這種觀念先秦儒家最有實感，這個就是康德所說的 intellectual intuition。我們平常的感觸直覺哪能夠通天下之故呢？感觸直覺不能一通全通。一通全通這種直覺一定就是 intellectual intuition。康德反對人有智的直覺，那是西方基督教的文化傳統。依基督教傳統，智的直覺只歸於上帝，human being 不能有智的直覺，人不能有智的直覺。康德是這個傳統呀。所以，在康德的系統裡，智的直覺只能劃歸到上帝，屬於 divine mind，神心才有智的直覺，人心並不能有。但儒、釋、道三教都承認人人有智的直覺。從識心講，是感觸直覺，你就是有限。假定你一通全通，這個就是佛教所說的轉識成智，人人都可以轉出來，要經過修行。《般若經》就是這樣說的，佛教講轉識成智呀，這個在佛教是家常便飯呀！識是甚麼呢？就是唯識宗講的阿賴耶識，第八識啦。

在西方人看來，這個識怎麼能轉呢？這個識就是如此，這是一定的，怎麼能轉呢？前五識就是西方人講的感性（sensibility），第六識就是 understanding、thought，第七、第八識就是西方人說

的下意識，這是心理學的詞語。康德的哲學不講這一套的。識怎麼能轉呢？人的感性就是這樣嘛。不要說感性、知性，就是我們的理性也是 logical reason。怎麼能轉呢？但佛教就是這樣說，假定不能說轉識成智，就不能成佛。西方人一聽「轉識成智」，根本不可思議。這個識怎麼能轉呢？我們就有如此這般的感性，有如此這般的知性，有如此這般的理性。這個理性照康德講有兩方面：有是 theoretical，有是 practical。西方人看人是人類學的立場，人類學是科學的範圍，是講事實如此。人就是如此，就一定如此。依這個方法看的人呀，在佛教《涅槃經》裡就叫做「定性眾生」。依中國人看呀，現實上的人是有限的，但中國人看人不是定性眾生，這是很重要的一個觀念。所以，中國人看人不是人類學的立場看。現實上的人有限是有限，有限眾生嘛！西方人說人類是有限的（definite），這個不錯。human being 就是 definite being。但是，他雖有限而可無限。說可無限並不是說他成佛。因為中國人說成佛、成聖、成真人（道家說成真人、至人、天人），就是從他那個有限性可以轉成無限性。轉成無限性，他是佛、菩薩，是聖人，是真人，他不是神，不是 personal God。所以，中國人不把人看作定性眾生，定性眾生就是不能轉，人有限就一定是有限。有限就是有限，無限的歸無限，就是耶穌說的：「凱撒歸凱撒，上帝歸上帝」，這就是二分法啦。假定依二分法，人與上帝永遠是一個有限，一個無限，上帝是高高在上。這一套中國人是不能接納的。中國人也不反對基督教，基督教有基督教的精彩，中國人有中國人的講法，講轉識成智。所以，這種問題，西方人聽起來覺得怪，荒謬。識為甚麼不能轉呢？西方人現在天天講佛教，隨便瞎說就是

了，真正了解的話，馬上就跟基督教的傳統相衝突。

我提出「轉識成智」的問題是進入佛教的教義，這是很重要的教義。「轉識成智」這是很重要的教義，不是說著玩的。但是，「轉識成智」在西方人不可接受，在他們看來，根本不可能的，你一轉就完蛋了嘛。這個就是文化的不同呀，因此，我們現在講學問就是要疏通呀！通過判教的方式可以消融。西方人這種是理性的思想，康德講宗教是理性範圍內的宗教。科學、自由、民主政治都是理性的事情，西方上面是宗教，下面是科學與民主。科學、民主不是理性的事情嗎？你為甚麼說中國人學不來呢？中國現在就是要學科學、民主，學現代化。

所以說「寂然不動，感而遂通天下之故。非天下之神，其孰能與於此。」「至神」就是最高的神。誰能做到感而遂通天下之故呢？誰能一通全通呢？就是這個神。這個神還是從妙用上講，從「神也者，妙萬物而為言者也。」就轉到這。這就顯出超越的意義，顯出超越的本體的意義。這個超越的本體不是像西方的 personal God 高高在上。所以下面就說：「夫易，聖人所以極深而研幾也。」「極深」，極之深入。這就是說聖人藉著這本書來深入滲透到裡面而研幾啦。深入才能研幾，光表面不能研幾。因為看表面都抽象化了，量化了，你看到最具體的地方，你才能研幾啦。所以說「極深而研幾」就是穿過科學知識的那個層面，滲透到內部。所以說：「唯深也，故能通天下之志。」要是表面上，誰也不能相通呀，我們兩個都不一樣。要能滲透到內部去，才能通天下之志，表面的這些障礙都化掉。

又說：「唯幾也，故能成天下之務。」「務」就是事情。你知

幾呀，才能成就天下一切事情。

又說：「唯神也，故不疾而速，不行而至。」這兩句話根本是paradox，這句話根本是非科學的，反物理學的。物理學的速怎麼樣呢？物理學的速是加速，要加勁啦。不加速就是靜，物理學所謂靜就是等速運動。假定永遠等速，沒有變化，你不知道它動呀。沒有一個加速，它就是靜啦。「不疾而速，不行而至」這兩句話根本是違反物理運動的，根本是非科學的。神呀，不要加速，它就自然會速；不要行，它就到。不行而至，不要加速，它自然會快，這個就是神。這個「神」是甚麼意思呢？就是說它是 transcendental。但這個 transcendental 跟西方講基督教講 personal God 那個transcendent 的意思又不一樣。中國在這方面既是 transcendental，又是 immanent。既超越而又內在。immanent 就是入內的意思。這兩個相反的形態一定同時成立。東方的智慧就是這樣。儒家講神，道家講無，統統如此。「既超越而又內在」，這個觀念呀，西方人站在基督教的立場，始終不懂的。所以，台灣傳教的人說怎麼既超越，又說內在？這個不可思議。超越就是超越，怎麼又是內在呢？內在就是內在，怎麼又是超越呢？內在就是內在，內在就不能超越，這種死頭腦，本來很容易懂的，他卻不能懂。

「神也者，妙萬物而爲言者也。」它在萬物後面，這表示它是transcendental，它不是個 appearance，但它又妙萬物，那它不是內在嗎？它就在宇宙之內呀！實現它就運用它，這個叫做內在啦，這個並不很難了解。但是，你跟傳教的人談，永遠談不通的，所以我們也不跟他們談這個。這是傳教的人的固執。所以，要相觀而善，本著自己的立場，看看它那些是相關的，通過判教，慢慢可以消

融。層次分際一點不亂。你這個層次呀，這樣講很好，那樣講不成。唐先生的心靈九境就有判教的味道，判得很清楚。

　　「寂然不動，感而遂通天下之故。」這個就卜筮講，把這個觀念用在我們的本心上來，譬如說用在王陽明所講的「良知」，用在孟子所講的四端之心，這個寂然不動的「寂」就指良知的明覺講。寂然就等於良知本心的明覺，「寂然不動」就用在良知本心的虛靈明覺。「感而遂通」呀，這個良知不是掛在那裡，不是抽象的，它在現實生活裡面，它隨時是寂然，隨時是在感應之中。所以，在「感而遂通」這個地方講就是良知明覺的感應啦。這個良知明覺的感應跟良知本心的虛靈明覺是一個東西，那就是說它即寂即感。在這個地方講是一個東西。「寂然不動，感而遂通」本身是一個東西，就是即寂即感，同時是寂同時就是感。但在我們現實生活上，在我們的感性方面，就我們人類的現實的感性上講，寂是靜的時候，而感是動的時候。所以，王陽明講「動靜，時也」。一個人現實上有動的時候，有靜的時候，所以說「動靜，時也」。時就是現實世界，在時間之內，你這個時候是動就是動啦，下一個時候是靜就是靜啦。所以，這個是從時間方面看。良知本身不在時間中，所以良知本身無所謂動靜，無分於動靜，也不分寂感，它就是即寂即感。這個即寂即感就等於佛教說的即寂寂即惺惺。惺就代表覺，寂就是涅槃寂靜。它寂靜不是死的寂靜，它同時也是個覺，寂寂惺惺不能分開。所以，惺惺代表出世法，當「覺」講。

　　要先讀文句，了解文句以後，從文句表示的意思來了解那個觀念，了解那個 philosophical idea，然後當哲學問題來談。

第十九講　圓而神，方以知（〈繫辭·上傳〉第十一章）

　　《易》這部書爲甚麼做出來呢？（照《易緯·乾鑿度》所言），易有三個意思：一、變易；二、不易；三、簡易。《易》主要講變易，所以這部書呀，是中華民族智慧生命的開發、開闢。「夫《易》，何爲而作也」。當初爲甚麼伏羲畫這麼一畫是天，是陽；畫那麼一畫是地，是陰？陰陽就是講變，變易中就有不易。不易作甚麼講呢？不易就是說的道。變易說氣，變化屬於氣啦。不易是理。簡易就是「乾以易知，坤以簡能」。《易》根本就沒有人格神的觀念，根本不向宗教的路走，它是既超越而又內在的。

　　「子曰：『夫易，何爲也？夫易開物成務。冒天下之道，如斯而已者也。』是故聖人以通天下之志，以定天下之業，以斷天下之疑。是故蓍之德圓而神，卦之德方以知，六爻之義易以貢。」（《周易·繫辭·上傳》）這是《易傳》的漂亮句子。當年唐（君毅）先生就喜歡講「圓而神，方以智」，這是兩個重要的觀念。這個要自己讀，全文要讀一遍，六十四卦每一卦的〈彖傳〉、〈象傳〉要好好讀的。我不一定都給你們講。

　　人的精神呀，人發智慧有用「圓而神」的方式發出，有以「方

以知」的方式發出來。譬如說，這個照佛經講比較好講。佛教這個
智慧哪一方面可以表現「圓而神」？哪一方面可以表現「方以
知」？人的智慧不過這兩個方式，這個最明顯表現在佛教，佛教表
現得最好。唐先生注意這句話也是從佛教得到啓發。儒家本身不成
的，但是這兩個名詞，《易傳》就講到了。蓍草之德爲甚麼圓而
神，卦之德爲甚麼方以知？這個我們不了解，這個了解不了解沒有
多大關係。人的智慧方向有兩種方式：一、圓而神；二、方以智。
《大般若經》用圓而神的方式講，所以，佛說《大般若經》不是用
分別的方式說，用的是非分別的方式講。因爲是用非分別的方式
講，所以它一定圓而神。其他的經都是用分別的方式說法。聖人開
始說法一定是用分別的方式講，孔夫子也如此。《論語》大體就是
用分別的方式講，老子《道德經》也是用分別的方式講。兩種方
式，最淸楚的是佛教，其次是道家。儒家不很淸楚，因爲儒家用分
別的方式講得很多，很少用非分別說的方式。那麼，道家非分別的
方式表現在哪裡？表現在莊子。《莊子》裡面有非分別的精神。
《莊子》裡面「謬悠之說，荒唐之言，無端崖之辭」，就是《莊
子》的三方式：巵言、重言、寓言。巵言就是非分別說。

　　《論語》大體是分別說。甚麼是仁、義、智、信、勇，他都告
訴你。聖人說法開始都用分別說，你不用分別說，我不知道你往那
裡走呀，我要知道你立敎的方向呀，這就要用分別說。所以分解講
是很重要的。釋迦牟尼開始說三法印、四諦、五蘊、八正道，都是
分別講。龍樹菩薩《大智度論》說那些一法門、二法門、三法門，
乃至無量法門，都是分別說。只有佛說《大般若經》用的是異法
門。甚麼叫異法門？這個「異」就是特異的意思。特異的法門，這

個特異的法門就是以說般若的方式說，說般若的那個方式很特別的，它不用分別的方式告訴你甚麼叫般若，他說你要學般若，要以不學學。你要有所悟，你要以無得得。這種智慧的語言，是了不起的話。「以不學學，以不得得」這就是特異法門。這種特異法門是甚麼法門呢？就是非分別說（non-analytical），這叫做辯證的詭辭（dialectic paradox）。詭辭的方式就是不正常。詭辭就是莊子說的弔詭。只有用這種方式說出來的道理才有必然性，這種必然性不是邏輯的必然性。邏輯的必然性根據邏輯的推理來。譬如說：凡人有死，孔子是人，所以孔子一定會死。「孔子一定會死」是邏輯的必然性。特異法門的必然性不是這種必然性，特異法門的必然性是不可諍的，不能去爭辯的，沒有爭辯的餘地。這種必然性很特別的，這叫不諍法。只有《般若經》是不諍法，因為它用非分別的方式講，既然非分別，你諍甚麼？分別說才可以諍，可諍法沒有必然性，那叫做方便說，又叫做權法。現實上那有一定的呢，上帝才有一定的。現實上那有絕對的呢，所以，你用分別的方式說，就是可諍法，可以討論，就是權說。依時說，姑妄言之，姑妄聽之。「心所」有甚麼一定的？多點少點沒關係。

　　全部的哲學理境，就是一個分別說的世界，一個非分別說的世界。分別講，一切的哲學，從古到今，古今中外都一樣，從柏拉圖下來都是分別講。中國儒、釋、道三教中，儒家孔子、孟子都是分別講，《莊子》裡面有非分別講，莊子能了解非分別講，境界很高，在〈齊物論〉就可以看出來了。完全把這個理境凸顯出來，完全表現這個非分別說在佛教的《般若經》。所以，佛教在這個地方貢獻非常大，了不起。所以天臺宗五時判教：第一時說華嚴，第二

時說小乘，第三時說方等大乘，第四時說般若，第五時說圓教法華
涅槃。五時判教這個安排很好。先說華嚴、小乘、方等大乘，說好
了就消化呀。般若就是消化，《般若經》一法不立。分別講才立，
非分別講是消化，消化完以後才講圓教。最後就是法華涅槃。這就
是最高的智慧。

西方都是分別講，只有一個能表現出非分別講，就是黑格爾的
辯證法，但他講得並不好，所以出現共產黨。

分別講都是方以智，《般若經》那個非分別講就是圓而神。所
以，佛教講圓教呀。講圓教有是從存有論講，有是從《般若經》
講，從《般若經》這地方講的圓教呀，跟從存有論講的完全不一
樣。有些大和尚講《般若經》講得那麼漂亮，圓滿得很呀，天臺宗
為甚麼不從《般若經》這裡講圓教呢？天臺宗是從「一念三千」那
裡講圓教，「一念三千」是個存有論的講法，這個圓教的那個圓滿
呀是存有論的。《般若經》的那個圓是作用的圓，兩個圓根本不一
樣呀。這種境界佛教都講出來了。

第二十講　知幾與盡神（〈繫辭·上傳〉第十二章）

「神」最後跟天命不已合在一起，那「神」就有本體的意義，這從「妙萬物而爲言者也。」那個地方見。其他許多地方是文章，要自己讀。這種古典是中國人心態的表現，中國人的許多想法都在這些文句裡面，這些文句要背得過。

「子曰：『書不盡言，言不盡意。』然則聖人之意，其不可見乎。子曰：『聖人立象以盡意。』」（《周易·繫辭·上傳》第十二章）所以，《易經》是以象數這個觀念表示。甚麼叫「立象以盡意」？聖人之意通過這個象（symbol）表示他心中所想的觀念。爲甚麼伏羲當年畫這麼「—」畫，又畫那麼「－－」一畫。這兩個就是象，「—」是象徵乾，象徵陽；「－－」象徵坤，象徵陰。爲什麼要象徵乾坤、陰陽？陰陽爲的說明變化，說明變化的關係。從變化看變化之幾，變化是千變萬化，這就是聖人之意。中華民族文化的形態很重視這個具體的幾，所以說：「知幾其神乎。」「幾」這個觀念是從《易經》出來，從占卜出來，這個觀念是超科學的觀念，科學以上的，因爲科學裡面沒有幾。物化、量化，這個幾就沒有了。幾沒有了才能講科學知識。這個科學知識是甚麼知識呢？就是 mechanical，所謂機械的啦。所以研究自然科學，mechanical 這

個機械的原則是最重要的觀念。中國在講氣化的時候，粗看，往下看的時候，就是機械。往上看通理，它沒有嚴格的機械論。中國的氣化觀念講陰陽之氣，講變化，這個氣化的觀念沒有嚴格的機械論。中國講陰陽之氣，講變化可以很微妙、精微。它那個微妙從甚麼地方看呢，從變化之幾那個地方看。這個幾往下就變成勢，一般人所了解，成了勢以後，你才知道啦。有智慧的人沒有成勢以前就知道了，一葉知秋呀。從葉落知道秋天，這個就是知幾。所以，它對於氣化的觀念是觀幾不觀勢，它從幾那個地方著眼，到勢的時候大家都知道，沒有辦法了。要從幾那個地方用功，好的幾，把它發展出來，壞的幾，把它化掉。諸葛亮有這種聰明。笨的人不懂幾，成了勢他才知道，成了勢，就沒有辦法了，大勢已成。

後來王陽明從「誠意」上下功夫，幾之動就是意之動。「有善有惡意之動。」致良知要從哪裡致良知呢？把良知表現出來，從誠意上致，誠意是問題所在。對著誠意這個問題，把你的良知表露出來，這是最切實的道德工夫。理學家重視道德實踐。最先是周濂溪根據《易傳》而講「幾動於彼，誠動於此。」在幾發動的地方，誠體就發動，誠體一發動就把那個幾化掉。所以幾是代表經驗層的，感性的。誠體是代表超越層的，等於王陽明說的良知。你那個意志發動不管是好是壞，良知都知道。良知都知道，就是良知駕臨在意之上。所以意之動的層次一定是低一層。就是做這個實踐工夫。道德實踐工夫從哪裡做起？表面上做好人好事並不成。現實生活中我們每一個人都隨時發動意，意的發動不一定好，所以要隨時省察。曾子說：「吾日三省吾身。」落實就在「意之動」，幾動這個地方做道德的工夫，這是很紮實的。

　　所以，幾是最重要的，幾是具體的，成勢了就是 materialize。
西方人沒有這種觀念。周濂溪體會這個幾體會得最好。幾是有無之
間呀，你說它有，它未表現出來，你說它無，它又已經發動了，所
以在有無之間呀，「幾者動之微」呀。所以，中國人歷來重視這個
幾。不管社會的演變，自然的變化，都是陰陽之變，陰陽之變總括
起來都是氣化。這種氣化之變呀，它是從幾這個地方看。幾這個觀
念怎麼出來，怎麼呈現到我們心中來？就從占卜，《易經》的占
卜。《易經》很重視占卜，重視占卜，就是重視幾這個觀念。所
以，《易經》的頭腦就是地地道道的徹底代表中國人的心態，幾千
年中國人在這方面很重視。所以，《易傳》說：「知幾其神乎。」
這是可以知的。要從最初的那個地方著眼。通過占卜，占卜最重要
的是誠，誠則靈。幾是可以掌握到的，掌握幾靠甚麼？靠一種直覺
的能力。直覺的能力不是科學的邏輯的推理。因為邏輯的推理是要
在成勢之後，成勢之後就是 materialize，materialize 同時就是
quantilize。兩個觀念：一個是物質化，還有一個量化，物質化之後
才能量化，量化以後才能講科學知識。為甚麼量化以後才能講科學
知識呢？因為科學知識就是物質化、量化，一切變動，陰陽之變統
統是機械的，都變成機械。在幾那個地方，沒有達到機械的程度，
沒有到這個地步。所以幾最具體，最微妙，所以說「知幾其神
乎」。其神就是你要憑直覺的力量，靠人的 intellectual power。到
成勢以後，就是物質化、量化以後，mechanical 出來了。
mechanical 這個觀念西方人特別彰顯，因為西方人科學出來了。持
機械主義這個觀念，頭腦特別清楚。中國人不太清楚，中國人沒有
科學。所以中國人沒有嚴格的 mechanism。機械的東西，譬如火車

的運動是機械的東西。與 mechanism 相反的那個觀念是 organism
（有機論）。一株草、一棵植物，我們身體的變化是有機的，有機
的它自己可以自我調節，不是完全服從機械定律。這個西方人分得
很清楚，中國人對這兩方面分得不清楚，不十分分得開。

　　西醫看人的身體當作一部機器看，西醫是科學的。中國人不把
人的身體當機械看，他當個有機體看。他下藥最重要是使你血脈諧
和，氣血流通。血脈在開始的時候是通的，但當你氣血不通了，成
了病，你再吃多少藥也打不開，中藥在這個地方就沒有用。它原初
的那個理論是通的，它原初的理論就是從幾的立場看。

　　科學講 mechanism，再精微一點就是 organism。中國人這兩方
面都承認，而且兩方面都屬於氣化，不是 transcendental。氣化就
是屬於形而下，不是屬於形而上的，理才屬於形而上的。從天命不
已那個地方講的理，那才是形而上的。從氣化方面，無論怎麼樣巧
妙、微妙，還是屬於氣。氣化有兩方面，一方面是機械的，一方面
是有機的。中國人重視有機的這一面，向幾的地方看，不向幾以後
成了勢那個地方看。在還沒有成勢的時候用力，在幾的那個地方用
力。從一葉知秋那個地方著眼、用力。政治家觀時變，如張良、諸
葛亮看社會變動，所以他們有先見之明，那就是從幾著眼。因為每
一個時代開始的時候都有一個發動的時候。甚麼時候，從哪個地方
發動呢？一般人糊裡糊塗，聰明人、冷靜的人才看得清楚。政治家
看時代要看趨勢，看事變之幾。

　　你們看康德第三《批判》，第三《批判》的下冊講目的論，主
要就是安排 mechanism 與 organism 兩方面。科學知識方面盡量用
mechanism，但是碰到一個有機體，mechanism 沒有用。但是，有

機物這個原則不能使我們成科學知識。第三《批判》的下冊就是講
這個東西。第三《批判》上冊講審美判斷，下冊講目的論判斷。機
械裡面沒有目的論，有機物裡面才有目的論，自然目的論啦。中國
人也不用這個觀念，這是西方人的戲論。你說從有機物看，天地間
為甚麼生那麼多草？就是為的牛羊來吃。那麼為甚麼上帝要創造牛
羊呢？創造牛羊為的是給虎狼吃。這不是戲論嗎？這個是戲論，中
國人老早看出來了，老子《道德經》說得最清楚：「天地不仁，以
萬物為芻狗。」西方講的那個自然目的論是幹甚麼的呢？機械物裡
面沒有目的，有機物好像就是有目的。好像是有目的，不是真正
有，不是客觀上有。所以，這個自然目的論照康德的批判哲學講，
只是我們反省判斷中的看法，客觀上是否如此很難講。這是批判哲
學，所以，中國人的態度很合乎康德的批判的理論。康德為甚麼講
得那麼清楚？因為他這兩方面，有機的與機械的，都很清楚。所
以，當我翻譯這部書的工作完成之後，本來我想寫一篇長文章，但
我沒有寫。你們自己按照這個線索思考，好好讀中國文獻。儒家怎
麼看？道家怎麼看？要好好思考。

　　儒家從「仁」這個地方看宇宙萬物，從「天命不已」看，不是
有機物作為自然目的，那是道德目的。康德的目的論判斷分兩層：
一個是自然目的（ natural teleology ），往上面是道德的目的論
（ moral teleology ）。對著有機物而講的那個目的是自然目的。所
以，你把目的論那一段看明白了，你可以了解中國的文化，了解中
國的儒家的道德的形而上學。

　　接下去說：「設卦以盡情偽。」卦也是象呀。開始是陰陽、乾
坤，三畫成卦，「☰」這樣就成卦了。盡就是充分表現，充盡的意

思，充分的表現。儒家很喜歡用這個「盡」字，盡字這個觀念很美，很好。魏晉人講言能盡意與言不盡意就是根據《易傳》來。「盡」是充分表現，充分實現的意思，「意」是小寫的 idea，普通所說的觀念，就是思想，不是大寫的 Idea（理型）。「情」者，實也。real case，實情。不是情感的情。每一卦都可以把天地間變化的真實的情景表現出來，怎麼樣盡才算是好，怎麼樣盡才算不好。「以盡情僞」就是以盡吉凶。「情」也就是 real case。照亞里士多德邏輯的表示，就是如此，或者不如此（What is case？ What is not case？）。這兩個觀念在《易傳》是很基本的觀念，以這兩個觀點來看宇宙呀。西方經過亞里士多德的邏輯進到十九、二十世紀，西方人看宇宙已經不遵照亞里士多德。羅素、懷特海、維根斯坦就不遵守亞里士多德呀，他們都是從「情僞」來看宇宙。維根斯坦的《名理論》頭一句：「世界是那一切是『如此這般之實情』（the case）者。」這是從希臘亞里士多德的邏輯演變，經過中世紀，經過近代化，發展到十九、二十世紀，西方宇宙觀的變化。這個現代化正好是中國人的態度，中國人看宇宙不是用亞里士多德的講法。亞里士多德的邏輯的講法是 substance，那個講法一直支配西方，到近代笛卡兒、萊布尼茲、洛克還是統統用的這個觀念。到柏克萊以後這個觀念沒有了，柏克萊出來以後一直到現在，數理邏輯一出現，就不遵守亞里士多德了。所以，到羅素、懷特海、維根斯坦，變成了 real case。維根斯坦說：「世界是『事實』之綜集，不是『物』之綜集。」所以，懷特海當初寫他的《歷程與實在》（*Process and Reality*），書寫成以後，他說：我這部書裡面對自然的看法屬於東方型，不是屬於西方型的。因為西方型的，從古希

臘亞里士多德那套思想方式來想，屬於邏輯的，就是說，從主詞你是一個本體（substance）；從謂詞你一定是屬性，如數量、性質、關係、地點、時間、程態、活動、遭受等。

你要唸現代哲學，就是研究從那個地方開始，在那個地方結束，這個是現代哲學。首先把 substance 的觀點拉掉。現代哲學首先提問：我們的意識是不是一個 substance。其實這個問題在康德的第一批判已經提出了。在康德的思路裡怎麼處理這個問題呢？substance 是甚麼？substance 是我們知性所立的一個範疇。這不是亞里士多德的講法。依亞里士多德的講法，substance 是實在的，那是實在論的講法。康德的講法是一個大轉變，所以說，現代哲學統統從康德啓發出來。康德是十八世紀，當代哲學是十九、二十世紀。當代哲學不用本體這個觀念看世界，用事實看世界，就是用「事」這個觀念。event、real case，事是最具體的，substance 是抽象的東西，中國人向來沒有 substance 這個觀念。中國人想本體從道德修養上看，不是知識論上的 substance。所以中國人的宇宙觀，從《易傳》的看法，就是「聖人立象以盡意，設卦以盡情偽。」六十四卦，每卦有六爻，每一爻是一個 moment，每一個 moment 就是一個 actual case，最具體的。

「繫辭焉以盡其言」卦是符號，就是象徵。光立象不夠，所以「繫辭焉以盡其言」。「繫辭」就是繫屬上去幾句話，這個繫辭當卦辭、爻辭講。「元、亨、利、貞」就是對「☰」這個符號所繫屬上去的幾句話，這叫做卦辭。「初九，潛龍勿用。」這是爻辭。初九這一爻畫出來了，這個爻是甚麼意思呢？要說幾句話才能把其中的意思表達出來，這幾句話就是爻辭。初九是一個動向，每一個動

向有它的時間性、空間性。時間性就是時，空間性就是位。

「變而通之以盡利，鼓之舞之以盡神。」總起來表示一個意境。

「是故形而上者謂之道，形而下者謂之器。」中國人就拿「形而上者謂之道」這句話來翻譯亞里士多德的 metaphysics，譯作形而上學。照亞里士多德的本意是物理後學，他先說物理學，再進一步說物理後面的根據，所以說 metaphysics，因為 meta 是後的意思。中國譯名「形而上學」是意譯，屬於道的層次，在西方就是超越的，在中國就是天命不已，天命不已就是道。這是很特別的形態。形而上學有好幾種形態呀，對於物理現象再進一步找出它的基本原則來說明它，西方有很多系統，原子論也是形而上學，希臘好多自然哲學都是形而上學。中國人從天命不已講，是很特別的一個形態，道家又是一個形態。所以，我去年給你們講，用亞里士多德的四因說來解釋好多系統。

「形而下者謂之器」這個「器」是器具的器，還不是「氣」。粉筆、桌子是器具，你從器具那個器通這個氣，一樣的。這個氣是陰陽五行，因為一枝粉筆、一張桌子都是陰陽五行，我們人這個 physical body 也是陰陽五行。

這個《周易‧繫辭傳》，〈繫辭傳〉就是對卦、爻所繫的那個辭加以解釋，就是對經辭的一種了解。繫辭開始所記的是卦辭、爻辭，那麼，〈繫辭傳〉呢？傳者，詮也。解釋的意思。對於所繫的卦辭、爻辭加以解釋，說明它的充分意義，發揮一大套，這就成了〈繫辭傳〉。〈繫辭〉分〈上傳〉、〈下傳〉，兩篇大文章，重要的哲學概念都在裡面。

第二十一講 和順於道德而理於義，窮理盡性以至於命（〈說卦傳〉）

十翼：〈彖傳上〉、〈彖傳下〉、〈象傳上〉、〈象傳下〉、〈文言〉、〈繫辭·上傳〉、〈繫辭·下傳〉、〈說卦傳〉、〈序卦傳〉、〈雜卦傳〉合起來十篇。

〈說卦傳〉很可能是戰國末年西漢初年寫成的。〈說卦傳〉最重要的句子是「窮理盡性以至於命」。第一、二章可以讀，以下就是講如何畫卦的，沒有甚麼道理。

「和順於道德而理於義，窮理盡性以至於命。」（〈說卦傳〉）無論在我們個人的生活，或在社會生活中，天地陰陽之變，都要和順於道德而理於義。在義之中表現「理」，就是理於義，這個理當動名詞用。「窮理」，窮甚麼理呢？窮道德之理，窮那個「和順於道德而理於義」的那個理。

「立人之道曰仁與義」就是「和順於道德而理於義」那句話的具體的表達。「和順於道德」，道德是甚麼？就是仁與義。而「理於義」呢？在義中表現成理，那個義是甚麼義呢？就是「仁與義」之義。以道德為中心啦。所以，它成功的那個形而上學一定是道德的形而上學。總起來做甚麼工夫呢？做「窮理盡性以至於命」的工

夫。「窮理」就是窮「和順於道德」的那個理。「和順於道德」就是在義中表現的那個理，窮理就窮的這個理。窮這個理就等於康德所說的道德法則（moral law）。康德說的道德法則從哪裡來？從意志的自由，意志的自律，自己立法。意志的立法，這句話很容易講，這個觀念清楚。所以，窮理就是窮道德法則。道德法則從哪裡來？從意志的自由。照儒家講從哪裡來？理於義呀！仁義從哪裡來？仁義最後的根源是甚麼？就是心：《論語》所言仁，《孟子》所言四端之心。「窮理盡性」就是說：把這個理弄明白，就可以盡你的性，就可以充分了解你的性啦。「盡」就是充分了解，或者充分體現的意思。所以窮理就能盡你的性，盡你的性，你就可以至你的命。你看這個「命」字當該怎麼講。這句話中，這個「命」字有兩個講法，兩個系統的講法。

窮理就是窮道德法則。你能窮道德法則這個理，你就可以盡你的性。盡性就是通過仁來了解你的性，通過你的四端之心來了解你的性，這就是盡性，盡性就是充分了解。因為這個性的內容就是立道德法則，所以，窮理能盡性。我們人的道德實踐工夫就是窮理盡性呀，積極的工夫就是窮理盡性，窮理以後就是充分把你的性體所有統統表現出來。性體從心體見，這是照孟子講。所謂性善就是心善，即心見性，所以，孟子說「盡其心者，知其性也，知其性，則知天矣。」（《孟子·盡心上》）「窮理盡性以至於命」，照孟子說「盡心知性知天」，那麼這個「至於命」可以類比孟子那個「盡心知性知天」的意思來理解。孟子「盡心知性知天」這個天是甚麼意義？這個天是正面意義的天，從天道。你能盡你的心就能知你的性，知你的性就能知天道，這個天是正面意義。「窮理盡性以至於

命」一句中的「命」可類比孟子「盡心知性知天」之天，同樣的層次，類比啦。張橫渠的講法是「至於命」這個命指天命不已講，你通過窮理盡性你就可以達到那個天命不已，上達天命。這種講法就是跟孟子「盡心知性知天」同一個意思，這種講法，命是正面的。但這個「命」還有一種講法，那是消極地講，就是命限。這個命就是限制的意思：命限、命運。就是孟子接著上面那句話說：「殀壽不貳，修身以俟之，所以立命。」中那個命，也就是《中庸》所說：「君子居易以俟命，小人行險以徼倖。」所以，窮理盡性，你窮到甚麼地步呢？結果都有限制，就是你可以「至於命」這個結果。這個命就是命運之命，命限之命，就是《孟子》裡面性命對揚的那個命。

假如「窮理盡性以至於命」是通「天命不已」那個命，就是往上一條鞭的，都是積極的。要是「至於命」是消極的，那就是消極的意思，我們無論怎麼用功，我們的道德實踐總有所限制。所以孟子說：「口之於味也，目之於色也，耳之於聲也，鼻之於臭也，四肢之於安佚也，性也，有命焉，君子不謂性也。仁之於父子也，義之於君臣也，禮之於賓主也，知之於賢者也，聖人之於天道也，命也，有性焉，君子不謂命也。」（《孟子・盡心下》）無論是「口之於味，〔……〕」，還是「仁之於父子〔……〕」，無論怎麼表現，通通有限制，沒有說一點遺憾都沒有。所以，程明道就說：「人五倫之中有多少不盡分處。」都有缺陷呀！為甚麼有缺陷呢？就是說有限制。不要說師友、夫婦，最親莫過於父子、兄弟，父子、兄弟間也有好多不盡分的。有老子不得其兒子的，也有兒子不得其父母的，這種缺陷多得很呀。無窮無盡呀。所以，人生是嚴肅

的，道德的實踐是無窮無盡呀。無論道德實踐這個工夫怎麼拉長，命限這一關你總不能夠跨過去，它總有限。一般人把這個「命」當命運講。張橫渠那個講法是一條鞭的，窮理盡性以通達天命，就等於孟子的「盡心知性知天」。不過，這恐怕不一定是《易傳》那句話的本意。

「至於命」有兩個講法，兩個講法都可以。

繫辭傳

第一講　乾知及良知三義（〈繫辭·上傳〉第一章）

　　乾坤是兩個基本原則。

　　「天尊地卑，乾坤定矣。卑高以陳，貴賤位矣。動靜有常，剛柔斷矣。方以類聚，物以群分，吉凶生矣。在天成象，在地成形，變化見矣。」（《周易·繫辭·上傳》第一章）

　　「方以類聚。」方：科學方法，先分類，後下定義。處理現象時，主觀方面經過的程序，那是邏輯的。客觀方面，是存有論地講。現象分析就是如此。這是西方的方式。中國人很客觀的，不從主觀方面經過的程序講。

　　「方」有沒有解「事」的呢？這個在《爾雅》查不到。

　　「在天成象，在地成形。」這是圖畫式的語言，不是邏輯語言。取法天象，從天方面講成象，這是一個意思。地持載萬物，從地講有形形色色的個體存在，很具體。「象」是籠統的說。

　　「八卦」代表八種現象。

　　「乾知大始，坤作成物。乾以易知，坤以簡能。」（〈繫辭·上傳〉第一章）這幾句話包含重要觀念。乾卦代表創造原則，坤卦代表終成原則。「成」是終成的意思。乾卦代表創造原則，坤卦代

表終成原則。創造原則是籠統的講法，形式的講、客觀的講。創造之所以為創造的具體的意義在「知」。這個不是圖畫式的語言，是概念的語言。終成所以為終成，凝聚之所以為凝聚在「能」，這個「能」在作成物。

能，才能。孟子言良能，不是一般說的「才能」。實現（體現）良知之所得者，良能也。本有的，而且普遍的，人人都有。道德的心人人有，普遍的，良能也一樣，必須肯定它不但是本有的，而且是普遍的。

才、能、資，在中國後來都屬於氣，氣最籠統，屬宇宙論的。氣表現在個體就是氣質，氣質再往前說就是「才」。依朱夫子，「精」、「神」都屬於氣。心、情，都屬於氣，性代表理，這個朱子講得很清楚，決不混亂。但這不合孟子的思想，因此發生程朱、陸王爭論。

從誠講，神就是形而上，鬼神的「神」則屬氣。

康德講，feeling 也有兩種，一般講的感性的 feeling，以及 moral feeling 都屬感性，都屬氣，屬 material。凡情都屬氣，只有理性才是 formal（形式），沒有痕跡。嚴格講只有理才屬形式的，形而上的。

孟子從心說性，本心就是性。良知屬於本心的作用。孟子從道德說「神」，等於《易傳》說：「神也者，妙萬物而為言者也。」這是形而上的。

鬼神連在一起從陰陽之氣說，不能永久存在的，屬形而下，服從物理法則。理是不能變的，永久存在的。

上帝也是精神，但上帝沒有跡象，上帝是純粹形式，不能說上

帝屬於氣。

　　朱子心、性、情三分。心的活動有痕跡呀。心可以上下講，也不是說朱子一定錯，但照朱子的講法，孟子沒有了。

　　知道而不行動是空知。但知愛親就愛親，知道愛就會愛，就有表現。知是心的活動。

　　「乾知大始」，這個「知」不要馬上想成「良知」的知，也不是「知道」的知。乾元本身就是始，不是本身之外知道有一個大始。

　　「知，猶主也。」這個朱子註得對。主，主管的意思。乾主始，坤主終，或曰：坤主成。

　　「知」原有兩義，不但是橫列的，知道的「知」；而且是縱貫的、存有論的，存有論的「知」是「主」的意思。語句上，「乾知大始」之知，只有「主」義。

　　「坤作成物」是終成原則，終成原則是體現原則。如何使「乾知大始」具體化，（靠坤作成物）。「作」就是終成，有它才能成具體的個體。表現那個「形式」在質料因，主動是形式因。這個道理中西相通，頭腦差不多，不要以為有了不起的差別。

　　「乾以易知」王龍溪說，這個地方「知」作「主」解成嗎？聶雙江無詞以對。其實這個地方也可以作「主」講，「乾以易知」就是：乾以易的方式主。朱子解「乾以易知」的「知」為「知道」。不徹底。前後不一致。

　　依照乾的健而動的本性，它作為大始是以「易」這個方式，不要經過甚麼麻煩的手續。所以說「乾以易知」。為甚麼簡易呢？因為順它本性就能主。

孟子說的良能，良知覺得這樣對，你就這樣做。氣的成分就在這個地方，這個地方就是王陽明說的「知行合一」。

「易則易知，簡則易從。易知則有親，易從則有功，有親則可久，有功則可大。」這一大套是作文章，講簡易。

「乾知」作一個名詞，等於良知，這是王龍溪的講法，不是《易傳》原義。語義上是不成的，語句上不成。但道理上看，也就是哲學上講，我們做一個詞，把良知等同乾知，造一個新詞，那是通的。

說到具體就是「心」。理性的心，不是氣性的心，氣性的心不能是創造原則。從心過渡到良知也不容易，從孟子到王陽明一千多年呀。這個心是根源的道德的心，其本質作用是良知。這個良知代表活動，代表虛靈明覺，不是知識活動。良知知是知非，知善知惡，不是科學知識上的是非，不是知一個對象，不能從及物方面了解這個知。道德價值上的知，從及物的知收回來而虛靈明覺，決定一個方向，它就是主宰，給我們一個存在的道德的決斷。不是從「知」字往外看，看知的對象，是收回來，看它的主宰。

王陽明的貢獻就在這裡，拿良知等同本心。把四端之心的知提上來。以前以「仁」作主，仁是本心。

王陽明〈詠良知〉詩：「無聲無臭獨知時，此是乾坤萬有基。」良知是獨知，它是超越的，它本身是絕對善。

王學「良知」有三義：

一、良知的主觀意義、道德意義。良知知是知非，相當康德說的「良心」。主觀意義是取活動意義，康德說感性也很好，光有天理沒有感性也不成。

　　二、客觀意義。良知從虛明靈覺的活動這方面講，這是主觀不錯。從良知的靈知明覺講是主觀意義。我不能替你覺呀。但這個主觀是客觀的主觀，良知本身是天理。客觀不一定是對象意義的客觀，這是理的意義的客觀。凡涉及理的地方就是客觀。良知作主體，這個主體既主觀也客觀。良知作我們的主體，這主體是客觀的主體。存在主義的主體只有主觀，沒有客觀意義，講熱情，是主觀的主體。

　　三、良知的絕對意義。良知是「乾坤萬有基」。乾坤就是天地，它同時是天地萬物的根基、超越的基礎、存有論的基礎（ontological ground）。這個我們叫做良知的絕對意義。良知的這三個意義在中國儒家很容易說得通。儘管孟子沒有說出來，但他也有這個意思。到王陽明說出來，陸象山也說出這個絕對的意義。孟子說：「萬物皆備於我，反身而誠，樂莫大焉。」已經有這個絕對的意義，這個絕對的意義，你也可以看作存有論的意義。

　　講道德的時候，我講良知的主觀意義就夠了，所以這方面講得多，但不等於只限於這個方面呀。這只是講話的方便，並不是說良知只限於主觀意義。良知的三個意義是一氣的，不能拆開呀。因為良知不只是個感性，像康德說的感受心。良知就是個天理呀。我們講道德的時候光講主觀意義，我們重視第一、第二意義，但三個意義不能拆開，它非達到絕對意義不能圓滿。所以，良知不但是道德的根據，也是存有論的根據。

　　如果你知道良知的絕對意義，那麼，王龍溪所說的「乾知」就是就著良知的絕對意義講，他所說的良知是作為大始的良知。從良知的絕對的地位、存有的地位說，乾知就是良知的絕對的意義、存

有的意義。良知的存有論意義就是乾知，大始的「乾知」作名詞
講，王龍溪這樣講當然不符合《易傳》語句的原義，從《易傳》原
來發展到王陽明有一個很長的時間，說出來一句話，了解很困難。
客觀道理一定是如此，可以通的，不是王龍溪的發明。王龍溪發明
「乾知」這個詞，他把他老師說的「無聲無臭獨知時，此是乾坤萬
有基。」用一個詞表示。乾知者，就是作爲大始的良知可以取得乾
元的地位。

有說王龍溪發展了良知說，王龍溪良知三義是：一、獨知；
二、乾知；三、無所思爲。這是不通的。「無思無爲」是共同性，
在主觀、客觀、絕對三義中皆是無思無爲。王龍溪有甚麼新發展
呢？

要了解良知的三個意義一定要了解本心。良知講到乾知的地
位，乾知就代表「心」。這個心是道德心，不是認知心。後來只有
羅近溪繼承這個意義。

畫一個符號當然只是籠統的，文王說它是乾元，仍然是客觀的
說。說它是創造原則，也是形式的。「心」才能知萬物。伏羲畫卦
是表示天道的客觀意義、形式意義。孔子說「乾知大始」，是表象
天道的主觀性原則，只有通過這個主觀性原則，我們才能了解客觀
地講的那個道的具體意義、眞實意義。那個眞實的意義就是我講的
intensional meaning（內容意義）。邏輯詞語只能了解外延意義
（extensional meaning），那是客觀的意義、形式的意義。通過
心，良知才能把握住內容意義。黑格爾會思考這個，主觀原則、客
觀原則是黑格爾的名詞。

江右派的王陽明再傳弟子李見羅，他反對王陽明講良知，他以

爲先秦經典中沒有王陽明「良知」那個知，先秦沒有以良知爲體的。他說：「從古立敎未有以知爲體者。」「二十年前曾見一先輩謂乾知即良知，不覺令人失笑。」（《明儒學案》）李見羅完全不了解良知的三個意義，他完全不是王學了。日本人把王學分很多派，李見羅也立一派。他反對良知，你爲甚麼還把他放在王學裡面？日本人完全不懂，完全只看字面。

第二講 易簡原則：乾以易知， 坤以簡能

「乾以易知，坤以簡能。」簡、易二字作副詞用。我們可以把它提出來作一個名詞，可以說「易簡」。下面就是提出來當一個易簡原則。順著乾的本性，它的「主」是容易的。易對難，簡對雜、複雜。

「易則易知，簡則易從。」這句話就著賢人法乾坤講，賢人在這個易簡原則中成就他自己。「乾以易知」之知，是「主」的意思。「易則易知」之知是就賢人講，這個知是「知道」的意思。雖然文章是連下來的，但兩個「知」層次不同呀。容易則易為一般人所知，簡單則易為一般人所從。譬如，《論語》就容易為人所知。你不為人了解，就不能與人親近。康德哲學那麼複雜，誰能懂呢？聖人之言很簡單呀。有親辦事才成功，這是就人事一般地講，還是易簡原則。所以說：「易簡而天下之理得矣。」

我們生命中哪一個層次才能說「易簡」這個道理？兩個方面應用。一是在聖人，德性人格，德性到化境。二是英雄境界，生命沒有呆滯，這個地方講天才。譬如說杜月笙，閒話一句就把問題解決了，不往下拖，提上來返到根源的地方。

天地間的事很複雜，人的關係很複雜，不是到處可以說簡單。在根源的層面上才可以說易簡。這不是我們唸哲學，思想中找一個根本原則的問題，不是幾何學中找一個基本公理，那是推理問題。易簡是生命中的問題。

返到「乾以易知，坤以簡能。」那個地方說易簡原則，這是屬於內聖之學，不要當一個泛泛的形而上學看。在西方，亞里士多德講物理許多原則，往後歸到幾個基本原則，這種工作是形而上學的工作。meta 就是物理學的後面，這是西方的講法。最後講第一原則，從現象往後返，這個歸納而來的第一原則，不是中國人講的簡易。這裡不能成一個問題，不能有爭論。

陸象山與朱子的爭論問題在哪裡？朱子說陸象山空疏，陸象山說朱子支離。乾坤開出的易簡原則，屬道德學問，內聖之學。這在中國哲學上是一個很重要的問題。「易簡」這問題發源自《易傳》。朱陸異同在旁人看來瞎吵鬧，永遠爭論，沒有結果，就是對「易簡」沒有弄清楚，問題在朱夫子，層次混淆。知識與德性混淆在一起，跟雞生蛋、蛋生雞的問題一樣糾纏不清。把這個糾纏打開就一下子解決了。朱子也講德性，他不是講科學，但他也重知識，是個大權威。陸象山很簡單，陸象山很自覺，他說簡易是就內聖之學的第一義、道德實踐的第一義而講，這地方說簡易不能反對。陸象山也不反對知識，他並不反對讀書，他讀書讀至半夜三更，他也不是不做工夫，不是不做事。道問學不但是讀書，做事也包括在內。易簡不從知識講，無論形式的知識或是經驗的知識，從這些地方講都很複雜。從道德實踐的第一義講易簡。「易簡」不是歸納的問題。

聖人也只能先驗地知道超越的原則，不能經驗地知道天下一切事。名物度數、技術性的知識要靠道問學。德性的第一義不決定於知識。有人說陸象山是歸納，朱子是演繹，那是望文生義，似是而非，瞎比附。陸象山鵝湖之會詩有兩句：「易簡工夫終久大，支離事業竟浮沉。」這種「易簡」當然不是幾何學的問題，也不是形而上學的問題。這句話是對著朱子說的。朱子聽到這首詩大爲失色，很不高興。三年之後朱子和詩，其中兩句：「舊學商量加邃密，新知培養轉深沉。」溫故知新，這表示朱子是漸敎的路。朱子的和詩也很好，代表朱子那種型態。所以，人一定要有兩種精神：一種是陸象山的精神；一種是朱子的精神。一定要兩面。

所以，我也有兩句話，兩句格言：「見道尊孟軻，爲學法荀卿。」陸象山是孟子的精神。爲學法荀卿就是我們也要有朱子的精神。見道是見道，爲學是爲學，不能混淆。當然要充分實現我的德性，我需要各種知識，跟佛敎所說菩薩道一樣，菩薩道各種知識都要知道，增加自己的能力，才能擴大影響。我的知識多了，我的德性更能充分實現嘛！這沒有問題。但是輕重、本末要分清，主從要分清，見道是主，爲學是從。光說敎不成，要把道理講淸楚。

西方人一個概念，一個道理說得很淸楚。康德似乎讀過孟子，受孟子影響，大體觀念跟孟子一樣。也可以是康德自發想到的，兩句話就把易簡的問題說淸楚了。康德在《道德底形上學之基本原則・分析部》講到意志自律（autonomy of will）與意志他律（heteronomy of will），意志自律就是易簡啦。我看到這裡高興得很。當年陸象山沒有講淸楚。講道德只能講意志的自律，不能講意志的他律。意志自律是爲的講意志自由，如果我們的意志不自由，

由其他的東西決定，那是他律。意志自律才有眞正的道德法則。

第三講　道德與知識，自律與他律，易簡與支離

　　在柏拉圖的系統，拿甚麼決定善？柏拉圖拿 being 決定 good。依柏拉圖，最高的 being 是最高善。天地萬物所以為好是分得那個最高善，桌子粉筆所以有相對圓滿是分得最高善的。粉筆的 being 是圓滿，具體的粉筆不圓滿。幾何學的圓才圓滿，現實中的圓都不圓滿。最高善是眾理之理（ idea of ideas ）。以最高善決定善還是他律，朱夫子的系統有這個嫌疑。柏拉圖以 being 決定善，朱子的型態跟柏拉圖相類，當然二者說法有不同，柏拉圖的 Idea 是多數的，但二者型態相同。所以我說朱子是他律，當然有人不服，但這不能爭的。

　　還有基督教的講法，就是上帝決定我們的道德，上帝決定善。這是宗教家的講法，這種講法也屬於他律。康德對基督教很不客氣的，所以基督教討厭他。

　　還有以幸福決定善，也是他律。

　　從 being 決定善仍然是他律，雖然它比上帝決定善、幸福決定善的講法為好。上帝決定善、幸福決定善更糟糕。真正屬於善的決定，是意志自由的自律。除意志的自律，沒有其他的條件，這個是

真正的 moral law，moral law 就從這裡出。所以，真正的意志自律才有道德法則，有道德法則，你才懂得甚麼是 duty。所以，中國人講義務，從孟子講就是「分」啦，「分定」呀，分定不容已啦。孟子說：「仁義禮智根於心」，「君子所性，雖大行不加焉，雖窮居不損焉，分定故也。」（《孟子·盡心上》）。照儒家講，這個 duty 是我們的心所決定，我們的性所決定。殀壽不貳，義不容辭，這就是你的本分，也就是你的義務。duty 譯作「本務」、「本分」都可以。所以，康德的意志自律與孟子的思想完全一樣，沒有超過孟子。康德分析得很清楚，一個一個問題，一個一個概念來。那麼，你懂得這個自律的時候，在意志自律的原則下很簡單很容易，普通理解下也很容易知道甚麼應該作，甚麼不應該作。沒有知識的人也知道當該作甚麼，不當該作甚麼。現在科學的知識很多，專家很多，但專家知識越多越壞，專家最沒有道德。康德說，最通常的理解也能毫不遲疑地辨別甚麼是好，甚麼是壞。良知決定，哪裡需要多少知識呢？需要許多知識，哪不成了他律了嗎？在意志他律下，你想看出甚麼事應作很難，而且需要很多關於世界的知識。假如我們的道德行為需要知識指導，需要依靠知識決定，那麼一定很困難。一定要落在他律，那不是真正道德，不純粹。康德這麼一說就沒有爭論了，這個就是易簡呀。它只在這個地方易簡呀。我們並不是否認科學知識，科學知識還是要有，但只是附屬條件。

當然要擴大你的道德，也要有知識，但那是第二義，不是第一義。第一義孟子把握住了，陸象山把握住了。從第一義這個地方講易簡，所以，陸象山說：「易簡工夫終久大。」陸象山講簡易，因

為他講的是內聖之學，成德之學。成德之學就基本智慧講，當然講易簡呀！這是創造原則，跟乾知大始一樣，是一個創造原則，它達到本源呀！這就叫見道。你不見道，就囉哩囉嗦。朱子當然有那麼一個傾向，就是拿 being 決定善，拿知識決定道德，所以，他看重道問學。這個地方你懂得的話，你很容易分開道德與知識。康德兩句話不就是作出區分了嗎？這是必然的，沒有別的說法，不能說我換一個說法也可以。這個地方沒有可爭論的。你可以說，這個地方朱子的 being 不是柏拉圖那個 Idea，因為柏拉圖的 Idea 是多。朱夫子的 being 最後是太極，柏拉圖是理型，朱子與柏拉圖在這個地方是不同。但朱子的太極還是 ontological being，你這個太極是理，還是一個 ontological being。你那個理決定我們的心，所以這個時候心理是二。太極是理，還是客觀的，朱子並不說心是理。所以王陽明批評朱子析心理為二。在這個意義上講，朱子就是知識決定善，儘管他那個知識是知道 being，通過知識達到太極。所以，朱子在德性與知識這個地方有糾纏。

　　陸象山、王陽明根據孟子下來都說心就是理呀！依孟子、陸象山說，心是理，不是說心合理，本心自己決定方向，本心就是理。並不是說心開始是中性的，經過修養工夫合理，那是心合理，是朱子的意思。心合理是朱子的意思，心通過實踐工夫合那個理，合理就是道心，不合理就是人心。依朱子的說法，心也可以合理，也可以不合理呀！如何使心合理呢？通過涵養察識，通過格物這些工夫啦。心合理不是說你的本心就是理呀。但孟子不是這個意思，不是說心去合那個理。孟子說心就是理，「心即理」是斷定語。康德說意志自律，不是意志合那個理，是意志本身就發出理。

　　孟子所說本心就是理，本心就是性，並不是說本心去合一個客觀的理。陸象山、王陽明都是這樣講。所以沒有其他講法，其他的講法都不對的。這樣說來，你才能對朱子有恰當的解釋，道德與知識才不糾纏在一起。在這個地方講簡易，但並不否定知識，並不否定見聞呀。名物度數聖人也不能不知道，聖人也要學呀。我今天講這個意思很重要，引康德的話說就很容易懂，不起爭辯。在中國朱陸異同裡面就起爭辯，麻煩得很，一提起這個問題就使人害怕。

　　這是中國哲學思想史中特有的一個問題，西方哲學裡面沒有這種問題。「簡單」、「容易」，看起來很普通的一個字，大家時常說的，但在中國思想史上成了一個很大的關鍵。平常就這樣講，沒有一個對照，現在拿康德的話作一個對照，就能把它確定地說清楚。簡易平常不成一個問題，西方哲學方面，這個不成問題呀，這個地方你可以看出來，中國思想有特殊性。看起來許多問題都差不多，講甚麼本體論、宇宙論、知識論，從大方面講大家差不多的，但有些注意的問題很特別，這個要弄明白。譬如我上次講的各方面的分別，你們要想一想，消化一下，寫成文章。這需要簡別的。

　　譬如說，幾何學開始也是從幾個觀念，也很簡單呀，也是從簡單開始，它那個地方為甚麼不出問題呢？亞里士多德從物理學再推進一步講更基本的原則，亞里士多德稱之為第一原則，第一原則也很簡易呀，為甚麼那個地方不出問題呢？為甚麼中國講易簡這個問題，永遠爭論不休呢？這是一個很難的問題呢？還是其中有糾纏呢？這是一個很重要的問題。所以我最後引到康德的話，照康德的話就不起爭論。

　　朱陸異同的問題就是易簡與支離的問題。

第四講　三極之道（〈繫辭‧上傳〉第二章）

《周易‧繫辭‧上傳》頭一章的重要觀念我們講了，下兩章在講經文的時候也講過了。所以我在這裡只簡單地讀一遍。

> 聖人設卦觀象，繫辭焉而明吉凶。剛柔相推而生變化。是故吉凶者，失得之象也。悔吝者，憂虞之象也。變化者，進退之象也。剛柔者，畫夜之象也。六爻之動，三極之道也。是故，君子所居而安者，易之序也。所樂而玩者，爻之辭也。是故，君子居則觀其象而玩其辭。動則觀其變而玩其占。是以自天祐之，吉无不利。（《周易‧繫辭‧上傳》第二章）

這一章解釋設卦觀象的方法。其中有一句：「六爻之動，三極之道也。」這個「六爻」指乾卦講。

「三極之道」就是天、地、人，也叫做「三才」。天、地、人三極。《中庸》說：「參天地，贊化育。」就是照「三極」說的。人參於天地之間而成第三者也。所謂三位一體，三位一體可以到處應用，不限於基督教。基督教講聖父、聖子、聖靈是「三的原則」

的一個例子。老子也講一、二、三。老子說：「道生一，一生二，二生三。」是最形式化的講法，也就是最哲學化的講法。儒家講天、地、人三才，這代表儒家的人文主義精神，重視人，重視人的地位。

　　成一個極就是成一個最後者。這個極不是兩極化的極。說天地是兩極，但當說天、地、人三極，「極」就是最後者。所以能成最後者是因著道。人成一極因為人道，人道決定人成一極。天也是因著它是道才能成極，蒼蒼之天不能成極。三極是一，不是有三個極。

　　〈說卦傳〉云：「立天之道曰陰與陽，立地之道曰柔與剛，立人之道曰仁與義。」柔與剛跟陰與陽差不多，都是從氣方面講。我們也可以從德言：天之道是乾與健。《中庸》所謂「高明配天」，說到高明就是天道。地之道是坤與順。《中庸》講「博厚配地」，坤順博厚就是地之道。立人之道是仁與義，所以孟子說：「仁者人也，合而言之，道也。」仁就是人，仁就是人之為人之道呀。仁、義、禮、智簡單說是四個，其實德無窮無盡。

　　「三極」不是有三個道，同一道有三種形態，同一個道有三個不同的表現。應這樣了解「三極」。還有另一種講法，就是：人極、太極、皇極。這也是人文主義精神，著重人的地位。天地沒有人參加進去，天地是荒涼的。非要人參加進去，宇宙才有秩序，所以說：「天地變化，草木蕃。」人這一極很重要。太極呢？太極是形而上學的講，統天地萬物整個人生宇宙而找最根本的圓滿就是太極。人極就是太極在人裡面表現，並沒有另一個道呀。皇極呢？皇極就是政治。人極是個人修養，也可以說是主觀地講。皇極是客觀

地講，在這個地方公共的事情就叫做客觀，處理這種客觀的事情就需要政治，政治的基本就是政治的基本原則。政治領袖以前是君，所以謂之皇極。皇極也就是王道。

　　人極、太極、皇極是同一個道，是同一個道的不同表現。太極形而上學的意義重，人極是主觀實踐，也可以說是太極之理就在我們個人的道德實踐裡面表現。皇極呢，就是在政治原則下作客觀表現。所講這些都是從《易傳》下來，這個地方講天、地、人三才，其實天地包括在太極裡面，你也可以說皇極也包括在人極裡面。

　　三極就是儒家的道德理想主義。

第五講　幽明終始生死鬼神（〈繫辭·上傳〉第三、四章）

象者，言乎象者也；爻者，言乎變者也。吉凶者，言乎其失得也；悔吝者，言乎其小疵也；无咎者，善補過也。是故列貴賤者存乎位，齊小大者存乎卦，辨吉凶者存乎辭，憂悔吝者存乎介，震无咎者存乎悔。是故卦有小大，辭有險易。辭也者，各指其所之。（《周易·繫辭·上傳》第三章）

這一章也是解釋設卦觀象的程式，讀過去就成了。你只要看一卦，六爻從頭到尾讀一遍，這些統統都懂了。

「象」作卦象講。

「齊小大者存乎卦」，小大指甚麼講呢？這個很難確定。朱子註：「小，謂陰；大，謂陽。」這沒有甚麼道理。照我說，小大就卦體言，就一卦的整體判斷這一卦的特質，就卦體的特性籠統說小大。乾、坤、復、咸、恆都是大卦，大卦說的道理正大，有普遍性。

「憂悔吝者存乎介」，介：耿介、耿直。另有解孤介、孤獨。也有解微小端緒的意思。一件事要從微小的地方看到。朱子註有這

個意思。朱子註：「介，謂辨別之端，蓋善惡已動而未形之時也。」依朱子的講法，這個介就相當「幾」的意思。

經典中一些普通字很簡單，確定的意義、恰當的意義很難，隨便亂講沒有意思。

「震无咎者存乎悔」，「震」當動講。震不一定就震卦講。能悔就可以无咎。假定做錯事不知懊悔，那是一錯到底。

下面第四章是發揮道理，這章重要啦。這章主要觀念是：幽明、終始、生死、鬼神，最後是神、易這兩個觀念。這些合起來就是《易》裡面所要表現的道理。你說它是宇宙論的呢，它同時是道德論；你說它是道德論，它同時也含有 cosmolgical 的意思、ontological 的意思。所以整個人生宇宙的道理都包括在這幾個觀念裡。這是儒家的看法，跟佛教了生了死不很相同，跟基督教嚮往天國也不同。佛教講了達，解決生死問題，但它不講幽明、終始，所以，依佛教看，宇宙人生一切表現出來的現象是如幻如化，一切法因緣生起，緣起性空。儒家不這樣看。基督教光想我們的靈魂上天國，耶穌說我的國在天上不在人間，也就是人間和上帝隔開了。這個也不是儒家的精神。這一章可以區別出來，代表儒家整個諧和系統。

儒家看現實的宇宙有一定的理在裡面貫徹，現實的現象有光明在裡面，不是如幻如化，緣起性空的。這個現實的社會、人生、宇宙總是有一套一定不易的理在貫徹，也就是說，同時是現實，同時也就是光明的顯現。所以，它不是如幻如化，也不是孤零零的我們的靈魂跑到天國就完了。

所以，這一章首句云：「易與天地準，故能彌綸天地之道。」

準，相應也。相應，就是配合的意思。能相應才能說準，契合無間就是相應。「易與天地準」就是《易》這部經典與天地相應不違，絲絲入扣。它說「天地」就是整個人生都在內，我們人生宇宙統統在內，這表示是一個宇宙的意義。不像西方孤獨地講，不是孤立的單方面的形上學的講，不是離開人單講天地的那個自然世界。

「故能彌綸天地之道」彌，充滿的意思。綸，交織的意思。中國造字很有意思。綸、倫、論都代表脈絡、關係、秩序、條理。《易》的道理充滿、浸透天地之道。絲絲入扣，滲透到具體的事物裡面去，就是浸透；到處如此，沒有漏掉，就是充滿。這種靈感很美的。西方哲學使我們的生命在抽象中，抽象容易使生命破裂，支離破裂這不是彌綸天地之道。

「仰以觀於天文，俯以察於地理，是故知幽明之故。」在仰觀俯察中就可以知幽明呀。《易》講幽明，不講有無，所以後來張橫渠說：「大易不言有無，言有無，諸子之陋也。」（《正蒙‧大易篇》）道家老子、莊子講有無，到佛教傳到中國來以後講空有。有無，或空有這些概念是很枯燥的概念，太理智化。講幽明呀，很潤澤，很具體，動態的。所以《易》講幽明，不講有無。我們平常有就是有，有就是 being。無就是無，無就是 non-being。西方的講法更乾燥，抽象的概念。

幽明不從抽象的概念去了解它，從仰觀俯察去把握它。所以說：「仰以觀於天文，俯以察於地理，是故知幽明之故。」這個宇宙是陰陽動態變化的宇宙。這個地方是明，那個地方是幽，幽明不是有無。明是顯出來，但它又不停在這地方，幽是不顯出來，但又不是無。這樣講就不必害怕了，不必害怕生死了。不必像佛教那樣

天天講生死。

「幽明之故」幽之故就在明那裡，明之故就在幽那裡。它是起波浪的，世界就是如此。這就是知幽明之故。假定你知幽明之故以後，那麼，「原始反終，故知死生之說。」「反」當該是「要」，「原始反終」就是「原始要終」，我們只能說返始，不能說返終呀。了解終始就了解死生。所以儒家講終始，不講死生。這我以前講過了，乾坤就是終始呀。

下面說「精氣爲物，游魂爲變，是故知鬼神之情狀。」

「精氣爲物」任何個體都是由精氣和合而成，有精有氣，和合成一個個體物。在《易傳》裡面，這個就表示「神之伸也」。此如說「乾道變化，各正性命。」有一個道理實現它的存在。所以，有存在的地方，就是光明的顯現。這個光明的顯現，在《易傳》，成個體物就是「神之伸」。神之伸展呀，這叫明。沒有存在的時候就歸於幽。你存在，你在這個地方，《易傳》不但看作你在這個地方，它看作一個光明的顯現，你的存在就是一個光明的力量。光明的力量一伸展就有呀，縮回來就沒有了。所以說「精氣爲物」，這表示神之伸展。個體存在，不但你的身體存在，也是光明的顯現。神者伸也，伸就成個 being。鬼者歸也，歸就沒有了，但歸不是眞正的無呀。這是《易傳》的意思，鬼神相對而言。

「精氣爲物」下一句就是「游魂爲變」。「精氣爲物」講神，精氣結合成個體物，所以它有魂有魄。魂從 soul、mind 講；魄從身體講。魂魄爲一，成一個個體，是一個存在。游魂，就是魂跟魄分開。照蘇格拉底的看法，靈魂跟身體分開不是壞事，靈魂不受肉體束縛，解脫了，這個靈魂就乾淨，靈魂離開肉體，它不是破滅

呀，它仍然獨立自存。這是蘇格拉底的看法，儒家不這樣看。照儒家的看法，魂魄合一，精氣和合成一個個體，他就是光明的顯現。這是對我們的身體有所肯定，是樂觀的看法。它是神的伸展，有神的伸展才有精氣和合呀。這樣一來，存在而有魄，儒家肯定body，魂魄合一才有個體物。

那麼，「游魂」就是魂脫離魄，這個魂沒有寄託處。儒家不像蘇格拉底那樣想，以為魂解脫了更好。依儒家的看法，魂無寄託處成游魂，游魂很可憐的。猶太人沒有國家的時候，是游蕩分子，是個體的游魂，現在有國家了，有以色列。我們現在也成了個體的游魂，魂游蕩了，魂游蕩了就是魂沒有寄託處。反過來說，魄沒有魂主宰它，魄成了死物質，你這個魄就降落了，魄降落了就成個行屍走肉了。「游魂為變」甚麼意思呢？就是說魂游蕩，魄下降。這個就講鬼，所以「鬼者歸也」。「鬼者歸也」就指魄下降。「游魂為變」就是魂與魄分開。所以，以前的人說：「神者伸也，鬼者歸也。」還有另一個說法，就是鬼神以陰陽言。中國人承認鬼神呀，但鬼神不能永遠存在，但它也不是完全消滅沒有了。鬼神以陰陽二氣了解，中國思想沒有個體靈魂這個意思。西方靈魂不滅，靈魂永遠存在。中國人不這樣想。個體可以解消，但鬼神不是解消，是歸到陰陽氣化的大流中去。這就是張橫渠所謂「聚散」呀。聚，個體形成就是聚，個體一解消就是散。散，不是個體一解散便甚麼也沒有呀，它歸到氣化之大流中去。王船山解釋張橫渠的意思，就說「大來大往」。大來，就是從宇宙陰陽之化而來。大往，就是歸到那大流中去。從宇宙生化的行程看，不能講有，也不能講無，講有無，講空有根本沒有意思。從 cosmological becoming process 看，

只能講幽明。所以《易》只講幽明，不講有無。從宇宙行程看，無所謂有，也無所謂無，它是個充滿。

聚散就個體講。就 cosmological becoming process 講，無所謂聚散，它是一個整一。聚散是它的種種形態，也可以說是一些小波浪。所以張橫渠說聚散是客形。這個「客」不是客觀的意思，是暫時的意思，就像旅館的住客一樣，暫時的。王船山很欣賞這個意思，所以王船山說「大來大往」。從幽明、終始講到鬼神，從鬼神你就可以了解死生了。儒家知道這是大來大往。所以，張橫渠還有一句話：「死而不亡。」假如不在宇宙生成的行程中，個體只就一個個體看，一個個體死了就死了。但看作一個宇宙陰陽氣化的行程，在這個行程中，有聚有散，客形變了不是甚麼也沒有，因此說「死而不亡」。當然客形是變了，但客形變了不是甚麼也沒有，所以你能了解「死而不亡」，你就能了解死生問題。橫渠完全是從《易傳》來，北宋時期首先根據《易傳》講儒家的學問的就是張橫渠。

「精氣爲物，游魂爲變，是故知鬼神之情狀。」精氣和合就是物。魂離開魄就叫變，變就是轉變，轉化形態的意思。知道這個道理就知道鬼神的情狀。情是實的意思，就是你能夠了解鬼神之實。

「與天地相似，故不違。」，「相似」有兩講法：一、相應；二、相續而來。易與天地之道相應相繼。就是說我這個道理根據天理而來，不是憑空杜撰。所以這裡面的道理沒有甚麼詭譎怪異的地方，都是自然之理。天理自然如此。沒有甚麼這樣一個系統，那樣一個系統。假定有這樣一個系統，那樣一個系統，你這樣說，我不一定那樣說，也可以這樣，也可以那樣，那麼就違了。這個「易

理」沒有說可以這樣，可以那樣，沒有這個變化，沒有這個交替變化。所以，與天地相似而不違。聖人作易，這個智慧是不得了的智慧，最具洞見。

「知周乎萬物而道濟天下」，「濟」當成濟講，「道濟天下」就是道成濟天下。「周乎萬物」是承上「彌綸天地之道」講，不是拿甚麼理論來統治天下呀。這個與天地相應的自然之道，順著自然之道成濟天下，所以沒有過的。過，過去、過錯的意思，或是超過、越過的意思。這個「過」也不是了不起的嚴重的過錯，這種過錯也由於超過、越過。所以，「故不過」就是無過無不及。它不超過，也沒有不及，這就是相應，絲絲入扣。

「旁行而不流」。旁行，朱註：「旁行者，行權之知也。」常行呀，就是經常的行動，經常的行動有時也可以行權，拿這個「權」來解釋這個「旁」。朱子的意思不能算錯，但不太恰當。旁行就是岔出去了，偏出去就是旁行，很容易一往不返。所以不要隨便岔出去，要中行。岔出去呀，很容易令我們一往不返，永遠岔出去了。所以，我們常要人戒慎，不要隨便講這個權，也不要隨便往外岔出去，要中行，不要說我圖個方便，岔出去，你這一岔出去就完了。所以，聖人可以旁行，但他生命提得住。生命提得住，他有中行作承擔，所以中行也好，旁行也好。「流」是甚麼意思呢？流者，逐流不返，就是一往不返，回不來了。「不流」就是不「逐流不返」。聖人這個智慧雖然旁行，但他不流，他能把握住，不會逐流不返。他旁行而不流，就是他既中行而不呆滯，他不呆板，他能四通八達，圓融無礙，這是最高境界。這樣一來，這個旁行正能幫助你四通八達。假如旁行而流就壞了，成了墮落。但沒有旁行，光

守中行，那是固執不通。所以，固執不通不好，太通呀，也不好。
這裡有一個最高的本事呀。

「安土敦乎仁，故能愛。」所以儒家講仁這個觀念，孔子就
說：「仁者樂山，智者樂水。」（《論語》）仁者為甚麼樂山，山
是安定呀。水是動蕩呀。有土才能安，不能離開土。現在這個時
代，不管你是海洋國家，還是大陸國家，統統沒有土的，就是沒有
安呀。大陸國家有土，但有土不知道利用土，天天在天翻地覆挖那
個土，把土挖成坑。所以這個時代的人沒有土，不能安。香港這個
地方對小孩不利，他沒有土呀，他的生命不成，聰明才智發不出來
的，出小聰明的人可以，真正的人才出不來的。真正的人才從鄉間
出。我一生二十多年在鄉間，它使你生命結實、健康，頭腦也簡
單、單純。漫山遍野去跑，這個原始的生命呀。現在的人就是失去
這個原始性，你們都成熟得太早。

有土，生命才能滋潤，安土才能敦厚。沒有安土，你那個仁也
不敦篤。你就是表現那個仁，你的表現也不敦厚，也不篤實。
「敦」是動詞，敦篤這個仁道。所以說：「仁者樂山。」不要說了
不起的聖人：孔子、耶穌、釋迦牟尼佛，鄉間的農人就是真正的聖
人，在他們看，你們那些大教授、生意人通通是壞人，思想不乾
淨。鄉間農人頭腦最單純，所謂簡易啦，他們取簡易原理，正心誠
意。他們不會騙人、耍花樣。一個縣找不出一、兩個出花樣騙人
的。不像我們現代人出花樣騙人，搞神經戰。他們的道德當然比我
們現代人高。跟他們相處在一起，你不感覺甚麼，那些農民呀，沒
有知識，又愚蠢又保守，你討厭他。事實上，你想一想，你總比不
過他們。我現在懷念我的家鄉就是這個道理。

　　「安土敦乎仁」才眞能表現仁德之愛人呀，仁德主要是愛人呀，這樣講很具體。「安土敦乎仁，故能愛。」這句話有深刻的意義。耶穌講 universal love，那個講法當然很壯烈，很高，但是不具體。還有墨子講的兼愛也不具體，就是不「安土敦乎仁」。那種愛對人的生命沒有潤澤的作用。孔子講的「仁」對人的生命有潤澤作用，你看他講得很平實、淺易，其實「極高明而道中庸」，你說他淺易，他又很淺易，你說他不淺易，他也不淺易，通天通地。你憑空講 universal love，你無根呀，基督教講 universal love，這是根據上帝來啦。上帝對世界的愛當然是 universal love，但人的愛不能跟上帝一樣。墨子講兼愛是根據天志，都是抽象的。耶穌講普遍的愛，墨子講兼愛，都是抽象的，不如儒家講差等，親親而仁民，仁民而愛物。抽象地講就乾枯，因爲乾枯，看起來很高，實際不能愛。所以，你們常鄙視我們自己的孔聖人，其實，還是只有我們自己的聖人能夠保住你的生命呀。「安土敦乎仁，故能愛。」說出這種話的人都有深刻洞見，眞是生活上有體驗呀。我們這些人平常寫些大文章，有幾個人能說出這種話，旣簡單又明瞭。說出這種話談何容易呢！

　　「知周乎萬物，而道濟天下，故不過。旁行而不流，樂天知命，故不憂，安土敦乎仁，故能愛。」儒家這種道德觀旣是 cosmological becoming process，同時也是 humanity。一整套合起來就是一個幽明、終始、死生、鬼神之情狀。

　　「範圍天地之化而不過」依程明道，「範圍」就是一個模，就是天地一個模套出來。那是程明道的講法，不太妥當的。「範圍天地之化而不過」根據「易與天地準，故能彌綸天地之道。」的意思

來。「彌綸」就是範圍的意思。彌綸是浸透到內部作具體的表現，無所不包，無處不到。範圍跟彌綸相對，彌綸是內在的，內容的，範圍有超越的意思。範圍根據「準」相應而來。一個是內在的，或說是內容的；一個是超越的，或說是外延的。道能把天地之化範圍得住，這就是超越，雖然超越但不過。西方的上帝也超越，但過。易道範圍天地之化而不過，外延地講它能把天地之化的範圍全部都籠罩在裡面，也不過，也無不及，所以相應。這個地方，「範圍」根據上面的「彌綸」來，「範圍」跟「彌綸」是一個意思，所以超越而不過。彌綸是內在，也是超越，內在而超越，超越就是範圍，它超越但不過，因此超越而內在，兩個意思是一個意思。內在而超越，超越而內在，這就是儒家的精神。上帝也是範圍天地之化呀，祂也高高在上，一切不能離開上帝，但祂過，祂超越而過。

「曲成萬物而不遺」正好呼應上一句「彌綸天地之道」。「曲成萬物」它就內在於萬事萬物裡面，順著萬事萬物的曲曲折折而每一個都能曲成，成就每一物而不遺漏。你以為「範圍天地之化而不過」是籠統地說，籠統地說的時候，有些細微的地方不能曲盡，有漏掉了的。但這個道不如此，道從其廣大方面說，它範圍天地之化而不過；從內在方面講，它曲成萬物而不遺，沒有一個遺漏。「曲成」，就是順著各式各樣的事物而成就之。

「通乎晝夜之道而知」這個知是整全的，不偏於白天，也不偏於晚上。「知」是貫通的知，不是抽象地知，也不是拿抽象的原則概念去知。它是具體的，既具體而又能通乎晝夜之道。「通乎晝夜之道」是舉例呀，通乎終始，通乎死生，通乎鬼神都可以呀。這是神智呀！聖人這種智慧顯然就是康德說的智的直覺，只有智的直覺

才能既具體而又能通乎晝夜之道。這當然很高，這種智的直覺究竟有沒有呢？康德說我們人沒有這種直覺。但中國人承認這個。

最後以「神无方而易无體」作結。這個道之所以爲道就是神，這個神的作用表現在外面就是使萬物變化。拿神象徵道，這個道不是一個抽象的理，這道有具體的妙用。下面〈說卦〉傳就說：「神也者，妙萬物而爲言者也。」神是一個妙用，這個神作本體看，不是鬼神之神。因爲是妙用，所以無方所。無方所就是沒有時間性，沒有空間性。無方所才妙，妙是無限的妙用。所以中國人通過無限妙用來了解這個神，不像西方宗教通過「人格神」講神，就是通過 entity 了解神。《易傳》通過 function（作用、功能），而不通過 entity 了解神。妙用不是 entity，是 function，function 是作用、功能。這是中西方思想形態不同的地方。所以說「神无方而易无體。」

神表現在具體現象裡面的變化就是易，既然是易就無體。無體這個體當個甚麼講呢？不能說易無本體。當然，becoming 本身就是本體，這可以是一個觀念，西方哲學裡就有講這個的，易不就是 becoming 嗎？becoming 就是本體，那是另一種講法呀。「易无體」這個體是空間性，不是本體的體。有定體就不是變，既然說變就無定體。所以說「易无體」。

第六講 即用見體（〈繫辭·上傳〉第五章）

「一陰一陽之謂道」（〈繫辭·上傳〉第五章）這句話是「即用見體」的意思。道是不可見的，陰陽是用，就著用以見體，通過用了解這個道，並不是說陰陽就是道吶。但是，道也不能離開陰陽，空掛在那裡。「一陰一陽之謂道」這句話是指點語，不是定義語呀。指點就是教我們如何來了解道，這句話不是定義呀。陰了又陽，陽了又陰，這樣連續下去才能見出道。如果停在陰這裡，或是停在陽那裡，都不能見道呀。照朱子講，「一陰一陽之謂道」就是陰了又陽，陽了又陰，這樣才可以連續下去。所以朱子說：陰陽是氣，就像門有兩個作用，一個是開，一個是闔。一開一闔動態才顯出來，一陰一陽就是動態，就在動態的過程裡顯示道。所以「一陰一陽之謂道」這句話是指點語。中國的典籍裡，「之謂」、「謂之」大體都不是定義。

朱夫子很重視這個「一」，有這個「一」字就能成一個過程，在過程中就可以顯示出一個道來。這是總起來說。朱夫子還說「所以陰陽是道」。「陰陽是氣，所以陰陽是道。」，「陰陽是氣」是靜態地說，「所以陰陽是道」是動態地說。朱子這個體會不錯，大

體能表示儒家的意思。王弼的註不成呀,王弼那個註很古怪,很特別的。你研究思想史總要注意到這個,你要看看魏晉人王弼如何講這句話。他的講法當然不合《易經》的意思,但他可以代表那時候的一種想法,那是依據道家老子的思想。這點我在《才性與玄理》一書中詳細討論了。

「繼之者善也」「之」代表道。能夠把道繼續下來,不要到我這裡斷絕了。所以,儒家講生生不息。能夠繼續下去,這個就是善,這個善的意義不是 moral defintion,是 cosmological definition。這個善不是道德的規定,不是從孟子的道德的立場規定的善的意義。當然,凡說善都有道德的意義呀,但這個是從「一陰一陽之謂道」講,這是宇宙論意義,不是 moral approach。

「成之者性也」這個「之」也是代表道。《十三經注疏》裡,「之」代表道。能夠把這個道完成而充分體現在我們個人的生命裡,這個就是性的能力。這句話類比《中庸》:「率性之謂道。」這個「率」當順講。你能順著你的性,這個就是道。道本來是顯客觀意義,籠統地講這是一個形而上學的講法。這個講法不能算錯,《十三經注疏》裡,孔穎達是這樣講的。不過宋儒大體都不採取這個方式講,這個代表兩種心態啦。依我看,照孔穎達的注疏合《易傳》原意。下面接著就說:「仁者見之謂之仁,智者見之謂之智。百姓日用而不知,故君子之道鮮矣。」順著我們性體而行就能體現仁、智,仁、智都是我們性體的內容。但表現我們的性體也有差別,不能把你的性體圓滿充盡無漏地表現出來。所以,通過性表現道也只表現一部分,每個人表現性表現一部分,不能把道的全體全部朗現出來。所以說:「仁者見之謂之仁,智者見之謂之智。」

仁、智都屬於性呀，都是性的內容呀。可是假定你這個人比較偏於表現仁這方面多一點呢，我們說你這個人是仁者，就是說你這個人的性情較容易表現仁這個 virtue。你偏於表現這方面呢，那方面就差一點了。所以仁者順著我的性表現的內容，就是順著我所表現的仁，我就說道是仁。道固然是仁，但是現實上通過你的性表現仁呀，總有不完備。通過表現性體而表現道時常有所偏，假定你表現智的方面充分一點，那麼我們就說你這個人是智者，智者當然也可以表現道呀，所以智者就說道就是智。假如你這個人偏於表現義方面，你就說道是義。假如你這個人偏於表現禮呢，也可以說道就是禮。這不能算錯。「仁者見之謂之仁，智者見之謂之智。」這只是說仁者、智者，還有說義的，禮的啦。至於一般老百姓，是「百姓日用而不知」。

　　每天二十四小時，不管你自覺不自覺，道都在日常應用中。但是仁者可以自覺到從仁這方面表現，智者可以自覺到從智這方面表現，老百姓完全不自覺，不自覺不是沒有道呀。仁者是一部分表現，智者是一部分表現，還有老百姓日用而不知，完全不自覺。所以說：「仁者見之謂之仁，智者見之謂之智。百姓日用而不知，君子之道鮮矣。」一個時代能表現道談何容易呢？一個時代能實現一點真理，表現一點光明呀難上又難。

　　「成之者性也」能完成我們的道就是性，性負有這個責任。這是根據《十三經注疏》的講法，這個講法類比《中庸》「率性之謂道」。宋儒是另一種講法，宋儒類比「天命之謂性」來了解「成之者性也」。「天命之謂性」這是說性的存有義，「率性之謂道」那就是說性的實踐義。這個分際要清楚。順著性而行，一方面性體顯

現，同時，通過性體的顯現，道就顯現，這不是講實踐嗎？所以「率性之謂道」是實踐義。

道「顯諸仁，藏諸用。」所以即用見體。道不是空的。顯諸仁就是顯諸智，顯諸義，顯諸禮。不過儒家以仁爲總綱，仁是生道，所以道顯諸於仁。道是宇宙論的講法，道無心而成化，也叫做「天地無心而成化」就是雲行雨施，品物流形。所以，道不與聖人同憂患。聖人法天，但是聖人不同於天呀！聖人法道，但是聖人不同於道，聖人並不就是道呀！聖人是具體的生命，道在他這裡表現，道在聖人處表現呀！所以，聖人有心，聖人有憂患。有憂患才有悲憫，聖人悲天憫人呀。

儒家講天、地、人三極，聖人代表人這一極。聖人有憂患有悲憫才能參天地贊化育。這是儒家立場，儒家的立場跟道家不同。老子說：「天地不仁，以萬物爲芻狗；聖人不仁，以百姓爲芻狗。」（《道德經》）「天地不仁以萬物爲芻狗」也不一定說天地很殘酷，他是說天地是自然的，無所謂仁，也無所謂不仁，它自然，它不一定表現仁。「聖人不仁以百姓爲芻狗。」這句話就不好了。當然你也可以對這句話作同情的了解，就是說聖人也是自然的。但聖人有憂患呀！所以，《易傳》說：「鼓萬物而不與聖人同憂」這句話說得很好，到老子的說法就差一點。

《易傳》講易，甚麼是易呢？「生生之謂易」就是生生不息。

「陰陽不測之謂神」這句話也是指點語，即用見體。這句話不是定義語。

第七講　誠神寂感（〈繫辭‧上傳〉第九、十章）

　　《周易‧繫辭‧上傳》第九章這些句子表象宇宙的開發變化，是宇宙的展開。這是一套 symbolism，講哲學的時候你可以不用這一套來表象。表象宇宙的開發變化，表面看也是宇宙論的（cosmological）展開，可是你看這一章最後一句話：「子曰：『知變化者，其知神之所爲乎。』」就是說，這個宇宙不管表面上怎麼開發變化，它後面總有一個神。所以說，你知道變化就知道神的作爲，這些表面的變化都是一個神體在後面運用。所以，當我們表象宇宙的開發的時候是 cosmology，當我們說一個神體在後面運用以成其變化，這個是 ontology。當然這樣了解，這是 ontological understanding。我們前面講的道理，包括易簡，統統是 ontological being 作主。ontological being 作主就涵著一個宇宙論的行程（cosmological process）。ontological being，性之體、實有啦，它一定要指出一個體來，一定要指出一個實有。「知變化者，其知神之所爲乎。」這句就是 ontological being 通著 cosmological process 爲一而說的。光看宇宙的變化沒有多大意思。

　　〈繫辭傳〉上篇意義豐富，下篇就簡單一點。

「易，无思也，无爲也，寂然不動，感而遂通天下之故。非天下之至神，其孰能與於此。」這個是宋儒最喜歡講的。宋儒講寂感，從周濂溪開始就講這個觀念，一直貫通宋明儒全體。「易无思也，无爲也。」句中這個「易」不是指易道講，是照《易經》中占卜說的。當然照道講也可以，上天之載無聲無臭嘛。可是這個地方這個「易」字照占卜說，用甚麼占卜呢？用蓍草或者龜甲，蓍草、龜甲擺在這裡，從蓍草、龜甲這個地方看，它無思無爲，它本身沒有思想，沒有作爲。可是你借用它來占卜，你要誠，你誠，它就對你有感應。從占卜說的無思無爲來顯出道理。誠則靈，一感應就能通天下的事。「故」當實講，就是故事、事情。你誠，天下的事情都能告訴你，一通全通。神才能有這個情況，身體上不能說感而遂通，不能說一通全通。拿「神」作宇宙本體，它妙運萬物，使萬物有變化。所以，〈說卦傳〉說：「神也者，妙萬物而爲言者也。」就是神作一個本體，它在背後作運用才能起宇宙的變化。「妙」是動詞。

「易无思也，无爲也，寂然不動，感而遂通天下之故。非天下之至神，其孰能與於此。」「神」這個觀念是從占卜知幾這個地方出來，但從占卜知幾啓發出來的這個神呀，一定要通過誠，要誠心誠意問，遊戲的態度就不靈。誠則靈，這表示說這個地方所說的神呀，作爲宇宙萬物的本體的這個誠呀，一定要從我們的道德性上顯。這個神以德言，不是鬼神那個神。鬼神的那個神以氣言，不能作本體呀。所以這個「神」字有兩種講法，一個從德講，一個從氣講。從德方面講，就是一個 metaphysical reality，就是所謂 ontological being。

　　「聖人之所以極深而研幾」幾是在後面，剛發動的時候，還沒有表現出來。我們看見的是已經表現出來，表現出來就是勢了，表面上所看的是勢，不是幾，大勢已成就沒有辦法了。幾是一個深微的觀念，所以說「極深而研幾」。看到內部才能研幾，成天下的大事情，或者發動一個大事情，你只能從幾著手，幾那個地方把握得住，才能成大事。在幾那個地方，要是壞的，你要覺察呀，你馬上把它化掉，你等它表現出來再去化掉它，那就困難了。勢發展到完成了，那就麻煩了，那時候，聖人也沒有辦法，耶穌也沒有辦法，釋迦牟尼佛也沒有辦法。所以說「一葉知秋」，一葉知秋就是知幾呀。中國人以人生智慧看歷史、政治，歷史的演變，社會的大事，都是如此。所以，社會上需要深謀遠慮的人出來多說幾句話，不要順著社會上一般的人鬧哄哄。社會上一般人呀都是順著勢，在勢的範圍內鬧哄哄，社會上有一個甚麼來推動你一下，你馬上就有一個反動，永遠在因果鏈子裡面，這樣一定要把事情鬧壞。所以，隨時需要一個人冷靜一點，在旁邊看一看，深謀遠慮啦。不要在因果鏈子裡面轉。如此可以對國家社會，或對任何一件事情指導一個方向。需要這種人啦！現在的人誰肯這樣呢？都是在因果鏈裡面轉。也沒有人有這樣的智慧，不要說智慧，連這種聰明也沒有。所以大家都不甘落後。就是有一點智慧，但有誰肯甘心在旁邊冷靜一下子呢？都是爭著趕熱鬧，這個趕熱鬧只有增加天下的事情的壞。所以說：「唯深也，故能通天下之志。唯幾也，故能成天下之務。」（〈繫辭‧上傳〉第十章）

　　「唯神也，故不疾而速，不行而至。」（〈繫辭‧上傳〉第十章）這個「神」從德言。「疾」就是加快。「不疾而速」就是你不

要加速，它自然速。神的動，神的感應呀，一感即通，一通通全體。physical moving 要加力量，就是所謂加速啦。牛頓的慣性定律說：靜者恆靜，動者恆動。假定你不加速的話，沒有動靜的分別，那個時候，動靜是一，這是等速運動，你要加速，非加力量不可啦。但是神呀，它不疾而速，不行而至，它不要經過走，它就能達到。這當然是 paradox，這只有了解「神」是如此呀。這個神就是「神也者，妙萬物而為言者也。」的那個神。這需要有 metaphysical insight。這些文獻要熟讀，記在心中，而且要了解它的本義。

「寂然不動，感而遂通。」這個地方說起來雖然是分寂分感，但實際上寂就是感，感就是寂。它那個感就是「不疾而速，不行而至」呀！「不疾而速，不行而至」的這個感好像是動，實際上是靜，就是寂然不動。即寂即感，不是分成兩面的。有時候，直接說「神」本身，用「寂然不動，感而遂通」這兩句話，這是恰當的。但有的時候是借用。譬如朱夫子就常借用這兩句話說「心」。這個時候，你就要看朱夫子所說的心是甚麼意義的心，你要明白朱夫子說這兩句話的時候是借用呢，還是這兩句話的本義。這個非要熟悉文獻不可呀。朱夫子所說的心屬於氣，屬於氣就有活動，既然有活動就有不動的時候。不動的時候就是寂，動的時候就是感。如此說來，心就是氣也可以應用這兩句話，但這是借用，不是這兩句話的原義。原初這兩句話是說神，不是說氣。

神是從德說，不是從氣說，不從氣說，所以它說這個「神」不疾而速，不行而至。「不行而至」的時候就是說它雖然動而無動，動而無動就是寂啦。但是寂它又不是停在那裡，它又是一個活動，

所以即寂即感。這個時候，寂感合一（identity）。你也可以說從寂這個地方就可以分析出感來，寂感是個分析命題。但假如你把這句話應用到氣上就不同了，從寂然不動就分析不出感來，這就不是分析命題。如果我們用這兩句話說良知，這時候是從神說，就合乎這兩句話的原義。因爲說良知的時候從神說，良知不屬於氣。王陽明就喜歡用寂感說良知。所以，這些地方就要注意呀。

第八講　成象效法（〈繫辭·上傳〉第十一章）

　　「形乃謂之器」（〈繫辭·上傳〉第十一章）成一個形以後才成一個器物。譬如粉筆成一個器物，跟著來你就可以寫黑板。所以，形以後就說器。所以說：「形而下者謂之器。」（〈繫辭·上傳〉第十二章）

　　「形而上者謂之道」（〈繫辭·上傳〉第十二章）道不是個形物，上天之載無聲無臭呀！道是看不見摸不著的東西，既然不是個形物，它就是形而上的東西。或者說形以前也可以。說形而上，或者說形以前都不是說它高高在上，掛在空裡面，這只表示它是不可看見，無聲無臭的這麼一個東西，它不同於形物。說形以前也不表示說我昨天沒有聲沒有形，我今天有聲有形。這不成呀！說道是形以前，還是表示它本身不是一個形物。無論說形而上，或說形以前，我們了解儒家的精神是即用見體。道也離不開形物啦！所以，「一陰一陽之謂道」我說是指點語，即用見體啦！說「即用見體」，但道還是道，道並不是陰陽呀！陰陽可具體看見，道不可看見。「形而上者謂之道，形而下者謂之器。」這是分解地說，「即用見體」是圓融地說。分解地說，有道有器，有可看見，有不可看

見。雖然有可看見的，有不可看見的，有有形的，有無形的，圓融
地說，非形者即於形之中見出。這個叫「即用見體」呀！即用見體
是儒、釋、道共同的思想。道無所不在，即用見體啦，這個道就在
形之中呀！你不要以為它是形而上，它就永遠高高在上掛在那裡。
道也在我這裡，也在你那裡，道無所不在呀！所以下面說：「成象
之謂乾，效法之謂坤。」（〈繫辭·上傳〉第五章）

天地以形言，乾坤以德言。說天是形，說乾呢，乾就是天的
essence，就是天道。說地是形，說坤呢，坤就是地的 essence，就
是地道。「成象之謂乾」在上成天象，這屬於乾，天象是健行不息
呀！「天行健，君子以自強不息。」（〈乾·象傳〉）地持載萬
物，地厚重，所以說：「效法之謂坤。」這個句子我們依據朱子的
講法。這個「效法」當一個句子看，就是說：能呈現這法的就是地
道。「法」就是物之文理詳密。說法也者，就是根據形物這個觀念
進一步對這個形物加以限制說明。

佛教說「法」，好像是新名詞，但這個「法」字就是取「效
法」的意思。這個「法」字不是法律的意思。照窺基的解釋：「法
者，軌持義。」軌者，軌解。一個軌跡，軌則，軌道。順著它的軌
跡、軌道，順著它的圖解去了解，這叫做軌解。窺基又說：「軌
者，軌解，可生物議。」「可生物議」就是可以引發客觀的議論。
「物議」就是客觀的討論，就是平常所謂輿論。粉筆有粉筆的軌
則，所以我們才可以了解它是個粉筆。因為有軌則可以了解，所以
大家可以討論啦。所以，每一個看法，每一個概念有它一定的定
義。窺基還說：「持者，任持，不失自性。」這是窺基有名的兩句
話。堅持住它自己，不喪失它自己的本性。這是「持」的意義。佛

教講無自性，爲甚麼這裡講「不失自性」呢？佛敎講「無自性」是從緣起講，這是講性的第一義，講緣起性空，一定要把自性拉掉。「持者，任持，不失自性。」是就俗諦講。我們講任何一個概念，譬如講粉筆，你把粉筆拆穿了，說到最後它是因緣生起，它是空呀。但照俗諦講，粉筆當作一個現象，粉筆畢竟是粉筆，粉筆不是一張桌子。粉筆之爲粉筆當然有粉筆的軌則，粉筆有粉筆的自性，這個是俗諦說的自性，不是第一義的。第一義的性還是空。說「軌持」是印度的說法，可是譯佛敎用的那個「法」字還是根據《易傳》這個地方轉過去的。朱子註說：「法，謂造化之詳密可見者。」我們平常只知道法家所說的「法」那個意義，不知道還有《易傳》裡這個「效法」的法的意義。佛敎就取這個意思。

　　佛敎講的這個「軌持」，在中國以前用「文」字表示。「仰則觀象於天，俯則觀法於地，觀鳥獸之文。」（〈繫辭・下傳〉第二章）鳥獸有甚麼文呢，這個「文」字是客觀地說，是說脈絡。脈絡就是軌持的意思。一切東西錯綜複雜，聚合起來，有頭有尾，譬如畫畫時有層有次，就叫做文。「觀鳥獸之文」，並不是說觀孔雀的尾巴很好看呀。「觀鳥獸之文。」是觀萬物，不但是觀鳥獸，鳥獸是舉例啦。

　　「是故法象莫大乎天地」（〈繫辭・上傳〉第十一章）法、象是兩個 term。在天曰象，在地曰法。「是故法象」，就是說到法和象。「法」代表形物的決定的形相。「是故法象莫大乎天地。」就是說：說到形物的決定的形相，以及天方面的象徵的形象，沒有大乎天地的。最根源是從天地說。

　　「變通莫大乎四時」，「變通」可以當一個詞，也可當兩個

詞，也可當一個句子。

「縣象著明，莫大乎日月。」（〈繫辭‧上傳〉第十一章）天象具體說就是日月星辰呀。「法象莫大乎天地」是總說，概括地說。「縣象著明，莫大乎日月」是限定在天象說。下面接著說：「崇高莫大乎富貴，備物致用，立成器以為天下利，莫大乎聖人。」，「備物致用」，就是根據地方面的決定的形象來致用，立成器。這個才是真正的聖人。我們百姓日用而不知。這個就叫做社會傳統，這就叫做文化。一個文化是由歷史慢慢演變成的啦，當然需要一些傑出的人物創造呀。這個創造不是憑空創造的，都是根據天象地法自然演變成的。聖人根據天象地法制作，這還是三才之道。

「探賾索隱，鉤深致遠，以定天下之吉凶，成天下之亹亹者，莫大乎蓍龜。」（〈繫辭‧上傳〉第十一章）「賾」是繁雜細微的意思。把最深的鉤出來，能推致到遠處。「亹亹」，誠勉也。「定吉凶」這是屬於卜筮方面的事。這個是神秘的事情，所以賾隱深遠。從神秘方面定吉凶，就要靠蓍龜，所以說：「莫大乎蓍龜。」蓍是草，龜是甲。

「是故天生神物，聖人則之。天地變化，聖人效之。天垂象，見吉凶。聖人象之。」（〈繫辭‧上傳〉第十一章）「神物」作甚麼講呢？神物就是蓍龜。「天地變化，聖人效之。」這就是上面所言「是故法象莫大乎天地」。「聖人效之」就是聖人法天地，後天而奉天時。「天垂象」，天本身有自己的象，天象垂降到人間來。這屬於占星學。「聖人象之」，聖人仰以觀於天文，俯以察於地理。這個地方，法、象分說。這個「象」有 principle 的意義，有

category 的意義。「法」從形物講，是 define form。

　　「古者庖犧氏之王天下也，仰則觀象於天，俯則觀法於地，觀鳥獸之文，與地之宜，近取諸身，遠取諸物，於是始作八卦，以通神明之德，以類萬物之情。」（〈繫辭・下傳〉第二章）伏羲創作八卦也是仰觀天象，俯察地法作出來的呀！觀天象效地法，畫成八卦則「以通神明之德，以類萬物之情。」「類」就是分別。「類萬物之情」就是分別萬物之情。

　　「象」字有主觀地說，有客觀地說。主觀地說是取象，象者像也，示也。引伸說印象，就是我們平常說的 idea。我想它像個甚麼，我心中就起個觀念呀，這就是主觀地說的象。「象」客觀地說就是天象，象者法也。這個法就是 principle、category，指導我們人類的活動。所以，「法象莫大乎天地」這句子中的「象」是客觀地說。〈象〉曰：「天行健，君子以自強不息。」那個象是主觀地說。

　　下面的句子你們自己看看就可以了，沒有甚麼道理，隨便的聯想，沒有多大的意思。

　　我說這些，總起來就是這樣的意思：在天方面說象，我們說「象」這個觀念既不當作文字學裡面的日、月看，而當作一個天象看，這個可以給我們人類作一個 principle、category。「遠取諸物」、「以類萬物之情」那是地法。「法象莫大乎天地」就是說：根據在天之象，在地之法決定我們人事，決定我們人的活動。這是我們中國人的智慧，看天象呀。所以，說「法象莫大乎天地」的時候，這個意思妙得很呀！這個意思西方人沒有的，希臘人沒有的。希臘人說天的時候就說太陽神，他們那個神多得很，那個天是諸神

在打架，互相戰爭。當然，中國民俗方面也有這類的，譬如，月亮裡面有神之類的。但從經典上，聖賢所表現的道理不走這條路，他們是仰觀俯察。仰觀於天，取法於地，觀的最後最高結果是乾坤並建，立兩個原則：「大哉乾元」、「至哉坤元」。那些神話統統沒有了。這個就是中國文化的動力。中國人的文化動力就從這個地方發。這也不是印度那個形態，印度也很多神呀，神話多得很呀。印度講三十三天，講天堂。中國講玉皇大帝，三十三天，這是從佛教來的啦，中國古代傳統沒有玉皇大帝、三十三天，這是從印度來的。那個天沒有意義的，沒有德的。印度那個天只代表一類衆生在那裡享福。

天德地德是中國人的文化形態。中國人特別重理性，合理、乾淨，沒有那些烏煙瘴氣，沒有印度那種巫氣。你不要說中國人迷信，那些話是不恰當的。中國人的頭腦最不迷信，最 reasonable。就是因爲太 reasonable 了，有時候也有壞處，也會出毛病。這個 reasonable 如果不流於膚淺，那是好的。現在的中國人因爲太膚淺，就成了理智主義，理智主義是個壞名詞。

這是很重要的一章，重要的概念我大體都講得差不多了。這些字句很難講，很難確定的。這不是哲學上特殊的概念，這是一個文化形態，代表中國智慧形態。

第九講 儒家的基本精神：承體起用 (〈繫辭·上傳〉第十一章)

下面看第十一章，這章很好的。

子曰：「夫易，何爲者也？夫易，開物成務，冒天下之道，如斯而已者也。」是故，聖人以通天下之志，以定天下之業，以斷天下之疑。是故蓍之德圓而神，卦之德方以知，六爻之義易以貢。聖人以此洗心，退藏於密，吉凶與民同患。神以知來，知以藏往。其孰能與於此哉？古之聰明睿知、神武而不殺者夫！

是以明於天之道，而察於民之故，是興神物以前民用。聖人以此齋戒，以神明其德夫！

是故闔戶謂之坤，闢戶謂之乾；一闔一闢謂之變，往來不窮謂之通；見乃謂之象，形乃謂之器，制而用之謂之法，利用出入，民咸用之謂之神。〔……〕是故易有太極，是生兩儀，兩儀生四象，四象生八卦，八卦定吉凶，吉凶生大業。是故法象莫大乎天地，變通莫大乎四時，縣象著明莫大乎日月，崇高莫大乎富貴，備物致用，立成器以爲天下利莫大乎

> 聖人。探賾索隱，鉤深致遠，以定天下之吉凶，成天下之亹
> 亹者，莫大乎蓍龜。
> 是故天生神物，聖人則之；天地變化，聖人效之；天垂象，
> 見吉凶，聖人象之；河出圖，洛出書，聖人則之。
> 易有四象，所以示也；繫辭焉，所以告也；定之以吉凶，所
> 以斷也。（〈繫辭·上傳〉第十一章）

「夫易，何為者也。」作《易經》這部書為的甚麼呢？就是為
的「開物成務，冒天下之道。」中國以前有一部書叫做《天工開
物》。開物就成一個宇宙論的演化。這個宇宙不是西方所說純粹客
觀的宇宙，這個宇宙連我們人事在內。「成務」是人事方面的。
「物」就是存在。籠罩全宇宙的這一個道透出來，透出來就是冒。
「冒」是籠罩的意思。原來句子簡略不完整，但意思可以看出來。
「冒天下之道。」詳細的意思是：籠罩天地萬物而把道體透出來。
所以易是「開物成務，冒天下之道。」這裡面的道理是籠罩天地萬
物的道理。

「是故，聖人以通天下之志，以定天下之業，以斷天下之疑。
是故蓍之德圓而神，卦之德方以知。」以前占卜，一個是蓍卜，一
個是卦卜，還有用龜卜的。《易經》是卦卜啦。「蓍之德圓而神」
拿蓍草來占卜，蓍草的特性就是圓而神。德，特性也。蓍草的特性
為甚麼圓而神？我們也不知道，你要是會占，就知道為甚麼圓而
神。「圓而神」這個觀念要注意。你一說神，它一定是圓，一定是
「不疾而速，不行而至，感而遂通天下之故。」

「卦之德方以知」，「知」通智。所以說「神以知來，知以藏

往。」「圓而神」是動態，「方以知」是靜態。方方正正一定屬於智的。所以，我們常說兩句話：西方文化屬於方以智，東方文化屬於圓而神。佛家也是這樣，佛家講圓而神。道家講玄。西方文化沒有達到圓的境地，但是它達到方以智，到處表現方以智的精神。科學、民主政治都是表現這個精神，英國人的精神就是方以智的精神。當然它不圓熟是不圓熟，但你要了解圓熟談何容易呢？圓而神是最高的境界呀，這是聖人的境界呀！西方沒有達到圓而神，西方圓而神只能屬於上帝，人不能達至圓而神。但中國人喜歡講人有這個圓而神。你要知道，圓而神屬於最高境界，下面一定要有方以智支撐。假如圓而神下面沒方以智來支撐，就要垮。這個毛病就顯在中國。所以，我們講中國的東西，是講它的本義，按它的本義來了解它，並不故意抹殺它，但我也不是故意宣傳它，說成沒有毛病。中國文化喜歡講圓而神，下面方以智不夠，撐不起來。你沒有達到最高境界，天天在那裡講圓而神，那就出毛病。就是我們平常說這個人圓通，圓通本來在佛教講圓融無礙，佛才講圓通無礙，你沒有到菩薩，就是小乘喇嘛都沒有到，你隨便講圓通，你這個圓通就是沒有是非，就是投機啦，滑頭啦，這些毛病都出來了。這個毛病在中國社會表現得很大。譬如，儒家講中庸，中庸是最高境界，按孔子、孟子的道理，這個中庸下面一定要有狂、有狷來支持。這個人既不狂也不狷，結果是鄉愿。你知道，中庸跟鄉愿差不多，孔夫子最討厭鄉愿。「鄉愿，德之賊」所以中庸要有狂、狷在後面支持呀。狂者進取，知不可爲而爲；狷者有所不爲。有所爲有所不爲，有是非，有道德意識。經過狂狷兩精神才達到中庸，這個中庸才是大成化境，這才是聖人境界。否則是鄉愿。「鄉愿，德之賊

也。」鄉愿為甚麼是德之賊呢？非之無可非，刺之無可刺。你批評他，他又沒有甚麼好批評，你刺激他，他又沒有甚麼好刺激，他是個大好人。就是社會上的老好人啦，隨風擺，你說甚麼他都說是、是、是，對、對、對。這種人就叫做鄉愿。孔子當年最討厭這種人。所以，後來明朝東林黨顧憲成的老弟（顧允成）就對當時社會上天天講聖人講中庸有他自己的看法，人家問他走甚麼路，他就說：我現在不講聖人不講中庸，上不做中庸，下不做鄉愿，我就從狂狷路入。所以，你想要做聖人，先要狂狷，要做聖人，先做豪傑。沒有天生下來一下子就是聖人，聖人是擺在那裡，是個 idea，跟佛一樣。中國喜歡把佛的最高境界拉下來，本來是 transcendent，拉下來成 immanent。西方精神跟中國精神剛好相反，它有好處呀，它撐起來就保存那個 idea。現實上沒有一個真正的聖人呀！天天說聖人就糟糕了。

我們現在了解中國文化，它的智慧是從高處講，並不是說事實上都實現了。我們現在所有的毛病，你可以從這裡分析出來呀，這是我們講文化問題講到最深的地方啦。它為甚麼不出現科學？為甚麼不出現民主政治？太平年間，講仁義禮智信，中華民族最愛好和平，事實上中華民族最不愛好和平。你說中國人最愛好和平呀，事實上中國人最殘忍。天天講仁愛，事實上最殘忍，最不仁愛，有這些怪現象出現，這是甚麼道理呢？我們正面講文化理想，講道理是如此呀，落到現實上沒有實現呀，講到那個境界，事實上沒有實現啦。這個理想也不是憑空可以實現的，一定有些東西來支持它充實它才成。這是了解中國問題的一個癥結。但是中國文化的基本精神是向某個方向走，這個基本靈魂創造文化的動力呀，你也要疏通

它，你不能抹殺它，你也要了解它那個創造，幾千年文化後面的心靈是甚麼你也要了解。它能吸收佛教，但吸收基督教就有困難，那就是基本心靈的關係。它創造出文化，時間上有幾千年，空間方面文化力量廣被那麼大，它當然有一種力量，我們也不能抹殺它，不能夠全部一下子抹殺，不能說全盤西化。看到方以智有好處，就說整個西方都是好的，這不成呀！但反過來，我們的文化也有毛病，它也不是足夠的，不是說有它就成了，這個分際是要有的。不能看到西方的方以智就全盤抹殺我們自己的文化，但也要看到我們的毛病，光講圓而神不是足夠的。上帝光是圓而神，那是可以的，我們人間要把圓而神體現出來，表現到有限的範圍之內，它有很多分際。所以我們現在也需要科學，也需要訓練邏輯，邏輯就代表方以智啦。也需要自由，民主政治。為甚麼需要自由、民主政治呢？自由、民主政治也屬於方以智。不能學毛澤東，毛澤東是圓而神，這個不可以的啦。政治上聖人也不可以圓而神，何況政治家呢。這個不成的啦！你們不了解這裡面的艱難，這裡面的重大。要給出一個限制，有限制，就非得有「方以智」不可呀。

中國的幾個傳統，都喜歡極權專政。所以你不能埋怨毛澤東，它到時候就這樣，就要集中。為甚麼保持聯合制不好呢？為甚麼到時候就要統一起來呢？聯合制就是方以智，它保持個性精神呀！你們不了解這個，因為統一才能極權啦。這個就是權力，權力這個東西任何人都喜歡的，我也喜歡呀，誰想起這個都喜歡呀。所以必須克己復禮，要守分際，中國人在這個地方很差的。

對我們中國人來說吸收這個方以智的精神就叫做現代化。近代化是西方人從十七、十八、十九世紀這三個世紀所創造的。我們學

這套東西十分困難，所以做事都是沒有分際的，都是圓而神的態
度。這個就是頭腦沒有近代化。近代化不是趨時髦，近代之所以為
近代是科學、民主政治、人權。你沒有達到這個，就是沒有達到近
代化。近代化有特殊的內容，這個在西方中世紀也沒有的，中世紀
西方的科學也不比中國高明，中世紀的西方也沒有自由、人權、民
主政治，這些都是近代化的事。近代化這一步不能跨過去的，不管
你講社會主義也好，這一步不能跨過去的，這個是 necessary
condition（必要條件）。不能把這個看成與社會主義相衝突，如果
你看成相衝突，你要肯定這個社會主義，就要否定那個近代化，這
個社會主義就壞了。陳獨秀到晚年才懂得這個道理。陳獨秀是共產
黨的創始人呀，他開始講社會主義，講馬克思主義，到晚年才懂
得：假如光講社會主義，沒有基本人權，沒有罷工的自由，沒有結
社的自由，你那個社會主義一文錢不值。所以，沒有甚麼無產階級
獨裁，也沒有共產黨獨裁，根本就是斯大林一個人獨裁，最後就是
官僚政治。這個是陳獨秀當年說得清清楚楚的。所以感覺到，實行
社會主義也要有基本人權、自由。你把人都看成是奴隸，看成是農
奴，你那個社會主義有甚麼價值呢？

　　方以智的精神就是 co-ordination 的精神。圓而神的精神就聖人
講，聖人無對呀。你知道嗎？聖人就是絕對的。聖人天天講謙卑，
你看耶穌基督那麼謙卑，你們在人間最低的，在天國是最高的。其
實是最驕傲。凡是聖人都最驕傲，最自大。孔子也如此。不過他真
正有德，你看不出來。聖人無對呀，他們是絕對的，但他們有德，
有雅量啦。像父母俯就孩子一樣。所以，佛說法要應機，他看看你
屬於甚麼程度，他就跟你說甚麼程度的話。孔子隨機指點。耶穌也

如此。所以，聖人不能幹政治，聖人只能夠做聖人。聖人只能說雅
量的話，體諒人，忠恕、謙卑。幹政治就不能如此，不能無對。就
是孔子出來做大總統，他也不能採用聖人的姿態，他也一定要以總
統的身分，要守規矩，總統有總統要守的一套規矩。你不能以聖人
的姿態做大總統，你以聖人的姿態做大總統那就糟糕了，大法官一
定把你否決了，一定把你罷免了。那不成的，不容許的。那好比你
聖人「寂然不動，感而遂通天下之故。」「蓍之德圓而神」可是你
要唸邏輯的時候，你還是要遵守那些概念的路數。你要講邏輯，你
就要邏輯地講，不能圓而神地講，圓而神地講就沒有邏輯了。這個
精神要弄清楚，這個就叫做近代化。中國需要這一步來刺激自己，
反省自己。

　　聖人不是不可以做大總統，但聖人做大總統的時候要遵守大總
統裡面的一套程序。你對於人民看成是獨立的個體，你要承認每一
個人的人權，你不是像父母看待小孩一樣俯就。我不要你來俯就
呀，我是一個獨立的個體就成了，你要客觀地承認我呀，不要把我
看作孩子。這個俯就只是主觀的承認呀。這個地方中國人沒有做
到，中國以前君主專制，大皇帝都是如此，所以當官的叫做父母
官。這些文化問題我們以前講很多了，唐先生也講很多。中國文化
精神是圓而神，它需要方以智的精神撐開。就像一個圓，沒有一個
十字架在裡面撐開，它可以很大，也可以縮小到一個點。好像講良
知一樣，講良知講道德最簡易了。康德也說講道德很簡易，自律道
德最簡單。這是講道德是如此，但是，我們照人生的全部講，既需
要道德，也需要知識。講良知只是負責道德，良知不能實現科學
呀！所以，光講良知，不講其他，結果是王學的流弊，出狂禪。光

講良知,那講道德就足夠了。但光良知不行,良知很簡單呀,結果只成一個點,你只有一個點就成嗎?叫你造飛機大砲,光良知造不出來呀。還要講知識。

凡是對中國文化、中國前途有一點責任,有一點良心的,大家都要對這個問題認眞討論。這個事情要理性一點。天下的事情關涉到幾千千萬萬人,你不講理怎麼成呢?那可以隨意揮灑呢?權力鬥爭的時候也要有相當的限制呀。以前的大皇帝政治鬥爭起來誰也不讓誰,但它有一定範圍。李世民爭皇位的時候把他的兄弟都殺掉了,但與老百姓沒有關係呀。他只與跟他有政治衝突的那幾個人有關係,跟其他人沒有關係,跟普通老百姓沒有關係,跟儒、釋、道三教也沒有關係呀!他殺是殺他的兄弟,那是爭皇位。現在政治鬥爭牽連很多,牽連太多就不講理,政治鬥爭成個泛政治。這個不行。

「聖人以此洗心,退藏於密,吉凶與民同患。」(〈繫辭·上傳〉第十一章)這個「此」字代表甚麼呢?「此」就代表下面三件事情:圓而神、方以智、易以貢。「洗心」就是純淨化自己的心靈的意思。聖人以神、智、易純潔化自己的心,退藏到最深密的地方。你能退藏於密的時候,你才能吉凶與民同患。合吉合凶呀,才能跟人民同樣的感受,這就是主觀方面跟客觀方面打成一片。假如你不能退藏於密,不能與人民打成一片,你的吉凶是你的吉凶,我的吉凶是我的吉凶。所以,「退藏於密」就是上一句「唯深也,故能通天下之志。唯幾也,故能成天下之務。」,「吉凶與民同患」就是先天下之憂而憂,後天下之樂而樂。亦即是孟子所說與民同樂,獨樂樂不若與眾同樂。與人共樂,人的樂就是我的樂,這是客

觀的。假若人的樂是人的樂，我的樂是我的樂，就是主觀的。

　　「神以知來，知以藏往。」總起來說兩個作用呀。既能表現神，也能表現智。既能知來，也能藏往。誰能做到這一步呢？下面說：「古之聰明睿知、神武不殺者夫！」就是說：「古之聰明睿知、神武不殺者」這種人才能做到「神以知來，知以藏往。」自「是故蓍之德圓而神」至「聖人以此齋戒，以神明其德夫！」這一段主要講神、知、易。程明道對這三個字體會很深。這個當然是ontological，程明道的體會大體屬於 ontological。

　　「見乃謂之象，形乃謂之器。」這一段前次講過了。

　　「是故易有太極，是生兩儀，兩儀生四象，四象生八卦。」這幾句話就像上章「大衍之數五十，其用四十有九。」拿一套數學表象宇宙開發變化一樣，二者作用相同。「是故易有太極」從太極這裡說起，下生兩儀，兩儀生四象，四象生八卦。這種演化最單純，毫無道理，沒有多大意義呀！所以，只能把這種話看作一套symbolism，就像以數學表象宇宙變化一樣，不能看成是真的，講哲學問題不能拿這個做根據呀。從字面上看，這種講法叫做宇宙演化說，最容易了解，但最沒有趣味，講哲學的時候不喜歡講這一套。所以朱子講太極的時候，他把太極提出來，太極就是理。他不是套在這個（宇宙演化說的）語脈裡面去。太極生兩儀，兩儀就是陰陽，兩儀生四象，就是把陰陽分成老陰老陽，少陰少陽，這就叫做四象。（這是一套圖象式的表示），朱子離開這一套圖象式的表示，把太極提出來當一個本體看，這個是 ontological。《易傳》整個是 ontological，ontological 涵著 cosmological process。

　　這個太極生兩儀，兩儀屬於陰陽之氣，（這個地方，可以理解

爲）太極是混然之氣。太極可以有好多種講法，也可以從混然之氣
講。如果太極是混然之氣，那麼，一往是氣的變化，就好像宇宙開
闢，太陽系開始是星雲，一個大氣團。康德早期就這樣講星雲學。
這叫做宇宙演化說，我們講哲學不採取這個方式。漢儒、漢朝的人
喜歡把太極講成混然之氣，這樣演化出來的時候，這就叫做宇宙開
闢論，不是哲學上的宇宙論。這一套令人討厭，勞思光就討厭這一
套，不是沒有道理，這一套是令人討厭。後來周濂溪作〈太極圖
說〉也喜歡用這個方式講：「無極而太極。太極動而生陽，動極而
靜，靜而生陰，靜極復動；一動一靜，互爲其根，分陰分陽，兩儀
立焉。」講五行生萬物。這又可以是一種宇宙演化。這說起來很好
說，但究竟是甚麼意思很難講。這種宇宙演化最沒有趣味，要把它
轉成 ontology。《易傳》說：「是故易有太極，是生兩儀，兩儀生
四象，四象生八卦。」這幾句話是一套 symbolism，假如你離開這
個 symbolism 這一套，單講太極，假定你把太極看成 reality，看成
metaphysical reality，這個是 ontological being 涵著 cosmological
process，承體起用。承體起用是 ontological 講法，這是儒家的基本
精神，本來如此，後來也是這樣。絕沒有單純的宇宙演化論。但
是，不喜歡儒家，或是不喜歡《易傳》的人就喜歡用這些話來攻
擊，好像勞思光先生就不喜歡《易傳》，他就拿《易傳》裡面那幾
句話來攻擊《易傳》。其實《易傳》不只這種 symbolism 的話，其
他的話多得很，你爲甚麼不看看其他的話呢？《中庸》也不是宇宙
演化論，照《易傳》講，太極顯然不是很重要的觀念嘛。假定太極
是 metaphysical reality，就是那個本體，《易傳》中講那個本體的
地方多得很呀。講「大哉乾元」啦，講「神」啦，那些話不就是存

有論嗎？

　　〈繫辭·上傳〉第十二章也很好。你們自己用功，不能完全靠人家講。

《牟宗三先生全集》總目